高水平大学建设医学人文系列教材

医学心理学

主　编　龙　建
副主编　尚鹤睿　张雪琴
编　委（按姓氏汉语拼音排序）
陈　洁（南方医科大学）　　　　　段熙明（济宁医学院）
李晓鹏（长治医学院）　　　　　　林杰才（广州医科大学）
刘　娜（南京中医药大学）　　　　刘文华（广州医科大学）
龙　建（广州医科大学）　　　　　尚鹤睿（广州医科大学）
石丹丹（广州中医药大学）　　　　谭贞晶（广东医科大学）
王立金（蚌埠医学院）　　　　　　吴　颢（广州医科大学）
徐　燕（徐州医科大学）　　　　　杨文翰（中山大学）
张桂青（石河子大学医学院第一　　张雪琴（广州医科大学）
　　　　附属医院）　　　　　　　朱荔芳（济宁医学院）

科学出版社
北　京

内 容 简 介

本教材主要包括基础心理学、健康心理学与医学心理学部分，参编者有长期从事教学的专业心理学老师、从事临床工作的临床心理医生和学生心理健康工作者，编写时注重基本理论、基本应用和基本技能的结合。

本教材主要供临床、预防、口腔、麻醉、影像、检验等医学类专业使用。

图书在版编目（CIP）数据

医学心理学 / 龙建主编. —北京：科学出版社，2018.1
ISBN 978-7-03-055632-5

Ⅰ. ①医… Ⅱ. ①龙… Ⅲ. ①医学心理学–医学院校–教材 Ⅳ. ①R395.1

中国版本图书馆 CIP 数据核字（2017）第 292559 号

责任编辑：王锞韫　胡治国 / 责任校对：郭瑞芝
责任印制：李　彤 / 封面设计：陈　敬

版权所有，违者必究。未经本社许可，数字图书馆不得使用

科 学 出 版 社 出版
北京东黄城根北街 16 号
邮政编码：100717
http://www.sciencep.com

北京九州迅驰传媒文化有限公司 印刷
科学出版社发行　各地新华书店经销
*

2018 年 1 月第 一 版　　开本：787×1092　1/16
2022 年 11 月第四次印刷　　印张：17 1/2
字数：420 000
定价：69.80 元

（如有印装质量问题，我社负责调换）

序　言

医学与心理学的关系非常紧密。早在两千多年前，《黄帝内经》中就认识到这个问题并总结出"怒伤肝，喜伤心，思伤脾，忧伤肺，恐伤肾"。随着生物性疾病不断得到控制的现时，一些与心理、社会因素密切相关的疾病如恶性肿瘤、心脑血管疾病、神经症及精神病等的发病率和死亡率明显提高，人们在患病和治疗过程中的心理问题与社会环境的影响日益突出。1990年，世界卫生组织（WHO）对现代病的病因进行分析时发现，人类的不健康心理行为和不良生活方式是这类疾病的共同原因。心理因素已成为影响健康与疾病的重要因素之一，可以这样毫不夸张地说，健康的一半是心理健康，疾病的一半是心理疾病。

在医学模式的转变和健康观念的更替中，产生了一门心理学和医学的交叉学科——医学心理学。这门学科将心理学的知识、理论和实验技术应用于医学领域，研究心理行为因素在人体健康与疾病及其相互转化过程中的作用规律。当人的健康状态发生改变时，就相应地会在心理活动上出现变化，如在需要上、认知态度上、行为表现上、人际关系上，均会发生相应的变化。病人有其特殊的心理需求，如尊重的需要、接纳和归属的需要、获取诊疗信息的需要、安全感的需要等。不同的疾病和在疾病的不同阶段，患者的心理反应和心理需求都会发生变化。医生在诊治上更需要了解患者心理需要和心理问题，以便更好地诊治，因为心理因素可以导致同一疾病在不同患者中的多种临床表现；另一方面，关注和解决病人心理问题，既有利于增强病人对医生的信任，积极配合治疗，又有利于增加病人与疾病作斗争的信心。我在五十多年来临床诊治工作中深深体会到，病人对医生的信任度及对疾病的心态，对其疾病的病程发展、转归起着极其重要的作用。

医学心理学应该是医学生的基本功和必修课。这本由广州医科大学应用心理学系的老师们主编的《医学心理学》教材内容较为精炼，突出案例引导，注重实践和应用，是一本具有特色的好教材，可以为医学院校借鉴和参考。

钟南山

前　言

医学心理学是研究健康与疾病相互转化过程中心理变化规律的科学，是医学与心理学相结合的学科，随着人们生活水平的增加、生活压力的增大，人们越来越感受到心理因素对健康的影响。古希腊医学家苏格拉底说过，医生有三件法宝：语言、药物、手术刀。医学活动中医患双方的心理活动直接影响医疗效果，因此医学心理学越来越受到人们的重视，也是国家执业医师资格考试的必考科目之一。

本教材在参考国内已有医学心理学教材的基础上，以基本理论、基本知识、基本技能为基础，以医学心理学教学 38 学时为参照，以学生为主体，以应用为目标，考虑到教材内容的传授者、实践者和使用者的感受，本教材主要邀请了国内多所高等院校长期从事医学心理学教学的专业教师、长期从事临床心理工作的心理医生及从事学生心理健康工作的心理工作者、应用心理学系几位特别优秀的学生共同参与编写。每章开始有案例引导，结尾有思考题，以便于前后呼应。

本书共十一章，第一至四章为基础心理学内容；第五章为异常心理学内容；第六、七章为应激及结果的内容；第八至十章主要介绍了心理因素在医学领域中的应用。考虑到疼痛是临床上常见的症状，与心理因素关系密切，因此增加了"疼痛"一章内容。为了便于进行医学心理学实验教学，将几个医学心理学的实验指导放于附录中。

教材编写得到学校领导、同仁的大力支持，在此表示诚挚的谢意！

龙　建
2017 年 10 月

目 录

第一章 绪论 ·· 1
  第一节 医学心理学概述 ·· 1
  第二节 医学模式的转变与医学心理学 ·· 6
  第三节 医学心理学的研究方法 ·· 9
  第四节 医学心理学的历史与现状 ·· 13
第二章 心理学基础 ··· 17
  第一节 心理现象及其本质 ··· 17
  第二节 认知过程 ·· 19
  第三节 情绪和情感过程 ·· 33
  第四节 意志过程 ·· 41
  第五节 人格 ··· 45
第三章 医学心理学主要理论 ··· 58
  第一节 精神分析理论 ··· 58
  第二节 行为学习理论 ··· 67
  第三节 心理生理学理论 ·· 74
  第四节 人本主义心理学理论 ·· 76
  第五节 认知心理学理论 ·· 83
第四章 心理健康 ·· 90
  第一节 心理健康概述 ··· 90
  第二节 个体心理健康的发展 ·· 95
  第三节 群体心理健康 ··· 101
  第四节 心理健康与环境适应 ·· 102
第五章 异常心理 ·· 105
  第一节 异常心理概述 ··· 105
  第二节 神经症 ·· 109
  第三节 其他异常心理 ··· 118
第六章 心理应激 ·· 135
  第一节 应激概述 ··· 135
  第二节 应激源 ·· 140
  第三节 应激反应 ··· 142
  第四节 应激反应的影响因素 ·· 150
  第五节 压力应对 ··· 154
  第六节 创伤后应激障碍 ·· 157
第七章 心身疾病 ·· 161
  第一节 心身疾病的概述 ·· 161

第二节　心身疾病的发病机制 ·· 164
　　第三节　心身疾病的防治原则 ·· 171
　　第四节　常见心身问题 ·· 174
第八章　心理评估 ··· 184
　　第一节　心理评估概述 ·· 184
　　第二节　常用的心理测验及评定量表 ··································· 191
第九章　心理干预 ··· 204
　　第一节　心理干预的概念和性质 ··· 204
　　第二节　心理治疗的基本方法 ·· 208
第十章　病人心理与医患沟通 ·· 224
　　第一节　病人心理概述 ·· 224
　　第二节　病人的一般心理特征与基本干预方法 ····················· 226
　　第三节　各类病人的心理特征及干预 ·································· 230
第十一章　疼痛 ·· 235
　　第一节　疼痛概述 ·· 236
　　第二节　疼痛的影响因素 ·· 245
　　第三节　疼痛的评估 ··· 248
　　第四节　疼痛的心理行为干预 ·· 253
附录1　医学心理学实验指导 ··· 260
　　实验一　反应时 ··· 260
　　实验二　注意广度 ·· 261
　　实验三　短时记忆广度 ·· 262
　　实验四　问题解决——河内塔实验 ······································ 263
附录2　医学心理学实验报告格式 ·· 265
附录3　艾森克个性测验（成人） ··· 266
附录4　症状自评量表（SCL-90） ·· 269
附录5　焦虑自评量表（SAS） ··· 272
附录6　抑郁自评量表（SDS） ··· 273
参考文献 ··· 274

第一章 绪 论

> **案例 1-1**
> 2年前,小王的邻居因为肝癌病逝了,此后小王总感到右腹隐隐作痛,2年来小王总往医院跑,反复查肝功能,做B超检查,没有发现什么问题,但他不能释怀,总是怀疑肝脏不好,平时小王尽量不让自己累着,还让医生开了许多护肝的药吃,完全像是为肝脏而活着,一个生龙活虎的小王彻底消失了。
> 问题:小王怎么病了?

第一节 医学心理学概述

一、医学心理学的概念

医学心理学(medical psychology)是研究心理现象与健康和疾病关系的学科。医学心理学是把心理学的理论、方法与技术应用到医疗实践中的产物,是医学与心理学两者相结合而形成的一门新兴交叉学科,它既关注医学领域中的心理学问题,也探讨心理因素在人体健康和疾病中的作用规律。

人不仅是一个单纯的生物有机体,而且也是一个有思想、有感情、从事着劳动、过着社会生活的社会成员。人的身体和心理的健康与疾病,不仅与自身的躯体因素有关,而且也与人的心理活动和社会因素有密切联系。临床实践和心理学研究证明,有害的物质因素能够引起人的躯体疾病与心理疾病,有害的心理因素也能引起人的身心疾病,而良好的心理因素与积极的心理状态能够促进人的身心健康或作为身心疾病的治疗手段。医学心理学强调从整体上认识和掌握人类的健康和疾病问题,主张把人看作是自然机体与社会实体相结合的统一体,运用心理学的理论与方法探索心理因素对健康与疾病的作用方式、途径与机制,更全面地阐明人类躯体疾病与心理疾病的本质,协助医学揭示人类维护健康、战胜疾病的规律,寻找与丰富人类疾病的诊断、治疗、护理与预防的更全面、更有效的方法,提高医疗水平,促进人的身心健康。医学心理学在促进医学模式向生物-心理-社会医学模式的转变、树立大预防的观念、改善医患关系、提高医疗质量等方面,均发挥着重要作用。

在案例1-1中,邻居的病逝对小王是一个刺激,引起他对身体健康的重视,这是可以理解的。但显然小王太过于自我关注了,这跟他许多性格特点如敏感、喜欢内省、追求完美是分不开的。他几乎把正常生活、工作完全搁置一边,小心侍候他的肝脏,注意力高度集中在肝脏上,看报纸时只看肝病广告、肝病文章,差不多成了肝病专家;看人时大概也是以肝脏好坏论英雄;落到自己身上,腹部一点点不适感都会被他敏锐地捕捉到,强烈地感受到。越敏感,感受越强,便越要排斥,越想排斥,注意力便越是高度集中在症状上,心无旁骛，就越是敏感，如此形成恶性循环。

二、医学心理学的研究范围

医学心理学作为医学科学的一门基础理论课程，阐明医学中的心理行为问题，以及心理社会因素对健康和疾病的作用和机制，把心理学的理论、技术、方法和研究成果，结合医疗实践，应用于医学的各个方面。医学心理学研究范围主要包括以下六个方面。

1. 研究心理行为所涉及的社会学和生物学基础及其在健康和疾病中的意义。

2. 研究心身相互作用机制特别是情绪因素对身体各器官生理、生化功能的影响。

3. 研究心理因素在各类疾病的发生和康复中的作用及变化规律。

4. 研究如何通过人的高级心理功能、认知行为，支配或调节自身的生理功能，以达到治病、防病和养生保健的目的。

5. 研究利用心理行为知识和技术，维护人类健康和防治疾病。

6. 研究医疗过程中医患关系的特征及增进医患关系的途径和方法。

三、医学心理学的学科性质

（一）交叉学科

医学心理学兼有心理学和医学的特点，它研究和解决人类在健康或患病，以及二者相互转化过程中的心理问题，涉及基础医学、临床医学、预防医学和康复医学等医学知识，同时也涉及了几乎所有心理学科各分支学科及人类学、社会学等众多学科领域的相关知识。其任务是将心理学的知识和方法应用于医疗实践，探讨和解决医学领域中的各种心理学问题，并通过对医疗实际课题的探讨推动心理学基础理论研究。由于医学心理学这种交叉学科的性质，学生在学习过程中应该加强与相关课程知识之间的整合。

（二）基础学科

医学心理学也是医学基础理论的重要组成部分，揭示人类心理或行为的生物学和社会学基础，心理活动和生物活动的相互作用及其对健康促进和疾病防治的作用，为医学的理论研究、临床实践、人才培训及卫生保健事业的发展，提供与心身密切相关的观点，提供合理的治疗方法和保健措施。医学心理学不仅成为医学生的一门必修课程，还肩负着向医务人员提供与健康和疾病有关的心理学理论和方法，以提高医疗卫生的服务质量的任务。因此，国内医学院校都将医学心理学列为各专业医学生的公共基础课，国家执业医师资格考试也将其列入公共基础类内容。

（三）应用学科

医学心理学在实践中应用比较广泛，如专科医院、精神病院、诊所、综合医院、康复医院、学校和机关的保健室、各级卫生防疫机构，是医院里的医生和护士可以使用的心理学，是一门实用操作性、实践可行性、技术综合性很强的应用学科，它兼收并蓄古今中外在医学领域中应用的行之有效的心理学理论和技术，而不仅仅是在医务界普及心理学知识。

四、医学心理学相关学科

医学心理学的学科定义和涵盖的内容在不同的学者、不同的学派、不同的历史时期各有不同。我国学者应国内医学教育的需要，结合国外涉及该领域中的研究内容，逐步形成体现我国特色的医学心理学学科体系。这一体系与国际上多门相关学科虽存在一定的联系，但研究的出发点、理论依据、研究重点又不尽相同。

（一）生理心理学

生理心理学（physiological psychology）是生理学与心理学相结合的医学心理学的一个分支，探讨生理活动尤其是脑神经活动所导致的心理功能的变化及心理现象的生理机制，主要包括神经系统的结构和功能、内分泌系统的作用、情绪和情感、需求与动机、学习与记忆等心理和行为活动的生理机制。

（二）神经心理学

神经心理学（neuropsychology）是以研究脑的神经过程与心理行为活动的关系为目的的学科。当前的神经心理学吸收了神经科学与认知心理学的最新研究成果，采用无创性脑结构和功能的检测手段如功能性磁共振和事件相关电位等方法，探讨人类脑结构及功能与外在行为的关系，为研究各种正常或异常行为的脑机制提供直接的实验证据。神经心理学的研究成果为医学心理学提供了神经科学的理论基础。

（三）临床心理学

临床心理学（clinical psychology）是以心理学的方法和技术协助患者了解自己、增进适应，解决心理烦恼和苦闷的应用心理学分支。美国心理学家魏特默于1898年最先使用"临床心理学"这一术语。临床心理学家多为受过一定医学训练的心理学家，主要从事心理治疗和咨询、心理评估等。临床心理学服务的人群也很广，工作范围遍布学校、医院、机关、政府、军事、商业和法律领域等。

（四）健康心理学

健康心理学（health psychology）侧重"心理学在健康中的应用"，强调采用心理学知识与技术来增进心身健康和预防各种疾病，主张采用心理学方法改变或矫正有碍个体身体健康的生活方式和行为习惯。健康心理学成为一门独立学科的标志，是1978年美国心理学学会正式将其列为第38个专业分会。健康心理学也是生物-心理-社会医学模式的产物。

（五）变态心理学

变态心理学（abnormal psychology）是研究人的心理或行为异常的心理学分支，包括人的认知活动、情感活动、意志活动和人格等方面的异常表现，揭示病态心理的种类、产生原因、发病机制和演变规律。一方面，变态心理学的某些研究成果是医学心理学理论的重要来源；另一方面，医学心理咨询、诊断、治疗又可以为多种变态心理服务。因而，一般认为它是医学心理学的基础分支学科。

（六）心身医学

心身医学（psychosomatic medicine）研究心身疾病的发生、发病机制、诊断、治疗和预防，研究生理因素、心理因素和社会因素相互作用对人类健康和疾病的影响。随着信息化社会的到来，高新科技的飞速发展，人们生活节奏加快，导致心理压力也越来越大，心身疾病的发病率在不断提高，范畴也在不断扩大，因而已成为医学心理学的一个重要分支学科。

（七）行为医学

行为医学（behavioral medicine）是涉及与健康和疾病有关的行为科学、生物医学的知识与技术的发展和整合，涉及这些知识和技术对疾病的预防、诊断、治疗和康复的一门应用学科。行为医学涉及生理学、解剖学、免疫学、内分泌学、生物化学和药理学等生物医学学科，还涉及心理学、社会学和文化人类学等行为科学，属于交叉学科。

（八）护理心理学

护理心理学（nursing psychology）研究护理工作中的心理学问题，即应用医学心理学原理去指导心理护理，强化心理护理，提高护理质量，是医学心理学在护理学中的应用。

（九）心理治疗学

心理治疗学（psychotherapy）是治疗者以医学心理学理论为指导，以良好的医患关系为桥梁，应用各种心理学技术或通过某些辅助手段如仪器，按照一定的程序，改善患者的心理条件，达到消除心身症状、重新获得身体与环境平衡的学科，也是研究和应用各种心理治疗方法和技术的学科。各种心理治疗方法，如精神分析治疗、认知治疗、行为治疗、集体、家庭和婚姻心理治疗等都有独自的理论指导和治疗技术。

（十）心理咨询学

心理咨询学（psychological counseling）是运用心理学的理论与方法，通过建立特殊的人际关系，帮助来访者发挥其潜能、解决心理问题、提高适应能力、促进人格发展的一种助人自助的过程和技术方法的学科。心理咨询的从业人员主要是心理学专业工作者和社会工作者，通常被称为咨询者或咨询心理学家，主要是研究如何处理婚姻、家庭、教育、职业及生活习惯等方面的心理学问题。

（十一）心理卫生学

心理卫生学（mental health）又称精神保健学，主要研究和促进人的心理健康，普及精神卫生知识，制订相应的健康促进计划和策略，提高心理健康水平，包括培养健全的人格，增强对环境变化的适应能力，消除各种不良的心理社会影响，营造良好的社会、家庭、工作和学习环境，预防心理障碍和精神疾病的发生。

（十二）康复心理学

康复心理学（rehabilitation psychology）是以研究由各种疾病、意外伤害事故和老龄化等因素造成的躯体和心理伤残，或处于长期慢性疾病状态中患者的心理行为问题为对象的一门学科。目的在于应用心理学、医学知识和技术帮助患者恢复自信，树立与疾病做斗争的乐观态度，降低伤残程度，争取身心健康，并促进患者更好地适应生活、工作、学习和社会环境。康复心理学是康复医学与心理学相结合的一门交叉学科。

五、医学心理学在现代医学中的作用

（一）促进医学模式的转变

医学心理学的健康和疾病观与生物-心理-社会医学模式一致。因此，在医学模式由生物医学模式向生物-心理-社会模式转变的过程中，医学心理学在其中发挥着积极的促进和推动作用（图1-1）。首先，医学心理学帮助医学界了解和熟悉心理学的理论与知识，充分认识人的心理活动规律和心身间的相互联系与影响。其次，医学心理学为医学提供心理科学的研究方法和干预手段，有助于改善患者心理状况，提高医学研究的科学水平和医疗服务的质量。最后，医学心理学有助于帮助生物医学克服"重治轻防""只见病不见人"的不良倾向，培养出能适应新的医学模式要求的医学人才。

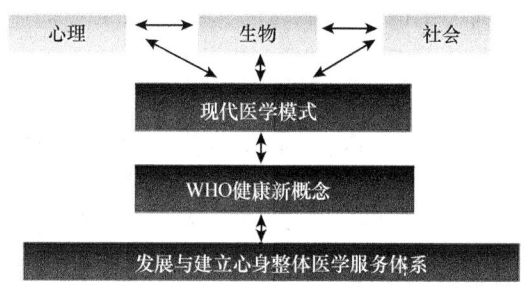

图1-1　现代医学模式、WHO健康新观念要求医学服务向心身整体医学服务转变

（二）促进疾病预防战略转变

全球疾病预防战略大体可划分为三个发展阶段：第一阶段是环境卫生，即改善环境、阻断和消灭传染源，以预防传染性疾病的发生与流行；第二阶段是个人卫生，即通过计划免疫、妇婴保健、围产检查等提高个体体质，预防疾病；第三阶段是行为卫生，即通过改变不良行为习惯和矫正不卫生的生活方式，以达到预防疾病的目的。WHO指出，目前绝大多数国家预防疾病的战略已经转变到第三阶段，即人类健康面临因不良生活方式和行为习惯所导致的疾病的严重威胁。随着我国社会经济的快速发展，人群中所患疾病的比例结构（疾病谱）、死亡原因的排列顺序（死因谱）和人口结构（老龄谱）均已发生明显改变。不同年龄段、不同社会人群中心理障碍和精神健康问题日益突出。心理因素起主导作用的心身疾病大多属于慢性非传染性疾病，控制这类疾病的发生重在预防，特别是要注意培养健康的行为方式和良好的生活习惯。当前各种形式的心理咨询服务等应运发展，说明解决心理问题和增进心理健康有着广泛的社会需求。人们自我保健意识不断加强，重视心理健康、维护精神卫生已是社会发展的必然趋势，而医学心理学正是从科学的角度研究如何满足这种需求的一门学科。

（三）临床医疗工作特点的需要

目前，我国城镇住院和门诊患者中有相当数量的心理障碍患者，他们的心理障碍、心身疾病、心理问题、行为问题日益突出。然而，相应的精神卫生服务资源却是十分稀缺，据调查，我国住院和门诊患者中约有1/3的患者有心理行为问题需要诊断和治疗，我国城市大医院中仅有1/5的医生会处理心理障碍。一些有躯体症状但经各种检查难以确定病灶的所谓功能性疾患的患者，多为心理障碍或行为障碍患者，医生往往不能做出适宜的心理诊断，只能依靠药物治疗。所以，医务工作者必须具有医学心理学知识和技能，才能减轻这些患者的痛苦。

（四）改善医患关系的需要

新型医患关系是一种融洽、和谐、平等的医患关系，这是现代医学的核心问题之一。

医患关系有着丰富的内涵,而医患关系心理方面的特征和内容则是医学心理学非常关注的。对心理治疗而言,良好医患关系的建立本身就是治疗的一个步骤。传统的医患关系模式是从生物医学模式衍生而来的,在医疗活动中,医生关心的主要是疾病本身,很少考虑患者的主观期望与满意度。新型医患关系顺应生物-心理-社会医学模式转变的需要,体现人文关怀。在医疗活动中,医生和患者由"隶属"关系转变为"协同"关系,共同为健康负责。医生除了具有诊断和治疗的通常作用外,还作为合作者、教育者、情绪和社会性支持的源泉及患者的技术顾问等角色。所以,临床医务工作者要通过认识患者心理和掌握人际沟通技巧来改善医患关系,以提高诊疗质量。

第二节 医学模式的转变与医学心理学

一、医学模式的概念和特点

医学模式是某一时代的心身观、健康观和疾病观的集中反映,是医学科学发展的指导思想。受到社会生产力水平、科学技术和哲学思想的影响,从古到今,出现过神灵主义医学模式、自然哲学医学模式、机械论医学模式、生物医学模式和生物-心理-社会医学模式五种医学模式(图1-2),这几种模式的区别主要体现在对心-身关系认识的不同。

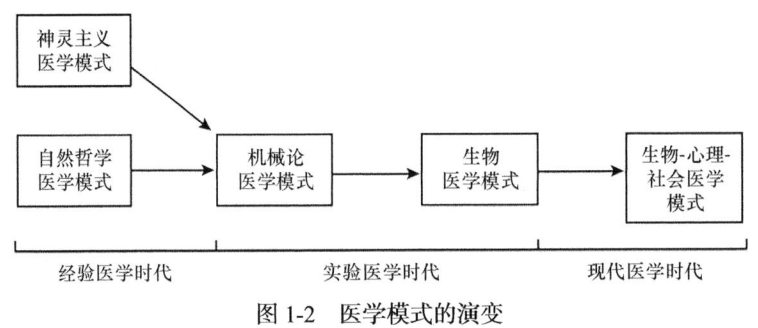

图 1-2 医学模式的演变

医学模式作为一种理论框架,医学模式规定或影响着医学教育、研究和临床工作者的思维及行为方式和工作方法。每一位医学工作者都不可避免地受到医学模式的影响或支配。

二、医学模式的历史发展

神灵主义医学模式是最早出现于石器时代的医学模式。受生产力低下的影响,图腾崇拜和泛神论思想普遍存在,人们认为超自然力量影响着健康,将疾病看作是神灵的惩罚或恶魔作祟所致,相应地采取祈求或驱邪的治疗手段。神灵主义医学模式虽已成为历史,但在现代社会仍可见到残余影响。

随着社会生产力的发展,人类对健康与疾病产生了粗浅的理性概括。从公元前3000年前后开始,在西方的古希腊、东方的中国等地相继产生了以朴素的唯物论和辩证法来解释疾病和防治疾病的医学思想,形成了自然哲学医学模式。该医学模式摆脱迷信和巫术,摒弃"神"对人体和环境的束缚,强调人的心身统一。自然哲学医学模式的心身相互作用的辩证法和心身一元论的整体观具有积极意义,但限于当时的科学发展水平,人们对生命的本质、健康和疾病的认识仍停留在低水平上。

16~17世纪，欧洲文艺复兴运动带来了工业革命，随着牛顿古典力学理论体系的建立，形成了用"力"和"机械运动"去解释一切自然现象的机械唯物主义自然观。"机械论医学模式"也就此产生，该模式认为"生命活动是机械运动"，把健康的机体比作协调运转加足了油的机械，而疾病是机器出现故障和失灵，因此需要修补与完善。机械论医学模式统治了医学近2个世纪，直到18世纪。一方面它用物理、化学的概念来解释生物现象，认为机体是纯机械的而无视生物、心理、社会等因素对健康的影响。但另一方面机械论医学模式以机械唯物主义的观点，批驳了唯心主义的生命观和医学观，并把医学带入实验医学时代，使解剖学、生物学获得了进展，大大地推动了医学科学的发展。

19世纪自然科学的三大发现，即能量守恒定律、细胞学说和进化论，进一步推动了生物学和医学的发展，科学方法被广泛地应用于医学实践，这时对健康的认识已有很大的提高，并建立了健康的生物医学观念。生物医学模式认为每种疾病都必然可以在器官、细胞或分子上找到可以测量的形态学或化学改变，都可以确定出生物的或物理的特定原因，都应该能够找到治疗的手段。这些立足于生物科学成就之上的医学进展使人类在疾病的认识、治疗和预防方面都取得了极大的成就。生物医学模式的产生是医学发展的重大进步，它奠定了实验研究的基础，推动了特异性诊断及治疗方法的发展，指导了医疗卫生实践，有效地消灭和控制了急性传染病和寄生虫病，使人类健康水平得以有效提高。但这种形而上学的认识方式"只看到了它们的存在，看不到它们的产生、发展和灭亡，只看到了它们的静止状态，而忘记了它们的运动"。将人的生物学方面同心理社会方面割裂开来，把疾病看作是独立于社会行为的实体，试图仅仅根据团体过程的紊乱来解释人的心理和行为障碍，反映了心身二元论和机械唯物论观点。

三、生物-心理-社会医学模式的出现

20世纪50年代以来，人类疾病谱和死亡谱发生了很大改变，过去危害人类健康的生物因素疾病如传染病得到了大面积的遏制，影响人类健康的主要疾病逐步转化为心脏病、脑血管病及恶性肿瘤等非传染性疾病。这些疾病并非由特异因素引起，而是与吸烟、酗酒、滥用药物、过量饮食与肥胖、运动不足和对社会压力的不良反应等生活方式或应付方式有关。人们逐渐认识到疾病的发生不仅仅与生物因素有关，而且还与社会变革、经济增长、饮食起居等变化有关，因此在治疗疾病时只用药物、理疗、手术等手段已经不能满足临床需要。

1977年，美国罗彻斯特大学医学院精神病学和内科学教授恩格尔（Engel GL）在"科学"杂志上发表了题为"需要新的医学模式一对生物医学的挑战"的文章。首先提出，应该用生物-心理-社会医学模式取代生物医学模式。他主张认识健康和疾病不应只是局限于生物学领域，必须扩展到社会领域；不能只在生物属性上来认识健康和疾病，必须从生物的、心理的、社会的等多方面因素的结合上来综合地认识人类的健康和疾病，同时要注意和理解患者。

新的医学模式强调了生物、心理和社会因素在人类健康和疾病转化过程中的综合作用。它适应了社会的发展和进步，是生物医学模式的发展、补充和完善。促进了人们对健康和疾病的整体认识，拓展了医学研究的范围，促进医学的全面发展。心理、社会因素既

可成为致病因素，也可能成为疾病治疗与康复过程中的重要因素，新的医学模式改变了以往治疗和预防与实际工作相脱离的状况。

四、医学心理学对疾病与健康的认识

作为一门新兴的交叉学科，医学心理学始终坚持用生物-心理-社会医学模式来看待健康和疾病的关系，坚持整体观和系统论的观点，把人看成一个与社会环境、自然环境相互作用的多层次的、完整的连续体（图1-3）。

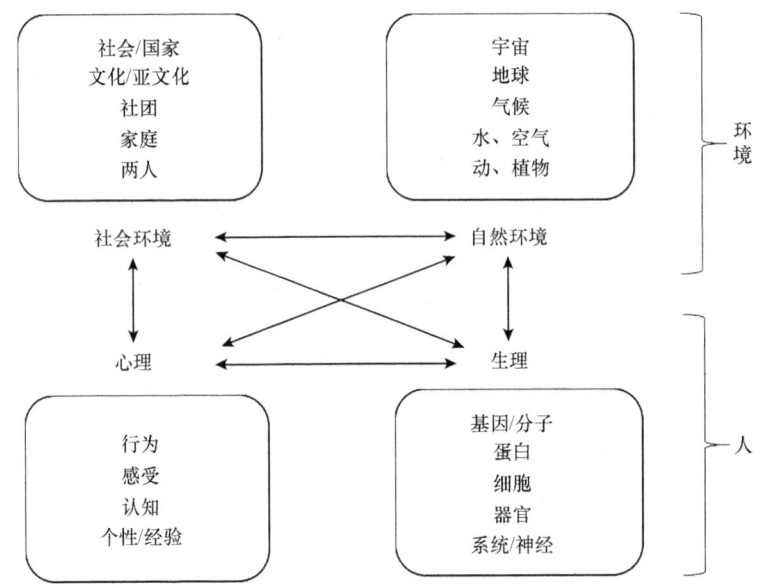

图1-3 人与自然相互作用整体观示意图

医学心理学对疾病与健康的认识主要有如下四个方面：

1. 人是一个完整的系统 大脑通过神经系统将全身各系统、器官、组织、细胞、蛋白、分子、基因等部分统一起来。如果只重视被分开的各个器官和系统功能，或将各个器官和系统割裂开来看待，忽视它们之间的整体联系，都是不恰当的、有害的，容易导致在临床工作中只见树木不见森林的被动局面。

2. 人的生理活动和心理活动相互联系、相互作用 心理行为活动通过心身中介机制影响生理功能，同样生理活动也影响个体的心理功能。因此，在对待健康和疾病的问题上，应同时注意心身之间的相互影响。

3. 人与环境是密切联系的。人不仅是自然的人，而且也是社会的人 社会环境和自然环境的细微变化都会对人的心身健康产生剧烈影响。

4. 心理因素在人类调节和适应内外环境活动中具有一定的能动作用 人可以作为一个整体，对社会环境、自然环境和个体的内外环境的变化可随时做出一些主动的适应性调整，以保持自身的健康水平。

作为医学生应在头脑中树立以上四个方面的认识，这对于今后临床和科研工作大有裨益。从现代医学教育角度开设医学心理学课程，是生物医学模式向生物-心理-社会医学模式转变的需要。

第三节 医学心理学的研究方法

一、医学心理学的研究方法的一般问题

(一)医学心理学研究方法的主要特点

医学心理学是一门年轻的学科,还处在科学和常识交融的发展阶段,为了促进医学心理学的迅速健康发展,采取科学的研究方法尤为重要。医学心理学研究方法具有以下特点:

1. 基础理论的多样性 医学心理学有关的理论很多,理论的多样性反映了对心理实质认识的不一致,同时也使研究和工作方法不统一。

2. 心理因素的主观性 与某些自然现象不同,许多心理现象的定量难度更大,常带有主观成分。这就需要在实际工作过程中更要注意方法学问题。

3. 研究对象的多学科属性 在医学心理学工作中常同时涉及生物、心理、社会等多学科的有关因素和变量。为了保证结果的科学性,需要我们同时掌握这些学科的一些基本研究方法和手段。

以上特点导致医学心理学研究方法学具有自身的特殊性,可出现宏观和微观并重,实证与思辨同行,形态与功能结合,单因素与多因素分析并存的特殊现象。

(二)医学心理学的量化方法

现代科学的成就在于对研究对象做量化的分析,物理、化学等学科量化非常精确。但心理现象非常复杂,因此在医学心理学领域,对研究对象心理特征的量化工作,有时还显得粗糙,医学生在学习时应予以客观的分析。为便于理解,可将医学心理学的量化方法分为四类。

1. 描述 对研究对象之间的差别和特征进行语言的记载,以便读者理解,如咨询门诊个案的症状报告、有关鉴定语或评语等。临床病程记录主要是采用描述的形式。描述的科学性不在于方法的本身,而取决于描述的水平。描述实际上不是真正的量化,描述的结果也不便于进行统计分析。

2. 序量化 是在现象学观察基础上,由被试或研究者对某些心理行为现象作等级评估。常分为3、4、5、7或0级予以记录。目前许多心理变量可以采用这种序量化的方式。例如,让被试对自己的疼痛程度分10级做出评估,从无疼痛0分到极度疼痛10分。这种方法只能给予粗略的估计,其信度和效度较难把握,可能会影响做研究的准确性。

3. 间接定量 是指采用各类心理调查问卷和评定量表对某些心理现象作定量的分析。这是一类间接的定量方法,如"抑郁"无法直接定量,需要采用"抑郁量表"进行量化,但并不能随便使用一个"抑郁量表"。合格的抑郁量表的编制需要经过一定的心理测量学的检验和分析,如首先定义什么是抑郁,应包括哪些症状条目、有哪些"因素"、量化等级确定等,确保该量表的有效性和可靠性,即效度和信度符合心理测量学要求。故使用这类定量方法时必须特别重视其心理测量学分析结果。

4. 直接定量 是对某些心理物理变量做直接测定。心理物理学中的声、光、电、机械等刺激或反应,如感觉阈限、反应时、皮肤电阻等的测定,以及动物实验时的行为活动次数和强度,某些心理治疗手段的实施时限和频率的记录等,都可以直接测量。但在医学心理学工作中,能使用直接定量的并不多。

在医学心理学临床实践和科学研究中，往往综合使用上述各种量化手段。

二、医学心理学的研究原则、研究过程及类型

(一) 研究原则

1. 客观性原则 任何科学研究都必须有客观性。增强客观性的方法是首先要有科学的态度，即实事求是的态度。此外，研究者在研究中要尊重客观事实，不能从主观愿望出发来反映事物，妄下结论。

2. 实践性原则 在实践中运用科学的思路和敏锐的观察力并善于总结经验和教训。医学心理学是一门既有理论又有实践的学科，医学心理学的研究要理论联系实际，在实践中学习、研究和提高。

3. 发展性原则 心理活动不可能是静止、一成不变的，它总处于不断发展和变化之中。这就要求心理学工作者按照发展性原则来研究心理、行为的特点及其发生、发展的规律。

4. 伦理性原则 医学心理学的研究中存在伦理学内涵，涉及道德、尊严、权益、隐私等内容。因此，医学心理学的研究和实践都应遵循道德和伦理的原则，任何可能造成对研究对象的损害的研究都必须严格禁止。

5. 质量统一的原则 在医学心理学的研究中，首先应了解质（定性）与量（定量）的相互关系。明确正在研究的对象属于哪一种心理变量的过程，称为（定量）。定性的过程使研究者对研究对象、研究目标有"质的认识"；而定量的过程则通过更加客观的量化指标进行对照研究，为定性提供可重复操作和检验的依据。没有定量的研究，定性就缺乏有效的科学依据，显得空洞，没有说服力。针对心理变量的研究更是如此。质与量的统一，是医学心理学研究中需要严格遵循的规则。

(二) 研究过程

一般来讲，医学心理学研究过程包括提出问题和假设、收集资料、检验假设、建立理论四个步骤。具体到医学心理学临床研究过程可细分为六个步骤：提出假设、选择关键变量及其检查方法、确定临床研究范式、选定研究样本、检验假设、结果的解释和发布。

(三) 研究类型

研究分类方法有多种，如根据研究目的分为基础研究和应用研究，根据研究性质分为描述性和控制性研究。常见的分类方法是按照研究所涉及的时间特点，将研究分为横断研究（cross sectional study）和纵向研究（longitudinal study），回顾性研究（retrospective study）和前瞻性研究（prospective study）。

横断研究是选择在某些方面匹配的被试，在同一时间内进行观察和评定。其优点是节省人力、物力，可以设计为有代表性的大样本研究，短时间内获取大量资料。缺点是研究欠系统、较粗糙，不能完全反应心理行为的发展变化过程；而且选择的对照组具有可比性，但在实际中难以找到完全相似的两组被试，降低了研究结论的效度。

纵向研究是对同一个人或同一组被试在指定的时间内进行跟踪研究，观察、测量和评定被试在一段时间内发生所发生的变化。其优点是能研究心理行为的发展规律及其影响因素；缺点是必须考虑被试心理行为的成熟程度、样本丢失、研究工具信度和效度、自然发生波动等因素的影响。

回顾性研究是以现在为结果，回溯到过去的研究，是目前医学心理学最常见的研究方式之一。这一研究方式由于条件限制较少，有其优点，但其缺陷是被试目前的心身状态会影响对过去资料报告的真实性和准确性。例如，一位患严重疾病者往往将目前的病况归因于自己的过去，结果可能会报告较多的既往负性生活事件，对负性事件的严重程度的估计也可能偏高，从而造成了生活事件与现患疾病有关的假阳性结果。

前瞻性研究是以现在为起点追踪到将来的研究方法，可弥补回顾性研究的缺陷。例如，在临床心理实验中，对一批 A 型行为类型者使用自我行为管理策略指导，并追踪此后整个行为干预策略实施过程中 A 型行为的改变情况，从而证明这种治疗技术的实际效果。但由于前瞻性研究条件限制过多，实施比较困难，使用并不是很普遍。

三、医学心理学的研究方法

（一）个案法

个案法（case method）是医学心理学工作和研究的基本和主要的方法，它将某个人或某一团体作为研究的对象，研究的内容包括人格发展和形成历程、家庭史、疾病史、社会生活背景、受教育背景史、婚姻史、目前的心理状态及个体研究等。它把通过回忆以往事件和查阅有关记录得来的信息重新筛选组织，构建成一个系统的心理档案。由于与横向研究不同，个案研究属于纵向研究或称追踪研究，因而不可只限于一时一事，而是长期、全面的系统描述。个案史收集的广度、深度和侧重点因理论基础和研究目的的不同而异。

（二）观察法

观察法（observational method）是对被观察者的行为作系统的观察记录以了解其心理的一种方法。它不仅在临床工作中重要，在实践中也同样重要。观察分为自然观察和控制观察。前者是在不加控制的自然环境情况下，对人的行为进行观察，从而解释这种行为的规律；后者是指在预设的情境中对被观察者进行观察，总结规律。

为了避免观察的主观性和片面性，使观察时能够获得正确的资料，在使用观察法时应遵循以下几项原则：

1. 观察必须要有明确的研究目的，对拟观察的行为特征要加以明确界定，做好计划，按计划进行观察。

2. 观察必须是系统的，而不是零星偶然的。

3. 必须随时如实地做好记录，严格地把"传闻"与"事实"、"描述"与"解释"区分开来。如果能用录音机、录像机做记录，效果更好。

4. 应在被观察者处于自然状态的情况下进行观察。观察法是收集资料的初步方法。它使用方便，但它积累的资料只能说明"是什么"，而不能解释"为什么"。因此，由观察所发现的问题尚需用其他研究方法作进一步的研究。

（三）调查法

调查法（survey method）是通过访问、问卷和交谈来获取资料的方式。调查法可以用来探讨被调查者的机体变量（如性别、年龄、教育程度、职业、经济状况等）、反应变量（即他对问题的理解、态度、期望、信念、行为等）及它们之间的相互关系。

调查法可分为问卷法（questionnaire）和访谈法（interview method）两种。

问卷法是研究者根据研究课题的要求，设计出问题表格让被调查者自行填写用来搜集资料的一种方法。这种方法具有向许多人同时搜集同类型资料的优点。其缺点是发出去的调查表难以全部收回，只能得到被调查者对问题的相对完整的答案。

访谈法是医学心理学中最基本的手段，研究者根据预先拟好的问题向被调查者提出，以一问一答的方式进行调查，了解其心理信息，以获得资料进行记录和分析研究。要使访谈法富有成效，首先应创造坦率和信任的良好气氛，使被调查者做到知无不言；同时，研究者应当有良好的准备和训练，预先拟好问题，尽量使谈话标准化，记录指标的含义保持一致。这样才有可能对结果进行客观的分析和概括。

（四）心理测验法

心理测验法（testing method）是对心理进行客观的标准化的定量测定的方法，在医学心理学研究中经常应用。特点是具有高信度、高效度、样本大、有代表性、有标准化的操作程序。用标准化的量表来测量心理特征时应注意以下几点：

1. 选用的测量工具应适合于研究目的的需要。

2. 主持测验的人应具备使用测验的基本条件，如口齿清楚、态度镇静、了解测验的实施程序和指导语、有严格控制时间的能力，并按测量手册上载明的实施程序进行测验等。

3. 应严格按测验手册上载明的方法记分和处理结果。

4. 测验分数的解释应有一定的依据，不能随意解释。心理测验法的优点为精确、定量、无损伤；缺点为患者如不真实反应或不按心理测试规范实施，易导致结论错误。

（五）实验法

实验法（experimental method）是在控制的情境下系统地操纵某种变量的变化，来研究此种变量的变化对其他变量所产生的影响。此法被公认为是最严谨的科学研究方法。由实验者操纵变化的变量称为自变量或实验变量（通常是用刺激变量）；由实验变量而引起的某种特定反应称为因变量。实验需在控制的情境下进行，其目的在于排除实验变量以外一切可能影响实验结果的因素（无关变量）。在实验中实验者系统地控制和变更自变量、客观地观测因变量，然后考察因变量受自变量影响的情况。因此，实验法不但能揭明问题的"是什么"，而且能进一步探求问题的根源"为什么"。

除了在严密控制实验条件下的实验室实验，还有所谓自然实验。自然实验也称现场实验，是在实际生活情境中对实验条件作适当控制所进行的实验。例如，要研究小学一年级儿童普遍存在着的感知算式错误（把加法做成减法或把减法做成加法）的原因，实验者在一个班里按一定的计划加强实验性训练，对另一平行班则不进行这种实验性训练，进行正常教学，对获得的材料加以整理和分析，就可以找出影响小学一年级儿童感知算式错误的原因。自然实验的优点是把心理学研究与实际的情境结合起来，具有直接的实践意义，较好地避免了实验室实验的情境人为性。其缺点是容易受无关因素的影响，不容易严密控制实验条件；要精密地控制实验条件，还需用实验室实验。

（六）神经影像检查法

神经影像检查法（neuroimaging method）包括结构性影像学和功能性影像学技术，前者有超声、X线、CT和磁共振成像（MRI）等，后者包括单光子发射计算机断层扫描（SPECT）、正电子发射型计算机断层显像（PET）、磁共振谱（MRS）、弥散加权成像（DWI）

及功能性磁共振成像（fMRI）等。

随着结构性影像学技术及功能性影像学技术的发展，研究人员不仅可以观察到脑结构形态学的改变，并可通过测定脑局部血流、葡萄糖代谢及受体的功能状态，从而了解大脑的功能，为更好地研究和解释人类心理行为异常的生物学病因提供了有价值的研究手段，同时也逐渐用于心理行为的评估。

近十余年来，神经影像学检查已用于人类心理行为的诊断与评估。研究较多的是针对精神疾病、应急障碍、暴力行为的研究，其次是针对成瘾、焦虑、强迫等多种心理行为障碍的研究。但是，目前神经影像学用于心理行为的诊断评估还处于初级阶段，许多检查只能用于定性，还不能定量，尚不能准确地进行心理行为的诊断评估。但其毕竟为我们提供了一种新的思路，相信随着神经影像学技术的发展，其以后用于心理行为的诊断评估就像目前CT、磁共振检查用于占位性病变的诊断评估一样切实可行，具有广阔的发展前景。

作为一门发展中的学科，医学心理学的研究方法尚有许多不尽人意之处。第一，医学心理学的理论基础比较薄弱，心理学流派繁多，各有千秋，各种理论观点较难统一而显得杂乱无章。基本概念的不统一，则操作性定义难以界定，给研究带来了困难。第二，心理定量的主观性。心理学的测量常常带有主观成分，不像生理学的测量多采用"数量化"的指标，在心理学研究中，对心理现象的描述都难以避免主观判断。第三，医学心理学涉及生物、心理、社会人文多个领域的内容，其研究涉及多种变量或因素，且它们之间又相互作用，复杂多变，实验研究控制条件非常不易，并且对于结果的解释也可有多种推测，这也是难点之一。

总之，医学心理学的每一种研究方法都有自己的优缺点，每一种方法又都有不同的技术问题。在研究过程中可以根据研究对象的特点，把各种方法的优点和长处充分发挥出来，不要教条地搬用现成模式，而要实事求是地采取对策，通过缜密地分析，得出科学的结论。只有如此，才能使医学心理学的研究更有价值，才能推动这门学科的不断发展和进步。

第四节　医学心理学的历史与现状

一、国外医学心理学的发展概况

"心理"一词来源于一位古希腊女神普赛克（Psyche）的名字，是灵魂的化身。远古时代，人类极端迷信，相信万物都有灵，认为健康是神的保佑，疾病是鬼魔作怪或神灵对自己罪恶的惩罚，由此巫医便得以兴起，巫术遂成为治疗疾病的方法。20世纪英国著名科学史家丹皮尔（W.C.Dampier）说："医巫同源，巫术一方面直接导致迷信，一方面又导致科学。"巫医的语言暗示和开导，跳神驱鬼的行为表演，稳定了患者的情绪，也驱散了患者的恐惧，这可以看作心理治疗的端倪，也是医学心理学发展的萌芽。

公元前1100年起已有了科学的萌芽，学术界开始正式研究心与身的关系，并紧密地将哲学的精神与物质的关系结合起来研究，在朴素的唯物论自然哲学研究中发展了医学心理学。代表人物为西方医学之父希波克拉底（Hippokrates，约公元前460—公元前377）和盖伦（C.Galen，129—199）。希波克拉底的医学思想体系是朴素的唯物论思想，已脱离了神灵思想。例如，他的体液学说认为人有四种体液，它们在人体内的不同比例组成便形成了人的四种气质或性格；进而他又将气质与疾病相联系，如认为四种体液混合均匀、平衡便健康；反之，如不平衡便产生疾病。他明确提出心理在治病中的重要性，要"治病先治人"。他还提出治病"一是语言，二是药物"。而古罗马名医盖伦通过动物解剖，发现脑、肾、心的位置和功能，认为疾病应定位于脏器的病理上，心是灵魂，主张心身是分离的，对医学界影响较大。

"医学心理学"一词最早是由德国哥延根大学哲学教授洛采（H.Lotze，1817—1881）提出的，他在1852年出版了一本命名为《医学心理学》的著作。全书共有三篇，书中讨论了心理与健康和疾病的关系。洛采在书中虽然列举了较多的生理学事实，但他的哲学观点是形而上学的，因而他的心理学也是形而上学的心理学，在理论上影响不大。之后不久，德国心理学家、哲学家冯特（W.Wundt）于1879年在莱比锡大学创办了世界第一个心理实验室，不仅为心理科学开辟了新纪元，也为医学心理学的发展开拓了道路。他将心理学研究纳入科学的轨道，医学心理学作为心理学的分支学科也随之进入科学时代。随着科学革命的兴起，哈威（W.Harvey）建立了动物实验生理学并提出了血液循环学说，显微镜发明后魏尔啸（R.Virehow）提出细胞病理学说，巴斯德（L.Pasteur）的微生物学和免疫学的建立等，均使医学进入科学生物医学模式时代。受科学发展和医学发展的影响，医学心理学也引入新的研究方法，并提出许多新的学说和观点，推动了本学科的迅猛发展。例如，美国人卡特尔（R.B.Cattell）首先提出"心理测验"的概念并制订了一套标准化的测验方法。法国人比奈（A.Binet）和西蒙（Simon）编制出第一套儿童智力年龄的测验量表。奥地利人弗洛伊德（S.Freud）创立了精神分析学说。美国人坎农（W.B.Cannon）、沃尔夫（H.G.Wolff），加拿大人塞里（H.Selye），俄国人巴甫洛夫（I.P.Pavlov）等创立了心理生理学说。美国人华生（J.B.Watson）、桑代克（E.L.Thorndike）、斯金纳（B.F.Skinner）和俄国人巴甫洛夫创立了行为主义学说。美国人罗杰斯（C.Rogers）、马斯洛（A.Maslow）创立了人本主义学说。美国人艾里斯（Aellis）和贝克（A.T.Beck）、瑞曼（V.C.Ralmy）创立了认知学说。梅耶（A.Meyer）提出了精神卫生学说。这些新学说和观点的提出构成了现代医学心理学的理论框架和方法学体系，对推动学科发展起了重要作用。例如，德育琪（F.Deutsch）提出的心身医学的体系便是以精神分析学说为支柱，认为情绪在躯体疾病中起着重要作用。心身医学后经美国精神分析学派的心身医学家佟巴（F.Dunbar）所著的《情绪与躯体变化》和阿利克山大（Alexander）对经典心身疾病的详尽研究得到发展。此外，行为学派、心理生理学派的方法和学说均推动了心身医学的进步。他们都详尽研究了情绪、行为、人格在心身疾病发生中所起的重要作用。美国临床心理学家韦特墨（L.Witmer）对心理学为临床服务做出了历史性的贡献，他于1896年在宾夕法尼亚州建立了第一个心理门诊，将心理学运用于临床实际，并于1907年提出"临床心理学"术语，开设了临床心理学课程。此后，在美国和其他一些国家，类似的心理诊所及大学和医院的临床心理机构陆续出现。1906年，普林斯（N.Prince）创办了《变态心理学杂志》，第二年韦特墨创办了《心理学临床杂志》。1917年美国临床心理学会成立，1936年洛蒂特（Louttit）出版了第一本临床心理学教科书，1937年《咨询心理学杂志》（后改为《美国咨询和临床心理学杂志》）问世。至此，医学心理学具备了服务部门、专业机构、学术刊物和教科书，形成了专业雏形。1977年在美国耶鲁召开了第一次行为医学大会，提出了行为医学的暂行定义；1978年，《行为医学杂志》出版；1978年，马泰勒佐（J.Matarazzo）又创立健康心理学，并在美国心理学协会中成立健康心理学分会。

1951~1955年，由马泰勒佐在华盛顿大学医学院首次开设了"医学心理学导论"这一课程，从此医学心理学才作为培养医生的必修课程。1957年，在美国俄勒冈州大学医学院第一个正式建立了医学心理学教研室。英国政府于1970年正式决定在医学院校开设心理学。目前，许多国家在医学院校开设了医学心理学课程。医学心理学的教学时数由几十增加到几百，占较大的学分比重。许多国家还明文规定，医学院的毕业生如果没有医学心理学的学分，将不允许执业。

二、中国医学心理学的发展概况

美国心理学家莫菲（G.Murphy）在《近代心理学历史导引》中指出："世界心理学的第一个故乡是中国。"中国古代虽然没有心理学专著，但是有丰富的心理学思想，这是和西方心理学发展的显著不同之处。具有代表性的中国古代心理学思想包括认为万物以人为贵的"人贵论"，认为心和身、心理和生理有相互关系的"形神论"，认为人性、个性与习染关系的"性习论"，着重强调认知与行为关系的"知行论"，关于情绪与欲望、需要方向的"情欲论"等。

我国传统的中医理论及实践体系，是经过数千年科学积累发展起来的，其中蕴含了丰富的医学心理学思想。如公元前1100年，《周易》问世，提出八卦的对立统一观、物质的相生相克观。此后，《黄帝内经》出现，集中体现了朴素唯物论思想和辩证法，如提出了"天人合一""形神合一"等哲学思想应用到医学的观点，提出"内伤七情""外感六淫"的病因观，即认为心身（人）与外界环境（天）是统一的，心与身是统一的。所以，外界环境变化或心理上的七情变化都可以引发疾病，而且心理不畅是致病的主因，并主张治病要"辨证论治"，要"因人而异"。《黄帝内经》也列举了许多利用心理疗法治病的实例，说明在古代已经形成了中医心理学理论思想的雏形、独具中医特色的心理治疗方法，不仅在当时领先于世界医学，而且至今仍对现代医学心理学也有所启迪。

19世纪末期，西方心理学传入我国。1917年，北京大学哲学系教授陈大齐创立了我国第一个心理学实验室，开设心理学课程并且开展简单的心理学实验。中国医学心理学的倡导者丁朗（1910—1968）于20世纪30年代开始，在北京协和医院脑系科从事心理治疗工作，并在医院、学校和工厂创办了心理咨询门诊和心理卫生室。1951年，中国科学院心理研究所正式成立。1958年，中国科学院心理研究所与北京医学院精神病科合作，针对当时为数众多、久治不愈的神经衰弱患者，开展了以心理治疗为主的综合快速治疗，短期内便获得显著疗效，引起了人们对医学心理学的重视。该疗法后来又被推广应用于治疗一些心身疾病（高血压、肠疡病）和精神分裂，疗效理想，受到医学界的欢迎。就在医学心理学事业步入正轨之际，"文化大革命"开始，医学心理学工作陷于瘫痪之中。1978年，中国进入一个新的历史时期。中国心理学会恢复活动，1979年举行的医学心理学学术座谈会标志着我国医学心理学步入崭新的发展阶段。医学心理学课程被纳入高等医学教育的教学计划中，医学心理学成为医学专业学生的必修课；在许多大型综合性医院配备了专职临床心理医生。医学心理学已广泛渗透到临床医学、老年医学和康复医学等各领域。

医学心理学工作队伍也日益壮大，他们在编制和修订临床量表、推动心理心理卫生工作发展及神经心理学研究方面取得了卓越成果，在促进人类心身健康及防治疾病方面发挥着重要作用。

知识拓展：中国现代医学心理学的奠基人——丁瓒教授简介

丁瓒

丁瓒教授（1910—1968），江苏南通人，是我国著名的心理学家，医学心理学和病理心理学的奠基人。1931年考入南京大学心理系，1935年毕业。同年，丁瓒与萧孝嵘在南京发起成立中国心理卫生协会（会址在南京山西路小楼）。1936年丁瓒在北京协和医学院脑系科做研究生。1942年丁瓒转赴重庆中央卫生实验院成立了心理卫生室。丁瓒在20世纪30年代后半段所从事的专业工作都可包括在医学心理学的范畴内。应该说丁瓒是当之无愧的中国医学心理学的奠基人，但正式启用"医学心理学"这一词并阐述其理论观点是在1956年，分别刊登在《文汇报》和《中华神经精神杂志》上（第二卷第四期321～326页）。

（张雪琴）

思 考 题

1. 什么是医学心理学？
2. 医学心理学的研究范围是什么？
3. 医学心理学关于健康和疾病的基本观点是什么？

第二章

心理学基础

> **案例 2-1**
> 小丽清晨醒来，看到光亮照进屋子，听到窗外树上的鸟儿正在吱吱地叫个不停。她打开窗户，一阵微风吹来，使她感到凉爽极了。她尽情地吸了几口清新的空气，似乎嗅到了一股花香，便猜想这花香大概是从不远处的花园里吹来的。她还记得，花园里有许多花。今天休息，她很高兴，便在脑子里盘算着如果去花园玩儿，该多么惬意啊！她很喜欢花，已有好多天没有去花园了，应该去一下。忽然她又想起，一门课程的论文作业还没有写完，今天应该交稿了，必须忍耐一下，坚持写完。想到这里，她很快收拾了一下，吃过早饭就开始写论文了……
> 问题：小丽有哪些心理活动？

第一节 心理现象及其本质

一、心理现象

心理学是研究人和动物心理现象的发生、发展和活动规律的一门科学，其研究对象是心理现象。心理现象是多种多样的，也是非常复杂的。从人的心理的动态-稳态这个维度上来看，可以分为心理过程和人格（图2-1）。

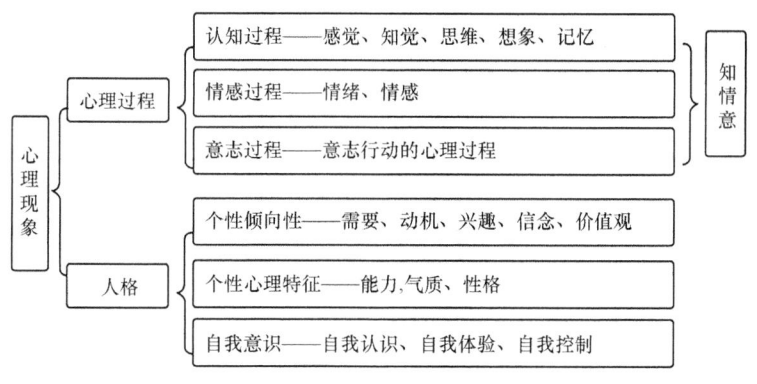

图2-1 心理现象的内容

（一）心理过程

心理过程是指人的心理活动发生和发展的过程，包括认知过程、情绪情感过程、意志过程。三者合在一起简称为"知、情、意"。认知过程是指个体对客观世界的认识和察觉，包括感觉、知觉、记忆、想象、思维、言语等心理活动。情绪过程是个体对客观事物的态度体验，包括情绪和情感。意志过程是个体在自己的活动中设置一定的目的，按计划不断地排除各种障碍，力图达到该目的的心理过程。

在案例2-1中，在小丽进行的小小的生活片断里，就有一系列的心理活动。这里的"看到、听到、感到、嗅到"就是心理学中讲的"感觉"和"知觉"；这里的"记得、想起"就是心理学中讲的"记忆"；"猜想、盘算"就是"思维"问题；"高兴、惬意、喜欢"属于"情感"；"忍耐、坚持"属于"意志"。这些心理活动或心理现象，都是人们所熟悉的。

（二）人格

人格是指一个人的总的精神面貌，它是通过个人的生活道路而形成的，反映了人与人之间稳定的差异的特征。

人格的结构包括个性倾向性、个性心理特征和自我意识。

个性倾向性是推动人进行活动的动力系统，是个性结构中最活跃的因素。它决定着人对周围世界认识和态度的选择和趋向，决定着他追求什么，什么对他来说是最有价值的。个性倾向性主要包括需要、动机和价值观。需要是个性倾向性的基础。动机的基础是人的各种需要。价值观制约和调节着人的需要、动机等个性倾向性成分。

个性心理特征是人的多种心理特征的一种独特的组合，包括能力、气质和性格。它集中反映了一个人精神面貌的稳定的类型差异。例如，有的人聪明，有的人愚笨，这是能力上的差异。有的人活泼好动、反应敏捷，有的人直率热情、情绪易冲动，这是气质上的差异。有的人果断、坚韧不拔，有的人优柔寡断、朝三暮四，这是性格上的不同。

自我意识是一个人对自己及自己和他人关系的意识。从心理形式上来看，自我意识表现为具有认识的、情绪的和意志的三种形式。属于认知的有：自我观察、自我概念、自我认定、自我评价等，统称为自我认识。自我认识使个人认识到自己的身心特点、自己和他人及自然界的关系。属于情绪的有：自我感受、自爱、自尊、自恃、自卑、责任感、义务感、优越感等，统称为自我体验。自我体验主要涉及"我是否满意自己""我能否悦纳自己"等问题。属于意志的有：自立、自主、自制、自强、自卫、自信、自律等，可统称为自我控制。自我控制表现为个人对自己行为活动的调节、自己对待他人和自己态度的调节等。自我意识的发展促进着个性的发展。

二、心理的本质

关于心理的实质，辩证唯物主义认为，心理是脑的功能，是人脑对客观现实的主观能动的反映。同其他任何现象一样，心理现象也有其发生、发展的历史。要科学地理解心理现象的本性，应先了解心理的发生和发展。

（一）心理是脑的功能

心理是随着神经系统的产生而出现，并且不断发展和完善。大脑的发育和成熟是人类心理发展的物质基础。心理活动水平与大脑皮质结构的发育程度是正相关的关系。近代医学研究表明，人脑的某些部位损伤会导致相应心理功能的失调。例如，额叶和脑干网状结构有提高皮质觉醒水平的作用，当额叶和网状结构受到损伤、人就无法维持有意注意；事实证明，没有脑，就没有心理；脑是心理活动的器官，心理是脑的功能。

（二）心理是人脑对客观现实的主观能动的反映

1. 客观现实是心理活动的源泉 心理是大脑活动的结果，却不是大脑活动的内容。人的心理活动的内容都来源于客观现实。人的大脑可以看成是"加工厂",客观事物好比是"原材料",没有客观事物的刺激,大脑就不可能产生任何心理现象。

2. 心理是客观现实的主观映象　大家同时欣赏一幅画,由于个体不同的心理特点,会对这幅画产生不同的感受和评价,这就说明了心理反映的主观性。虽然心理的这种主观映象与所反映的客观现实很相似,但两者本质不同。因为主观映象是一种精神现象,它可以是事物的形象,也可以是概念和体验,是主观的非物质的;而客观现实是具有物质实在性的具体事物。

3. 人的心理是积极能动的反映　心理的反映不是镜子似的死板地、机械地反映客观事物,而是能动地反映。因为通过心理活动除了能认识事物的外部特征,还能认识到事物的本质、与其他事物之间的联系;进而根据实践的检验不断调整自己的行动,用认识指导实践,及时纠正错误的反映,使反映符合客观规律,这些都表现了人的心理能动性。

(张雪琴)

第二节　认知过程

认知过程（cognitive process）是人在对客观世界接收、储存、加工和理解各种信息的过程,即人脑对客观事物的现象和本质的反映过程。它包括感知觉、记忆、想象、思维等。

一、感觉与知觉

知识拓展：感觉剥夺实验

第一个感觉剥夺实验是1954年由Bexton Heron和Scott在加拿大McGill大学的实验室进行的。他们征募大学生来参加这一实验,每天的报酬是20美元（当时大学生打工每小时的报酬是0.5美元）。由于有这样的经济收入,大学生都极愿意来当被试。被试所要做的事看起来挺轻松,只是每天24小时躺在有光的小屋里的一张舒服的床上,时间尽可能长。他们戴上半透明的塑料眼罩,可以透进散射光,但没有图形视觉；双手戴上纸板做的袖头和棉手套,以限制他们的触觉；头枕在"U"形泡沫橡胶做的枕头上,同时用空气调节器的单调嗡嗡声限制他们的听觉。除了吃饭和上厕所,严格限制被试的感知觉信息输入。开始,绝大多数被试都认为这个实验给他们提供了一个睡上一大觉的机会,或者可以利用来考虑自己的作业和论文。但是,结果表明,他们对任何事情都不能作明晰的思考,连贯的集中注意和思维都有困难,思维活动似乎是"跳来跳去"的。而且,实验使被试产生难以忍受的痛苦,不仅感到时间特别长,而且还产生了一些幻觉。虽然主试鼓励被试尽可能长时间地坚持,但是大多数被试只能忍受2~3天就要求解除实验,几乎没有一个人能忍受一周以上的时间。对于那些解除实验的被试随即进行心理测验,结果显示,他们对精细活动的控制能力、对图形的识别能力、对事物的注意集中能力,以及对问题的逻辑思维能力等,都出现了严重的下降。在恢复正常生活后,隔了相当一段时间,他们的各种心理活动和状态才恢复到实验前的水平。通过感觉剥夺实验证明,没有感知觉,不但高级的心理活动无法形成,就连已有的高级心理功能也将出现障碍。

(一)感觉

感觉是一切心理活动产生的基础,是客观通向主观的通道,也是意识形成和发展的基本成分。

1. 感觉的概念 感觉(sensation)是人脑对直接作用于感觉器官的客观事物的个别属性的反映。在生活中,许多刺激都会作用于机体的感受器,通过大脑进行加工,在大脑里产生各种各样的反映,如听到的声音、看到的颜色、闻到的气味、摸到的软硬等。对客观世界的认识往往都是通过这些简单的属性开始的。例如,如何识别一个苹果?我们可以用眼睛看到它有红红的颜色、圆圆的形状;用嘴品尝到它甜甜的滋味;用手掂出它有的重量。这里的红、圆、甜、重就是苹果的一些个别属性。

2. 感觉的意义 感觉是个体最简单最初级的心理活动,也是个体出生后最早形成的心理活动。尽管感觉很简单,但是对个体的生活和工作却有着非常重要的意义。

人在日常活动中接受各种各样的感觉刺激,这些感觉刺激是个体心理活动正常进行的必要条件。人们可以通过感觉,识别外界事物的颜色、大小、冷热、气味等,从而了解事物的各种属性。同时,人们通过感觉还能认识自己的状态,如闷热、口渴等,有了这些信息,人们便可自我调整,如避暑、喝水等。如果没有感觉为人们提供这些信息,人们就不可能根据自己的机体状况调整自己的行为。著名的感觉剥夺实验就说明了感觉刺激对人的意义。可见,没有感觉提供的各种外界信息,人就无法正常地生活。

感觉是一切高级、复杂心理现象的基础。人的知觉、记忆、思维等较复杂的心理活动需借助于感觉提供的原始资料才能形成和发展。人的情绪情感体验,也是必须依靠人对环境和身体内部状态的感觉才能形成和发展。如果没有感觉,这些原始信息、内部体验都无法获得,那么一切较高级、较复杂的心理现象便都无从产生。

3. 感觉的分类 感觉的种类较多。通常根据刺激物的性质及它所作用的器官,将感觉分为两大类:外部感觉和内部感觉。

(1) 外部感觉:主要接受机体外部的刺激,反映外界事物的个别属性。属于外部感觉的有:视觉、听觉、嗅觉、味觉、肤觉。视觉和听觉是人类主要的感觉器官,主要接受外界的信息。通过嗅觉,机体可以分辨不同气味的气体。例如,我们闻到的花香、硫酸的刺激气味等。味觉主要作用于我们的饮食活动中,平时品尝到的基本味觉有酸、甜、苦、咸四种,各种味道都是这四种基本味觉混合而成的。例如,我们品尝的苹果的酸甜、药的苦味等。肤觉包括触觉、压觉、冷觉、温觉、痛觉和振动觉等。它是人类最大的感觉系统,能够感觉外界环境的冷、热、触、压和痛。皮肤觉最重要的功能是对可能出现的不利刺激发出信号。像我们的皮肤能够感觉到身上穿的衣服,能够体验到空气的冷暖,都是由肤觉所决定的。

(2) 内部感觉:主要接受机体内部的刺激,反映身体的位置、运动和机体内脏器官的不同状态。属于内部感觉的有:肌肉运动觉、平衡觉、机体觉等。肌肉运动觉为机体提供身体运动的信息。当人们的肌肉收缩运动、关节角度改变时,肌肉运动觉感受器会随之而兴奋。平衡觉是对身体运动的速率和方向的感觉。平衡觉可以保持身体的平衡状态,当机体加速、减速或者改变运动方向时,淋巴液将冲击前庭器官,产生平衡觉,常见于晕船、晕车等现象。机体觉又被称为内脏觉,主要反映内脏各个器官的活动状态,主要包括饥饿、饱胀、恶心、窒息等感觉,对内脏活动的调节起重要作用。

4. 感觉的特征

（1）感受性与感觉阈限：感受性也称感觉的敏锐程度，是感受器对刺激的感受能力，感受性的高低用感觉阈限大小来测量。感觉阈限是衡量感觉能力的客观指标，可分为绝对感觉阈限和差别感觉阈限。刚刚能引起某种感觉的最小刺激量称为绝对感觉阈限，觉察出最小刺激量的能力称为绝对感受性；刚刚能引起差别感觉的刺激的最小变化量是差别感觉阈限，觉察出同类刺激物之间最小差别量的能力是差别感受性。感受性与感觉阈限成反比关系，阈限低感受性高，感觉敏锐；反之，阈限越高，感受性越低，感觉越迟钝。各种感觉的绝对感觉阈限并不相同，同一感觉的绝对感觉阈限也因人而异。另外，人的各种感受性都不是一成不变的，它们受内外条件的影响，如适应、对比、感官之间的相互作用；疲劳和训练等都能导致相应的感受性发生变化。

（2）感觉后像和闪光融合：对感受器的刺激作用停止以后，感知觉的印象并不立即消失，还能保留一个短暂时间。这种在刺激作用停止后短暂保留的感知觉印象，称为后像（afterimage）。后像分为正后像和负后像，正后像在性质上和原刺激的性质相同，负后像的性质则同原刺激的性质相反。例如，注视日光灯 20~30 秒，然后闭灯，头脑中仍会觉得有一个日光灯的光亮形象（细长的亮棒）出现在暗的背景上。因为此后像与开灯时的感知觉印象一样，都是亮的，即与原刺激的性质相同，所以称为正后像。随着正后像出现以后，如果继续注视，就会看见一个黑色的日光灯形象出现在亮的背景上，因为此时的后像与开灯时的刺激在性质上是相反的，所以称为负后像。

后像的产生是由于神经兴奋所留下的痕迹作用的结果，即当对感受器的刺激作用停止以后，刺激所导致的神经兴奋还会在脑中留有痕迹，其作用的结果导致后像的产生。另外，后像的持续时间与原刺激作用的持续时间成正比关系，刺激作用的时间越长，产生的后像持续时间也越长，这是因为刺激的持续作用会使神经兴奋产生时间上的累积效应。

后像可以使原本断续的刺激在人的心理上产生连续的感受，如看电影：电影胶片上的画面都是一张一张彼此断续的，但是我们在看电影时并没有断续的感受，相反觉得它们是连续的。这是因为，电影放映时的速度是每秒 24 张画面，即画面之间的时间间隔很短暂，所以在前一张画面消失与后一张画面出现之间，后像填补了心理上的感知觉"空隙"。

后像的这种心理效应常常表现在闪光融合现象之中。所谓闪光融合，是指原本闪动或闪烁的光，如果其闪动达到一定的频率，人们在心理上就会觉得它不是断续闪动的光，而是连续、不闪动的光，即原本闪动的光在人们的心理上融合起来了。例如，日光灯原本是一种不断闪动的光源，但是由于它的闪动频率较高，人们都没有觉得它在不停地闪动。这是因为，在中等光强度下，视觉后像保留的时间大约是 0.1 秒，因此一个闪动的光源每秒钟闪动频率超过 10 次，就会产生闪光融合现象。与之相应，刚刚能够引起融合感觉的刺激的最小频率，称为闪光融合临界频率或闪烁临界频率，它表现了视觉系统分辨时间能力的极限。

（3）感觉的适应：是指由于刺激物对感受器的持续作用使感受性发生变化的现象。古语有"入芝兰之室，久而不闻其香；入鲍鱼之肆，久而不觉其臭"等，就是指适应现象。视觉的适应可以分为暗适应和明适应。如果看电影时迟到的话，从光亮的室外刚刚进入光线很暗的放映大厅时，除了银幕上的影像之外，人们几乎什么都看不清；经过几分钟后，才能看清周围事物的轮廓。这种由光亮处转入暗处时人眼睛感受性提高的过程称为视觉的暗适应。整个过程持续时间要 30~40 分钟。与暗适应相反的是明适应，它是指当人们从黑暗的环境忽然进入到明亮的环境时，人眼睛的感受性下降的过程。在明适应刚开始时，人们会觉得最初瞬间的强光刺眼眩目，但经过几秒钟后，眼睛就能正常地看清周围事物了。整个过程需持续 5 分钟左右。

适应所导致的感受性变化，具有一定的规律性：当持续作用的刺激物由弱变强时，感受性就会降低；当持续作用的刺激物由强变弱时，感受性就会提高。

（4）感觉的对比：是指同一感觉器官在不同刺激物的作用下，感受性在性质和强度上发生变化的现象。例如，黑人牙齿总给人以特别白的感觉。感觉对比分为同时对比和继时对比两种。某一感受器同时接收到不同刺激而产生的对比现象，称为同时对比。例如，图 2-2 中明度相同的灰色方块分别放在白色背景和黑色背景上，人们会觉得它们的明度有明显不同。在黑色背景上的灰色方块显得明亮些，而在白色背景上的灰色方块显得暗淡些。某一感受器先后接收到不同刺激而产生的对比现象，称继时对比。例如，先吃糖，后吃苹果，就会感觉苹果变酸。

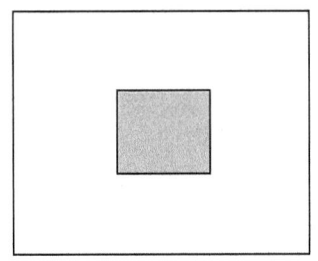 

图 2-2　视觉明度的同时对比现象

（5）联觉：是指当一种感觉器官受到刺激而产生一种特定感觉的同时又产生另外一种不同的感觉。例如，红色、黄色看上去使人觉得温暖，被称为"暖色"，而蓝色、紫色常引起人冷的感受，被称为"冷色"。暖色的东西看上去显得大，有使视觉膨胀的作用；冷色的东西看上去则显得小，使视觉收缩。法国国旗原来蓝白红三色等宽，但由于冷暖色的视觉效果，看上去并不等宽，其中白色显得最宽，蓝色显得最窄。后来调整了 3 种颜色的宽度比率，使蓝色最宽，白色最窄，这才使旗子看上去三色等宽。联觉的规律已被广泛地运用于建筑、装潢、广告及医疗等领域。

（6）感受性的补偿与发展：感受性的补偿是指当某种感受器受到损伤之后，在社会生活与实践活动的影响下，其他感受器的感受性大大提高的现象。这一规律往往在感觉缺陷（盲、聋）者身上表现得特别明显。例如，盲人、聋人或盲聋人，由于丧失了重要的视、听觉，在生活实践中就需要运用其他感官来加以补偿，于是起到补偿作用的感觉器官的感受性就相应地得到超常发展，从而弥补了视、听觉的缺陷。感受性的发展是指人的感受性在生活和劳动实践的长期锻炼中，是可以大大提高和发展的，特别是通过实践活动和某些特殊训练，可以提高到常人不可能达到的水平。例如，印染工人能分辨 40 多种深浅不同的黑色；音乐家有高度精确的听觉；调味师有高度完善的味觉和嗅觉等。但是，如果过度长期使用或刺激某种感觉器官，也会造成感觉器官的损伤。

（二）知觉

1. 知觉的概念　知觉（perception）是人对直接作用于感觉器官的客观事物的各个属性的整体反映，是人对感觉信息的组织和解释的过程。

客观事物具有多种属性,如形状、重量、温度、气味、味道等,人对其中某一个属性的反映就是感觉。在现实中,人很少只把握某一个事物的单一属性,多是把各个属性整合起来并加以理解,只有这样才能真正把握这一事物,所以几乎没有绝对孤立的感觉。因此,当人对客观事物产生感觉的同时,知觉也就随之产生了。人对客观事物的感性认识,都是以知觉的形式表现出来的。

2. 知觉的特征

(1)知觉的选择性:人在知觉事物时,总是根据需要或主客观情况,从众多事物中选择其中的某个或某几个事物作为知觉的对象(object),以便对其进行清晰的反映,而把同时存在的其他事物视为知觉的背景(background),仅对之进行模糊的反映。知觉的这一特征称为知觉的选择性。心理学常用一些"双关图形"来说明知觉的选择性,图 2-3 中 A、B 两张图画中选择不同的内容为知觉对象时,知觉的结果是不一样的。

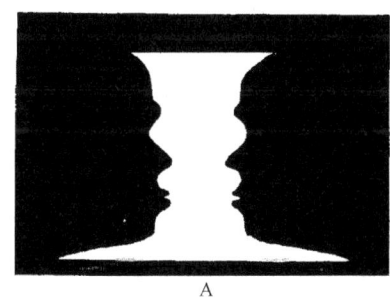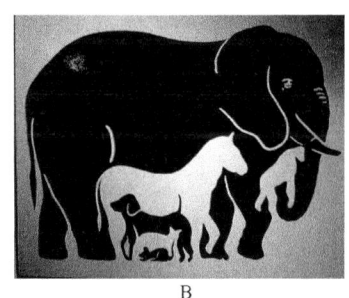

图 2-3　知觉的选择性图形

影响知觉选择性的因素不仅与客观刺激物的物理特性有关,如强度较大、色彩鲜明、活动的客体容易成为知觉选择的对象,还与知觉者的需要和动机、兴趣和爱好、目的和任务、已有的知识经验及刺激物对个体的意义等主观因素密切相关。

(2)知觉的整体性:人在过去经验的基础上把由多种属性构成的事物知觉为一个统一的整体的特性就是知觉的整体性(wholeness of perception)或知觉的组织性。

知觉的整体性与过去经验有关,还与知觉对象本身的特征有关,如对象的接近性、相似性、连续性、封闭性等。在知觉中,知识经验可对当前知觉活动提供补充信息。这一点在"主观轮廓"现象中表现得尤为明显。所谓主观轮廓(subjective contour)是指在知觉对象本身没有提供完整的刺激信息时,人能够凭借刺激物之间的相互关系,借助于分离的刺激信息所提供的线索并依据个体的知识经验而产生的知觉。如图 2-4,乍看之下,图中只是有些不规则的黑色碎片和一些只有部分连接的线条。但如仔细察看,就会知觉到规则的三角形、正方形、圆形和十字形。在这里,知觉刺激物本身的条件并不闭合,也不连接,是观察者主观上根据经验把不连续的线知觉成连续的。

我们对事物个别成分的知觉依赖于事物的整体特性。如图 2-5,同样的图形"13",当它处在数字系列中时,我们把它知觉成数字 13,当它处在字母序列中时,我们又把它知觉成字母 B,因此,离开了整体情境,离开了各部分的相互联系,部分就失去了它的确定意义。

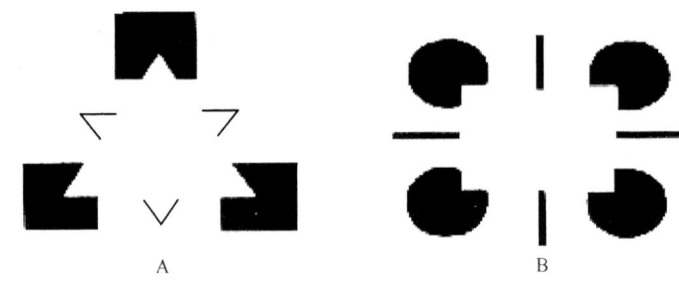

图 2-4 主观轮廓

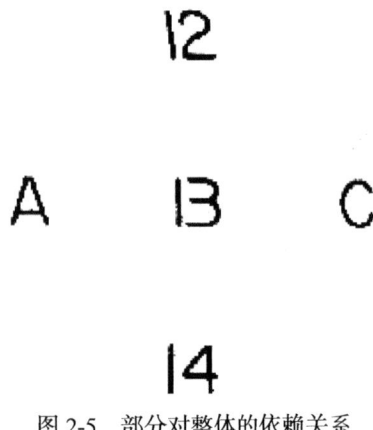

图 2-5 部分对整体的依赖关系

（3）知觉的理解性：人在感知当前的事物时，不仅依赖于当前的信息，还要根据自己过去的知识经验来理解它，给它赋予一定的意义，这就是知觉的理解性。知觉理解性主要受到个人的知识经验、言语指导、实践活动及个人兴趣爱好等多种因素的影响。

（4）知觉的恒常性：在知觉的过程中，当知觉的条件在一定范围内发生变化时，知觉对象的映象仍然保持相对不变的现象被称作知觉的恒常性（constancy of perception）。我们知觉事物的条件经常因距离、位置、角度或照明等因素的不同而发生变化，但是我们对事物的知觉并不因此而改变，相反始终保持相对恒定。

例如，同一个人站在离我们远近不同的位置时，尽管他在我们视网膜上的投影因为距离不同而改变着，但是我们对其身高的知觉依然保持相对不变。知觉的恒常性使我们能够在不同的条件或情况下，根据事物的实际面貌反映事物，以适应变化多端的客观世界，利于我们的生存和发展。

（5）定势：又称心向，是指个体对一定活动的预先的特殊准备状态。具体来说，就是人们当前的活动常常受到前面曾从事过的活动的影响，倾向于带有前面活动的特点。当这种影响发生在知觉过程中时，产生的就是知觉定势。当然，知觉者的情绪、需要、态度和价值观念等也会产生定势作用。例如，人的情绪非常愉快时，对周围事物也易于产生美好知觉的倾向。定势具有双向性，积极时可使知觉过程变得迅速有效；消极时则显得刻板，甚至妨碍知觉或引起知觉误导。

3. 知觉的分类 根据知觉反映的客观事物的特征不同，知觉可分为空间知觉、时间知觉和运动知觉。

（1）空间知觉：是对客观世界物体的空间关系的认识，包括对对客观事物的形状、大小、远近、方位等空间属性的反映。空间知觉是通过后天学习获得的，它是由视觉、触觉、动觉等多种感觉系统协同活动的结果，其中视觉起着主要的作用。

（2）时间知觉：是对客观事物的延续性和顺序性的反映。表现为对时间的分辨、对时间的确认、对持续时间的估量和对时间的预测。要判断时间，就必须以某种客观现象作为参考系，如自然界的周期现象及其他客观标志、计时工具、生理的节律性信息。

（3）运动知觉：是指物体在空间的位移特性在人脑中的反映。可细分为真动知觉和似动知觉。真动知觉（real movement perception）即物体按特定速度或加速度从一处向另一处作连续的位移,由此引起的知觉就是对"真正运动的知觉",简称真动知觉。似动知觉(apparent movement)是指在一定的条件下人们把客观上静止的物体看成是运动的,或把客观上不连续的位移看成是连续运动的知觉现象。似动知觉主要有动景运动、自主运动、运动后效、诱导运动。

4. 错觉(illusion) 是指人在特定条件下对客观事物必然产生的某种有固定倾向的受到歪曲的知觉。它是在客观事物刺激作用下产生的对刺激的主观歪曲的知觉。

研究错觉及其成因,有助于揭示人们正常知觉客观世界的规律,消除错觉对人类实践活动的不利影响。例如,飞机驾驶员在海上飞行时,由于远处水天一色,失去了环境中的视觉线索,容易产生"倒飞"错觉,这极有可能引起严重的飞行事故。研究这些错觉的成因,在训练飞行员时增加有关的训练,有助于消除错觉的影响,避免事故的发生。另外,研究错觉还可以利用错觉规律为人类实践活动服务。例如,在军事上,可以创设条件,给敌人造成错觉,以达到伪装和隐蔽的目的。此外,将错觉规律运用于建筑、造型、绘画、摄影、化妆、布景、服装设计等,还可以给人们带来美的享受。

错觉的种类很多,常见的有大小错觉、形状方向错觉、形重错觉、时间错觉、运动错觉等,如图 2-6 中的 A、B、C。焦急期待、通宵失眠、百无聊赖、无事可干之时,使人觉得时间过得很慢,有"度日如年"之感;全神贯注、兴趣盎然、欢乐愉快、紧张忙碌之时,又使人觉得时间过得很快,有所谓"光阴似箭"之感。似动现象是一种运动错觉,如图 2-6 中的 D。

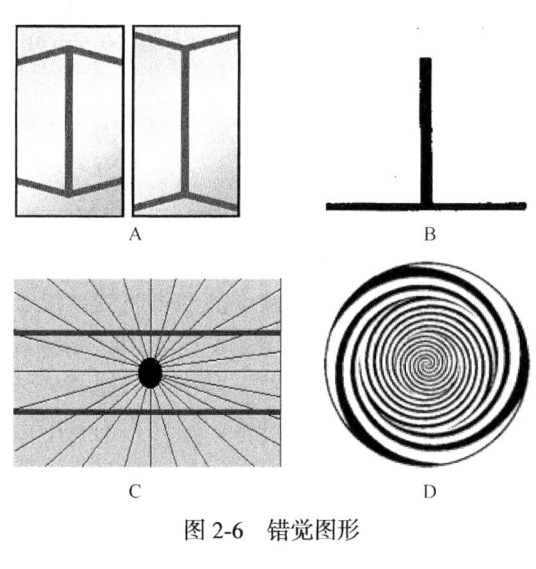

图 2-6 错觉图形

二、记　忆

(一)记忆的概念

记忆(memory)是指在头脑中积累和保持个体经验的心理过程。记忆是一个从"记"到"忆"的过程。具体说来,包括识记、保持和回忆三个基本环节。其中,识记是识别和记住事物,从而积累经验的过程;保持是储存和巩固已获得的经验的过程;回忆是恢复过去经验的过程。在记忆过程中,这三个环节是密切联系着的。没有识记,就谈不上保持;没有保持,就无从回忆。识记和保持是回忆的前提,而回忆则是识记和保持的结果及表现。

同时，回忆还能进一步加强对经验的识记和保持。

从信息加工的观点来看，记忆就是人脑对信息进行输入、编码、存储和提取的过程。对输入信息的编码，对应于记忆的第一步——识记。识记过的信息在头脑中的存储，对应于记忆的第二步——保持，即在头脑中巩固已编码信息的过程。提取已存储的信息并使之恢复活动的过程，对应于记忆的第三步——回忆。在应用时如果信息不能及时地被提取出来，说明信息没有能很好地保持，这种现象即为遗忘。

记忆是联系"过去"和"现在"的纽带，是心理活动在时间上得以连续的保证。若没有记忆，人势必每次都要去重新认识那些已经经历过的事物，永远处于"从零开始"的状态。即使是记忆发生局部的或一时的障碍，如因脑受伤或患精神病而发生的对某一时间阶段或某一类经验的记忆丧失，也会使心理活动发生极大的困难。由此可见，记忆是人的全部心理活动得以连续进行的基础。

（二）记忆的分类

记忆可以从不同的角度进行分类，人们常按照记忆的内容、保留的时间和是否意识到进行分类。

1. 内容性分类　根据记忆的内容，通常把记忆分为形象记忆、语义记忆、情绪记忆和运动记忆四种。

第一，形象记忆。形象记忆是指以具体形象为内容的记忆。它保存事物的感性特征，具有明显的直观性，它以表象的形式在大脑中储存过去的经验。形象记忆可以是视觉的、听觉的，也可以是触觉的、嗅觉的或味觉的，如对人物面貌、自然景色、音乐旋律、气味、味道的记忆。

第二，语义记忆。语义记忆是以词语的形式在人脑中用思想、概念或命题为内容的记忆。它具有抽象性、概括性、理解性和间接性的特点，如对概念、规则、定理、公式的记忆。语义记忆在人的学习过程中起着主导作用，因为它以理解为基础，以意义编码为特征。

第三，情绪记忆。情绪记忆指以体验过的情绪为内容的记忆。它往往不需要重复体验，以此形成经久不忘的特点，如大学生对拿到入学通知书时的喜悦心情的记忆。情绪记忆在人的生活中具有特殊调节功能，并且具有一定的动机作用，如触景生情、经验教训等都是情绪记忆。另外，同情别人或与别人产生情绪共鸣的能力也是以情绪记忆为基础的。

第四，运动记忆。运动记忆指以做过的动作、技能为内容的记忆。例如，体操运动员对动作程序及要领的记忆，开车、游泳都是运动记忆，甚至连走路、写字都是运动记忆的产物。运动记忆在人的生活中具有特殊意义，它是人的一切生活能力的基础。因为人的一切生活活动都伴随着不同程度的动作、技能，离开了运动记忆，生活是不可想象的。运动记忆的巩固较缓慢，一经巩固下来，不容易遗忘。

2. 时间性分类　根据信息保持时间的长短，将记忆分为瞬时记忆（即感觉记忆）、短时记忆和长时记忆三种。这种时间性的记忆分类只是针对脑的信息加工过程而言的，不同于我们日常的"瞬时""短时"和"长时"概念。普通心理学中通常所说的记忆及其识记、保持、回忆，都属于长时记忆范畴。

（1）瞬时记忆：也称感觉记忆或感觉登记，指外界信息在感觉通道的短暂停留，保持时间为 0.25～2 秒。后像就是瞬时记忆的一例。瞬时记忆以感觉映像的形式储存。瞬时记忆将大量的刺激保持一定的时间，使认知系统能从输入的信息中选择需要的部分做进一步加工，具有重要的意义。

（2）短时记忆：指保持时间在1分钟以内的记忆。短时记忆储存信息时间为5~20秒，最长不超过1分钟，记忆痕迹有随时间而自动消退的特征。它的容量相当有限，大约为（7±2）个单位。编码方式以言语听觉形式为主，也存在视觉和语义的编码。

（3）长时记忆：是指保持时间在1分钟以上以至终生的记忆。短时记忆的信息经过充分的加工后，在头脑中长时储存的记忆就是长时记忆。长时记忆中，信息是以意义编码形式储存的，并且容量巨大。

3. 意识性分类 根据是否意识到，可以将记忆分为外显记忆和内隐记忆两种。

内隐记忆（implicit memory）是指在个体无法意识的情况下，过去经验对当前作业产生的无意识的影响，有时又称自动的无意识记忆。

与此相对，外显记忆（explicit memory）是指在意识的控制下，过去经验对当前作业产生的有意识的影响。它对行为的影响是个体能够意识到的，因此又称作受意识控制的记忆。

二者有许多不同之处。例如，内隐记忆不受作业任务类型的影响，而外显记忆则明显受到作业任务类型影响；内隐记忆随时间延长而发生的消退要比外显记忆慢得多；外显记忆受记忆项目多少的影响而内隐记忆则几乎不受记忆项目多少的影响；感觉通道的改变会严重影响内隐记忆而对外显记忆没有影响。

（三）记忆的基本过程

记忆是一个过程，它是在一定的时间内展开的，可以区分为前后联系的一些阶段。识记、保持和回忆是三个基本的环节，从信息加工的观点来看，记忆包含编码、存储和提取三个基本过程，任何外界信息只有经过上述过程，才能成为个体可以保持和利用的经验。

1. 识记（memorization） 是反复感知事物，在大脑中留下印象，形成暂时神经联系的过程。识记是记忆的第一步，提高记忆效率，首先必须进行良好的识记。

识记有如下规律：

（1）目的及其远近对识记效果的影响：有无识记的目的或任务，效果大不一样。一些研究还表明，识记的目的越明确、越具体，识记效果也越好。心理学家曾做过这样一个实验研究：研究者要求两组被试分别识记16个单词。其中一组被试在有目的要求的情况下识记，另一组被试则在无目的要求的情况下识记。结果，有目的识记组当时回忆出了14个单词，两天后还回忆出了9个单词；而无目的识记组当时回忆出10个单词，两天后只回忆出6个单词。这表明了有目的识记的效果明显优于无目的识记的效果。

另外，目的或任务的远近，也直接影响识记的效果。例如，在一项实验中，要求两组学生背诵同一篇课文，其中告知第一组学生2周后检查，告知第二组学生明天检查，但实际上两组学生都是一周后检查；结果显示，第一组学生基本都能顺利背出课文，而第二组学生基本都忘了。

（2）理解程度对识记效果的影响：对所识记的材料是否理解及理解程度的不同，识记效果也有明显差异。例如，德国心理学家艾宾浩斯，用一首诗中的六节计80个字音作为识记材料，当这80个字音按原来诗中的排列顺序识记时，被试只需诵读8次就可以正确背诵；而当这80个字音被打乱顺序重新排列时，被试约需诵读80次才能正确背诵。由此可见，识记有意义的材料（容易理解的材料）要容易得多、快得多、效果好得多。这是因为，所谓理解，其实就是识记者为了便于识记，对识记材料进行的某种形式改变，使之与自己已经掌握的知识、经验发生了某种联系。这种联系越丰富，也表明识记者对识记材料的理解程度越高，识记效果也就越好。总之，理解与识记的关系就像消化和吸收的关系一样，充分消化了的东西，才能得到最大限度地吸收。

（3）材料特性对识记效果的影响：识记材料在性质、难易、数量和位置等方面的不同，对识记的效果有不同影响。

一般来说，形象的材料（实物、模型、图片等）比抽象的材料（语言、文字、数字、音节等）容易识记；描述性的材料比论证性的材料容易识记；文学性的材料比科技性的材料容易识记。

在材料的难易方面，识记容易的材料，开始时的进展较快，后来的进展逐步缓慢，呈减速曲线；识记较难的材料，常是开始时的进展较慢，后来逐步加快，呈加速曲线。

对于材料的数量，一般来说，要达到同样的识记水平，材料越多，识记所用的平均时间和次数也就越多。例如，一个实验得出的结果如下：在识记 12 个无意义音节时，平均每个音节需要 4 秒；识记 24 个无意义音节时，平均每个音节需要 9 秒；识记 36 个无意义音节时，则平均每个音节需要 42 秒。由此可见，要达到同样的识记水平，材料越多，平均所需的识记时间也越长。因此，在一定时间内，识记的数量不宜过多。

识记材料位于文首、文尾还是文章的中间，都与识记的效果有关联。不同部位的材料，识记起来效果不同。心理学的研究结果表明，人们一般容易记住材料的首尾部分，而不容易记住材料的中间部分。无论识记材料是一连串数字还是一席话，一首诗词还是一篇文章，结果都如此。这是因为中间部分的材料容易受到前摄抑制与倒摄抑制的影响。

（4）主体状态对识记效果的影响：主体状态对识记效果的影响，主要表现为大脑的兴奋状态、个体的情绪状态等对识记的影响。

大脑的兴奋状态是影响识记效果的一个非常重要的条件。个体对材料的识记只有在大脑处于一定的兴奋状态下才能有效地进行。大脑处于过度兴奋或抑制状态中，都不利于取得好的识记效果。

个体的情绪状态对识记效果也有重要的影响。研究表明，中等强度的情绪对人们的识记效果是最好的，情绪强度过强或过弱都不利于进行有效的识记。在紧张慌乱、焦躁不安或情绪激动、得意忘形的状态下识记，不会获得良好的识记效果。此外，自信心也是影响成功识记的一个重要心理因素。"总怕记不住"或认为自己的"记忆力差"，这是识记的大敌。因此，要取得良好的识记效果，个体应该保持一种良好的积极情绪状态，同时还要对自己充满信心。

2. 保持（retention） 是过去经历过的事物在脑中得到巩固的过程，是一种内部潜在的动态过程。保持是记忆过程的中心环节，它不仅为巩固识记所必需，也是实现回忆的保证。保持是否持久，是记忆力强弱的重要标志之一。

人的保持能力相当大。曾有研究资料指出，一个正常人的记忆保持总容量，在理论上相当于美国国会图书馆藏书总量的 50 倍（该馆藏书 1000 多万册），即人脑可储存 5 亿本书的知识。但是，由于种种原因，我们的保持能力不可能达到这一理论水平。

记忆中的保持不是一个简单地把识记的事物原封不动保存下来的过程，由于会受时间和经验等因素的影响，保持中的事物在质和量上都会发生一定的变化。在质的方面：一种是原来识记内容中的细节趋于消失，主要的、显著的特征得以保持，记忆的内容变得简略、概括与合理；另一种是增添了原来没有的细节，内容更加详细、具体，或者突出夸大某些特点，特别是逻辑线索，因而常比原初事物更为完整、更为合理，更为接近具体生活实际。在量的方面：一种是记忆回溯现象，即在短时间内延迟回忆的数量超过直接回忆的数量，也有人称为记忆恢复现象；第二种倾向是识记的保持量随时间的推移而日趋减少，有部分内容不能回忆或发生错误，即遗忘。

3. 再认和回忆 都是对长时记忆所储存的信息提取的过程，是识记、保持的结果和表现，是记忆的最终目的。再认（recognition）是指过去经历过的事物重新出现时能够识别出来的心理过程。回忆（reproduction）是过去经历过的事物不在主体面前，由其他刺激作用而在大脑里重新出现的过程。与回忆相比较，再认是一种较低水平的回忆过程，仅以能确认过去经历过的事物为特征，而如果经历过的事物不在眼前则无法再认。通常是能够回忆的内容都可以再认，而可以再认的内容不一定能够回忆。

回忆的效果受到一定规律的影响：

（1）保持程度影响回忆效果。

识记材料的保持程度是决定回忆准确性的最重要因素。识记材料的保持程度越好，说明记得就越牢、形成的联系越多，回忆起来就越快且准确。反之，速度就慢，甚至不能回忆。

（2）回忆线索影响回忆效果。

保持在头脑中的材料能否成功的回忆，主要依赖于提取的线索。所谓回忆的线索主要指事物之间的相互联系。事物之间的联系越丰富，可资利用的线索就越多。线索越多、越系统化，回忆就越容易。例如，一件头脑中有印象的事情，可一时想不起具体的细节，这时可能就会以这件事情发生的地点、涉及的有关人、特征等为线索，一点一点地找出其中的联系，直到回忆出来。

（3）联想水平影响回忆效果。

联想是回忆的主要形式，是从一个事物想到另一个事物的过程，如看到朋友的名字就想起和他在一起的时光。联想就是以事物之间的这些特殊联系为线索来回忆的。因此，在回忆的时候，我们要学会尽量利用多种联系，形成各种联想（接近联想、类似联想、对比联想、关系联想），以提高回忆的效果。

（4）情感状态影响回忆效果。

有研究表明，在什么情绪状态下识记的材料，在相同情绪状态下最容易回忆。一般说来，保持轻松愉快的情感会帮助我们恢复记忆；而高度紧张、焦虑、恐惧等不良情感会妨碍材料的提取。一些学生在考试时，由于过分紧张，把原先记得很熟的东西都忘记了，等到走出考场时又能正确地回想起来，这就是由于消极情感状态干扰了回忆，从而影响回忆的效果。

（四）遗忘

1. 遗忘的概念

（1）遗忘的概念：识记过的内容在一定条件下不能再认或回忆，或者产生错误的再认与回忆，都称为遗忘。一般性遗忘是一种正常的心理现象。用信息加工的观点来说，遗忘就是信息无法提取或错误提取。

在一般人的心目中，遗忘是一种完全应该否定的心理现象。然而，现代心理学认为，遗忘并不纯粹是消极的，它是一个自然的和必要的心理现象，也有着相当重要的积极作用。一方面遗忘可剔除记忆中的"无关"信息，使大脑不致被大量零零碎碎的、用不着的东西所充斥，这就可以腾出空间容纳其他所需要的、有价值的东西。另一方面，根据主体自身的知识结构将那些作用不大、价值不高的东西从记忆中剔除出去，这就提高了记忆的质量，使记住的东西具有一定的概括性、实用性。有所忘才能有所记。

（2）遗忘的进程：已经记住的材料，如果不再进行复习，保持量就会随着时间的推移而减少。德国心理学家艾宾浩斯的那条著名的遗忘曲线正说明这个规律。艾宾浩斯是对人类记忆和遗忘进行实验研究的创始人，他对遗忘的数量规律作了系统的研究。为了使学习和记忆尽量少受已有经验的影响，他用无意义音节作为实验材料，以重学时节省的时间或次数为指标，测量遗忘的进程。表2-1是艾宾浩斯这一研究的部分结果。

表2-1　不同时间间隔后记忆成绩

时间间隔	重学时节省的时间（%）
20分钟	58.2
1小时	44.2
8小时	35.8
1天	33.7
2天	27.8
6天	25.4
31天	21.1

根据这一实验结果绘制的保持曲线，一般称为"遗忘曲线"（图2-7）。遗忘曲线表明了遗忘在数量上的变化规律：遗忘的数量随时间的进程而递增，且递增速度是先快后慢，即在识记后的短时间内遗忘特别迅速，然后逐渐缓慢下来。如在学习20分钟之后，遗忘就达到了41.8%，而在31天后遗忘达到的是78.9%。后来很多人重复验证他的实验，所得结果大体相同。

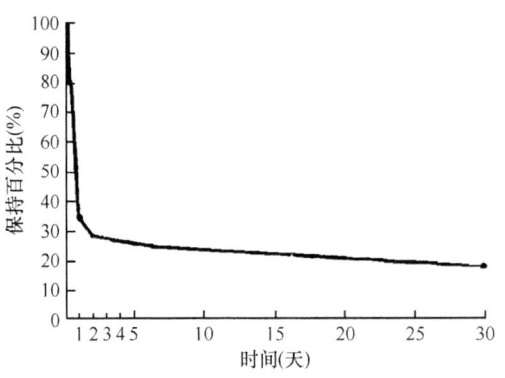

图2-7　艾宾浩斯遗忘曲线

遗忘的进程除了受时间影响之外，还受到许多其他因素的影响，主要有以下几个方面。

1）识记材料的性质与数量。一般认为，对熟练的动作和形象材料遗忘得慢；对有意义的材料比对无意义的材料遗忘要慢得多；一次性识记材料的数量越多，忘得越快，材料的数量越少，则遗忘得较慢。因此，学习时要根据材料的性质和数量来确定一次识记的数量，一般不要贪多求快。

2）学习的程度。一般认为，对材料的识记不能达到一次无误背诵的标准，称为低度学习；如果达到恰能成诵之后还继续学习一段时间，称为过度学习。实验证明，只经过低度学习的材料容易遗忘，而经由过度学习的材料的记忆效果则要好一些。当然过度学习有一定限度，花费在过度学习上的时间太多，会造成精力与时间的浪费。

3）识记材料的系列位置。人们发现在回忆系列材料时，材料的顺序对记忆效果有重要影响。在一项实验中,实验者要求被试学习 32 个单词的词表,并在学习后要求他们进行回忆,回忆时可以不按原来的先后顺序。结果发现,最后呈现的项目会最先被回忆起来,其次是那些最先呈现的项目,而最后回忆起来的是词表的中间部分。在回忆的正确率上,最后呈现的词遗忘得最少,其次是最先呈现的词,遗忘最多的是中间部分。这种在回忆系列材料时发生的现象称为系列位置效应(serial position effect)。最后呈现的材料最易回忆,遗忘最少,称近因效应。最先呈现的材料较易回忆,遗忘较少,称首因效应。这种系列位置效应已被许多实验所证实。

4)识记者的态度。识记者对识记材料的需要、兴趣等,对遗忘的快慢也有一定的影响。研究表明,在人们的生活中不占重要地位的、不引起人们兴趣的、不符合一个人需要的事情,容易出现遗忘。

三、思维与想象

(一)思维

1. 思维的概念　思维(thinking)思维是对事物本质和规律的概括、间接反映。思维同感知觉一样是人脑对客观现实的反映。感知觉是对事物的直接反映,它们所反映的是事物的外部特征或属性,思维是对事物的间接、概括的反映,它所反映的是事物的本质和规律。思维离不开感知觉,人们只有在大量感性认识的基础上,才能揭示出事物的本质特征和规律。

人的思维具有概括性、间接性特征。思维的概括性指的是在大量感性材料的基础上,人们把一类事物共同的特征和规律提取出来,加以概括。概括性在人们的思维活动中具有重要的作用,一方面,思维所反映的内容是对一类事物共同的本质特征进行反映。例如,客观现实中的人形形色色,各不相同,可是对人的本质特性的思维中,我们舍弃了高矮、胖瘦、大小、体形、肤色、性别等各不相同的特性,而将直立行走、能制造和使用工具、具有抽象思维和语言等区别于其他动物的本质特性抽取出来,概括为人类所特有的本质特性。另一方面,思维是对事物之间规律性的内在联系的认识。例如,将一旦"月晕"就要"刮风",一旦地砖"潮湿"就要"下雨"等现象中的关系和联系加以概括,从而把握"月晕而风""础润而雨"的规律。思维的概括性可使人们脱离具体的事物进行抽象思维,并使思维活动在一定条件下能进行迁移。

思维的间接性是指人们借助于一定的媒介和知识经验对客观事物进行间接的反映。思维的间接性使人们能够超越感知觉提供的信息,去认识没有或者不能直接作用于人的各种事物和特性,从而揭示事物的本质和规律,预见事物的发展。例如,医生通过心电图波形可以间接地了解患者心脏的活动情况,就是思维的间接性的体现。

2. 思维的分类　思维可以从多维度去分类,分类依据不同,分类不同。

(1)根据思维活动的凭借物分类:分为动作思维、形象思维、抽象思维。从个体思维发展的角度来看,这三种思维也反映了思维发展的不同水平。

1)动作思维:是一种依据实际动作或操作来解决问题的思维。这种思维的特点是离不开触摸、摆弄物体的活动。例如,大家在日常生活中可观察到这样的现象:两三岁的幼儿拿竹竿当马骑,同时说:"骑马了!"当丢开竹竿玩其他玩具时,"骑马"的事便烟消云散。成人也有动作思维,如检查收音机、汽车的故障时,常常要把它们拆开,凭借具体的检查动作才能发现产生故障的原因。不过，成人的动作思维与幼儿的动作思维有着明显的不同，它有形象思维和抽象思维的参与。

2）形象思维：是利用事物的直观形象和表象的联想来解决问题的思维。例如，汽车司机在考虑走哪条路可以更快地到达目的地时，头脑中会出现若干条通向目的地的道路，并运用其形象进行分析和比较，最后选择一条最便捷的道路。形象思维是 3~6 岁儿童的主导思维，例如，当皮球滚进床底时，处于动作思维阶段的幼儿只会爬进去拿，而处于形象思维阶段的儿童则会想到利用竹竿去取。

3）抽象思维：是人们在认识活动中，以抽象概念、判断、推理的形式来反映客观事物的规律的思维，属于理性认识阶段，具有抽象性和程序性的特点。抽象思维借助语言符号对事物的本质和客观世界发展进行反映，使人们通过认识活动获得远远超出靠感觉器官直接感知的知识。例如，数学定理的证明，科学假设提出等。成人的思维虽然以抽象思维为主，但是也不同程度地运用动作思维和形象思维，特别是解决比较复杂的问题时，生动的形象和具体的动作有助于思维活动的顺利进行。

（2）根据思维探索目标的方向不同分类　分为集中思维和发散思维。

1）集中思维：也称求同思维，是指从众多信息或众多可能的答案中寻求正确答案或最佳答案的思维。例如，内科医生收集、综合患者的各种临床资料，目的是诊断疾病。集中思维通常产生于有唯一答案或最佳解决方法的问题情境中，其主要特点是思路集中于固定方向，求对、求同。

2）发散思维：又称求异思维，是指思路向多方面扩散，力求寻找多种答案的思维。例如，学生解答数学题时的一题多解，建筑师构思蓝图时设想多种方案等。发散思维通常产生于没有单一答案或单一解决方法的问题情境中，其主要特点是不拘常规，求新、求异。

（3）按思维活动是否有明确逻辑分类：按思维活动是否有明确的逻辑步骤，可以将思维分为直觉思维（非逻辑思维）和分析思维（逻辑思维）。

1）直觉思维：是指没有明确的逻辑步骤或完整的思维过程，依靠灵感或顿悟而快速做出判断并得出结论的思维，也称非逻辑思维。例如，司马光砸缸救小孩时的思考；古希腊学者阿基米德在洗涤过程中时突然发现浮力定律时的思维。尽管从表面上看，直觉思维没有明晰的逻辑步骤，思维似乎是大幅度地跳跃着的，但是它在一定程度上是逻辑思维的凝聚和简缩。

2）分析思维：是指有明确的逻辑步骤或完整的思维过程，经过一步步的推导而做出判断并得出结论的思维，也称逻辑思维。例如，学生通过一系列推理和论证来求证 1 道几何题时的思维，就是分析思维。

（4）根据思维的创新程度分类：分为常规性思维和创造性思维。

1）常规性思维：是指按照惯常的方式或已有的模式来解决问题的思维。例如，学生运用已经学会的公式去解决同一类型问题时的思维，就属于常规性思维。

2）创造性思维：是指不按照惯常的方式或已有的模式，而是以新颖、独创的方式来解决问题的思维。创造性思维由于需要对原有知识经验进行"与众不同"的改组，往往会产生新的思维成果。许多心理学家认为，创造性思维是多种思维的综合表现，它既是发散思维与聚合思维的结合，也是直觉思维与分析思维的结合；它不仅包括抽象思维，而且也离不开形象思维和创造想象的参与。

3. 思维过程

（1）分析与综合：分析是指在头脑中把整体事物分解为各个部分或各个属性，再分辨出个别方面、个别特征,并加以思考的过程。例如,把植物分解为根、茎、叶、花、果来加以考察,把几何图形分解为点、线、面、体来加以认识等都属于分析。分析的目的主要是了解思维对象的组成部分。综合是在头脑中把事物的各个部分、各个特征、各种属性结合起来,形成一个整体。例如,把文章各段落的意义联系起来,把握文章的逻辑结构和中心思想。综合的目的主要是把握思维对象各组成部分之间的联系。

(2)比较和分类:比较是在分析综合的基础上,把各种事物和现象加以对比,从而找出事物之间的相同点、不同点及其联系。通过比较,才能看出异中之同或同中之异。例如,为了使学生掌握"圆"的概念,教师可以把各种大小的圆作比较,使学生认识到凡圆都是封闭的曲线,都有一个圆心,而且从圆心至封闭曲线是等距离的,这样,学生就掌握了圆的本质属性。分类是在比较的基础上确认事物主次、同性的异同,并将其联合为组、局、种、类的过程。通过分类可揭示事物的从属关系、等级关系,从而使知识系统化。

(3)抽象与概括:抽象是找出事物的本质属性,排除非本质属性的思维过程。概括是在思想上把抽象出的各种事物与现象的共同特征和属性综合起来,形成对一类事物的概括性本质属性的认识。例如,炎症有各种表现,经抽象找出其本质特征如红、肿、热、痛。推而广之,只要有红、肿、热、痛就可确认为炎症,这就是概括。

(二)想象

想象(imagination)是对大脑中已有表象进行加工改造,形成新形象的过程。人不仅能够通过感知、记忆等方式反映已经历过的事物的形象,而且能够在此基础上,通过对头脑中的已有形象进行加工改造,产生出未经历过的,甚至现实中尚未存在的事物的形象。例如,现代人可以根据历史书籍的文字描述,对头脑中已有形象进行加工改造,从而形成关于原始人的形象;科技人员在设计新产品的时候,可以在头脑中创造出尚未问世的新产品的形象。想象是人类社会实践的必要条件,无论是科学假设、艺术创作,还是生产劳作、学习娱乐,都离不开想象的参与。

由于想象是一个产生新形象的心理过程,因而想象的结果不仅是个体未曾经历过的,而且可能是现实中未曾出现过的。但是,想象依然是人脑对客观现实的反映。因为,构成新形象的基础是记忆表象,而记忆表象的原材料则来源于客观现实。例如,中华传统文化中的龙的形象——其头似驼、角似鹿、眼似兔、耳似牛、颈似蛇、腹似蜃、鳞似鲤、爪似鹰、掌似虎。另外,想象的内容不仅来源于客观现实,而且受制于客观现实。如果人们在现实中从来没有感知过某类事物,那么不可能在他的头脑中展开该类事物想象。例如,《西游记》中的各类人物纵然有多般变化,但是他们所使用的兵器依然受制于作者所生活的历史年代——吴承恩当年无论如何也想象不出飞机、坦克和导弹。

第三节 情绪和情感过程

一、情绪和情感概述

(一)情绪的概念

情绪是一种由客观事物与人的需要相互作用而产生的包含体验、生理变化和表情的整合性心理过程。情绪与情感反映的是客观事物与主体之间的需要关系,当客观事物或情境符合主体的需要和愿望时，就能引起积极的、肯定的情绪。例如，我们会因看到一场好电影而感到满意，生活中遇到知己会感到欣慰等。当客观事物或情境不符合主体的需要和愿望时，就会产生消极、否定的情绪。例如，失去亲人会引起悲痛，无端遭到攻击会产生愤怒。由此可见，情绪和情感的产生是以个体的愿望或需要为中介的。

情绪是一种复杂的心理现象，它包含三个不可分割的基本成分：主观体验、生理唤醒和外显表情。

情绪的主观体验是脑的一种感受状态。凡是与人的需要有关的事物，由于对人有着一定的意义，必然使人对之产生一定的态度，并以带有某种特殊色调的主观体验或内心感受的形式表现出来。例如，有些事物使人喜悦、快乐；有些事物使人忧愁、悲伤；有些事物使人赞叹、热爱；有些事物使人厌恶、愤怒。

情绪的生理唤醒包括在情绪活动中产生的所有生理变化。任何情绪都有其生理基础，并总是发生在一定的生理唤醒水平上。神经系统某些部位的激活为情绪的发生和活动提供能量；网状结构的下行纤维又把信息输送回来，协调着脑的激活水平和情绪状态。与此同时，有机体的内脏器官也会产生一系列的生理变化，并突出地表现在呼吸系统、循环系统、消化系统、内分泌系统及新陈代谢过程的自然节律等活动的改变上。这些生理变化不仅支持和维持着情绪，而且影响着情绪的强度和持续时间。

情绪的表情指具体情绪的面部表情和身体姿势。在情绪活动中，人的面部、四肢和躯干的动作、姿态会发生明显的模式性变化，如目瞪口呆、捶胸顿足、咬牙切齿和手舞足蹈等。这些变化因可被他人直接观察到，往往成为情绪活动的表面特征，所以人们亦把它们统称为表情。

生理唤醒、外显表情和内在体验这三种成分的共同活动构成完整的情绪过程。换句话说，任何单一的成分都不足以构成情绪，只有当三种成分整合时，情绪才能产生。同时，在情绪活动中，这三种成分以反馈的方式相互影响或循环往复地相互作用；彼此间相互加强或减弱，相互补充或改变。

（二）情绪和情感的区别

情绪（emotion）这一概念，来自拉丁文"e"（外）和"movere"（动），意指从一个地方向外移到另一个地方。它最初在物理学范畴上用来描述一种运动的过程，现在已被严格地限定在精神活动范畴中，用以表示那种不同于认知和意志的心理活动的过程。情感（feeling）这一概念，其基本含义是情绪的感受（feel），即是指情绪过程中的主观感受或主观体验。例如，在悲伤的时候，我们除了会产生相应的生理变化和外显表情之外，我们在心理上或意识中还会出现如痛苦、难受、失落、不想吃饭、没兴趣工作等体验，甚至会觉得生活没意义、个人无价值等。

因此，在情绪心理学中，情绪指与人的需要（包括生物的和社会的）相联系的，具有特定主观体验、外显表情和生理变化的心理活动的整体过程；而情感则是指这一过程中的主观感受或主观体验。换句话说，情绪包容着情感，情感是情绪的一个成分或方面，即情绪感受或情绪体验。

需要说明的是，情绪心理学对情绪与情感的概念区分，并没有丝毫降低或削弱情感的重要性的意味，而是从另一个角度突出了情感的重要性。因为，在情绪的三个基本成分中，生理激起属于情绪的生理成分，外显表情属于情绪的行为成分，而唯有情感属于情绪的心理成分。而且，在日常生活中，情绪对人的心理和行为的影响，主要是通过情感而发挥作用的。

二、情绪和情感的分类

人的情绪可分为基本情绪和复合情绪。从进化的角度看，快乐、愤怒、恐惧和悲哀等情绪是人与动物所共有的，并且在发生上有着共同的或原型的模式，因此被视为是基本情绪或原始情绪。复合情绪则是由基本情绪的不同组合派生出来的。

（一）基本情绪

近代，西方学者关于情绪分类研究中，通常把快乐、愤怒、恐惧、悲哀列为四种基本情绪或原始情绪。

1. 快乐　是需要得以满足、内心紧张状态得以解除时产生的带有愉悦、舒适体验的情绪。快乐有满意、愉快、欢乐和狂喜等程度之别。快乐的程度取决于愿望满足程度、目的愿望突然达到的程度和意外程度等。

2. 愤怒　是愿望或利益一再受到限制、阻碍或侵犯，内心紧张和痛苦状态逐渐积累而导致的带有反抗和敌意体验的情绪。愤怒可有不满意、生气、愤怒、激愤、暴怒等。愤怒的程度取决于干扰的程度、次数及挫折的大小。

3. 恐惧　是人们面临危险的情景，或预感到某种潜在的威胁时产生的情绪体验，往往是人们无力摆脱困境时的表现。恐惧的程度可分为担心、害怕、惧怕、恐惧、恐怖等。引起恐惧的因素是多方面的，但最关键的因素是个体缺乏摆脱危险情境的能力。

4. 悲哀　是指喜欢、热爱对象的丧失、破裂或所盼望的目标幻灭而带来的情绪体验。亲人去世、贵重物品丢失、高考落榜、失恋等，都会引起悲哀之情。悲哀也有遗憾、失望、难过、悲伤、哀痛等程度的不同，悲哀的强度决定于个人所失去事物的价值，另外个体的意识倾向和人格特征对个体的悲哀程度也有重要影响。由悲哀引起的紧张的释放就是哭泣，哭不仅是表达感情的一种方式，也是一种心理保护措施。

在上述四种基本情绪形式的基础上，又能派生出许多情绪，组成各种复合的形式。与对他人评价有关的如爱慕、厌恶、怨恨；与对自我评价有关的如谦虚、自卑、悔恨等，都包含着快乐、愤怒、悲哀、恐惧等因素。

（二）情绪状态

情绪状态是指在某种事件或情境的影响下，在特定时间内，情绪活动在强度、紧张水平和持续时间上的综合表现。其中较典型的情绪状态有心境、激情和应激三种。

1. 心境　是一种微弱、持久、带有弥散特点的情绪状态。

心境的突出特点是具有感染性。当一个人处于某种心境时，会以同样的态度体验和对待一切事物，仿佛使所有事物和活动都染上了同一种情绪色彩。例如，心情愉快时，干什么都有兴致；心情烦躁时，干什么都烦。

心境按其强度来说较为微弱，但持续时间却相当长。因此，心境对人的生活、工作、学习乃至健康有比较久远的影响。

引起某种心境的原因是多种多样的。婚姻的变故、工作的顺逆、人际间的关系、往事的回忆、未来的遐想、身体状况等，都能引起某种心境。甚至连季节时令、自然景物，也会影响人的心境。

2. 激情 是一种暴风雨般的强烈而短暂的情绪状态。

激情的突出特点是爆发性。它突然笼罩着人的整个身心，且强度极大，并伴有剧烈的外显行为，但持续时间比较短暂。如欣喜若狂、暴跳如雷等都是激情的表现。引起激情的原因多是生活中的重大事件和强烈刺激。

处于激情状态的人，往往出现"意识狭窄"现象，即认识活动的范围缩小，理智分析能力受到抑制，自我控制能力减弱，进而使人的行为失去控制。从这个意义讲，激情需要控制，以防做出不理智或将来后悔的事情。但是，并不是所有的激情都是消极的，艺术家没有激情就难以创作出激动人心的作品，运动员没有激情就难以有超水平的发挥。

激情与心境有着密切的联系。一方面，激情过后其影响往往以心境的形式存在，如悲痛之后会使人处于长久的忧伤之中；另一方面，心境常常容易导致某种激情，如在烦躁的心境中容易导致激情犯罪。

3. 应激 是指在出乎意料的紧迫情况下产生的急速而高度紧张的情绪状态。

现实生活中人们有时会遇到突然发生的重大事故、面对死亡、亲人意外死亡及躯体严重损伤等都可能造成高度情绪反应，使个体处于应激状态。应激状态要求人立即做出反应，并调动自己的全部力量应付，因此应激过程伴随着有机体全身性的能量消耗。所以，长时间处于应激状态之中会降低和损害人的免疫能力，以致为疾病所侵袭。

（三）社会情感

凡是由社会性需要引起的情感称为社会情感，因为这些情感包含着人类独有的社会意义，反映着人们的个体生活与社会生活的一致性，以及人们的精神面貌，并且调节着人们的社会性行为。社会情感是人的情感生活中的主导因素，主要有道德感、理智感和美感。

1. 道德感 是人们根据一定的道德标准评价自身或他人行为时所产生的一种情感体验。人类根据已掌握的道德标准去评价自己或别人的思想、意图和言行时，如果自己或他人行为符合道德标准则产生满意、肯定的情感体验，如敬佩、赞赏、喜爱等；如果行为不符合道德标准则产生否定的情感体验，如羞愧、愤怒、厌恶和鄙视等。

社会生活的方方面面都涉及道德问题，人的道德感也可以从社会生活的各个方面表现出来，并因而具有多种类型，如爱国主义情感、集体主义情感、责任感、荣誉感、尊严感、同情感、友谊感等。

道德感具有明显的社会历史性，它受制于社会生活条件。在不同的社会历史时期、不同的阶级、不同的民族、不同的社会制度，有着不同的道德准则或道德规范，因而人们也就有着不同的道德情感。

2. 理智感 是人在认识活动过程中，对认知活动进行评价时所产生的情感体验。

理智感总是产生在智力活动中，与人的求知探索、问题解决、科学研究、真理追求等密切相关，体现着人对自己智力活动的过程与结果是否符合或满足自己的智力活动需要而产生的情绪感受。例如，学生在问题解决过程中因出现的新问题而产生的疑惑感，因多次失败而产生的焦虑感，因问题终于得到解决而产生的欣喜感及因有所发现而产生的陶醉感等，都属于理智感。

理智感是在人的认识和实践活动中产生和发展起来的，同时它推动人的认识和实践活动，是人们探索追求真理的强大动力。对知识的热爱、对自己专业的热爱，可以促使学生去克服智力活动中的各种困难和障碍,锲而不舍,并从中感受到快乐与幸福。

3. 美感 是根据一定的审美标准评价事物时所产生的情感体验。

美感产生于人的审美活动中,即人根据自己的审美标准对客观事物、人的行为及艺术作品予以评价时产生的情感感受,如对秀丽景色、优美音乐的美感体验会使人心旷神怡,一而再地去感受它、欣赏它,甚至对它产生迷恋。

人的美感对象与水平受多方面的因素影响。第一,美感受事物与人之间的关系制约。美感的产生不仅取决于事物本身,也取决于事物与主体之间的关系,即事物对主体的意义。俗话说"情人眼里出西施",就是证明。第二,美感受人的审美能力的制约。如果一个人对某种事物缺乏必要的审美能力,即使这个事物很美,他也不会产生深刻的美的体验。第三,美感受不同的审美标准的制约。美感既具有共同性,也有差异性。不同的历史时期、不同的地区、不同的民族、不同的阶级,有着不同的审美标准,因而对同一事物也有着不同的美的体验。例如,对于女性形体美,现代文明社会普遍以匀称、苗条为美,而大洋洲的汤加岛国曾经以肥胖为美,当时那里的姑娘如长不足一定的体重是嫁不出去的。

三、情绪的理论

(一) 詹姆斯-兰格情绪理论

心理学上最早对情绪提出系统理论解释的,是美国心理学家詹姆斯(James W)。詹姆斯于19世纪末最早提出,差不多在同一时期,丹麦生理学家兰格(Lange CG)表达了与詹姆斯类似的情绪理论,后来合称为詹姆斯-兰格情绪理论(James-Lange theory of emotion)。该理论强调情绪的产生是自主神经系统活动的产物,后人称他们的理论为情绪的外周理论。詹姆斯根据情绪发生时引发的自主神经系统的活动和由此产生的一系列机体变化提出,情绪就是对身体变化的知觉。一般人认为人是先害怕后逃跑,詹姆斯认为是先跑后怕;一般人认为是先怒后斗,詹姆斯则认为是先斗后怒。兰格认为,情绪是内脏活动的结果。他特别强调情绪与血管变化的关系,情绪决定于血管受神经支配的状态、血管容积的改变及对它的意识。

詹姆斯-兰格理论提出了机体生理变化与情绪发生的直接联系,强调自主神经系统在情绪产生中的作用有其合理的一面,即在推动情绪机制的研究中起了重要的作用。但是,他们片面强调自主神经系统的作用,忽视了中枢神经系统的调节、控制作用,因而引起了很多的争议。美国生理学家坎农(W.B.Cannon,1927)首先反对詹姆斯-兰格理论,并提出了自己的理论。

(二) 坎农-巴德学说

坎农及其弟子巴德最先对詹姆斯-兰格理论提出批评,提出了三点疑问:第一,机体上的生理变化在各种情绪状态下差异不大,很难作为依据去分辨各种不同的情绪;第二,机体的生理变化受自主神经系统支配,变化缓慢,不能说明情绪的骤变;第三,机体的某些生理变化可由药物引起,但药物只能使生理状态激活,却不能产生某种情绪。

坎农认为:情绪并非外周生理变化的必然结果,情绪产生的机制不在外周神经系统,而在中枢神经系统的丘脑。外界刺激引起感觉器官的神经冲动,经传入神经传至丘脑,再由丘脑同时向上、向下发出神经冲动。向上传至大脑皮质产生情绪的主观体验;向下传至交感神经引起机体的生理变化。因此，情绪体验和生理变化是同时发生的，它们都受丘脑的控制。坎农的情绪学说得到巴德（P.Bard）的支持和发展，所以后人称坎农的情绪理论为坎农-巴德学说。

那么，这两种早期的理论哪个是正确的呢？它们都只对了一半。一方面，现代的神经科学已经证实，正如詹姆斯-兰格理论所描述的那样，我们的生理状态会影响我们的情绪。例如，晚上没有睡好觉会让人觉得焦躁，饥饿会让人容易发火。与此类似，像酒精和尼古丁这样的精神活性药物能够易感性脑的生理状态，进而改变我们的心境。这些情绪反应源于脑部深处、对生理状态进行自动反应的回路。

另一个新发现也支持了詹姆斯-兰格理论，因为我们会在头脑中记忆与特定事件相关的生理状态。所以，如果你在路上看见一条蛇，你会迅速在脑海中回想起以前碰到类似情况时的生理反应，也就是我们常说的"一朝被蛇咬，十年怕井绳"的故事。这就有效地回击了坎农提出的认为生理变化的速度太慢而无法产生情绪的观点。

另一方面，我们的生理反应并不是导致情绪的唯一原因。正如我们已经看到的那样，被潜意识系统探测到的外部线索也能引起情绪。所以，当出乎意料地听见响声或看见血时，这些刺激会让人跳起，并同时引发体内的生理反应，许多心理学家现在都相信，这一潜意识情绪系统发生的条件反应能够导致抑郁和恐惧反应。

坎农-巴德理论强调大脑皮质解除丘脑抑制的机制，对将情绪的外周性研究推向中枢机制的研究具有积极意义。但坎农-巴德理论对情绪机制的研究也有其局限性，该理论过分强调丘脑在情绪中的作用，而忽视了大脑皮质的作用。

（三）情绪的认知理论

1. 情绪与归因性认知 沙赫特（Schachter S.）认为，在情绪体验的产生过程中，环境、生理和心理三方面的因素均起着重要的作用。

第一，从环境方面来看，任何情绪及其生理反应，都是因某种环境刺激物的作用而产生；但是某种环境刺激物是否能引发情绪及引发何种情绪，因人、因地、因时而异。第二，从生理方面来看，所有情绪体验的产生都不可缺少一定强度的内脏激起。因为人们体验到某种情绪本身，就意味着人们感受到了某种生理上的变化，或人们处于某种生理激起状态，所以，一定程度的生理激起或内脏激起是情绪体验产生的必要条件，它决定着人们是否能体验到或感受到情绪。第三，从心理方面来看，虽然人们有知觉自身内脏激起的某些能力，但是这种知觉是含糊的和不精确的，因此内脏激起的反馈不可能为情绪体验的产生提供充分的信息来源；除了内脏激起之外，情绪体验还依赖于人们对这种内脏激起的产生原因的认知。

换句话说，一个完整的情绪体验需要这样三方面因素的综合，其中，内脏激起决定人们是否能体验或感受到情绪，认知决定人们体验或感受到什么情绪。其中任何一个因素本身都不足以产生情绪，因此这个理论也称三因素理论。在沙赫特看来，决定情绪体验产生的关键性因素是归因性认知，即特定情绪体验产生的关键，取决于能否把内脏激起归因于一个情绪性的刺激。如果能，那么人们就会体验到一种与这种归因相一致的情绪；如果不能，那么人们除了感受内脏激起本身之外，将不会产生任何情绪。

沙赫特和辛格（Singer J.）用一个著名的实验验证了这个理论。在这个实验中，三组被试均被告知实验的目的是测验一种新的维生素化合物对视觉敏感度的效果，但实际注射的是肾上腺素，以使被试处于一种典型的生理激起状态。药物注射后，对三组被试分别给予不同的指示语：甲组（正确告知组）被告知，由于药物的作用，会产生发抖、心率加快、脸上发热的感觉；乙组（错误告知组）被告知，由于药物的作用，会产生身体麻木、发痒和头痛的症状；丙组（未告知组）则被告知，药物是温和的，不会有副作用。然后，将三组被试的各一半人安排于一个人为的"欣快"环境中，另一半人安排于一个人为的"愤怒"环境中。进入"欣快"环境的被试看见一个小丑似的人物正在纵情地表演一系列滑稽的欣快行为，并一再被邀请同他一起玩耍。而进入"愤怒"环境的被试，则看见一个人正在对其填写着的一张调查表表现出极大的愤怒，最后把调查表撕成碎片，愤然离去；其间，被试也被要求填写同样的调查表，表中的问题是按能使脾气再好的人也会被激怒而设计的。

结果显示，甲组被试由于知道自己的生理激起（正如被告知的发抖、心跳和脸上发热）的真正原因是药物的作用，所处的环境（实验室同伴的欣快或愤怒行为）与之没有关系，因此没有什么情绪反应；而乙、丙两组被试由于对他们所体验到的发抖、心跳和脸上发热等生理激起没有现成的解释，因而受到实验室同伴行为的暗示，将这种生理激起归因于"欣快"或"愤怒"环境，于是表现出相应的快乐或愤怒情绪。

据此，沙赫特得出三点主要结论：

第一，无论是环境因素还是生理因素，都不能单独决定情绪。如果环境因素能单独决定情绪，那么在各组被试中，凡处于"欣快"环境中的都应产生欣快的情绪体验，凡处于"愤怒"环境中的都应产生愤怒情绪体验。如果生理因素能单独决定情绪，那么所有各组被试都应产生相同的情绪体验。

第二，环境因素与生理因素的结合，也不能决定情绪。如果环境因素与生理因素的结合能决定情绪，那么在上述实验中，由于生理因素相同，凡处于"欣快"或"愤怒"环境中的被试都应产生相应的欣快或愤怒情绪。

第三，在环境因素和生理因素的基础上，只有当认知因素介入时，即把生理激起归因于一个情绪性的环境刺激时，才能决定情绪，人们是否能产生情绪体验及产生什么性质的情绪体验，由认知因素所决定。

2. 情绪与认知评价 评价作为一种介于环境刺激、生理激起和情绪反应之间的认知因素，主要是指人对环境刺激与自身关系的价值判断和控制判断，它赋予作用于人的环境刺激某种主观意义。从评价的角度研究情绪与认知关系的情绪心理学家认为，评价是情绪产生的根本条件。这里，着重介绍其代表人物阿诺德的相关理论。

阿诺德理论的出发点，是力图将认知变量插入对环境-生理-情绪间相互关系的分析中，其基本思路是将环境影响从客观刺激引向认知评价，将生理影响从自主神经系统的唤醒活动推向大脑皮质的高级认知活动。

在环境影响方面，阿诺德指出，虽然情绪及其体验赖以产生的源泉在于客观环境的影响，但是环境中的刺激事件本身并不能直接导致或决定情绪。一个刺激事件是否能引发情绪及引发何种情绪，只有经过人的认知评价才可能确定。这种对刺激事件的认知评价，是确定刺激事件与人自身关系的过程，它主要涉及价值判断（有益与有害、好与坏、美与丑、满意与不满意等）。只有当人认识了刺激事件与人的关系或意义之后，情绪及其体验才会产生；而且，人对这种关系或意义认识上的差异，会导致其情绪活动在性质和程度上的不同。例如，在森林里碰到一只熊，人会感到对自身的危险进而产生极大的恐惧；而在动物园里看见一只熊，不会感到对自己的危险，就不会感到恐惧。这样，阿诺德的评价理论就为分析环境-情绪间的关系提出了一个启动情绪反应的解释机制。这也正是阿诺德对情绪理论的最突出的贡献。

在生理影响方面，阿诺德强调，自主神经系统的唤醒活动只是情绪产生的必要条件，而在大脑皮质水平上进行的认知评价过程才是情绪（体验）产生的关键，并试图通过研究一种认知评价——皮质兴奋模式，将认知评价与来自自主神经系统的反馈结合起来，以解释生理-情绪间的关系。阿诺德认为，情绪产生的神经生理结构包括大脑皮质、丘脑系统和自主神经系统，它们在情绪产生中具体机制是：刺激事件的影响到达大脑皮质之后，大脑皮质的高级中枢对其进行评价，确定其与自身有什么关系或有什么意义，如是否符合人的需要、意图、利益等；一旦确定刺激事件与人有关或对人有意义，皮质兴奋立即下行激活丘脑系统，并通过丘脑系统改变自主神经系统的活动，进而引发机体器官和运动系统的活动变化；此后，自主神经系统的活动经丘脑上行反馈至大脑皮质，这时，纯粹的意识经验就转化为情绪体验。

3. 情绪与评价层次 拉扎勒斯（Lazarus R.）对评价在情绪产生中的作用的认识，较之阿诺德又进了一步。他指出，在情绪活动中，评价不是一次完成的，而是反复进行的。因为情绪活动是人与环境之间相互作用的产物，在情绪活动中，人不仅要反映环境中的刺激事件对自己的影响，而且要调节自己的反应以反作用于刺激事件，所以，在情绪活动中，人需要不断地评价刺激事件与自身的关系。具体来说，评价包括三个层次。

（1）初评价（primary appraisal）：是指刺激事件作用于人时，人对其与自身关系的价值判断或评估，主要涉及刺激事件与自己是否有利害关系及有多大的利害关系等。在生活中随时随地及时对周围环境中的各种刺激事件做出解释，对人的生存适应至关重要。一旦确认某种刺激事件与自己有着利害关系，情绪活动立即产生。

（2）次评价（secondary appraisal）：是指当人要调节自己的行为反应以反作用刺激事件时，对其与自身关系的控制判断或评估，主要涉及自己能否控制刺激事件及能在多大程度上控制刺激事件。阿诺德在论述评价的含义时，仅侧重于价值判断或评估，而拉扎勒斯则认为评价不仅包括价值判断而且包括控制判断。例如，在路上遇到一条大狗，初评价这条狗可能会伤害自己，心生恐惧，但当知道狗主人是一位通情达理的人时，产生次评价，自己可以让狗主人看住狗不伤害自己，恐惧感下降。在次评价过程中，人的过去经验起着重要作用，因为控制判断主要是建立在过去类似经验的基础上的。

（3）再评价（reappraisal）：是指当人对刺激事件做出行为反应之后，人对其与刺激事件相互作用的结果的评价，主要涉及自己情绪和行为反应的有效性、适宜性。再评价实际上是一种反馈性评价，如果再评价的结果表明人对刺激事件的情绪和行为反应是无效的或不适宜的，人就会立即调整自己对刺激事件的次评价（甚至初评价），并且相应地调整自己的情绪和行为反应。

拉扎勒斯对情绪与评价关系的深入分析，旨在强调：人与环境中的某种刺激事件的相互作用是动态的，而不是一次完成的，也不是一成不变，因此，情绪的发生和变化是与初评价、次评价、再评价融为一体的。

（刘　娜）

第四节 意志过程

意志过程与认知过程、情绪过程合称为三大心理过程。其中，意志过程最能体现人心理的主观能动性。

一、意志的概述

意志是意识的能动作用，是人为了一定的目的，自觉地组织自己的行为，并与克服困难相联系的心理过程。

人为了达到一定的目的，要克服不同种类和程度的困难。由于遇到的困难的种类和性质不同，意志活动的表现也不同。例如，睡意袭来时要完成必须及时完成的工作；在某个时间里禁食而克制进食的生理需求；在填写入学志愿是考甲校还是考乙校而犹豫不决最后确定考乙校；为了祖国的建设而刻苦学习、艰苦奋斗等，这些行动当中都有意志活动。

但是，也并不是所有自觉的有目的的行动都有内心意志努力的性质。例如，平时我们随便吃几块饼干，这是有意识行动，但不一定有内心意志努力成分。然而，在抗美援朝的上甘岭战役中，我们的战士几天几夜喝不上水，吃几块饼干充饥，就会遇到相当大的困难（严重缺水，口干舌燥难以下咽等），就要作巨大的意志努力。所以，意志活动总是与克服困难相联系的。

二、意志过程

意志行动有其发生、发展和完成的历程。这一过程大致可以分为两个阶段：采取决定阶段和执行决定阶段。前者是意志行动的开始阶段，它决定意志行动的方向，是意志行动的动因；后者是意志行动的完成阶段，它使内心世界的期望、计划付诸实施，以达到某种目的。

（一）采取决定阶段

采取决定阶段一般包含确定目的或目标、制订计划、心理冲突、做出决策等许多环节。目的是人的行动所期望的结果。在行动中，人期望要得到的结果，有时是很明确的，有时则不一定是明确的。有时行动想要达到的结果只有一个，无选择之余地，这时确定目的不会产生内心冲突；有时则有好几个可供选择的目的，确定目的会产生心理冲突，需要做出意志努力。目的确定之后，进一步就要选择达到目的的行动方式和方法，拟定出行动计划。对于行动的方式、方法的选择，也有各种不同情况。有时只要一提出目的、行动的方式、方法便可以确定，这无须意志的努力。在通常的情况下，达到目的的方式、方法也要进行选择，比较各种方式、方法的优缺点及可能导致的结果。这时也可能产生内心犹豫不决：时而想采取这种方式、方法，时而想采取那种方式、方法，难以下决心拟订出行动计划。因而在确定行动计划做出决策时也会产生心理冲突，也需要做出意志努力。

（二）执行决定阶段

在做出决定之后，便过渡到执行决定，进入实际行动。执行决定是意志行动的最重要环节。因为即使在做出决定时有决心、有信心，如果不见之于行动，这种决心和信心依然是空的,意志行动也就不能完成。

从做出决定过渡到执行决定,在时间上往往因具体情况的不同而有所不同。有时在做出决定之后就立即过渡到执行决定阶段。这通常在下列情况下发生:行动的目的和实现行动的方式、方法比较明确具体,完成行动的主客观条件多少已经具备,而行动又要求不失时机地去完成。例如,在战斗中,做出军事行动的决定,就必须立即执行。有时,决定是比较长期的任务或是未来行动的纲领。这样的决定并不立即付诸行动,而仅是将来行动的企图。例如,我们准备在暑假内完成一篇论文,目的、计划都明确了,决心也下了,但并不立刻行动,因为条件还不完全具备,只是一种打算。

在执行决定的过程中,已经确立起来的决心和信心也可能会发生动摇。这通常发生在下列情况下:

1. 执行决定时遇到的困难,要付出大的努力而与个体已形成的消极的个性品质(如懒惰、骄傲、保守、坏习惯等)或兴趣爱好发生矛盾,从而使决心和信心发生动摇。

2. 在做出决定时虽然选择了一种目的,其他目的仅受到暂时的压抑,但仍然很有吸引力。在执行决定的过程中,暂时受到压抑的期望又可能重新抬头,产生了新的心理冲突。

3. 在执行决定的过程中,还可能产生新的期望、新意图和方法,它们也会同预定的目的发生矛盾,令人踌躇,干扰行动的进程。

4. 有时在做出决定时没有充分考虑到各种主客观条件,没有预见到事物的发展变化,在执行决定时遇到新情况,出现新问题,而人又缺乏应付新情况、解决新问题的知识和技能,也可能使人犹豫不决。这些矛盾都是妨碍意志行动贯彻到底。只有解决了这些矛盾才能将意志行动贯彻到底,达到预定的目的。

当意志行动达到预定目的时,又会增强克服困难的毅力,提高克服困难的勇气。优良的意志品质,正是在克服困难的实际斗争中锻炼和培养起来的。

三、意志品质

构成意志力的稳定因素称为意志品质。人们的意志品质存在着巨大的个别差异。主要的意志品质:自觉性、果断性、自制性和坚持性。

(一)自觉性

自觉性表现为一个人自己有能力做出重要的决定并执行这些决定,有责任并愿意对自己的行为所产生的结果负责,深信这样的行为是切实可行的。自觉性不同于武断。武断表现为置他人的意见于不顾,不考虑具体情境而一意孤行。而自觉性则是与理智地分析和吸取他人的合理意见相联系。自觉性的人对于自己的决定和执行这些决定是经过理智思考的:决定的实行,从社会的角度来看,是可以实行的;从道德的角度来看,也是正确的。

与自觉性相反的意志品质是受暗示性。受暗示性表现为盲从、没有主见,很容易受他人的影响。易受暗示性的人行为动机不是从自己已形成的观点和信念产生的,而是受他人影响的结果。

(二)果断性

果断性表现为善于迅速地辨明是非,能及时地坚决地采取决定和执行决定。果断不同于轻率。它是以充分的根据、经过周密思考为前提的。果断的人对自己的行为目的、方法及可能的后果,都有深刻的认识和清醒的估计,所以当事态发展到最紧急关头的时候,能当机立断、及时行动,毫不动摇,毫不退缩。

与果断性相反的意志品质是优柔寡断。优柔寡断者的显著特点是无休止的动机冲突。在采取决定时,他迟疑不决,三心二意;到了紧急关头,只好不假思索、仓促决定,做出决定后又反悔,甚至开始行动之后,还怀疑自己决定的正确性。优柔寡断是缺乏勇气、缺乏主见、意志薄弱的表现。

(三) 自制性

自制性是善于统制自我的能力,如善于控制自己的行为和情绪反应的能力等。在意志行动中,与目标不相一致的欲望的诱惑、消极的情绪(如厌倦、懒惰、恐惧)等都会干扰人做出决定和执行决定。有自制性的人,能控制自我,克制与实现目标不一致的思想情绪,排除外界诱因的干扰,迫使自己执行已经采取的、具有充分根据的决定。有高度自制力的人,为了崇高的目的,不仅能够忍受各种痛苦和灾难,而且在必要时还能视死如归。自制性是意志的抑制功能。易冲动,意气用事,不能律己,知过不改等,都是缺乏自制性的表现。

必须注意,意志品质都有它的具体内容,不能离开具体内容抽象地加以评价。对于意志品质,我们应当联系其具体内容,从社会的角度和道德的角度来加以评价。上述各种意志品质都是互有联系的。如果缺少其中任何一种品质,就必然会在性格上带来某种缺陷。

(四) 坚持性

坚持性表现为长时间地相信自己决定的合理性,并坚持不懈地克服困难,为执行决定而努力。高度坚持性的人,有顽强的毅力,充满必胜的信念,不怕困难,不怕挫折,善于总结经验教训,既不为无效的愿望所驱使,也不被预想的方法所束缚。为了达到目的,他坚毅有恒,百折不回。所谓"富贵不能淫,贫贱不能移,威武不能屈"就是意志坚持性的表现。

与坚持性相反的意志品质是动摇性和刚愎、执拗。动摇性是遇到困难便怀疑预定的目的,不加分析便放弃对预定目的的追求。这种人不善于迫使自己去达到预定的目的,偶遇挫折便望而却步,做事见异思迁,虎头蛇尾。刚愎、执拗是对自己的行为不作理智的评价,总是独行其是。这种人不能客观地认识形势,尽管事实证明他的行为是错的,但仍一成不变、自以为是。动摇性和刚愎、执拗表面上不同,实质上都是对待困难的错误态度,属于消极的意志品质。

知识拓展:成熟的意志力

成熟的意志力包括三个互相联系的基本特征:目的性、克服困难和随意运动。其中目的性是成熟的意志力的前提,克服困难是成熟的意志力的核心,随意运动是成熟的意志力的基础。

(一) 目的性

成熟的意志力是有目的、自觉的。活动前,活动的结果已经作为行动目的存在于人脑中了。活动中,方法的选择、步骤的安排等始终受到目的的指引,并以预先的目的为标尺来评价活动的结果。

15世纪,人们知道地球是圆的,但还不知道它到底有多大多宽。25岁的哥伦布站在葡萄牙的海岸上想：只要这茫茫大海比马可·波罗跋涉过的陆地窄一些，我就有必要搞一艘船到那盛产黄金和香料的东方大陆去发迹。他通过阅读托勒密的《地理学》得知，欧亚大陆占据了北半球的一半，从葡萄牙出发，横跨大西洋，必定能到达印度。为了实现这个看似疯狂的梦想，他在葡萄牙踏踏实实地提高航海技术，熟悉各种新型航海仪器，学习现有的海图，阅读大量探险故事和游记。26岁那年，他参与了前往冰岛的远航。这次探险成功后，他比过去更加藐视大西洋了。他向葡萄牙王室兜售幻想中的黄金国，葡萄牙王室对此计划考虑了4年，最后把它否决了。在这4年中，他的妻子去世了，儿子长大了。他带着儿子、航海图、某人的推荐信及日益疯狂的雄心壮志，前往西班牙王国。此时的西班牙在内战和扩张中，许多功勋卓著的骑士和军人需要用土地来赏赐，王室没有足够的土地，哥伦布的疯狂计划，正好有助于解决这个问题。于是王室与他签订了开拓殖民地的协议，接受了他所有的条件。历经千难万险，哥伦布终于实现了他的梦想。

意志的目的性和自觉主动性在哥伦布发现新大陆行动中起到了关键的作用。人的意志由于具有明确的目的性，它才能既发动符合于目的的某些行动，又能制止不符合目的的某些行动。

（二）克服困难

成熟的意志力是与克服困难相联系的。个体在目的行动中会遇到许多困难，为了实现预定目的，个体就必须有面对困难的勇气和机智，承受身体和心理上的负荷，随着主客观情况的变化，运用自己的知识经验，迅速分析、判断困难的性质，确定克服困难的方法和策略，一个人在活动中克服的困难越大，意志就越坚强。困难包括内部困难和外部困难。内部困难是来自于主体自身的障碍，如知识经验的不足，能力的有限，思想上的矛盾斗争，消极的情绪，优柔寡断、胆怯、保守、懒惰的性格，身体欠佳等。外部困难是人们在意志行动中遇到的客观条件的障碍，如自然环境条件恶劣，任务艰巨，讥讽打击，挫折失败、不良的人际关系等。相比之下，人最难战胜的是内部困难。

爱迪生研究电灯时，工作难度出乎意料地大，1600种材料被他制成各种形状用作灯丝，效果都不理想，要么寿命太短，要么成本太高，要么太脆弱、工人难以把它装进灯泡。全世界都在等待他的成果，半年后人们失去耐心了，纽约《先驱报》说："爱迪生的失败现在已经完全证实，这个感情冲动的家伙从去年秋天就开始电灯研究，他以为这是一个完全新颖的问题，他自信已经获得别人没有想到的用电发光的办法，可是，纽约的著名电学家们都相信，爱迪生的路走错了。"爱迪生不为所动。英国皇家邮政部的电机师普利斯在公开演讲中质疑爱迪生，他认为把电流分到千家万户、还用电表来计量是一种幻想。爱迪生继续摸索。毫不动摇地投入这项研究一年后，他造出了能够持续照明45小时的电灯。

美国心理学家曾对一千多名智力超常的儿童进行追踪调查，在他们成人后根据其成就大小，把他们分成"有成就组"和"无成就组"。对比研究显示，"有成就组"的人，对自己的事业有忘我的精神，在困难面前不退缩，经历多次失败不动摇。而"无成就组"的共同弱点是在困难面前退缩不前、消极等待，甚至抱怨没有良机。

(三)随意运动

人的意志行动是由意识调节下的一系列随意运动组成的。随意运动是意志行动的必要组成部分,是意志行动的基础。随意运动一般指高级的、复杂的条件反射,使人的活动可以受到活动的长远目的所支配。歌手对自己的嗓音能够控制自如,是他训练有素的表现;音乐家娴熟的指法,其实也是一种坚持不懈练习的结果;技艺精湛的骑士能在各种条件险恶的情境下很好地控制自己的肢体,是因为他的大脑已经能对各种境况做出快速的、恰当的反应。指向某一特定目标的意志力,将具体的行动与意愿协调了起来,从而最终实现了这一目标。

富兰克林强调实干精神,而他自己就是一个实干家。在印刷所打工时,他迅速、出色地掌握了专业技能,凭实力成为领高薪的工头。在上班时间他以最高的效率工作,在工余时间他抓紧时间读书。他用自己挣的钱买机器设备,筹办自己的印刷所,并且在竞争中获胜。创业初期,他插手印刷所和报纸的一切事务——撰稿、编辑、策划广告、排字、印刷、修理设备……那些简陋的印刷机难免会出一些故障,他就是通宵达旦地工作也要争取解决故障、按时完成业务。他没有时间去娱乐场所,没有时间和人闲聊,没有时间钓鱼打猎,只把少得可怜的闲暇时间用于读书。总之,他一直在行动。他在科学上的贡献更是举世瞩目,如果没有实干精神,他无法做出这么多的贡献——他揭示了电的本质,提出了"正电"和"负电"的概念,用普罗米修斯式的行动揭开了雷电的秘密,在光学、热学、声学、数学、海洋学、植物学等方面都有造诣,还发明了避雷针、新式火炉、电轮、三轮钟、双焦距眼镜、自动烤肉机、玻璃乐器、高架取书器、新式路灯……一个人身上集中了如此之多的成就,实在令人惊讶。

(张雪琴 谭贞晶)

第五节 人 格

知识拓展:盖奇的巨变

1848年9月13日,美国佛蒙特州铁路建设工地的意外事故中,一根1m多长的铁棒高速穿过25岁工人菲尼亚斯·盖奇头部。盖奇在这次可怕的事故中奇迹般生还,更令人惊奇的是,盖奇的大多数智力功能并没有受损,但此后他的人格发生了戏剧般的改变。以前,盖奇是个有礼貌、愿意合作而友善的人,康复后盖奇变得性子急、粗鲁无礼,非常令人讨厌。他表现出不遵守社会规范的行为举止,生活也变得混乱。做事常常虎头蛇尾,行为粗鲁,满口脏话(不是他以前一贯作风),对同事无礼,对别人的建议不耐烦,对旁人漠不关心,有时又超乎寻常的固执专横,反复无常。他的言行发生了根本的变化,他的朋友和熟人都很坚定地说他不再是盖奇。

他的医生约翰·哈洛认为,盖奇额叶受损是导致其人格发生变化的原因。后来,科学家用现代计算机成像技术证实了哈洛的理论:盖奇脑部受损区域正是用来处理情绪和在社会中进行行为决策的区域。但是,大多数心理学教材总是对盖奇遭受的不幸轻描淡写。除了铁棒在穿越颅骨时的伤口,盖奇的手和前臂还有严重烧伤,烧伤部位一直延伸到肘部。他意识清醒,甚至自己走上去医院的马车。但却因失血过多而陷入昏

> 迷。他外出血和内出血都非常严重，血液甚至流到了胃里。每隔15～20分钟，他就要将胃里的积血吐出来。结果就是像一个血人一样躺在自己的血水中。
>
> 同时，在从1848年9月13日至11月18日的恢复过程中，盖奇一直处于失业状态，经济困难，情绪低落，无人关怀，缺乏良好的照料。在这一段时间内，盖奇又经历了面部严重肿胀、头皮和脑组织混合的地方因为糜烂而散发出阵阵恶臭，伤口里甚至长了霉菌。即便是一个医生，哈洛都不忍心描绘盖奇遭受了多么巨大的痛苦。在事故中，盖奇还失去了一只眼睛，面部有明显的伤疤，显得面目丑陋吓人。在他受伤之前，雇主认为他是雇员中最有效率和最能干的领班，后来认为他变化太大了而解雇了他。最终，他只能离开了在铁路上的工作，到处流浪。所以，请不要忘记，1848年9月13日的那一场事故给这个不幸的人造成的人格改变其实是生理、心理、环境多种不同原因共同造成的。

一、人格的概述

(一) 人格的概念

人格也可被称为个性，因为其内涵的复杂和丰富，以及研究者关注的侧重点和研究的方式、方法的不同，目前尚没有统一的定义。人格总是被我们当作一个整体的精神面貌来看待，是个人各方面属性所组成的，既包括具有引发我们行为的内在原因，还包括我们平时做人做事的诸多表现，而种种这类人的属性或特征按一定的层次结构排列起来，使人格具有内在的相互联系和统一，具有了统合的作用。一方面我们会说"江山易改，禀性难移"；另一方面我们还应该看到，很多人的人格一直处于发展变化之中，并非一成不变。而它变化的原因部分是因为生理上的变化，还有部分是来自生活里的种种遭遇，以及我们对此的看法。

因此，人格被认为是人为适应环境、自身认知、情绪和意志有机整合的独特而典型的反应模式，这种复杂而动态的组织结构是遗传与环境交互作用的结果，其中还包含依靠个体经验的主动建构。

(二) 人格的特点

1. 生物制约性与社会制约性 人格是在个体的遗传和生物基础上形成的，同时人格又是在一定的社会文化环境中形成的，是个体生物性和社会性的综合。因此人格的形成与发展，既受其生物属性的制约，如受其作为人所特有的基因表达和特殊的脑结构的影响；也受其社会属性的制约，如个体必将在一定文化环境下形成的其独特的行为方式和人格特征。但需要指出，脱离了人的社会属性或社会实践，个体是不可能形成和发展人格的，即使是人的众多生物性的需求和本能，也受到人的社会性的制约。

2. 独特性与共同性 每个人的人格都是独特的，除了生物遗传因素的影响，在个体成长过程中，人格结构组合的复杂变化也深刻地影响我们人格的形成发展。人格的独特性并不排斥人们在心理和行为上的共同性。人类总是在某一共同的自然环境和社会环境中生存和繁衍，也必将形成该群体共同的人格特征即群体人格或众数人格。虽然也研究人格的共同性，但人格心理学家似乎往往会更关注人格独特性的一面。

3. 稳定性与可塑性 由于人类生存的内外环境相对稳定，人格往往也是比较稳定的，对自己和外界的看法及反应,也往往是具有持续性和跨情境性的。但人格的稳定性并不意味着人格是一成不变的,随着内外环境的改变,如生理成长或生理结构的变化、个人生活环境的巨大改变,人格结构也将随之发生一定的改变,但这种改变与行为的改变是不同的,是具有更深层次的内在特质性的改变。

4. 层次结构性与整体统合性 无论研究的角度有多么不同,但是没有谁会否认人格本身是具有复杂的层次结构的。正是由于众多内在动力和心理特征之间相互影响,紧密联系,协同合作,人格被整合成一个有机的整体,能够更有效地应对环境的种种要求,并让我们的内心世界与外在环境都保持和谐。如果我们无法将人格的各种心理倾向性和心理特征进行良好的整合,我们将会出现适应的困难甚至会产生一系列的精神问题,如精神分裂症。

(三)人格的理论

人格的理论是理解和分析人格时的假设系统或参照的框架,不同的理论往往是由不同的心理学家、站在不同的角度,对人格进行的探讨。这些理论都有助于我们理解人格的各个方面。现在比较主流的理论包括心理动力学理论、学习理论、人本主义理论和特质理论。

1. 心理动力学理论 认为人们的内心世界和冲突决定了人格的形成和发展。弗洛伊德通过治疗情绪障碍的患者后发现情绪障碍产生于潜意识动力,他将我们的人格看成是由追求快乐充满冲动——"本我",现实取向的执行官——"自我"和内化的理想——"超我"组成。弗洛伊德相信,儿童的人格发展经历了性心理发展阶段,而我们的人格受到是否决定解决这些阶段的冲突还是固着在某一阶段的影响。新弗洛伊德学派的阿德勒、霍妮、荣格接受了弗洛伊德的众多观点。但阿德勒和霍妮还认为,除了性冲动和攻击行为还存在其他动力,而且自我意识的控制作用也更大,荣格还提出了集体潜意识的概念和作用。精神分析理论家普遍认同弗洛伊德的这一观点,认为潜意识心理过程内在的冲击和童年的经历,对人格的形成具有重大的影响。

2. 学习理论 人格的学习理论强调学习在人格形成中的重要决定作用,像习得行为一样,人格也是通过经典条件反射和操作性条件反射的过程形成的,包括对他人行为的观察、强化消退、泛化和辨别的过程。行为主义者甚至认为,人格中的一切都可以用学习来解释,先天的稳定的人格特质是不存在的。但在社会认知心理学家看来,人格会受到人与环境之间交互作用的影响,认知因素和环境因素相结合共同影响人的行为。

3. 人本主义理论 人本主义心理学家更关注健康人的人格形成和潜能发展的重要性。马斯洛相信人的基本需要得到满足,就会追求更高的需要直至追求自我实现。为了使他人获得自我成长,罗杰斯建议要真诚接纳,并有同理心。只有在无条件积极关注的环境下,人们才能够发展出更深层次的自我意识,以及更为现实和积极的自我概念。

4. 特质理论 特质理论的研究者们将特质看作决定个人行为的基本特性,是构成个性的基本元素,也是评价个性的基本单位。他们描述了众多持久稳定的特质。通过一系列的方法,包括集群分析法和因素分析法,研究分离出了一些重要的人格维度,同时发现了遗传因素对特质的影响。卡特尔认为人的特质包括有 35 个表面特质和 16 个根源特质,并编制了卡特尔十六种人格因素问卷(16PF)。艾森克认为人格是由三个基本维度构成的,分别是内外向维度、情绪稳定维度及神经质维度。另外,一些心理学家提出了大五人格模型,包括稳定性、外倾性、开放性、宜人性和尽责性五个人格维度作为性格研究的通用框架,得到了广泛的认可和接受。

（四）人格形成和发展的影响因素

经过多年的研究证实，人格是先天遗传与后天环境共同作用的产物，是在二者交互作用下逐渐形成的。对人格形成和发展产生作用的因素有：

1. 遗传与发育因素 双生子研究证明遗传因素的确在人格形成中有重要作用，认为有一半的人格差异可以归结于遗传差异，但也不能排除环境的影响作用。同时，在个体的发育过程的不同阶段，神经系统的状态和内分泌激素水平不同，都会对塑造人格产生深远的影响。

2. 自然环境与社会文化因素 生态气候、城市规模、拥挤程度这些物理因素，都会影响到人格的形成和发展。与此同时，每个人都处在特定的社会文化环境中，文化对人的影响是极其重要的。社会文化塑造了社会成员的人格特征，使人格结构更为相似。

3. 家庭环境与学校教育因素 家庭和学校是人格形成的主要场所。父母按照自己的意愿和方式养育孩子，使得孩子逐渐形成某些人格特质。家庭结构的差异和教养方式的不同，对人格的发展和人格的差异有着明显的影响。教育对人格的发展具有指导定向的作用，学校班级、教师同学和同伴群体都在人格社会化中起到重要的条件作用。

4. 早期经验与自我意识因素 人生早期发生的事情对人格的影响历来被人格心理学家所重视。幸福的童年有利于儿童发展健全的人格，但早期经验不能单独对人格起决定作用。在众多外因的影响下，人格是通过自我意识系统进行整合和调控的。自我意识这个内部因素，保证了人格的完整、统一与和谐。

在人格的形成和发展过程中，各因素对人格的形成和发展都起着举足轻重的作用，遗传和发育决定了人格发展的可能性，各类环境决定了人格发展的现实基础，自我意识系统是人格发展的内部决定因素。

二、人格的结构

人格是一个包含众多成分的复杂系统，除了具有个人色彩和个人体验的部分，主要包括个性倾向性和个性心理特征。

（一）个性倾向性

个性倾向性是人对客观事物的态度和行为的基本动力，是大部分人类行为的内在基础，所以也是人格结构中最活跃的因素。一般来说，人格倾向性主要包括需要、动机、价值观等，这些成分之间又相互影响和制约，共同形成了我们的心理动力体系。其中最核心和有代表性的倾向性是需要与动机。另外，在个体的不同年龄阶段或在不同文化环境中，人格倾向各方面的组合是不同的。

1. 需要（need）

（1）需要的概念：需要是个体对生理和社会的客观需求在脑中的反映，是个体的心理活动与行为的基本动力。饥则食，渴则饮，当人的某方面要求得不到满足时就会产生需要。如人感到孤独就会产生交往的需要，这是由有机体内部产生的需要；教师的期望让学生想要好好学习，这就是由外部环境要求产生的需要。需要是对某种目标的渴望，是维持生命和种族延续所必须的条件和适应社会生活的反应。人和动物都有需要，所不同的是人具有意识，需要同人类的活动紧密联系，人的需要会受到意识的调控。某种意义上说，人类的一切活动都是为了满足需要，需要是人类行为和社会进步的原动力。需要越强烈，行动力就越强，因此需要具有动力性的本质特征。人的需要也是在人的社会活动中不断产生和发展的，随着满足需要的对象范围不断扩大，以及随之而来的需要方式的不断改进，需要也会不断地发展变化。所以人的需要是由生活的环境所决定的，这就是需要的社会历史制约性。

（2）需要的分类：按照起源需要可分为生理性需要和社会性需要。生理性需要是指个体对维持其生存和种族延续所必需的条件的要求，如进食、睡眠、防御等。当个体的生理状况趋于不平衡状态时，就会引发个体的行为，并通过获得一定的物质条件来满足。人和动物都具有生理性需要，但满足的方式却有所不同。人在满足进食的需要时，会通过火、炊具等做出美味的食物，而动物却不能；社会性需要是指个体对维持其社会化发展所必需的条件的要求，如人际交往、学习、生产和生活等。人与人之间社会性需要存在着很大的差异，这是由于每个独立个体，从小生活的环境和接受的教育不同，自身认识修养不同导致社会性需要的差别。社会性需要是人类所独有的，如尊重的需要、道德的需要等，社会性需要对于推动社会进步具有重要的作用。

按照对象需要可分为物质的需要和精神的需要。物质的需要指个体对物质文化对象的欲求，如对食物、住房、出行、工作条件的需要等，是以占有这些物质产品而获得满足的。精神的需要则表现为对精神文化方面的欲求，如对艺术的需要，听一场音乐会或看一场摄影展等，是以占有精神产品而获得满足的。物质的需要与精神的需要有着密切的关系，人们在追求物质需要的同时，表现了某种精神需要；而精神需要的满足也离不开一定的物质条件，如人们在穿衣时会注意是否整洁，人们在欣赏画展时离不开举办画展的场地等。

（3）马斯洛的需要层次理论（图 2-8）：需要层次论由美国人本主义心理学家马斯洛（Maslow）1943年提出，是在世界范围内最具影响的心理学理论之一。该理论认为需要有五个层次，从低级到高级，逐层呈金字塔式排列。每个层次的需求与满足的程度将决定个体的人格发展境界。五个层次分别是：

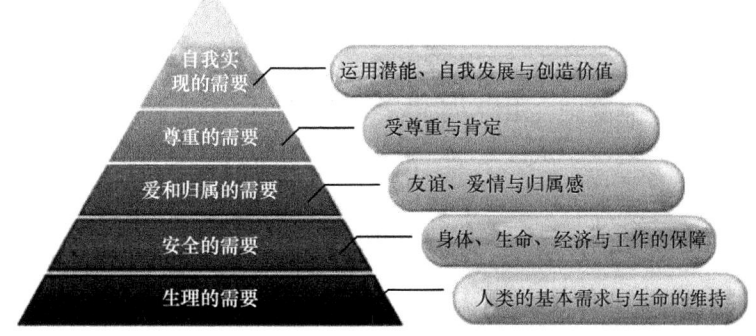

图 2-8 需要层次理论的内容

1）生理的需要：如对食物、水的需要等。生理的需要作为低级的需要，也是人类最不可少的需要。生理需要得不到满足，其他的需要也就无从谈起。

2）安全的需要：如对生命安全、财产安全的需要等。当安全的需要获得满足后，人会产生安全感，才会免除孤独、焦虑、恐惧、混乱等。

3）爱和归属的需要：如加入一个团体、组建一个家庭的需要等。在这一阶段的人需要亲人、朋友并与他们建立深厚的情感联系。这一层次的需要的缺失，会抑制人的健康成长和影响到人的潜力的发展。

4）尊重的需要：如对自己信心、本领、威望、认可的需要等。尊重的需要包括自我尊重和他人尊重两个方面。一个人在人际交往中，如果能够得到他人的尊重，就会自信；反之就会自卑。

5）自我实现的需要：当前四种需要得到满足时，才会产生的高层次的需要，这是人一生所追求的需要，它能使一个人的潜能得到充分的发挥，只有少数人才能达到自我实现的需要。

马斯洛的需要层次理论中，各需要层次之间不是并列的，而是按次序逐级上升的。当低一级的需要得到满足后，追求高一级的需要就成为推动行为的内驱力。但需要的逐级上升并不完全遵照"全或无"法则，大部分人的每种需要只有部分得到了满足，但仍会出现下一级的需要。需要的等级越低，满足的动力性越大；需要的等级越高，难度越大，对人的激励力量也就越小。

2. 动机（motivation）

（1）动机的概念：动机是激发起个体活动的意图，并维持着个体朝着既定目标行动的一种内在心理过程或内部心理动力。动机是内在需要与外部目标结合的产物，是保证人类前行的内因。但是在需要转化为动机的过程中，还必须有一定的外部刺激，也就是诱因，即凡是能引起机体动机行为的外部刺激。有些目标的诱惑力很大，即使没有内部需要，它们也能激发行为。例如，蛋糕很好吃，即使你没有饥饿的需求也想要吃。而有些目标的诱惑力很低，尽管它能满足你的内在需要，但还是难以激发行为。例如，你讨厌吃的蔬菜，即使你饿也不一定会去吃。所以说，内部需要和外在诱因共同驱使个体产生动机。

一般需要转化为动机的过程可以概括为：使外部的诱因变成内部的需要—个体意识到需要—需要与诱因相结合—产生内驱力—产生活动动机—采取降低内驱力的活动。

需要展示出有机体的生存和发展对外部条件的依赖，动机和个体的需要密不可分，有了需要才会有动机，进而促使个体采取行动。只有当需要被认识到，并可以激起并维持活动时，才能成为活动的动机；动机是在需要的基础上产生的，当某种需要没有得到满足时，会推动人们行动满足需要。另外，情绪也可激发动机。积极的情绪会激发人们设法去实现既定的目标，而消极的情绪则会阻碍人们实现某种目标。

动机是心理的内部过程，是行为的中间变量，无法直接观察，只能通过对动机的两个明显特征（选择性和活动性）的观察来推测动机。动机的选择性特征使动机指向需要的对象，忽视了其他事物。因此，人们可以通过动机的选择性特征，推测出动机的目标。通过动机的活动性特征，推测动机的强度。

动机具有激活、指向、维持和调整三个功能。激活功能是使个体由静止状态转向活动状态，如饥饿和渴的动机激发人们通过寻求食物和水来解决自己的需要。指向功能是指将行为指向一定的对象或目标，如在休息动机的支配下，会驱使个体去卧室。维持和调整功能则表明个体在活动过程中要受到动机的调控。当活动过程还受到其他因素的影响时，动机的调控作用便发挥作用，表现为动机如果指向个体所追求的目标则得到强化，相反则进行调整以保障目标的实现。

（2）动机的分类：人类的动机是非常复杂的，在生活工作和社会实践中，常常会受到各种动机的支配。根据动机的内容、性质、作用和产生的原因等，可以将其进行不同的分类。

根据动机的内容，可以分为生理性的动机（物质方面的动机）和心理性（社会性）的动机。起源于有机体生理需要的动机称为生理性动机，如饥饿动机、干渴动机；起源于社会需要的动机是社会性动机，如成就动机和交往动机。

根据学习在动机形成和发展中所起的作用，人的动机可分为原始的动机和习得的动机。原始的动机是与生俱来的动机，它们是以人的本能需要为基础的。例如，饥、渴、母性、性欲的动机等都属于原始性动机。习得的动机是指经过后天学习获得、发展起来的各种动机。例如，出生的婴儿不知道什么是恐惧，也不要求得到父母的互动，因而他们不具有讨好和获得赞许的动机；但是儿童在成长的过程中懂得了什么叫关怀和冷漠，因而会在这些动机的驱使下做出相应的行为。

从引起动机的原因，动机还可以分为内部动机和外部动机。内部动机是指人的行动出自个体本身的自我激发，如做某件事能够使他感到愉快，无须外力推动。外部动机则是个体受到外部的暗示或刺激而诱发出来的动机。例如，一个孩子去学习跳舞，是因家长提出建议才去的。

另外，根据动机的意识水平可将动机分为有意识的动机和无意识的动机；根据动机的社会价值可以将动机分为高尚动机和卑下动机；根据动机的性质可分为正确的动机和错误的动机等。

（3）动机与效率：动机激活水平、行为效率和任务难度之间的关系（图2-9），可用耶克斯（Yerkes）-道森（Dodson）定律说明：对于较难的任务，较高的动机水平会产生较佳的行为效率；对于较为简单的任务，较低的动机水平反而会提高行为效率；在一般程度的任务中，中等动机水平会提高个体的行为效率。

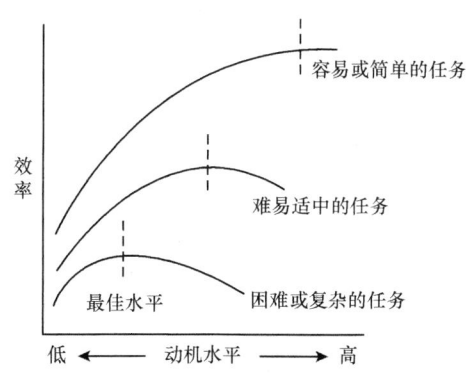

图2-9 动机激活水平、行为效率和任务难度之间的关系

（4）动机冲突：人的动机虽然以需要为基础，但是又受世界观、道德观、意志、人格特征等因素的制约。在同一时间内，人们常常存在着两种或多种非常相似或相互矛盾的动机，使个体的需要不能满足，这就是动机斗争或称为动机冲突（motivation conflict）。在人们的生活中，常常存在着许多的动机，并且这些动机的强度也是随时变化的，而驱动人行动的动机往往都是由主导动机所决定的，但是主导动机常常又不太容易确定。因此在一些存在矛盾活动比较相似的动机中会使个体难以取舍，这时就会产生动机冲突，并出现相应

的挫折感和负性情绪状态。动机冲突有四种基本形式。

1）双趋冲突：即两个目标具有相同的吸引力，引起同样强度的动机。但由于受条件等因素的限制，无法同时实现，二者必择其一，即所谓"鱼和熊掌不可皆得"。

2）双避冲突：指个人同时受到两种事物的威胁，产生同等强度的逃避动机，但迫于情势，必须接受其中一个，才能避开另一个，所谓"前有狼，后有虎"的矛盾冲突。

3）趋避冲突：指个人对同一事物同时产生两种动机，既向往得到它，同时又想拒绝和避开它。

4）双重趋避式冲突：指个人遇到多个目标，每个目标对自己都有利也都有弊，反复权衡拿不定主意所产生的冲突。

（5）动机与挫折：动机会引导个体的行为指向既定的目标。在实现目标的过程中往往会因各种原因使行为停滞或者失败。动机受到干扰阻滞，被迫暂时放弃或完全受阻所导致的需要不能满足的情绪状态，都称为挫折。在实现目标过程中受到阻碍时，如果障碍难以逾越又无法寻求替代目标，不能实现目标时便会产生挫折感。现实生活中挫折总是难免的，只要正确地对待并且实事求是地分析，就可以使个体的认识产生创造性的发挥，提高解决各种问题的能力和提高忍挫力，以更好的方法和途径实现动机，达成目标，满足需要。如果挫折太大、过于频繁、超过了个体的耐受能力或者个体不能正确对待，就会产生紧张状态，情绪消沉低落、行为偏差。对个体的生理、心理造成影响，甚至导致躯体及精神的各种疾病。

（6）动机与价值观：价值观（values）是指主体按照客观事物对其自身及社会的意义或重要性进行评价和选择的原则、信念和标准。价值观是一个人思想意识的核心，调节和控制着个体的动机。个人的价值观直接影响着个体的意义判断，引导确定奋斗目标。个体把目标的价值看得越高，由目标激发的动机就越强，在活动中的参与度就越高。相反，个体认为目标的价值不大，由此激发的动机就小。价值观决定着动机的性质、方向和强度，如利他的价值观促使个体产生助人的动机，做出助人的决定，并使这种行为坚持下去。

（二）个性心理特征

个性心理特征是个体应对环境所表现出来的相对稳定的心理特点，它集中反映了心理活动的典型模式。个性特征是在人的社会化中逐渐形成，并在社会活动的方方面面体现出来。个性特征具有稳定性，这种稳定性不仅表现为跨情景的一致性，还表现为一定时间内个性特征内部结构的稳定。同时，在自我意识的调节下，个性特征的稳定性是相对的。个性特征的体现程度会有不同程度的调节弹性，不会在任何情境中都一成不变，而且个性特征还会在自我意识和个体内外环境的共同作用下，发生一定的变化。

人格心理特征主要包括了能力、气质和性格，其中性格又被认为是人格心理特征的核心。个性特征在个性结构中，不光受到自我意识的影响，还受到个性倾向性的制约。例如，性格和能力的形成就离不开需要、动机、价值观的推动，而它们的改变也往往是个性倾向性的变化引起的。

1. 能力

（1）能力的概念：能力是人格的重要组成部分，是人顺利完成某种活动所必备的心理特征。活动是能力形成和发展的基础，活动效果的好坏体现着能力的高低。能力的大小影响活动的效率和质量水平。能力是在知识、技能的基础上发展的。掌握知识、技能的前提是能力,在掌握知识技能的过程中也体现着能力,一个人能力的高低可以通过对其掌握知识技能的速度和完成任务的质量上进行评定。例如,一幅名画创作的成功往往需要画家具备良好的构图知识和精湛的技术手法,而这些正是画家能力水平高的体现。

(2)能力的分类

1)一般能力和特殊能力:一般能力是指完成任何一种活动都必须具备的某种基本能力,具体包括观察力、注意力、记忆力、想象力和思维能力等。特殊能力是指在从事某种专业性较强的活动中所表现出来的能力,它是完成某种专业活动必备的心理条件。例如,在音乐活动中必须具备音乐的节奏感和韵律感;在美术活动中必须具备对色彩的鉴别能力和构图思维能力。缺乏这些能力时,这种专业活动就无法顺利完成。

一般能力和特殊能力相互影响,相互制约。特殊能力的发展需要以一般能力的发展作为其基础,在活动中较为具体形象化了的和专业化了的能力,就是一般能力的特殊化,也就是我们所认为的特殊能力。离开了活动,一般能力和特殊能力也就无从谈起。一般能力的发展可以促进特殊能力的发展,反之亦然。

2)实际能力和潜在能力:实际能力即在生活中已经表现出来的能力,该能力的积极发挥所达到的结果就是我们常说的成就,如用来评定学生学习成绩的学业成就测验,对职业工作人员的职业成就测验。潜在能力即人本身所具有的但并未表现出来的能力,心理学家称其为潜能。据此发展起来的用于测量学生学术测验的学术潜能测验,用于测量从事职业活动的职业潜能测验。科学家们发现,人具有巨大的潜能,人们只利用了身心资源的很小很小一部分。著名心理学家奥托指出一个人所发挥出来的能力,只占他全部能力的4%。也就是说,人类还有 96%的能力未发挥出来。詹姆斯(James)认为普通人只开发了他蕴藏能力的 10%。他们观点也许并不完全准确,却启示我们不应忽略或轻易否定我们自身的潜能。

3)认知能力、操作能力和社交能力:认知能力是指人脑加工、储存和提取信息的能力,即智力。人们对客观世界的认识和对知识的获得,都依赖于人的认知能力。操作能力是指人们通过控制自身行为来达到活动目的的能力,如劳动能力、艺术表演能力、体育运动能力、实践操作能力等。操作技能是操作能力发展的基础,但操作技能的顺利掌握又离不开操作能力这一重要条件。

操作能力的形成和发展必须通过认知能力的不断积累,没有认知能力积累的一定的知识和经验,操作能力的发展不会一帆风顺;反之,认知能力的较好发展也离不开操作能力。

社交能力是社会成员在社会活动中所表现出来的能力,是我们作为一个社会人不可缺少的能力,如组织管理能力、言语感染力、沟通能力、调解纠纷、处理意外事故的能力等,这种能力的发展对组织团体、人际交往和信息沟通的发展具有重要意义。

(3)能力的形成和发展:能力的形成和发展过程是许多因素共同作用的结果,这些因素在不同的时期起着不同作用。

1)遗传素质:有机体与生俱来的某些生理解剖特性,是能力形成和发展的自然前提。

2)营养状况:营养不良会造成脑细胞发育迟缓,影响心理功能的发展。

3)教育:包括早期教育和学校教育等方面。早期的儿童教育必须遵循儿童身心发展规律。

4)社会实践:社会实践活动对能力的发展起着重要作用,不同活动的不同要求,也制约着能力的发展。

（4）智力：是理解世界、理性思考及有效运用资源应对挑战的能力。智力属于一般能力，其核心是抽象逻辑思维能力。智力的重要性在于对复杂事物的认识、领悟能力和在分析解决疑难问题的正确性、速度和完善等方面，因此智力主要集中于人们的认识活动和创造活动上。就个体发展而言，智力呈现先快后慢到稳定再到减缓的过程，24~30是智力发展的高峰期。就群体而言，智力呈正态分布，绝大多数人处于中间水平，极端人数较少。智力测验程序可以对个体的智力水平做出间接的测量，用智商（intelligence quotient，IQ）来反映智力水平的高低。智力在一定程度上决定了一个人的成就高低。鉴别智力水平，能有助于了解脑功能和大脑器质性疾病方面的问题。

2. 气质（temperament）

（1）气质的概念：气质主要表现在人的心理活动的先天神经反应的动力模式方面，即是指是表现在心理活动的强度、速度、灵活性与指向性等方面的一种稳定的心理特征。气质具有明显的天赋性，是较多地受稳定的个体生物因素制约的，这一点在刚出生的婴儿身上就会发现：有的总是喜吵闹，好动，反应灵活；有的却比较平稳，安静，反应缓慢。因为气质的心理活动动力特征不依赖于活动的时间、条件、目的和内容，所以它不具有社会评价意义，而且也无好坏之分。气质与性格、能力等其他人格心理特征相比，更具有稳定性，但也有一定的可变性，即一定的环境和教育的影响下，也会发生相应的变化。

（2）气质的特征：是心理特征的结合，可概括为以下几点。

1）感受性：即人对外界刺激的感觉能力。

2）耐受性：这是指人在经受外界刺激作用时表现在时间和强度上的耐受程度。

3）反应的敏捷性：主要指不随意注意及运动的指向性，心理反应及心理活动的速度、灵活程度。

4）行为的可塑性：这是指人依据外界事物的变化情况而改变自己适应性行为的可塑程度。

5）情绪兴奋性：它包括情绪兴奋性的强弱和情绪外露的程度两方面。

6）外倾性与内倾性：外倾的人动作反应、言语反应、情绪反应倾向于外，经常对客观事物表示关心和兴趣，性格开朗活泼，乐意参加群体活动，喜欢热闹的环境，又善于交往。内倾的人表现则相反。

（3）气质类型：关于气质类型有很多种划分方法。古希腊著名医学家希波克拉底提出的体液学说，提出人的气质可以划分为多血质、黏液质、胆汁质和抑郁质四种类型；20世纪20年代德国精神病医生克富奇米尔提出了体型说；20世纪40年代美国医生谢尔顿和心理学家斯蒂文斯提出了胚叶说（即胚叶发育就已经决定了胎儿的气质类型）；美国心理学家伯曼的激素说把人分为四种内分泌腺类型：甲状腺型、垂体腺型、肾上腺型和性腺型，并认为内分泌腺类型不同的人气质也不相同。俄国生理学家巴甫洛夫认可希波克拉底的体液学说并在此基础上提出高级神经活动类型说，即认为气质四种类型其实是神经系统反应模式的体现（表2-2）。

巴甫洛夫根据大脑皮质的两种神经过程（兴奋与抑制）具备三个基本特性（强度、均衡性和灵活性）的差异认为与希波克拉底的四种气质类型相一致。

表 2-2　高级神经活动类型与气质类型对照表

高级神经活动特性	高级神经活动类型	气质类型
强、平衡、灵活	活泼型	多血质
强、平衡、不灵活	安静型	黏液质
强、不平衡	不可抑制的兴奋型	胆汁质
弱	抑制型	抑郁质

1）多血质的神经过程的特点是神经反应强，平衡且灵活，耐受性高，感受性低，能忍耐较强的刺激，容易形成有朝气、热情、活泼、爱交际、有同情心、思维灵活等品质，也容易出现变化无常、粗枝大叶、浮躁、缺乏一贯性等特点。

2）黏液质的神经过程的特点是神经反应强，平衡但不灵活，耐受性高，感受性低，动作反应慢，不容易变化，喜欢深思，注意力稳定而转移困难，对任何事情都需要较多的时间思考。这种气质类型的人稳重，考虑问题全面，安静沉默，善于克制自己，善于忍耐，情绪不易外露。

3）胆汁质的神经过程的特征是神经反应强但不平衡，耐受性高，感受性低，外向性明显，兴奋性强而不均衡，言语动作急速而抑制力差，此种气质类型的人表现为情绪容易激动，态度坦率，热情爽直，意志坚定，办事果断，精力充沛，心理外向，但脾气急躁，心境变化剧烈。此种气质类型以精力旺盛、易于冲动和整个心理活动笼罩迅速而突发色彩为特征。

4）抑郁质的神经过程特点是神经反应性弱，而且兴奋过程弱，严重内向，情绪发生慢而强，体验深刻，感情脆弱，耐受性低，感受性高。这种气质类型的人表现为观察思考全面透彻，善于观察到别人不易觉察到的细节，但言行迟缓，无力、刻板，胆小怕事，容易多心，神经过敏，性情孤僻，不善言谈，不好交际，往往不能经受强烈刺激，具有刻板性和不灵活性，心理防御性较强。

3. 性格（character）

（1）性格的概念：性格是在长期生活实践中塑造出来的，对客观现实稳固的态度及与之相适应的习惯了的行为方式。性格最主要的特征是意识倾向性，就是客观现实通过人的认知、情绪及意识活动等心理过程，在人脑中得到反映，并逐渐固定下来，形成一种相对稳定的反应倾向即态度。性格是在社会实践中形成的，具有明显的社会性。性格受社会历史文化的影响，有明显的社会道德评价的意义。气质更多地体现了个性的生物属性，性格则更多地体现了个体的社会属性。个体在社会生活过程中受到各种事物和信息的影响。在这些影响的作用下，不断地积累丰富和充实了人的内心世界。

个体生活中那种一时偶然的表现不能被认定为一个人的性格特征，例如：一个人在某个场合发了脾气，不能就此认定其具有暴躁的性格特征。性格是个体中鲜明表现出来的心理特征，也是人格中最重要的心理特征，它反映了一个人的本质属性，具有核心的意义。例如，文学家就是抓住个体最有代表性的性格特征，对人物进行塑造，使读者感到如见其影，如闻其声的现实人物。

（2）性格的特点：性格是一种复杂的个性心理特征，主要有以下五个方面。

1）现实性：性格的现实性是对各种社会关系应对处理的特点。主要表现在：对社会、集体、他人的行为表现；对工作、学习、生活的行为表现；对自身的行为态度等方面。

2）情绪性：性格的情绪性是情绪反应的特点。主要表现：情绪活动的强度及情绪受控制的强度；情绪的稳定性；情绪的持久性；主导心境情况。

3）意志性：性格中意志行为的特点。主要表现：人的意志品质自觉性、果断性、坚持性和自制力四个方面的不同情况。

4）态度性：性格中品质态度的特点。主要表现：人如何看待社会各方面的关系，即他对社会、对集体、对他人及对自己的态度。

5）理智性：性格中认知活动的特点。主要表现：认知水平差异；认知活动的特点与风格差异。

（3）性格的分类：许多心理学家曾试图对性格进行分类，但由于性格的复杂性，至今没有一个公认的分类法。影响较大有：

1）外倾型和内倾型：荣格（Jung）把人的性格分外倾型和内倾型，也称外向型和内向型。个人的兴趣和关注指向内部的称内向，指向外部的称外向，每个人都有内向和外向两种特征。根据所占优势不同可以将性格分为内向型和外向型。

2）场独立型和场依存型：魏特金（Witkin）根据人的信息加工方式的不同把人的性格分成场独立型和场依存型（field dependence and field in dependence）两种。场独立型的人倾向于更多地利用自身内在的参照标志对信息进行加工，能够主动适应新环境，善于采用相当克制的方式表达冲动，有发动自身和控制外来阻力的能力，表现为自信、果断、有主见。场依存型的人被动接受环境，自我领悟和自我控制能力差，易产生自卑感和依赖行为，常对他人感兴趣，社会敏感性强，善于社会交往。这类人往往按别人意志行事，逆来顺受，盲目遵从。魏特金强调，这两个类型的性格特征属于一个维度连续体的两端，个人的性格特征则是位于这个维度上的某一点。

3）A型、B型和C型：1959年弗里德曼（Friedman）和罗森曼（Rosenman）发现，冠心病患者的个性特征与非冠心病患者相比，表现得更主动，精力更充沛，更具支配性。这一种动作-情绪的复合体，称为A型性格类型。A型性格类型的两个主要症状是时间紧迫感及无端的敌意，当成就不能得到长期满足就会带来新一轮"更高，更大"的挑战，最终时间紧迫感、过度的好胜及无端的敌意泛滥，导致个性衰退及耗竭。目前认为，敌意尤其是无端的敌意，对心脏有害，而A型性格类型中其他特质，如时间紧迫感及竞争心强等并非致病因素。

弗里德曼和罗森曼提出与A型性格类型相对的B型性格类型。B型性格类型的特征是：性情温和，举止稳重，悠然自得，不易紧张，一般无时间紧迫感，对工作和生活满足感强，言语与动作节奏感较慢，缺少竞争性，不喜欢争强，有耐心，能容忍。大体上，B型个性被认为是抗压力刺激的个性。

巴尔特鲁施（Baltrusch）1988年提出了癌症倾向性格，称作C型性格类型。其特征是自信不足、社会化过度、焦虑、缺乏自我意识、过分忍耐，以满足别人的需要作为自己的行为准则，因回避矛盾有愤怒不向外发泄而压抑（生闷气），屈服于外界权势，压力反应强。研究发现，可以用C型行为模式预测哪些个体易患上癌症或者加速癌症的发展。巴尔特鲁施报告，C型性格的人，其癌症发病率比B型性格类型高3倍以上。

4）六种性格类型：霍兰德（Holand）依据人类社会分工性质需求划分出六种性格类型。

现实型：讲求实利，动手操作能力强，愿意使用机械工具，不善交际。

科研型：好奇心强，喜欢思考，喜欢抽象的科学活动，创造性强，不愿动手操作机械，不善领导他人。

艺术型：自我表现欲强，感情丰富，善于表达，喜欢艺术，不重实际，乐于创造与众不同的艺术作品。

社交型：爱好人际交往，富有合作精神，友好热情，重视社会问题和社会公德。

企业型：有雄心壮志，喜欢冒险，自信，喜欢有关获得权力与地位的活动和与说服领导有关的活动。

传统型：守秩序，服从领导，注意细节，关心小事，喜欢规定和有计划的活动。

（4）性格与气质的关系：性格与气质的概念容易混淆，其实两者既有区别又有联系。气质是生来具有的心理活动的动力特征，更多地受个体高级神经活动类型的制约和先天遗传素质的影响；而性格是在后天的社会生活环境中逐渐形成发展起来的，更多地受后天环境和社会生活条件的制约。气质是表现在人的情绪和行为活动中的动力特征（即强度、速度等），无好坏之分；而性格是指行为的内容，表现为个体与社会环境的关系，在社会评价上有好坏之分。气质形成早，可塑性小，不易改变，而性格形成晚，可塑性较大，虽然具有稳定性，但比气质变化更容易。性格与气质的联系是相当密切而又相当复杂的。相同气质类型的人可能性格特征不同；性格特征相似的人可能气质类型不同。具体地说，二者的联系有以下三种情况。其一，气质可按自己的动力方式渲染性格，使性格具有独特的色彩。例如，同是勤劳的性格特征，多血质的人表现出精神饱满，精力充沛；黏液质的人会表现出踏实肯干，认真仔细。其二，气质会影响性格形成与发展的速度。当某种气质与性格有较大的一致性时，就有助于性格的形成与发展，相反会有碍于性格的形成与发展。如胆汁质的人容易形成勇敢、果断、主动性的性格特征，而黏液质的人就较困难。其三，性格对气质有重要的调节作用，在一定程度上可掩盖和改造气质，使气质服从于生活实践的要求。如飞行员必须具有冷静沉着、机智勇敢等性格特征，在严格的军事训练中，这些性格的形成就会掩盖或改造胆汁质者易冲动、急躁的气质特征。

（李晓鹏）

思 考 题

1. 感知觉的特性是什么？
2. 影响遗忘的因素有哪些？
3. 情绪的理论包括哪些内容？
4. 怎样分析意志过程？
5. 巴甫洛夫如何看待人的气质？

第三章 医学心理学主要理论

> **案例 3-1**
> 《爱德华大夫》是一部精彩的心理悬疑电影，影片主要讲述了这样一个故事：某精神病疗养院院长默奇逊即将退休，而接替他院长职位的是年轻有为的爱德华大夫，由于嫉妒心作祟，默奇逊院长在爱德华大夫上任前的一次滑雪时偷偷射杀了他。同时，与爱德华大夫一起滑雪的是名叫布朗的精神病患者，他目睹了爱德华大夫被谋杀，加上他患有的失忆症与犯罪情结的复发，他把自己当成了爱德华大夫，去疗养院上任了。在疗养院，布朗与年轻漂亮的彼得森大夫一见钟情，很快彼得森大夫就发现眼前她爱上的这个人并不是真正的爱德华大夫，而且他患有严重的精神疾病。当布朗自己也意识到问题时，他甚至怀疑自己就是杀害爱德华大夫的凶手。为了躲避警察的追捕，布朗独自逃到帝国大厦，彼得森大夫随后找到他，两人一起躲到彼得森的老师埃里克森家。在埃里克森的帮助下，他们通过对布朗进行梦的分析，解开了他的犯罪情结。最后，彼得森大夫又在绝望中通过默奇逊院长的一句失言找出了真正的凶手，默奇逊院长举枪自杀。
> 问题：此片可以用何种心理学理论解释？

医学心理学的理论流派主要源于心理学的理论流派。为了解释人类心理与行为的本质，心理学史上出现过多种心理学流派。不同的流派从各自的学科背景出发，提出了对心理现象及人性的基本看法，形成了不同的理论观点。每一种理论都试图对人类的正常或异常心理与行为进行解释，同时也形成了相应的防治疾病的方法并应用于临床实践，但每一种理论都存在一些不足之处。医学心理学作为心理学的重要分支，不同的理论流派均对其形成和发展过程产生过重要影响。一般来讲，医学心理学的主要理论有五个：精神分析理论、行为学习理论、心理生理学理论、人本主义心理学理论、认知心理学理论。

第一节 精神分析理论

精神分析理论又称心理动力学派，由奥地利维也纳的精神科医生西格蒙德·弗洛伊德（S.Freud，1856—1939）在19世纪末创立，被称为最有影响力的心理学三大流派之一，也是心理学中最古老、最富有争议、最有吸引力同时也是最具影响力的学派之一。心理动力学是关于人类动机和行为的科学，它强调各种相互冲突的无意识心理历程的重要性，以及童年时期的经历对成人后人格的影响。弗洛伊德认为，被压抑到潜意识中的强烈生活事件造成了各种心理冲突，往往成为疾病和症状的根源，通过自由联想和梦的分析找出造成心理冲突的事件，疾病便能得到根治。精神分析既区别于学院派的心理学，又区别于临床医学。精神分析的影响超出了心理学和医学的范围，它不仅对心理学和精神病学，而且对文学艺术、绘画、戏剧、电影、宗教、哲学、人类学乃至人们的日常生活，都产生了广泛而深远的影响。现在我们将弗洛伊德与其后的现代精神分析理论的各种流派，统称为心理动力学理论。其基本内容可以概括为以下几个方面。

一、理论的主要内容

（一）力比多理论

力比多（libido）指驱动生物个体人格的力量，主要为追求愉快的力量。弗洛伊德认为，人行为的基本动力都源于生物本能或性的驱力，亦称为性本能、欲力或性力。性本能是心理分析理论中一个重要的术语。这里的"性"已经不限于生殖器，而是含义更为广泛的概念。弗洛伊德认为它是驱使人活动乃至创造的一种潜在的力量，即力比多提供了心理活动的能量，是推动个体生存和发展的内在动力。在其晚年，经历了世事沧桑如目睹战争给人类带来的毁灭及遭受自身的病痛后，弗洛伊德又将力比多拓展为死的本能，以区别于早期的生的本能或性的本能。生的本能又称为厄洛斯（Eros），系希腊爱神之名，指一切与保存生命有关的本能，如呼吸、饮食、排泄及性需求等；死的本能又称为萨纳托斯（Thanatos），系希腊死神之名，指激发个体回到生命之前的无机状态中去的攻击性或毁灭性本能，如打人毁物，甚至自伤、自杀等。

（二）潜意识理论

潜意识理论又称无意识理论。尽管在心理学史上，无意识的概念是与弗洛伊德及其理论联系在一起的，然而关于无意识心理状态的假说却不是由弗洛伊德最先提出的。莱布尼茨阐释过"次要知觉"，指的就是无意识；赫尔巴特曾将心理分为意识领域和无意识领域，并把心理生活看作在各种竞相进入意识和观念之间的一种竞争；沙可在应用催眠理论的过程中，发现存在着一个脱离意识的心理王国；尼采说过"意识只是表层"；叔本华声称"人类灵魂中存在野蛮的兽性"；费希纳将人的心理比作漂浮在大海里的一座冰山，它相当大的部分藏在水面以下，有一些观察不到的力量对它发生作用，他还直接把无意识称为心理能量。弗洛伊德的贡献在于：他检验了以上的这些假说，创建了精神分析学派，形成了一门以研究无意识心理为主的科学心理学。弗洛伊德将人的心理活动分为三个层次。

1. 意识（conscious） 是心理与现实联系的那部分，它与语言密切相关，指人们当前能够注意到的那部分心理活动，如感知觉、情绪、意志、思维等及可以清晰感知的外界的各种刺激等。意识活动遵循"现实的原则"行事，只有合乎道德观念和社会规范的观念才能进入意识界。

2. 潜意识（unconscious） 又称无意识，是不能被人意识到的心理层面，正常人的大部分心理活动是在无意识中进行，并受无意识驱动的。潜意识的主要内容是不被客观现实、道德理智所接受的各种本能的冲动、要求和欲望，因不符合社会道德理智而不能用语言表达、不能进入意识被个体觉察的心理活动，或明显导致精神痛苦的过去事件。如已经被意识遗忘了的童年时期不愉快的经历、心理上的创伤等。个体将这些冲动、要求和欲望排挤到无意识领域中，既不能意识也不能说出，以缓冲"意识"的压力，这一过程被称为压抑（repression）。弗洛伊德认为潜意识里的内容并不是被动的、僵死的，而是积极活动着、时刻寻求满足的。潜意识中的心理活动只有经过前意识的审查、认可才能进入意识。正常人的大部分心理活动是在潜意识里进行的，大部分的日常行为受潜意识驱动。被压抑在潜意识中的心理活动如果不能进入到意识中,就会以各种变相的方式出现,如口误、笔误、梦及各种心理、行为或躯体症状等。潜意识是精神分析理论的重要概念之一,理解潜意识对行为特别是对变态行为的影响,是理解精神分析思想的关键。

3. 前意识(preconscious) 是介于潜意识和意识之间的一部分,包括目前未被注意到或不在意识之中,但通过自己集中注意或他人的提醒又能被带到意识区域的心理活动和过程。其功能是在意识和无意识之间从事警戒任务,阻止潜意识的本能冲动到达意识中去。前意识的存在保持了个体对欲望和需求的控制,使其尽可能按照现实要求和道德准则来调节,成为意识和潜意识之间的缓冲地带。

弗洛伊德接纳了费希纳的观点,将心理比作大海里漂浮着的一座冰山,浮在海平面上的部分相当于意识,时隐时现的部分相当于前意识,而处于海面下看不到的那部分相当于潜意识(图3-1)。精神分析理论认为,意识、前意识及潜意识是人的基本心理结构,在个体适应环境的过程中各有其功能。意识保持着个体与外部现实的联系和相互作用;前意识的功能是在意识和潜意识之间从事警戒任务,阻止潜意识的本能冲动到达意识层面;潜意识使个体的心理活动具有潜在的指向性。因此,人的各种心理、行为并非完全由个体的意志决定,亦受无意识的欲望、冲动等影响;被压抑到无意识中的各种欲望或观念,如果不能被允许进入到意识中,就会以各种变相的方式出现,如表现为心理、行为或躯体的各种病态。潜意识是精神分析理论的主要概念之一,对人的正常心理和异常心理影响较大。例如,一个过分严厉要求孩子的母亲,会认为自己一切只是为孩子好,但他人会说,这个母亲潜意识里有管束和控制孩子的愿望。对一个癔症性失明的患者,你可以推测其潜意识里可能有某些他不愿看到的事物,或者其良心禁止他看到这种事物。

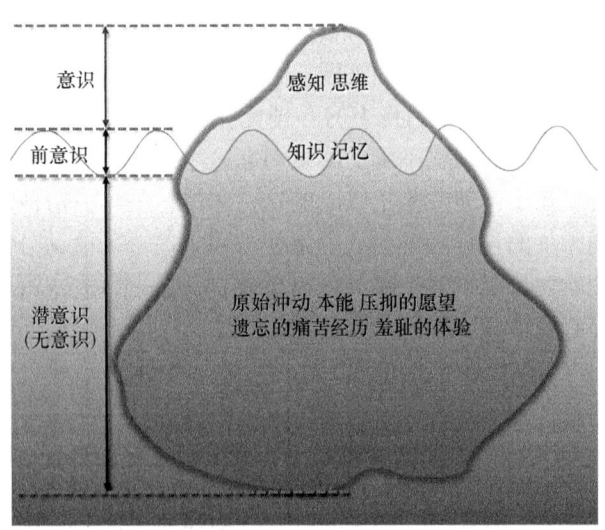

图3-1 精神分析"冰山"模型

荣格(Jung,1875—1961)后来又对潜意识的内容进行了区分,提出个人潜意识和集体潜意识的概念。个人潜意识由曾被意识但又被压抑或忘却的,或最初不够生动,不能引起有意识印象的内容构成,包括称为情结的、具有情绪色彩的观念群;集体潜意识反映了人类在以往的历史演化进程中的集体经验,主要包含本能和原型,原型意指人类通过遗传获得的一些原始意象或先验心灵图式。

(三)人格结构理论

弗洛伊德把人格结构分为三个部分,即本我、自我、超我。

1. 本我(id) 代表人的生物性本能和欲望,是与生俱来的,也是人格中最原始的、永存的部分,在人一生的精神生活中起着重要的作用。它存在于无意识的深处,主要是性本能和破坏欲,其中性本能对人格发展尤为重要。

本我遵循"唯乐原则",它追求直接的、绝对的和立即的满足,如果受阻抑,就会出现焦虑,这是一种儿童的思想、行为模式,新生儿的人格结构主要是本我。

2. 自我(ego) 是本我与外界关系的调节者,是人格意识结构的部分。它是在与环境接触过程中通过后天的学习,由本我发展来的。自我是人格结构中最为重要的部分,它的发育及功能决定着个体心理健康的水平。一方面,自我的动力来自本我,即为了满足各种本能的冲动和欲望而行动;另一方面,它又在超我的要求下,顺应外在的现实环境,采取社会所允许的方式指导行为,保护个体的安全。自我遵循"现实原则",在人格结构中,"自我"在本我和超我间起着中介作用。它调节个体的行为,使之采取社会所容许的方式,以满足本我的需要而维持个体的生存,管制不被超我所容许的冲动,使两者保持平衡。

3. 超我(superego) 是人格的最高层次,是人格中代表良心或道德力量的结构部分。它是在长期社会化过程中社会规范、道德观念等内化的结果,具有通常意义上的良心、良知、理性等含义。它大部分属于意识的,小部分是无意识的。它用良心和罪恶感去指导自我行为,限制本我冲动,从而对个体的动机、欲望和行为进行管制。超我遵循"至善原则",诱导自我使之符合社会规范,使个体向理想努力,达到完善的人格。凡不符合超我要求的活动都将引起良心的不安、内疚甚至罪恶感。弗洛伊德认为超我的形成在很大程度上依赖于父母的影响。

弗洛伊德指出,在健康人身上,本我、自我和超我是统一协调的,由自我起着主导作用,使相互间的冲突降到最低程度,本我、自我和超我之间的矛盾冲突和相互协调构成了人格的基础。本我追求本能欲望的满足,是生存的原动力;超我监督、控制个体按照社会道德标准行事,以维持正常的人际关系和社会秩序;自我则调节本我和超我的矛盾冲突,使个体适应环境。如果本我和超我的矛盾冲突达到了自我无法调解的程度,平衡遭到破坏,个体就会产生各种心理和行为障碍。

(四)焦虑的概念与种类

弗洛伊德认为焦虑(anxiety)是被感觉到的、不愉快的情绪状态并有迫近危险的生理反应。引起焦虑的危险信号可能来自体内或体外,但更多的是来自本我的内驱力。弗洛伊德认为虽然本我、超我和外部世界均包含在焦虑中,但只有自我能够产生或到焦虑,自我是焦虑情绪的发源地。弗洛伊德断言焦虑是心理疾病的主要问题。弗洛伊德描述了三种性质的焦虑。

1. 现实焦虑(reality anxiety) 也称客观焦虑,它与恐惧关系很密切。这种焦虑是指面对一种可能出现的危险时所经验的一种没有特定指向的不愉快的情感。例如,当我们来到一个陌生的城市,在拥挤不堪、快速奔驰的车流中驾驶时就会体验到现实焦虑。这种情境充满了真实客观的危险。

2. 神经症性焦虑(neurotic anxiety) 是指一种对未知的危险的担心。这种情绪产生在自我内部,当本我的冲动进入到意识时,自我就会感到神经症性的焦虑。例如,人们可能在老师、领导或其他一些权威人物在场时感到焦虑，这是因为他们童年时曾有过对父亲或母亲的潜意识的攻击性感情。

3. 道德性焦虑（moral anxiety）　源于自我和超我的冲突，也称超我焦虑。通常在5、6岁，超我建立之后，人们就可能体验到现实需要和超我的命令之间冲突引起的焦虑。道德性焦虑也可因我们的行为与道德标准不一致而产生。例如，因不能照料年迈的父母而不安和内疚。

（五）自我防御机制理论

自我防御机制的概念，首先由西格蒙德·弗洛伊德提出，后由他的女儿安娜·弗洛伊德对之进行了系统的研究。在她的著作《自我和防御机制》中强调"每一个人，无论是正常人还是神经症患者的某种行为或言语都在不同程度上使用全部防御机制中的一个或几个特征性的组成成分"。

自我防御机制（ego defense mechanism）是自我为了对抗来自本能的冲动及其所诱发的焦虑，保护自身不受潜意识冲突困扰，而形成的一些无意识的、自动起作用的心理手段。心理防御机制是在潜意识中进行的，因此个体并不会意识到它在发挥作用。这样，通过心理防御机制既可以满足本我的欲望，又可以通过超我的监察，使个体暂时缓解焦虑和痛苦。虽然正常人普遍应用防御机制，但是如果使用过头，会引起强迫性的、重复性的甚至是神经症性的行为。当自我功能降低，防御机制上升到意识层面就可能表现为病理性的。常见的防御机制有如下几种。

1. 压抑（repression）　是最基本的防御机制，属于逃避机制，是指个体将一些自我所不能接受或具有威胁性、痛苦的经验及冲动，在不知不觉中从个体的意识里排除抑制到潜意识的过程。尽管个体可以通过压抑具有威胁的心理活动进入意识来保护自己，使个体表面上看起来已把某些事情遗忘，但事实上它们仍然在人的潜意识中，并在特定时候影响个体的行为，如个体可能做出一些连自己也不明白的事情。

2. 反向（reaction formation）　属于自欺欺人机制。当个体的欲望和动机，不为自己的意识或社会所接受时，个体将其压抑至潜意识并通过采用某种与他本来面目完全相反的伪装形式表现出来，称为反向。我们可以从反向作用的夸张特征和其强迫形式上对其加以确认。例如，一个怨恨自己母亲的女孩可能会表现出相反的冲动，即使很爱母亲，但是她对母亲的爱是不真实的、做作的、夸张和过分的。因社会要求儿女必须爱双亲，所以如果她意识到自己怨恨母亲就会产生强烈的焦虑，而反向可以隐藏或平复其潜意识中怨恨母亲而引起的焦虑。

3. 转移（displacement）　反向作用只是局限于单一对象，转移是将不能接受的情感、欲望或态度转移到其他各种各样的人和物身上，从而使原始冲动伪装或隐藏起来。转移属于攻击机制。个体常因某种原因，如不合社会规范或具有危险性或不为自我意识所允许等，无法向其对象直接表现，而把它转移到一个较安全、较为大家所接受的对象身上，以减轻自己心理上的焦虑，即转移是把本能能量放到最合理的替代出口上。例如，一个对室友生气的女子会将她的愤怒转移到她的雇员身上、她的宠物猫或者一只玩具动物身上。她对她的室友仍然很友好，但与反向作用不同的是这种友好并不夸张、也不过分。

4. 投射（projection）　个体将自己所不能接受的性格、特征、态度、意念和欲望反向指斥或转移到别人身上以摆脱焦虑，这就是投射。投射属于攻击机制，利用别人作为自己的"代罪羔羊",使个体逃避本该自担的责任。其本质是在别人身上看到实际存在于自己心理上那些不能接受的情感或念头。投射的一种极端类型是妄想症,其特点是强烈的嫉妒、妄想和迫害幻想。内射(introjection)与投射相反,这种防御机制是把别人的积极品质纳入到个体的自我中。例如,青少年可能会内射为采用电影明星的怪癖、价值观或生活方式。

5. 退行(regression) 力比多在通过某个发展阶段之后,如果遇到紧张和焦虑还可能恢复到早先的阶段,这种恢复现象被称为退行。退行是指个体在遭遇到挫折时,本应运用成人的方法和态度来处理事情,但由于某些原因,采用较原始而幼稚的方法来应付困难。退行属于逃避机制。例如,一个已经断奶的儿童,在母亲生了小弟弟或小妹妹后可能要求用奶瓶喝奶。在极端紧张的情况下,成人可能采取一种胎儿的姿势,或回家找母亲,或卧床不起,似乎在逃避充满威胁的世界。

6. 升华(sublimation) 将一些本能的行动如饥饿、性欲或攻击的内驱力,转移到一些自己或社会所接纳或许可的范围上。例如:有打人冲动者,可借拳击或摔跤等方式来满足;喜欢骂人者,可以成为评论家来满足自己的欲望;想杀人者,以"外科医师"或"屠夫"工作为职业来满足自我本能的冲动。升华是对个人和社会都有好处的建设性防御机制,升华最明显地表现在如艺术、音乐和文学等创造性文化造诣上。升华也表现在一切人际关系和社会追求方面。

7. 抵消(undoing)和隔离(isolation) 抵消是用来摆脱不愉快经验及其后果的自我防御方式。临床上常见的强迫性洗手、洗衣等行为就是抵消这种防御失效了,表现为症状。隔离是试图把不愉快经验隔离起来,通过强迫性的观念阻止任何不愉快经验和情感的进入。抵消作用常常产生强迫性仪式动作,而隔离作用常常导致强迫思想和重复观念。

8. 固着(fixation) 是力比多对早先的比较原始的发展阶段的一种持续性的依附。总是从吃、喝、抽烟或谈话中寻求快乐的人可能具有口腔期固着,而过分清洁和整齐的人可能是肛欲期固着。

从总体上来讲,心理防御机制有积极和消极两种方式,积极的防御方式导致人格发展并具有适应性,消极的防御方式导致人格障碍,适应性降低。

(六)性心理发展理论

弗洛伊德把性作为潜意识的核心问题,他认为人的一切追求快乐的活动都是性的活动。人的性本能是一切本能中最基本的东西,是人的行为的唯一重要动机。弗洛伊德所说的性本能的含义是极为广泛的,所以被称为"泛性论"。它有两个最基本的含义:第一,人的性功能或性欲在生命的初期就已开始;第二,性功能并不限于生殖器官,而是整个身体的功能。这样,人的一切行为都带有性的色彩。从精神病的病因到人类最高的文化艺术活动,从婴幼儿吸吮活动到宗教法律条款的制定等,都带有性的色彩。

弗洛伊德的人格发展理论总是离不开性的观念,所以他的心理发展理论就被称为性心理发展理论。性力(或称力比多)是人格发展的动力。在人生的不同时期,个体性力满足的方式和部位不同。随着性力的满足,人格不断发展。按照性力的发展顺序和年龄的关系,他把人格发展分成五个时期。

1. 口欲期(oral stage) 又称为口腔期,在0~1岁。此期,口腔黏膜构成了满足欲望及进行交流的最重要的身体部位。婴儿主要从口腔部位的刺激中得到快感。品尝、体验和"观看"他的世界,满足本能欲望,是婴儿每天生活的中心内容。婴儿有强烈的交流需要,母亲通过喂奶和照顾等躯体性接触和情感交流,可以与婴儿建立起安全的母子关系,使其获得最初的依赖感、安全感。弗洛伊德认为,只有经历了与母亲之间固定的、安全的紧密相连的体验,个体化过程才能顺利发展。在每一个时期都可能发生人格三部分的冲突,解决得不好,就可能产生人格障碍或成为心理疾病的诱因。例如,此期个体的快感主要来自口腔的活动如吮食、进食,如果婴儿口腔的欲求因外部因素而遭受挫折如断乳过早等,可能会产生滞留现象,即固着,以后虽然年龄已经超过1岁,但仍然可能停留在以口腔活动如过食行为的方式来减轻焦虑的阶段,这被称为口腔期人格。

2. 肛欲期(anal stage) 又称为肛门期,在1~3岁。此期,肛门成为一个快感集中的区域,幼儿主要从保留和排泄粪便中获得满足。同时,肛门和膀胱括约肌的使用也是对权利和意愿的一种躯体表达方式。个体在学习控制自己的排便,并由此接触到一些新的体验,如自主与克制、占有与给予、干净与肮脏、条理与凌乱等。在此期父母开始培养孩子定时、定点大小便的习惯,孩子则根据自身的快感需求决定是保留还是排泄。孩子开始学会说"不",并通过与父母的斗争,即肛欲期的权利斗争发展了灵活性、独立性和自主性等心理特点。如果在这一阶段父母过于严厉,幼儿便会体验到强烈的焦虑。这种焦虑如果持续存在,就会使其心理或行为固着于肛欲期,在成年时表现为洁癖、刻板、施虐和受虐、过分注意细节、嗜好收集和储藏、强迫、权力欲强等人格特点。这种性格被称为"肛欲性格"。据推测,这类人容易罹患强迫症。

3. 性器期(phallic stage) 又称为性蕾期,在3~6岁。因为儿童的第二性征尚未发育,故称为"性蕾"。孩子开始注意两性之间的差别,表现出对生殖器刺激的兴趣,发现可以从抚弄生殖器中获得性欲满足。相对于青春期的性冲动,此时躯体的性冲动称为"幼儿的性"。此期的儿童不仅发现了自己和别人的性标志,而且感受到父母亲有一个共同的成人生活区域。这一时期正是儿童开始由自恋转向他恋的时期,易出现恋母或称俄狄浦斯情结(Oedipus complex),以及恋父或厄勒克特拉情结(Electra complex)。由于男、女儿童对异性父母依恋和攻击常常引起父母的惩罚或干预,这在孩子的潜意识中被体验为阉割焦虑(anxiety of castration)。这是一种对某种乱伦欲念会受到惩罚而出现对躯体损害的普遍性恐惧。所以当父亲对男孩严厉管教时,男孩会幻想父亲要阉割他,产生阉割焦虑;女孩则潜意识地感觉到来自母亲的焦虑和威胁,害怕母亲约束她的乳房、嫉妒她的身材。为了解决这种冲突,男女儿童只好认同父亲和母亲,按其性别角色模仿父母,将父母形象内化发展出成熟的超我,以缓解三角关系冲突,分得一份平衡的爱,并在心理上进入潜伏期。

4. 潜伏期(latency stage) 在6~12岁,相当于小学阶段。儿童的性力从自己的身体转移到外界的各种活动如学习和游戏,儿童的性心理活动进入一个"性的沉寂"期,因此称为潜伏期。潜伏期不意味着性心理发展的中断或消失,而是儿童在外界影响下性欲被暂时"冻结"。儿童的性本能大大降低,如对父母和家人的兴趣减弱,对自然界的好奇心和学校的学习、同伴的交往等活动日益增加。这时尽管性本能受到了压抑,但是有关性方面的记忆仍对他们的人格发展产生影响。潜伏期的能量可能有两种去向:一种是被积累起来的性能量脱离性目标本身而升华为更高的文明行为;另一种是性能量被压抑使得性活动倒退到性发展的初期,形成神经症和性心理障碍。

5. 生殖期(genital stage) 大致相当于青春期,在12~20岁。此时,性器官的发育已经趋向成熟,性欲开始朝着生殖飞速发展,性爱的对象不再指向自身或异性的父母,而是指向家庭之外的异性。这一阶段个体开始对异性、社交活动、婚姻和成家及职业感兴趣,并通过亲吻、爱抚及性交等活动来满足性冲动。个体在性、社会和精神等诸方面都达到成熟和较完美的境界。这种异性之恋是性成熟的标志之一。对一些早期遭受创伤的个体来说，这也是一生中很容易受伤害的时期。在此之前的口欲期、肛欲期及性器期，一些未解决的冲突分别或先后从潜意识浮到表面，个体可能会有崩溃、退行、药物滥用、酗酒、攻击性和反社会行为等表现。

弗洛伊德非常重视早期经验对个体一生的影响，人生早期的创伤经验，对个体人格的发展具有决定性的影响。弗洛伊德认为，这五个阶段的发展顺序是由遗传决定的，但每个阶段是否能顺利度过却是由社会环境决定的。每一发展阶段都有其特殊的需要解决的问题。如果一个阶段的问题没解决，并被逐渐内化或被压抑到潜意识，就会影响下一阶段的成长，并且可能在不同的发展阶段再度显化，成为行为或躯体功能障碍的原因。弗洛伊德认为，儿童时期的基本经历、未解决的冲突和精神创伤，在成年期重新活跃起来，对神经症、心身疾病甚至精神病发生有重要致病作用（表3-1）。

表3-1 性心理发展障碍的表现

发展阶段	人格类型	固着后表现
口欲期	攻击性人格	贪食、嗜烟酒和好挖苦人，总是以叫喊、咒骂或撕咬等方式表达对他人的敌意
	依赖型人格	过度依赖、不现实和富于幻想、执拗，习惯被动接受他人的注意、礼物、爱情
肛欲期	排泄型人格	不爱干净，过分大方、随便，做事缺乏条理，残忍、醒觉
	滞留型人格	固执、吝啬，过分清洁和整齐，有强迫性行为倾向
性器期	性器期人格	爱虚荣、好表现、敏感、自恋

（七）释梦理论

释梦理论也是精神分析的一大核心理论。弗洛伊德把梦看作通往无意识领域的捷径，认为梦是无意识冲突或愿望的隐晦的表达。由于睡眠时超我监督松弛，被压抑在无意识中的冲动和愿望经过乔装打扮乘机混入意识而成为梦。故称"梦是愿望的达成"。他在《梦的释义》中写道："梦乃是做梦者无意识冲突欲望的象征，做梦的人为了避免被人家察觉，所以用象征的方式表达以避免焦虑的产生。"在梦中所出现的物体几乎都具有象征性。我们回忆梦时所讲述的梦中的场景和人物称作"显梦"，而隐藏在显梦中的真实含义称作"隐梦"。

释梦的工作即是通过一系列的方法，把凌乱的"显梦"内容加工整合从而复原并解读"隐梦"过程。释梦的方法有以下几种。

1. 放大复原 隐梦经过修饰、剪接、删除、融合、浓缩成为显梦。隐梦和显梦之比为10∶1，所以进行梦的分析时要将显梦放大、复原，才能发现隐梦的真实内涵。

2. 转移 隐梦的重心在显梦中不重要了，转移为次要的无关的位置，并常常会出现意义上的置换，如他人与自己、黑与白、生与死等。所以分析梦时要特别注重貌似无关的、不重要或相反的梦中情境，才能找出隐梦的核心内容。

3. 象征 梦中的思维要意象化，翻译成具体的视觉表象，并将因果关系颠倒过来，找出哪些是代表自身、哪些是代表对立面的梦境。

4. 再修饰 经过再修饰，将杂乱无章的半成品的梦中情境经过加工连贯成成品的梦。

弗洛伊德认为，通过释梦和自由联想法可以获得许多潜意识中的内容。在潜意识中保存着许多人格异常的人的童年期间的生活资料。他非常重视儿童时期的生活环境和生活经历，认为童年时的经历严重影响着一个人的人格发展。在案例3-1中，女心理学家彼特森和老师埃里克森在诊治布朗的病时就采用了释梦和自由联想法相结合的办法。鼓励、引导布朗说出了许多有助于了解病因和有关案件进展的信息，虽然只是一些凌乱的碎片，但是在诊治的过程中却起着决定性的作用。他们帮助布朗分析、联想，最后终于让布朗说出了他一直压在心底的创伤，说出了儿时的经历，从而治愈了布朗的犯罪情结。

（八）神经症的心理病理学

精神分析理论认为，潜意识里的神经症性冲突是导致神经症性心理障碍的重要原因。所谓潜意识冲突，主要指童年时形成及没有得到解决的冲突，多数一般或重大的冲突都涉及俄狄浦斯期。最典型的潜意识冲突存在于力比多或攻击的愿望与惧怕失落、惧怕报复及现实世界的限制之间，或者说冲突存在于愿望满足与不能满足之间。在这里，人的力比多愿望应理解为渴望性的和感情上的满足，即渴望趋近或得到某种客体（如喜爱的人或物）的愿望。当人们谈到高兴、兴奋、愉快、期望、爱、渴求，就是在形容力比多的愿望。而攻击的愿望跟力比多愿望不同，是一种破坏性的愿望，即避开或破坏某种客体的愿望。

弗洛伊德认为，这种冲突根本上体现在自我与本我之间。冲突是这样一个过程：本我的冲动（力比多愿望）在寻求释放时，受到自我防御机制的阻碍防御的作用，使得本我的冲动不能通过自我适当的释放以获得满足或直接进入意识领域获得满足。自我要防御本我冲动并阻碍其释放的原因是超我扮演着禁止本能冲动进入自我的角色。在神经症性冲突中超我的作用非常复杂，超我可能站在自我一边，也可能站在本我一边或同时站在两边加入冲突。超我使自我感到羞愧或者使得自我以象征和歪曲的方式释放冲动。超我也可能变得以退行的、再本能化的方式进入神经症性冲突，这样自责便带有了类似驱力的特征。如一个学习非常努力的学生的动力可能来自于超我的压力，但看上去似乎是本能性的，他们经常面临着自我和谐的要自强、自大的内部命令。充满内疚的患者于是便进入到一次次引起痛苦的境遇。所有的精神器官都参与了神经症的形成。

由于自我不断地投入能量，力图阻止本我欲望进入意识和产生行动，导致自我力量的相对不足。此时，被耗竭的自我已无法再继续其防御或抵抗，最终不得不允许一些本能某种程度的释放。当本能的冲动不得不以伪装的和歪曲的形式释放时，就是以神经症的症状形式表现出来。

二、理论的应用及评价

精神分析理论可以说是最早系统揭示人类心理及行为的心理学体系，它对理解人类的心理现象及其规律有重要的贡献。这一理论曾经对心理学、精神病学，甚至哲学、艺术和宗教都有广泛的影响。精神分析是产生于医疗实践并始终和医疗实践密切联系的心理学思想，它在精神病学和医学心理学领域做出了历史性贡献。有人认为弗洛伊德是生物-心理-社会医学模式的先驱，他为后来心身医学的发展做出了一定的贡献。精神分析的研究成果不仅在心理学、精神病学领域得到了广泛的应用，而且对社会学、人类学、哲学、艺术、宗教等产生了广泛而深远的影响。

精神分析自创始一百多年来，已成为理解异常心理的主要理论之一。精神分析治疗也是 20 世纪三大心理治疗流派之一。建立在精神分析理论之上的精神病理学，认为正常与异常行为的最基本的心理过程是一样的，心理障碍的病因是无意识内心理冲突的结果或防御机制的失败，它将正常与异常的关系看成相互连续的谱性联系，既可以解释正常人心理活动，又可以解释异常的心理现象，并应用自由联想和释梦等技术去认识我们心理生活中有意识和无意识的方面，同时把性在人类行为中的作用引入了科学研究的领域。

不容否认，弗洛伊德的精神分析理论对现代医学心理学的理论体系和临床实践具有划时代的意义，他的许多概念都是创造性的贡献。如潜意识的提出、人格理论、心理防御机制、精神分析技术及重视深层次的心理分析、重视童年的心理创伤、重视领悟和强调医患关系在治疗中的作用等，至今仍有重要的理论和应用价值。

精神分析理论也有局限性。首先，在方法论方面，弗洛伊德站在机械论、生物决定论立场上，使他的理论具有浓重的片面化和极端化倾向。他过分强调了生物本能的作用而忽视了社会文化对人的影响；过分夸大了潜意识的作用而忽视了意识的应有作用；过分夸大了人类身上的非理性成分而忽视了理性的作用；他将人视为完全由本能力量所支配，又将人类降低为动物，在这一点上与行为主义可以说是殊途同归。其次，在具体研究方法上，他主要以临床观察为基础再进行一些大胆的推测，而缺乏严格的实验依据，他的整个理论都带有较重的主观色彩。该理论也被许多学者视为"前科学"，也有人称为"心理玄学"。因此，他提出的许多概论和观点，如潜意识以被压抑的本能欲望为主要内容、儿童性欲、恋父恋母情结、对梦及精神病的解释等，都成为既无法证实也无法证伪的观点。特别是弗洛伊德的经典精神分析理论，过分强调早期性本能的压抑是人格发展不健全和心理疾病的主要原因，过分强调潜意识冲突的作用，以至于弗洛伊德本人被称为"泛性沦"和"性本能决定论"者，精神分析理论被称为"残障心理学"。许多精神分析学者包括弗洛伊德的学生，因不完全赞成这种观点而与他分道扬镳。后来，有些人致力于社会因素、文化因素对人的心理形成和发展作用的研究，进一步丰富了精神分析理论，形成所谓"新弗洛伊德主义"，如个体心理学、分析心理学、自我心理学、客体关系理论、精神分析的社会文化学派等。

第二节　行为学习理论

行为学习理论（learning theory of behavior）也称刺激反应理论，由美国的心理学家华生（J.B.Watson，1878—1958）创立于 20 世纪 20 年代。行为主义学派被认为是继精神分析理论之后心理学史上的所谓第二思潮。该理论强调外在环境和学习过程，认为一切行为都是学习的结果，人的正常或病态的行为都是学来的，学习是支配人的行为和影响心身健康的重要因素。根据学习的基本规律，可以解释、预测和控制个体行为的获得、维持或消退。通过对学习各环节的干预或重新学习，可以矫正不良行为。行为主义的主要观点认为心理学不应该研究意识，只应该研究行为，并把行为与意识完全对立起来。在研究方法上，行为主义主张采用客观的实验方法，而不使用内省法。

行为（behavior）一般指个体在主观因素影响下产生的外部活动，如表情、动作和言语等。行为主义心理学无限扩大了行为的概念，把人与动物对刺激所做的一切反应都称为行为，不仅指一切遗传与习得的外显行为，还包括遗传与习得的内隐行为，即内脏活动和心理活动。可见，行为主义心理学的"行为"实际上泛指个体一切内在与外在的各种运动形式，包括一切外部活动、内脏活动和心理活动。

学习（learning）是指经验和行为的获得、发展和变化过程。行为主义心理学认为，学习是刺激与反应之间建立一种前所未有的联系的过程。行为主义的心理治疗重点是关注可观察到的外在行为或可描述的心理状态，充分利用学习的原则，来改善非功能性或非适应性的心理与行为。因此，学习概念是行为理论的核心。

行为学习的理论来源主要有三个方面，即经典条件反射理论、操作条件反射理论、社会学习理论，其共同点就是学习。它们都是关于有机体学习的发生机制和条件的理论，其中每种理论各说明一种学习形式。

一、理论的基本内容

（一）经典条件反射

俄国生理学家巴甫洛夫最先发现了动物的条件反射现象。所谓条件反射（conditioned reflex）是指在无条件反射的基础上，通过中性刺激与无条件刺激的多次结合，使动物在条件刺激下产生与无条件刺激的相似反应。他的这一发现在心理学史上具有十分重要的意义并被后继者所发展，为了区别于斯金纳所发现的操作性条件反射，也被称为经典条件反射（classical conditioning）。

1. 实验过程　在19世纪末期，俄国生理学家巴甫洛夫致力于神经系统如何支配行为的研究工作。他通过研究狗产生唾液的种种方式，揭示了一些学习行为的本质。在实验中，用食物刺激使狗的口腔产生唾液分泌反应，食物是无条件刺激（unconditioned stimulus），所引起唾液分泌的反射过程称为无条件反射（unconditioned reflex）。无条件反射是本能行为，是不学自能的，如婴儿出生后即有吮吸反射和拥抱反射等。如果在上述实验中，食物与另一种与唾液分泌原本无关的中性环境刺激如铃声总是配对出现，经过一定时间的训练，单独铃声刺激也会引起狗的唾液分泌。此时，这种中性刺激（铃声）变成了条件刺激（conditioned stimulus）。铃声引起唾液分泌的反射过程就是条件反射（conditioned reflex）。通过条件反射习得的行为不能被个体随意操作和控制，属于反应性行为，也称为经典条件反射（classical conditioned reflex），如图 3-2 所示。

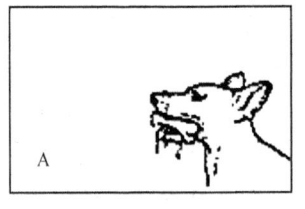
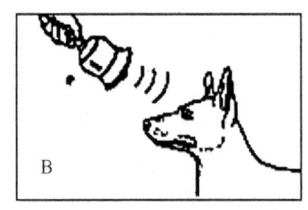
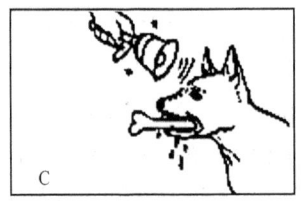

图 3-2　经典条件反射过程

2. 经典条件反射理论的意义　　受巴甫洛夫发现条件反射的启发，华生认为，人的一切行为（包括正常行为和异常行为）都是通过学习建立条件反射的结果。心理学应抛弃意识、心理状态、心灵、想象等名词，而把对行为的预测和控制作为研究的目标，特别是研究刺激、反应和习惯形成。他提出了刺激（S）→反应（R）的公式，在他看来，人格就是"我们的习惯系统的最终产物"。由于每个人都有独特的经历，使得人们形成了具有个人特点的对刺激的反应方式，所以，每个成年人就发展出了不同的人格。经典条件反射理论强调环境刺激对行为反应的影响。该理论认为，任何环境刺激，包括理化的、生物的、心理的和社会的变化，都可通过经典条件反射机制影响人的行为。个体的一些正常或异常行为都可以通过经典条件反射过程建立。因此，经典条件反射是一种重要的学习方式，可以运用经典条件反射原理塑造良好行为，矫正不良行为。

3. 经典条件反射的规律

（1）强化（reinforcement）：环境刺激对个体行为反应产生的促进过程。在经典条件反射中，条件刺激与非条件刺激反复结合的过程就是一种强化。如果两者结合的次数越多，条件反射形成就越牢固。

（2）消退（extinction）：如果条件刺激（CS）长期不与非条件刺激（UCS）结合，即取消强化作用，已经建立起来的条件反射就会消失，这种现象被称为消退。

（3）泛化（generalization）：作为反复强化的一种结果，不仅条件刺激本身能够引起条件反射，而且某些与之相似的刺激也可引起条件反射的效果，这种现象称为泛化。其主要机制是大脑皮质内兴奋过程的扩散。

（4）辨别（discrimination）：个体学会在某些维度或特征上对与条件刺激类似的刺激做出不同反应的过程，称为辨别或分化。即仅让一种刺激能够预测非条件刺激，而使其他相似刺激在反复呈现时无非条件刺激相伴，即可诱发辨别反应。

4. 经典条件反射的应用　　心理学家华生进一步通过实验说明人的行为，不管是正常或病态的行为，适应性或非适应性的行为，都是经过"学习"获得的。华生于 1920 年发表了一项有关小艾伯特习得恐惧的临床实验报告。研究者让一个 9 个月大的男婴小艾伯特跟一只他最初曾喜欢的白鼠玩耍，每当他要接近白鼠时，实验者就猛击铁棒以制造不悦的噪声。经过这样的几次结合后，每当白鼠出现时，他就会恐惧哭闹，出现躯体紊乱表现。这是经过实验人为制造的恐怖症，证明非适应性的精神症状如惧怕行为可经过"学习"而产生。另外，实验后期观察到，男婴不但怕老鼠，而且还泛化到其他白色有毛的动物身上，如兔、狗、有毛的玩具，甚至对棉花也发生了恐惧反应。华生的实验也证实，通过将非条件刺激小白鼠，同恐惧刺激噪声反复配对呈现，便可使一个本来很喜欢玩小白鼠的婴儿患上对小白鼠的恐怖症。行为治疗首次报道的案例是，1924 年临床心理学家琼斯治疗的一个惧怕白兔的 3 岁小孩。琼斯让这个患有恐怖症的小孩跟其他的孩子一起，处于安心、舒适的环境之中，并给他喜欢吃的食物。与此同时，按程度逐渐由远而近地让小孩与白兔接近。通过这种尝试，逐步治愈了其恐惧白兔或其他类似物体的恐怖症。

（二）操作条件反射

操作条件反射是由新行为主义者斯金纳提出的。斯金纳把有机体的行为分为两类：一类是应答性行为，这是由已知的刺激引起的反应；另一类是操作性行为，是有机体自身发出的反应，与任何已知刺激物无关。相应地，这两种行为具有不同的条件作用形成机制，前者即巴甫洛夫的经典条件反射机制，后者即操作性条件反射机制。斯金纳认为，人类行为主要是由操作性反射构成的操作性行为，在操作性条件反应形成的过程中，人或动物必须找出一个适宜的反应（即进行某种操作），而且在操作性反应中，这个适宜的反应可以带来某种结果。

1. 实验过程　实验在著名的"斯金纳箱"中进行（图3-3）。饥饿的老鼠在实验箱中会出现一系列的盲目行为（如乱叫、乱咬、乱窜、按压杠杆等），只要按动了杠杆，就能获得食物。食物的出现对按压杠杆的动作起到了强化的作用。经过反复实验，老鼠学会了按压杠杆获取食物的行为，即在操作杠杆和获取食物之间建立了条件反射。像这种伴随着行为（操作杠杆）出现的刺激结果（食物出现）对行为本身产生的强化作用称为奖励（reward），刺激结果称为奖励物。同样，在回避操作条件（avoidance conditioning）实验中，动物受到电击会产生一系列的行为反应（如乱叫、乱咬、乱窜、回避等），其中的一种行为反应即回避动作出现时，即可获得撤消电击的结果。撤消电击的结果对回避行为有强化作用，结果动物学会了回避行为。以上实验说明，当某一行为（如压杠杆行为或回避行为）出现时总能获得某种积极的结果（食物出现或撤消电击），则个体逐渐学会对这种行为的操作，这就是操作条件反射（operant conditioned reflex）。由于操作条件反射是个体借助于对工具操作的学习而形成的，故又称为工具操作条件反射（instrumental conditioned reflex）。

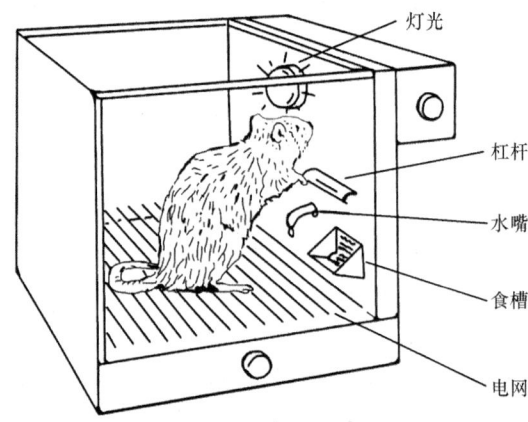

图3-3　操作条件反射所用的"斯金纳箱"

2. 操作条件反射的意义　操作条件反射与经典条件反射的刺激与反应之间的关系不同，它重视行为的结果对行为本身的影响。任何与个人的需要相联系的环境刺激，包括各种理化的、生物的、心理的和社会的变化，只要反复出现在某一种行为之后，都可能对这种行为产生影响；反过来，人类许多正常或异常的行为反应包括各种习惯或症状，也可以因操作条件反射机制而形成或改变。在医学心理学的应用中，可以根据操作条件反射的原理塑造良好行为，矫正不良行为。该理论在医学心理学中广为应用，如解释个体吸烟、依赖性等不良行为的形成机制，指导各种行为治疗如厌恶疗法等。

3. 操作条件反射的类型　在实验中，行为反应的后果刺激既可是积极、愉快的，也可是消极、痛苦的。根据操作条件反射中个体行为之后的刺激性质及行为变化规律的不同，可将操作条件反射分为以下几种情况（表3-2）。

（1）正强化（positive reinforcement）：又称阳性强化，是个体行为后果导致积极刺激增加，从而使该行为增强。如食物奖励使老鼠按压杠杆的行为增加，就属于正强化。

（2）负强化（negative reinforcement）：又称阴性强化，是个体行为的后果导致了消极刺激减少或撤销，从而使该行为增强。如老鼠的回避条件反射使其受电击的痛苦减少。

（3）正惩罚（punishment）或阳性惩罚（positive punishment）：是指行为结果导致消极刺激增加，从而使行为反应减弱。如电击使老鼠按压杠杆的行为减少甚至消失，属于正惩罚。

（4）负惩罚（negative punishment）或消退（extinction）：是指行为结果导致积极刺激减少或取消，从而使该行为反应减弱。如食物奖励逐渐变少甚至取消，老鼠按压杠杆的行为便会消退。

表 3-2 四种后果的行为效应

类型	反应结果	例子	反应再次出现的可能性
正强化（阳性强化）	喜爱的刺激，愉快	得到食物	增加
负强化（阴性强化）	厌恶的刺激结束，结束不愉快	停止电击	增加
正惩罚（阳性惩罚）	厌恶的刺激，不愉快	给予电击	减少
负惩罚（消退）	喜爱的刺激结束，结束愉快	取消食物	减少

4. 操作条件反射的应用 米勒（Mille）1967年所进行的内脏学习实验，实际上是上述操作条件反射的另一种形式，即内脏操作条件反射。在内脏学习的实验中，对动物的某一种内脏反应行为（如心率下降）给以奖励，经过这种选择性的定向训练，结果动物逐渐学会了"操作"这种内脏行为，使心率下降。由于奖励过程也可使动物形成全身骨骼肌放松的工具操作条件反射，从而使心率下降，所以必须消除实验动物骨骼肌系统对内脏学习实验的影响。于是，米勒采用肌肉松弛剂箭毒麻痹动物骨骼肌系统，同时施以人工呼吸，并改用电刺激"愉快中枢"作为奖励手段，或以撤消电击的方法作为负强化手段，重新进行内脏学习实验。结果取得与上述实验一致的结果，说明确实存在内脏操作条件反射现象。米勒采用同样的实验方法还分别使动物学会了"操作"心率的增加、血压的升高或下降及肠道蠕动的增加或减弱等。虽然米勒的内脏学习实验未能有更深入的研究，但内脏操作条件反射理论对于医学心理学工作还是有一定意义的。内脏操作性条件反射证明，心身症状往往是习得的，人的各种内脏活动也可以通过内脏学习获得意识的调节和控制。目前广泛应用的生物反馈（biofeedback）治疗技术就是根据这一原理，把人体各种生理变化信息转变成视听信号，患者通过学习可以在一定程度上控制自身的心率、血压、皮肤温度、胃肠蠕动、脑电波、腺体分泌等几乎所有的内脏反应，从而达到防病治病的目的。

（三）观察学习理论

班杜拉（A.Bandura，1925）强调人与社会环境的相互作用，提出了新的观察学习理论（又称社会学习理论）。观察学习理论认为，人类行为既不是单纯由内力驱动，也不是绝对由环境决定。人所具有的认知能力是参与、获得和维系行为模式的重要因子。人学会一种新的行为类型可以通过对具体模型榜样的行为活动的观察和模仿进行，而不一定是刺激和反应间的联系。而且他认为人的行为模式实际上都是从观察别人的行为及其后果、在替代性基础上发生的直接经验那里来的，模仿学习过程是一种信息加工理论和强化理论相结合的综合过程，两者缺一不可。社会学习理论家认为，人类的大量行为的获得不是通过条件作用的途径进行的。例如，没有哪位成年人去为一位少年设计一套学骑自行车的强化训练程序，绝大多数孩子都是先观察别人如何骑车，由别人告知一些要领，然后自己进行模仿练习而学会骑车的。

1. 实验过程及意义 1961年班杜拉曾做过一个经典的人类观察学习实验：在看过一个成人榜样对一个大型塑料玩偶进行拳打脚踢之后，实验组儿童比未见过攻击榜样的控制组儿童表现出了更高频率的攻击性行为（图3-4）。由此提出，人类大多是在社会交往中通过对榜样的示范行为的观察与模仿而进行学习的。与操作条件作用不同，人在观察学习中，可以不必做出外部反应如模仿动作，也不需亲自体验强化。个体只要直接观察他人的行为，或通过观看电影、电视中人物的行为，便可获得新的行为，如人的社会规范性行为、道德、价值观、服装、发式等都是通过社会学习内化而成。鉴于模仿对象的范围极其多样，社会学习理论学家宣称，模仿学习是人类学习的主要途径。

图 3-4 班杜拉攻击性行为观察实验

2. 观察学习的内容 观察学习（observational learning）或模仿（imitation），是指通过观看他人的行为和行为的后果，如得到奖赏还是受到惩罚，而获得新行为的过程。个体通过对具体模型榜样（model）的行为活动的观察和模仿，而不一定是刺激和反应间的联结，学会一种新的行为类型。模仿类同于我们所说的"榜样的力量"，强调学习过程中人的自我调节作用的重要性。个体的行为在受环境因素影响的同时，还取决于直接或间接经验的认知过程的调节。班杜拉认为，行为的习得既受遗传因素和生理因素的制约，又受后天经验环境的影响。行为习得有两种不同的过程：一种是直接经验的学习，即通过直接经验获得行为反应模式，或通过反应的结果所进行的学习；另一种是间接经验的学习，即通过观察示范者的行为所进行的学习。这反映了行为主义心理学家对行为习得问题的认识在不断发展。观察学习不属于自我强化机制，即经典条件作用和操作条件作用，而是一种替代强化机制，即替代条件作用（vicarious conditioning）或替代性学习。

3. 观察学习的过程　班杜拉认为,观察学习的机制不能简单地用操作条件反射的原理进行解释。通过分析研究后得出,观察学习包括四个过程。

(1)注意阶段:对榜样的知觉。个体反复观看某一榜样,集中注意观察所要模仿的行为,接受其中的特征性信息,成为学习的依据。这既取决于观察对象的特点,也取决于观察者本身的特征,以及过去的经验和当时的意愿。

(2)保持阶段:是一个记忆或信息存储的过程,指把观察得到的信息进行编码并储存在记忆中的活动,即观察对象的行为特征被个体有意无意地记住,成为日后自己行为的模板。

(3)行动阶段:属于记忆向行为的转变或再现过程。个体通过自己的运用,再现被模仿的行为,表现出观察对象特征的行为。此阶段是由内到外、由概念到行为的过程。

(4)强化阶段:是一个动机确立的过程。这是使一项模仿实际实行与否的制约因素,这一过程会影响前面三种过程。可依据强化的原则,以增加或减少这行为再次发生的次数。多数有目的的模仿行为都需要某种动机力量的支持。

4. 观察学习的应用　根据示范作用理论,人类的许多行为特别是社会行为可以通过示范作用而形成。一般来说,地位高的易被模仿,受奖行为比受罚行为模仿的可能性大,敌对的、攻击性行为最容易被模仿。例如,家长习惯于小声慢速地说话,在此环境中长大的子女往往说话也显得深沉和稳重;影视明星们的仪表仪态,直接影响一代年轻人的行为;家庭中父母的粗暴行为、争吵,以及充斥屏幕的各种暴力行为等,对儿童有不良的榜样示范作用。该理论在临床也有重要的应用价值。例如,疾病角色行为的形成与示范作用有一定关系,手术后患者的疼痛、呻吟等不良应付方式,对同病室其他患者可能产生消极作用。因此,在临床患者的医疗、指导和护理,尤其是儿童患者及精神病患者的教育中,应注意发挥积极的榜样示范作用。

二、理论的应用及评价

行为主义理论对心理学的发展产生了两个方面的持久影响。第一,行为主义理论把心理学家的注意力从内在的意识转到了可观察的行为。至今行为仍然是当代西方心理学的主要研究领域。第二,传统心理学的目标是描绘和解释意识状态,并使行为主义理论把心理学的目标转到了行为的预测和控制上,行为的预测和控制成为现代心理学的主要目标之一。

与医学相结合,行为学习理论可以解释和解决许多医学心理学问题。人格可以被理解成一系列习得性行为的总和。许多不良的生活习惯或行为可以通过强化的作用建立起来,某些疾病的发生也可能是习得的。根据各种行为学习理论建立的行为治疗方法得到了广泛的应用。

某些疾病的发生可以是因为"错误习得"的结果。例如,个体在紧张情况下,会出现呼吸急促、心跳加快、血管收缩等内脏行为反应,如果这种心血管反应被错误地强化,就可能成为顽固的躯体症状(如高血压)。

行为主义理论可以解释和解决许多医学心理学问题。依据各种行为学习理论建立的行为治疗方法已成为目前国内外许多心理治疗者采用的重要方法,通过行为疗法以改变各种不良行为、促进个体对工作和生活环境的适应、协助治疗许多临床疾病特别是心身疾病。

与其他心理学理论一样，行为学习理论也有它的局限性。首先，行为主义的实验对象多数是动物，用动物实验得出的结论来解释人类的复杂行为，未免过于简单；其次，过于强调行为形成的 S-R 模式，忽略了人的主体性，因此被称为环境决定论。

20 世纪 70 年代中期，在美国出现了一种新的行为理论（认知行为学习理论），将认知心理学与行为主义心理学理论相结合。该理论强调机体本身的各种因素，如期望、认识、评价，以及信念、人格等因素在行为学习过程中的作用，认为当发生环境刺激作用时，个体总是根据自己的认知评价等活动做出不同的反应，而行为反应结果又能控制或改变环境刺激。这种认知行为学习理论已成为目前心理治疗的主导理论之一。

第三节　心理生理学理论

心理生理学（psychological biology）又称心理生物学，是研究心理现象的生理学（生物学）基础的科学。心理生理学是在多门学科的协同下发展起来的，它与解剖学、生理学、生物化学、生物物理学、心理学、神经科学等学科联系密切。

心理生理学主要研究心理活动的生理学基础和心身作用的生理学机制，许多生理学家、心理学家的研究成果为心理生理学的发展奠定了基础。心理生理学认为，心理因素对人类健康和疾病发生的影响，必须通过生理活动作为中介机制。心理生理学重点研究各种心理活动的生理机制，尤其是心身关系、心身交互影响等，代表了心理学及疾病研究中的生理学研究方向。

一、理论的基本内容

学派的代表人物有坎农、塞里、巴甫洛夫、沃尔夫、恩格尔等。

（一）坎农

该学派最早的代表人物哈佛大学的坎农教授发现，情绪与器官变化之间有化学因素在起作用。他观察了各种刺激作用下动物的内部反应，包括血压、心率、呼吸、肌肉的血液供应变化，以及血糖含量的升高与凝血时间的缩短。坎农用"应激反应模型"来概括这一组生理反应。他发现，在这种情况下，试验动物的心率、心肌收缩力、心输出量和血压都增加；呼吸加深加快；肝糖原加速分解转化成葡萄糖，从而使血糖增高；交感神经动员脂类，使血液中的游离脂肪酸增多；与此同时，凝血时间缩短，儿茶酚胺分泌增多，中枢神经系统兴奋性升高，机体变得警觉、敏感。坎农认为，这些生理反应既为应对应激源提供了必要的能量，又保护动物不至于被过多损伤。他将这些反应命名为"战斗或逃跑反应"（fight or flight reaction），认为其生理机制是动物在外来威胁性刺激之下，准备战斗或逃跑，同时出现愤怒或恐惧的情绪反应。这些反应的神经内分泌生理基础是交感神经的兴奋和肾上腺髓质分泌增加。坎农还发现一个逐步消除上述反应，恢复原来功能状态的机制，称稳态机制（homeostasis）。

（二）塞里

加拿大学者塞里认为，不论外界什么刺激，不论是物理的、化学的、生物的或社会心理的刺激，机体总是出现一种非特异性的反应。他称之为"全身适应综合征"（general adaptation syndrome)，此时体内有垂体前叶与肾上腺皮质激素分泌的增加。塞里认为垂体-肾上腺轴以激素变化的形式使躯体对各种精神应激起反应，并可能由此产生心身疾病。塞里将应激反应分成了三个阶段。警戒期（唤醒期）：机体对刺激做好应激的准备，肾上腺皮质激素大量分泌，警觉性提高，机体的生理、心理功能唤醒，准备对抗应激源的刺激。如果此时应激源消失，机体可以恢复到正常，如果应激源不消失或者强度增加，就会进入下一个阶段。抵抗期：这一时期机体充分调动各种生理和心理功能，对抗应激源的刺激，如果应激源强度较弱或者很快消失，机体可以恢复到正常水平，但是如果应激源强度很大或持续时间过长，就会进入衰竭期。衰竭期：机体经过持久抗衡后，力量已衰竭，机体就会表现出适应不良的情况，从而导致心身疾病。

（三）巴甫洛夫

早在20世纪30年代，巴甫洛夫与同事已对动物的多种内脏活动建立了条件反射，包括胃肠不同质与量的消化液分泌、胃肠蠕动、胆汁与胰液分泌、脾脏收缩、肾脏泌尿、心律、呼吸节律、血管舒缩、血液成分、体温调节、新陈代谢率等，使它们的活动随外界信号刺激而变化。在超强刺激、精细分化、刺激性质变换、过度紧张等情况下，引起了大脑皮质生理功能失调。在实验性神经症中，动物有时也有一系列的自主性神经功能与内脏活动的失调。例如，使用条件刺激时，出现嚎叫、狂吠、呼吸迫促、明显消化道活动障碍、拒食、吞咽空气的动作，并伴有腹肌痉挛与呕吐。在实验性神经症动物身上，通常还会发生明显的慢性皮肤营养障碍，表现为各种渗出性湿疹，或皮肤干燥、脱屑、脱毛、溃疡，有时合并关节炎。与此相反，同样进行了长期实验而无实验性神经症的动物并不发生这些病变。而且实验性神经症恢复时，这些营养障碍也照例会消失。更为值得注意的是，长期处于实验性神经症状态下的狗，皮肤上有时出现乳头状瘤，死后解剖可发现各种内脏肿瘤，而对照组并无这种情况。巴甫洛夫的高级神经活动学说和皮层内脏相关学说认为，环境刺激、语言、文字、心理活动等都可成为条件刺激物，通过条件反射影响体内器官的活动。心理活动障碍可成为病理刺激物，进而导致神经症和心身疾病。心身疾病是躯体在企图适应各种应激时所带来的后果，它们大都属于塞里全身性适应综合征中衰竭阶段的表现。

（四）沃尔夫

纽约康奈尔大学的沃尔夫，经过长期精心设计的科学实验来研究心理因素在疾病中的作用。他重视有意识的心理因素的影响。对于精神紧张或情绪负荷之下的各种内脏活动变化，特别是消化道的反应做过系统的观察。他研究过长期愤恨情绪作用之下，患者胃黏膜充血及最终出现点状黏膜糜烂、出血的现象。在严重恐怖、悲哀、失望情绪之下，他观察到胃的功能降低，甚至运动与分泌活动停止。在郁郁寡欢、灰心情绪或激烈运动比赛中，会存在肠蠕动的抑制与便秘。另外，沃尔夫观察一位对婚姻不满的妇女，谈话中她出现愤怒与流泪，而此时她的鼻黏膜发红、肿胀、潮湿、大量分泌黏液，造成通道阻塞。这种生理基础容易引起细菌感染和鼻炎。这些现象表明鼻黏膜也参与了精神紧张与情绪冲突的过程。除此之外，沃尔夫通过精细的实验，用量化的方式表现了应激状态下的情绪改变，以及所导致的行为与生理的变化。他提出的心理应激（psychological stress）理论对心身医学的研究有着决定性的影响。

（五）恩格尔

恩格尔于1977年提出人对不同性质的心理应激所产生的生理反应主要分两大类：人

们面临危险、威胁,产生愤怒、焦虑、恐惧时通过交感-肾上腺髓质轴、垂体-肾上腺皮质轴神经内分泌系统,引起心血管反应、血糖升高、血压升高,称为"战斗或逃跑反应";而抑郁、悲观、无望感、失助感则通过副交感神经系统活化垂体-肾上腺皮质轴,引起肠道分泌活动亢进、支气管痉挛、免疫力降低等,称为"保守-退缩反应"。前者的持续存在是产生冠心病、高血压、心肌梗死、脑卒中、糖尿病和脑血管病的原因之一,而"保守-退缩反应"则是心脏猝死、溃疡病、癌症、哮喘、类风湿关节炎、某些皮肤病的病因之一。

20世纪60年代以来,随着方法学的进步,人们对心身疾病的研究也愈加深入。环境刺激、心理社会刺激等因素的作用被综合起来加以考虑。应付方式、社会支持系统、生活事件及生存质量等方面的研究,也为心身医学开辟了新的研究领域。随着无创伤性记录技术及连续记录装置的广泛应用,上述学说在临床实践中越来越受到重视。也有研究人员运用日常生活中的应激事件等作为应激源,研究免疫功能的变化。目前,心理生理学研究与神经内分泌学、心理免疫学等融为一体,构成了现代心理学的一个重要研究方向,即心理生理学方向。上述这些理论尽管都有不尽如人意的地方,但是它们对心理学和医学心理学的发展起到了重要的指导作用。随着社会的进步、学科的发展,也一定会有更多、更完善的理论不断涌现,指引我们更加深入细致地去探索我们的内心世界。

二、理论的应用及评价

临床应用上与心理生理理论最相关的莫过于心身疾病的干预与治疗。如原发性高血压是最早确认的一种心身疾病,近年来其发病率呈上升趋势。目前普遍认为,心理社会因素与其发生密切相关。患高血压的个体易出现某些心理反应,如在刚诊断为高血压时常紧张焦虑,随后忽视疾病,但当疾病导致机体代偿能力下降而再次产生症状时则会再度紧张焦虑。而通过对高血压患者尤其是早期高血压患者进行心理干预,效果较好。

心理生理学研究对医学心理学的发展做出了极为重要的贡献,现代医学心理中的许多知识来自这方面的研究。心理生理学研究采用了严格的实验设计、客观的测量手段和可靠的数理统计,准确地揭示心身之间的相互关系,这是其最突出的优点。此外,因为心理生理学研究及时地采用各种新技术,所以它的研究更具有前沿性。

但是,由于人的心理活动是生物、社会和多种其他因素交互作用的产物,而心理生理学试图以心理生物学的研究结果和生物学的理论观点来全面解释复杂的心理现象和心身关系显然有很大的局限性。特别是许多心理生理学的研究结果由动物实验获得,有相当部分不适合于解释人的心身关系。所以,今后心理生理学研究应在坚持社会因素和生物因素并重的前提下,进行多层次多学科的综合研究。

第四节 人本主义心理学理论

人本主义心理学理论兴起于20世纪50~60年代的美国,它的产生有一个较长的酝酿过程和广阔的历史背景。该学派受现象学和存在主义哲学影响较大,它反对以病态的人作为研究对象的精神分析学派,也反对环境决定论的行为主义。在人本主义者看来,精神分析学者将人类当作由本能和文化之间冲突的牺牲品,行为主义者视人类为一种环境塑造其行为的生物有机体。这两种理论的最大问题是贬低了人类人格和意识的价值,抹煞了人与动物的根本区别。所有人本主义理论的共同点在于以人类的积极本性为研究对象，强调人天生具有追求美好和完整生命的能力。主张研究对人类进步富有意义的问题，关心人的需要，重视人的价值和尊严，注重人的自我和自我意识，被称为继精神分析和行为主义之后的心理学第三思潮。在怀有这样积极看法的人本主义者中，最有影响力的两个人是罗杰斯和马斯洛。

一、理论基本内容

（一）人本主义的基本观点

人本主义心理学非常重视人性的研究，并把人性置于心理学研究的核心地位。人本主义心理学家对人性有着积极的主张，这也使人本主义心理学与其他心理学派存在明显的差别。

1. 性本善 人本主义心理学家认为，人的本性是善良的，人在出生时并不具备恶的本性或冲动，只是由于后天环境的影响而逐渐染上了恶的思想观念。人本主义心理学家之所以持这种看法，是因为他们强调人类潜能的自我实现。他们把自我实现作为人类毕生的追求，看成是人类成长、进步的基本动力。人性基本上是建设性的，破坏和侵犯行为是人的基本需要遭到挫折后引起的。

2. 自由意志 人本主义心理学家相信人是自主的，即人有自由意志，可自由地选择自己的未来。他们在承认各种内在条件和外在条件的制约时，坚持主张人有一种必不可少的自由和自主。正是因为有了这种自由自主，人才可以尝试消除种种条件的限制，去发展自我、实现自我。也正是因为有了自由和自主，人才可以做出选择。由于选择是自由意志的结果，因此应对自己的选择负责。一个缺乏自主能力，受外力制约的人将是沉闷的、呆板的、缺乏主动性和创造性的。

3. 成熟和发展 从人本主义心理学的角度来看，人是一种"正在成长过程中的存在"，人有能力指引和改变生命历程的主导动机和设计。因此在人的一生中，行为动机不断指导着人的自我趋向完善。马斯洛和罗杰斯把成长假设视为人本主义人性观的基石。马斯洛认为，人性的核心在于人类有机体内部有一个"本能的内核"，它包含着趋向实现的潜能，他等待着个体对它进行主观的开发和实现；罗杰斯也认为，每个有机体都有一种有方向的形成倾向，它的内心深处都有一种想保存、提高和再造自己的倾向，他也希望摆脱外界控制而独立，成为自我支配的甚至超越自己的本性。

（二）马斯洛的自我实现与需要层次理论

自我实现是人本主义的核心概念。马斯洛把自我实现看作人发展的最高境界，或者说是人生追求的最高境界。马斯洛理论中的"自我实现"，是指个体在成长中，其心身各方面的潜能获得充分发展的过程和结果。自我实现的人，能够接受自己，承认自己的弱点并努力去改进。自我实现的人不是完美的人，但他们尊重自己，对自己感到满意。

马斯洛选择出 48 位杰出人士作研究，他发现自我实现者有 15 种普遍特征。

1. 准确地认识现实 自我实现者能够采取客观的态度去认识自己、认识他人、认识周围世界，因此他们不带任何偏见去看待现实，能够按照事物的本来面目来认识，更能发现事实真相。

2. 宽容和悦纳自己、他人与周围世界 自我实现者能够承认和接受任何事物都具有积极与消极两个方面的事实，他们不否认任何事物的消极面，并且对此有较大的宽容性。他们知道自己的长处，也承认自己的不足，因而能悦纳自己。

3. 自发性、单纯性和自然性 自我实现者坦率、自然，倾向于真实的表达自己的思想与感情，行为具有自发性。他们有什么想法就讲什么；他们有什么感情就表达什么；他们想做什么就做什么。他们不矫揉造作，完全按照自己的本性行事。

4. 以问题为中心，而不是以自我为中心 自我实现者不以自我为中心，而以问题为中心。他们一般不关注个人，而以工作、事业为重，能够全力以赴解决问题，实现自己的目标。对他们来说，工作不是为了金钱、名誉和权力，而是工作本身就是享受，能够实现自己的潜能。

5. 具有超然于世的品质和独处的需要 自我实现者是自我决定、自我负责的自有个体，他们不依赖别人，不害怕孤独，常常主动追求独处的环境。

6. 有较强的自主性和独立性，超越环境和文化的束缚 自我实现者更多受成长动机驱动，而非受匮乏动机所驱动，因而能够摆脱对外界环境和他人的倚赖，独立自主地选择自己的目标，并实现自己的目标。

7. 具有永不衰退的欣赏力 自我实现者具有奇妙和反复欣赏的能力，在他们眼里，每一次朝阳都那么灿烂，每一个婴儿都是那么令人惊奇，每一朵花都是那么美丽馥郁。他们带着好奇、喜悦和天真无邪的心理去欣赏对他人来说是陈旧的东西和例行公事的日常生活。

8. 经常能够尝试神秘体验或高峰体验 自我实现者通常都经历过强烈的神秘体验，一种狂喜、惊奇、敬畏及失去时空的情绪体验，马斯洛称之为高峰体验。这种体验并不是自我实现者所独有的，所有人都有享受高峰体验的潜能，但只有自我实现者才能经历更高频率、强度更大的、更充分的高峰体验。

9. 对人类的认同、同情与关爱 自我实现者对所有的人多具有强烈的而深刻的认同感、同情心和爱心。他们的关爱不仅仅限于自己的亲戚朋友，而是包括了不同种族、不同文化、不同社会阶层的所有人。

10. 具有深厚的个人友谊 自我实现者比一般人具有更融洽、更崇高和更深厚的朋友关系。由于交往需要占有时间，他们的朋友圈子较小，更倾向于寻找其他自我实现者作为亲密朋友。由于以共同的价值观和共同的人格特征为基础，他们的朋友虽然不多，但感情非常深厚。

11. 具有强烈的民主精神 自我实现者具有民主思想的行为风格，他们尊重一切人，不管他们的种族、地位、宗教、阶级和教育的不同。他们能平等待人，极少偏见，接纳别人的意见，随时倾听别人的说话，虚心向别人学习。

12. 具有强烈的道德感 自我实现者有明确的道德观念，能够明辨是非，遵循自己认可的内在道德标准行事，只做自己认为正确的事。

13. 具有哲理和善意的幽默感 自我实现者具有很强的幽默感，他们通常会开一些有哲理性的玩笑，但不愿意开一些庸俗和伤害人的玩笑。他们可以取笑自己，甚至可以取笑人类的愚蠢。

14. 富有创造性 自我实现者的一个突出的特点就是具有很强的创造性。他们的创造性与儿童天真的、异想天开的创造潜力是一脉相承的。我们一般人在社会适应过程中逐渐丧失了这种与生俱来的潜力,而自我实现者却能够保持开放、新鲜、纯粹和率直的眼光看待生活于世界,一而能够破除陈规,使自己在生活、工作各方面显示出创意和独特性。

15. 具有抵制和批评现存社会文化的精神 自我实现者不墨守成规、不随波逐流,他们自主独立,能够抵制和批判现存不合理和不完善的社会文化,突破这些社会文化的限制与包围,其思想和行为遵循自己内心的价值与规范。

另外,马斯洛还指出,自我实现者也并非十全十美的完人,他们也会厌烦、激动、固执己见,甚至也不能摆脱肤浅的虚荣、骄傲,发脾气也并不少见,偶尔还会表现出令人吃惊的冷酷。也就是说,自我实现者有时也会表现出非自我实现者的特征。

在发展动力上,马斯洛认为人的需要是所有行为的根本动力。而各种需要之间有先后顺序和高低层次之分,每一层次需要的满足,将决定个体人格发展的境界和程度。所以,他提出了"需要层次论",把人的需要分为五个层次,即生理的需要、安全的需要、爱和归属的需要、尊重的需要、自我实现的需要(图3-5)。

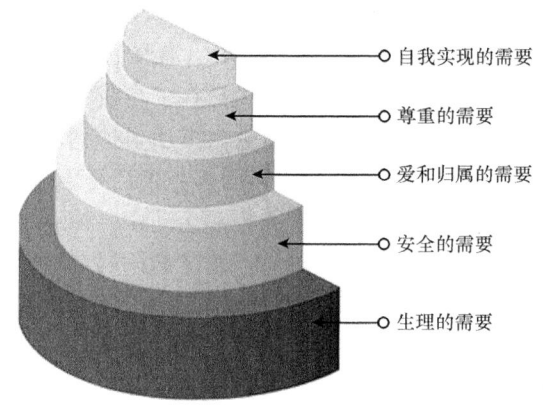

图 3-5 马斯洛需求层次论

1. 生理的需要 是人们最原始、最基本的需要,如对食物、水、空气、睡眠、性的等的需要。它是最强烈的不可避免的最底层需要,也是推动人们行动的强大动力。显然,这种生理需要具有自我和种族保护的意义,是有机体为了生存而必不可少的需要。

2. 安全的需要 包括对人身安全、生活稳定及免遭痛苦、威胁或疾病的需要,表现在生命安全、财产安全、职业安全和心理安全四个方面。安全需要比生理需要较高一级,当生理需要得到满足以后就要保障这种需要。每一个在现实中生活的人,都会产生安全感的欲望、自由的欲望,婴幼儿由于无力应付环境中的不安全因素的威胁,所以他们的安全需要就显得尤为强烈。

3. 爱与归属的需要 也称社交的需要,是指个人渴望得到家庭、团体、朋友、同事的认同,是对友情、信任、温暖、爱情的需要。这一层次与前两个层次截然不同,它比生理和安全需要更细微、更难捉摸。当前两种需要得到满足后,爱与归属的需要就会突显出来,进而产生激励作用。

4. 尊重的需要 可分为自尊、他尊和权力欲三类,包括自我尊重、自我评价,也包括他人的认可和尊重及尊重他人。尊重的需要也可以作如下划分:①渴望实力、成就、适应性和面向世界的自信心及渴望独立与自由;②渴望名誉与声望。声望是来自别人的尊重、受人赏识、注意或欣赏。尊重的需要很少能够得到完全的满足,但基本上的满足就可产生推动力。

5. 自我实现的需要 是最高等级的需要。满足这种需要就要求完成与自己能力相称的工作,最充分地发挥自己的潜在能力,成为所期望的人物。这是一种创造的需要,有自我实现需要的人,似乎在竭尽所能,使自己趋于完美。自我实现意味着充分地、活跃地、忘我地、集中全力全神贯注地体验生活。

人都潜藏着这五种不同层次的需要,但在不同的时期表现出来的各种需要的迫切程度是不同的。人的最迫切的需要才是激励人行动的主要原因和动力。人的需要是从外部得来的满足逐渐向内得到的满足转化。在高层次的需要充分出现之前,低层次的需要必须得到适当的满足。

20 世纪 70 年代,马斯洛的后继者在尊重需要和自我实现需要之间增加了认知需要(cognitive needs)和审美需要(aesthetic needs)。前者关注对知识和意义寻求,后者关注寻找和创造美、平衡及和谐。之后的 90 年代,又在自我实现的需要之上,增加至第八个需要,即超越需要(transcendence needs)的版本。所谓超越需要指帮助他人获得自我实现的需要。至此需要层次理论发展为一个八层次的结构。需要注意的是,后来添加的三个层次在马斯洛自己的理论已有提及,马斯洛将它们包含在了自我实现的需要中,后人只是将它们分离出来作为独立的层次。总之,马斯洛认为人类所要达到的,比单单"适应"要多得多,因此心理学不仅要致力于修复损伤,也要帮助人们生活得更加丰富多彩且充满创造性。然而需要层次理论也存在颇多争议,如在社会实践活动中,并不是只有低级需要得到满足后才会产生高级需要,多种形式和多种层次的需要可能同时存在。但即使如此,需要层次理论中需要满足从低级到高级发展的趋势,反映了一般人共同的心理过程,在一定程度上反映了人类的行为规律。

在心理学上,需要层次论是解释人格的重要理论,也是解释动机的重要理论。当然,该理论也引起了很多争论,许多人从不同的角度批评马斯洛的观点,或者提出了自己的需要层次学说,但马斯洛的观点仍然是广为流传且影响最大的一种。

(三)罗杰斯的自我理论

罗杰斯的人格发展观主要来源于其 25 年的临床实践经验,由于他格外强调人的主观经验和自我实现潜能,因此该理论又被称为人格的自我理论。

他将个体与环境长期交互作用中形成的"自我"分成两个子系统,即"自我"和"自我概念"。"自我"是指个体的真实自我,即个体对自己知觉和意识无偏见的反映及自我的客观观察与评价,也就是个体的真实经验;而"自我概念"则是指个人现象场中与个人自身相联系的那部分知觉及其附着的意义。这两者始终处于相互联系、相互作用的关系中。

罗杰斯把自我看作原始的结构术语,认为我们都在设法实现我们自己的能力和目标,这便是机体自我。同时,我们在生活中由于别人的评价,由于追求别人的爱和关怀,而逐渐形成自我概念。健康的人格应该使机体自我与自我概念保持一致,也即实现能力和目标的机体自我得到别人的积极评价,得到爱和关怀。不健康的人格表现为机体自我与自我概念不一致,要么个体不顾别人的评价而提出不切实际的自我实现目标;要么个体为迁就别人的评价、别人的爱和关怀,而放弃自我实现的目标,失去个性。这种机体自我与自我概念的不一致,导致焦虑、混乱等人格障碍。

1. 实现倾向 罗杰斯以人为中心的理论有一个假定,即实现倾向。实现倾向是存在于所有生命身上趋向完善或完美的潜能，具有引导、调整、控制自己的能力，并可作为区分一个有机体是有生命的还是无生命的鉴别标准。心理成长和心理成熟的根源来自个体内部而不是外部力量。并不是只有人才有实现倾向，一些动物甚至于植物也具有先天的实现它们遗传潜能的生长倾向，只要具备某种条件。由于只有人类才具有自我的概念，因此人类才有自我实现的潜能。

2. 自我、自我概念与自我实现　刚出生的婴儿并没有自我的概念，随着与他人、环境的相互作用，开始慢慢地把自己与非自己区分开来。当婴儿的部分经验成为他私有的经验，即在婴儿的知觉域中，那些感觉起来能被自己控制的一部分客体或体验，才被认为是自我的一部分并被结合进自我结构。自我（ego）有两个子系统：自我概念和理想自我。自我概念（self concept）包括个体意识中知觉到的所有关于他的存在和他的经验方面的东西，是一个人对他自己的知觉和认识。自我概念与机体自我（organismic self）不同。机体自我的某些部分可能在个体的意识范围之外，或者根本不为个体所拥有。如心跳是有机体自我的一部分，除非发生心律不齐引起注意，否则它可能就不是自我概念的一部分。理想自我（ideal self）是个体对希望自己是一个什么样的人的自我看法。理想自我包括人们渴望拥有的那些品质，它们通常是积极的。理想、自我与自我概念之间悬殊的差距表明人格的不协调和不健康。心理健康的人知觉他们的自我概念与他们理想的自我之间没有什么差异。一旦婴儿建立起自我结构的雏形，他们实现自我的倾向就开始发展起来。自我实现是实现倾向的子系统。实现倾向指的是整体的人，包括意识与无意识，生理和认知，而自我实现则是指意识知觉到的自我实现倾向。当有机体和知觉的自我（即自我概念）一致时，这两种实现倾向几乎是相同的；但是当人们的机体经验与他们的自我概念不一致时，实现倾向与自我实现倾向便有了差异。

3. 有机体的评价过程及其作用　有机体评价过程是指有机体对体验的估量及这种体能否满足实现倾向的评价过程。例如，一个婴儿的行为表现出他更喜欢诸如新奇感和安全感体验，他依靠这些经验来维持其有机体并使之得到发展；他对于诸如疼痛和饥饿的感觉体验，那些不利于他维持有机体自身及发展的东西，会采取拒绝的态度，这一对自身的体验、经验评价的过程，是在无意识的有机体水平自发进行的，而不是有意识借助于语言符号进行的。当人长大一些之后，他们的有机体评价过程在帮助他们达到自我成长方面就会变得更为有效了，他们不但能及时地感觉到自己的经验和体验，并能有意识地评价这种经验和体验。但意识层面或者语言符号与有机体的评价过程究竟是如何组织联系起来的现在并不清楚。

4. 价值的条件化（conditions of worth）　在婴儿早期发展中有一种对来自他人的积极评价的需要。当其行为得到他人（如父母）的好评时，儿童的积极评价需要就得到了某种满足。不正确的评价不是建立在有机体的评价过程之上的，而是建立在他人的评价之上的就被称为价值条件。价值条件化这一现象在自我概念形成中起了很重要的作用，因为这意味着个体存在两种评价过程。第一种是有机体的评价过程，这种过程可以真实地反映实现的倾向；第二种是价值的条件化的过程，这是建立在对他人评价的内化基础之上的，这一过程并不能如实反映个体的实现倾向，相反却在妨碍着这种倾向。当过多地采取第二种评价过程时，就会产生错误知觉，并被吸收到自我概念中，从而在自我意识层面歪曲自我的实现倾向。

5. 自我概念与心理失调　罗杰斯不主张使用精神疾病诊断中的术语表示心理失调。他常用"不一致、脆弱、防御或解体"这类术语描述心理失调的现象。罗杰斯认为人是一种处于实现其自我概念过程中的人,心理失调与无效的自我概念密切相关。有效的自我概念允许人们真实地感知其经验或体验,而当经验遭到否认或歪曲时,自我概念与经验或体验就不一致了,从而感受到焦虑。既然无效的自我概念不能使人正确地感知其经验、体验,就应该尽快地被个体的自我结构调整过来,但事实上无效的自我概念很难被改变。这是因为无效的自我概念中包含许多价值的条件作用,他们深深地植根于自我概念之中,成为人们接受或拒绝他们经验的标准。最终,人们开始相信别人那些同他们消极的自我概念一致的评价,忽视了他们自己的感觉和体验,从而逐渐地疏离了他们真正的自我或机体自我。即使个体主观上想努力改变自己,也往往因意识到这样又激发了自我概念与体验的不一致而产生焦虑,从而积重难返形成恶性循环。

(四)积极心理学运动

积极心理学运动由人本主义心理学和认知-行为心理学发展而来,它强调帮助人们生活得更加充实。积极心理学继承了人文主义和科学主义心理学的合理内核,修正和弥补了心理学的某些不足,它一反以往的悲观人性观,转向重视人性的积极方面。心理学的目的并不仅仅在于除去人的心理或行为上的问题,而是要帮助人们形成良好的心理品质和行为模式。没有问题的人,并不意味着就能自然而然地形成一种良好的心理品质和行为模式。积极心理学的一个基本信念是,认为心理学不仅研究疾病、不足和伤害,也研究力量和美德。积极心理学认为,传统心理学由于过于关注对伤害的识别、消除和预防,而忽略了人类本身所具有的积极力量。积极心理学所号召的是一种教育人们如何提高自身素质的心理学,这些素质包括希望、坚持、能力、对未来的信心及开阔的胸襟,它们是应对心理疾病最好的缓冲器。从这个角度看,积极心理学与人本主义的出发点一脉相承。

在研究方法上,积极心理学吸收了传统主流心理学的绝大多数研究方法和研究手段(如量表法、问卷法、访谈法和实验法等),并把这些研究方法和研究手段与人本主义的现象学方法、经验分析法等有机地结合起来。20 世纪 80 年代,斯诺登与同事对 678 名生活于美国明尼苏达州孟卡多市的修女开展了一项研究,这些修女均出生于 1917 年之前,研究开始时她们的平均年龄是 85 岁。作为研究的志愿者,她们同意公开自己所有的医疗和个人记录。研究人员通过分析其中近 200 名修女当初进修会时所写的简短自传,发现早期著述中的积极情感与 60 年后的长寿之间有着紧密的联系。年轻时有较多积极情感和复杂语言结构的修女,其寿命更长,更能抵御衰老所带来的认知损伤。

积极心理学重视对心理疾病的预防,并认为它们在预防工作中所取得的巨大进步,主要来自于个体内部系统的塑造能力,而不是修正其缺陷。积极心理学认为,人类自身存在着抵御精神疾病的力量,预防的大部分任务将是建造有关人类自身力量的一门科学,其使命是探究如何在个体身上培养出这些品质。积极心理学认为,通过挖掘困境中的个体的自身力量,就可以做到有效地预防。若仅关注个体身上的缺点或弱点,其实并不能达到有效预防的效果。心理学的任务在于能够有效测量个体的积极心理品质,弄清它们的形成途径,并通过恰当干预来塑造这些心理品质。

积极心理学在研究视野上摆脱了过分偏重个体层面的缺陷,在关注个体心理研究的同时,强调对群体和社会心理的探讨。另外,在对心理现象和心理活动原因的认知及其理论假设的建构上,积极心理学强调人的内在积极力量与群体、社会文化等外部环境的共同影响与交互作用。尽管积极心理学者强调个体的心理、人格的良好品质，但仍十分重视社会文化环境，如人种、政治、经济、教育、家庭等因素对个体情绪、人格、心理健康、创造力及对心理治疗的影响。积极心理学主张个体的意识和经验既可以在环境中得到体现，也在很大程度上受到环境的影响。

二、理论的应用及评价

人本主义心理学的兴起对西方心理学的发展产生了不可估量的影响。以往的心理学理论往往过于强调心理上的"问题"，而人本主义则关注人性的积极方面，第一次将人的本性与价值提到心理学研究的首位。人本主义的出现，为人们提供了一种全新的观点。一些研究者受此影响，开始把注意力转向创造性、快乐及心身健康问题，奠定了当代积极心理学研究的基础。它促使行为主义重新思考人在心理学中的地位，推动了新精神分析加强个体主观体验和自我心理学的研究。

人本主义理论强调人性的善良和意识的作用，提出人的尊严和价值问题，对心理学向高级阶段发展有很大的促进作用，并在西方的管理、商业、教育、医学等领域产生了一定影响。人本主义具有强烈的现象倾向，他们强调人的主观体验，对人主观世界的心理内容有强烈的兴趣。人本主义心理学为心理咨询和治疗提供了重要的支持，包括真诚、同情和积极关注来访者，关心来访者的心理成长，治疗师以同等地位来对待来访者等。以人本主义理论为基础发展起来的以人为中心疗法，以来访者为中心，重视来访者的人格尊严。该疗法认为，每个人都生来具有自我实现的趋向，当由社会价值观内化而成的价值观与原来的自我有冲突时便引起焦虑，个体为了减轻焦虑不得不采取心理防御，这就限制了个人对其思想和情感的自由表达，削弱了自我实现的能力，使人的心理处于不健康的状态。在心理治疗中，只要给来访者提供自然的、和谐的、自由的心理氛围，来访者就会摆脱自我概念不一致带来的困扰，修复受损的自我实现的潜力，重新走上自我实现、自我完善的道路，成为一个健康的人。

人本主义心理学的影响并不仅限于心理治疗领域，由于它解决的是人们生活中都会面临的问题——如何发挥个人潜能、寻找生活的意义和幸福，因此，在管理、传播、教育等领域也有广泛的应用。

但是人本主义理论也有其局限性，主要表现在理论的模糊性、研究缺乏科学性；人本主义理论过分夸大自我的作用，强调无条件关注的绝对作用，却不能解释无条件关注的积极意义；另外，人本主义理论提供的心理治疗方法中理念多于技术，因而在实际运用中缺乏可操作性。

第五节 认知心理学理论

认知心理学不同于传统的心理学派。它的理论不是由某人独创，而是在多种因素影响下逐渐形成的，它反映了现代心理学取消门户之见，从实用的角度出发，取各家之长的趋势。所以有人说认知心理学的出现是现代心理学的一种新运动和新方向。

认知心理学是以心理信息加工过程为研究核心的心理学派。它起源于20世纪50年代中期，在格式塔心理学（Gestalt psychology）的基础上吸收了当代信息论、系统论、控制论及计算机技术等新兴学科知识而产生。认知心理学从20世纪60年代开始得到迅速发展，它以其新的理论观点和丰富的实验成果极大地影响了心理学的理论体系，成为现代占主导地位的心理学潮流。

"认知"（cognition）一词是指收集知识和了解世界的过程。认知心理学有双重含义，广义地说它包括对记忆、理解、想象、思考等意识现象的研究与认识。所以，凡是用"认知过程"来解释行为的人都是认知论者。因此，它可以涵盖结构主义、格式塔心理学及现代的信息加工心理学。而狭义的认知心理学则是指信息加工心理学（information processing psychology），也就是只限于解释信息的获得、储存与加工处理的过程。

认知心理学家虽然在某些具体研究和观点上有所不同，但在研究对象、原则方法等问题上却有很多一致之处，具体表现在以下几个方面：都以人的认知过程作为研究的对象；都把人看成类似于计算机的信息加工系统，试图用信息加工观点来说明各自的具体研究对象；在研究方法上继承了实验心理学的传统，吸收了计算机等相关学科的研究成果，形成了一套比较完整的研究方法。

一、理论基本内容

（一）认知与认知心理学发展

认知一般是指认识活动或认知过程，即个体对感觉信号的接受、检测、转换、简约、合成、编码、储存、提取、重建、概念形成、判断和问题解决等信息加工的过程。认知的概念有广义和狭义之分，广义的概念是指应用现代信息加工处理理论将人的认知看成一个过程，包括①接受和评估信息的过程；②产生应对和处理问题方法的过程；③预测和估计结果的过程。狭义的认知概念是指认识。本文所应用的认知概念是广义的，尤其是侧重认识过程中的观念或态度形成及其改变的策略。由于认知概念的提出在很大程度上是与大脑信息加工过程理论密切相关的，如感觉、知觉、注意、记忆等与认知的接受过程密切相关，智慧、思维、情感和性格等与认知的应对、处理和结果预测等过程相关，因此广义的认知概念包括了传统心理学中的多种心理活动。

认知心理学的兴起可以追溯到20世纪初期，虽然当时已经有一些先驱在考虑内部心理规律，如瑞士著名心理学家皮亚杰揭示了儿童思维发展的规律，提出了著名的"发生认知论"。但认知心理学正式出现是在20世纪60年代，由下列两个原因促成：一方面，20世纪中期以后，计算机科学的迅猛发展，迫切需要了解人的心理活动规律，因为只有把人的认识活动规律了解清楚后，计算机才能够"模拟运算"；另一方面，自从冯特建立心理实验室以来，实验室的心理实验一直没有停止过，并且逐步地取得了一些成果，这些成果证明内部心理活动是可以研究的，构成了认知心理学产生的内部动力。在这种情况下，美国心理学家奈瑟于1967年把各种研究成果加以总结，写成《认知心理学》一书，这是心理学史上第一部专门系统研讨认知活动的著作，标志着认知心理学的诞生。认知心理学的主要理论是信息加工理论，所以又称为信息加工心理学。

从内部背景来看，现代认知心理学尽管是在反对某些传统的心理学思想中发展起来的，但它和传统心理学又有着密切的联系，表现出了当代心理学互相融合的新趋势。从外部背景来看，现代认知心理学是心理学以外的其他科学对心理学产生影响的典型例子。当代的认知心理学家们不仅在研究认知的内在结构和机制，也在研究认知的功能，研究认知的格式塔特征。实际上现代认知心理学以信息加工观点研究内部心理活动规律，已变成一种思路，在教育心理学、社会心理学等方面，都依据认知心理学的基本原理去探讨和解释心理活动的规律，目的是分析、解释、控制与调节人的多种活动，包括社会交往等。

(二) 基本观点

1. 把人看作一种符号信息加工系统 接受符号输入并进行编码，对编码后的符号输入做出决策，产生新的表示形式，储存输入、给出符号输出，这便是计算机的工作过程。认知心理学把人看作计算机式的信息加工系统，认为人也是一种符号信息加工系统，这一系统把所接收的信息都看作符号，所有的记号、词语、文字、语言及它们所描述的事实、现象、规律、理论等都被看作符号结构，按照信息的获得、编码、储存、提取的顺序进行加工。

2. 强调知识经验对行为和认知活动的作用 与行为主义强调外部客观环境对人的行为的决定作用不一样，认知心理学则认为知识经验对人的行为和认知活动起决定作用。

3. 强调认知过程的整体性 意识心理学将人的心理分成许多元素，这些元素在时间上和空间上的组合就构成了人的完整的心理过程。认知心理学家们则反对孤立地研究所谓的心理元素，他们认为各种认知活动之间是相互作用并有机联系在一起的，是一个统一的整体，这是认知过程整体性的第一层含义。认知过程整体性的第二层含义：认知心理学在研究认识过程时，特别强调上下文关系的影响，这种关系包括语言的上下文关系、客观事物的前后关系，甚至还包括人脑中原有的知识之间、已有知识与当前认知对象之间的关系等。

4. 对行为主义的批判 认知心理学家认为行为主义的"刺激-反应"学习理论至少有以下三点不足之处。

（1）行为主义的"刺激-反应"学习理论认为人只对外部环境刺激做出反应，而不对内部的心理刺激反应。实际上，人们的许多认知技能并不是对外部刺激的反应而是对激活了的记忆的反应，而这种记忆只是一些内部的抽象的知识，并非具体的外部环境刺激。

（2）行为主义的"刺激-反应"学习理论认为刺激和反应是一一对应的关系，一个刺激引起一个反应。而认知心理学则认为行为或认知过程是对刺激的整体结构的反应，或是把一系列刺激当作一个整体来进行反应，而不是对某个单个刺激的反应。如白鼠之所以能学会走迷宫，是建立在对整个迷宫结构的认识的基础上的，而不是对迷宫的某一单独特性（如颜色、质地、气味等）的反应结果。

（3）行为主义的"刺激-反应"联结是特殊而具体的，只有在特定情境下才能被激发而起作用。而实际上，人的认知技能一经形成就可以适用于多种不同的情境。如一个学会了开轿车的人，也可以开卡车等与轿车性能相似的汽车。所以说人的认知技能是具有概括性的。

(三) 注意和图式

信息加工理论中有两个比较重要的概念，分别是注意和图式。

注意过程是认知偏差的一个重要方面。人类不可能同时注意所有信息，更不用说处理，因此在同一时刻，只能选取相对而言更加重要的信息，过滤掉其他次要的内容。这种正常功能所必需的机制称为选择性注意。许多精神疾病的发病可能与选择性注意有关，如有的精神分裂症患者可能对正常人会自动过滤的无关声音给予过度关注，并与自身联系起来，产生听幻觉的症状。

图式是人脑中已有知识经验的组织网络，这个网络有助于个体对新信息的选择和处理。社会知觉的基础是被认知事物本身的属性，但认知者的主观因素也会对社会知觉的过程和结果产生重要的影响。这包括认知者的经验、认知者的动机与兴趣、认知者的情绪。其中个体过去的经验不同，对相同的对象的认知也会有不同的结果，现代社会心理学用"图式"概念来解释这一现象。进行社会知觉时，图式对新觉察到的信息会起引导、组合的作用。每个人都在自觉或不自觉地利用图式认识客观世界、解释客观世界。图式论认为，任何语言材料，无论是口头的还是书面的，本身取决于听者或读者已有的知识，即人们在理解新事物的时候，需要将新事物与已知的概念、过去的经历联系起来。对新事物的理解和解释取决于头脑中已经存在的图式，输入的信息必须与这些图式相吻合。例如，当我们谈起医院，就会想到医生、病床、打针、吃药、动手术等，这是头脑中有关医院的图式发生了作用。

（四）人类的认知特点

1. 认知的多维性　从不同角度观察同一事物会有不同的认识，而对事物完整认知的形成应该考虑其多维性。苏东坡的"横看成岭侧成峰，远近高低各不同。不识庐山真面目，只缘身在此山中"及"盲人摸象"的故事所说的便是很好的范例。

2. 认知的相对性　"事物都是一分为二的"，应以"两分法"来认识和处理问题。在现实社会中，许多事物都是由两个相对的部分组成，如动物有雄雌之分、事物有好坏之分、时间有昼夜之分等。成语中的"乐极生悲""塞翁失马，焉知非福"等即是古人对认知相对性的生动表述。

3. 认知的联想性　人类的认知活动并不仅仅是感知觉的活动，而是与人的经验、理解能力等有关，其中包含了个体的想象和思维成分，并且渗入了情感的因素。俗话所说的"情人眼里出西施"便是这个道理。

4. 认知的发展性　由于认知活动与一个人的知识结构、文化程度和所处社会文化环境等因素相关，因此人的认知功能有其历史性或发展性的特点。如有关健康的概念，40 年前对普通中国人来说，"无病就是健康"，而 21 世纪的今天，许多中国人已认识到"健康是指身体、心理和社会适应的一种良好状态"。因此，认知活动与一个人的知识发展水平有关，即认知也是不断发展改变的。认知的发展性特点，为认知治疗转变当事人的不良认知提供了可能性。

5. 认知的先占性　在日常生活中，人们的认识活动或认知过程经常会发生"先入为主"的现象，或以"第一印象"来判断和解决问题，这便是认知的先占性。认知的先占，在某些情况下是有益的，人们通过检验认知的实践效果，"吃一堑，长一智"；但在另外一些情况下则与心理障碍的形成有关，如恐怖症患者往往是"一朝被蛇咬，十年怕井绳"。一般来说，认知的先占与个体的既往经历和个性特征有关，个性敏感、拘谨、内向的人易产生认知上的先占。

6. 认知的整合性　所谓整合，就是个体最终表现出对某一事物的整体认知或认识，往往是综合了有关感知、记忆、思维、理解、判断等心理过程之后获得的。一般说来，正常成人因为认知整合性的特点会经常自我修正一些认知错误和偏见，学会自我调节。

（五）认知对情绪和行为的影响

1. 沙赫特的情绪三因素观点　美国心理学家沙赫特（S. Schachter）于 20 世纪 70 年代初提出了情绪三因素学说，他把情绪的产生归于环境因素、生理因素和认知因素三者的整合作用。其中，认知因素中的对当前情境的评估和过去经验的回忆，在情绪形成中起着重要作用。生理唤醒是情绪激活的必要条件，但真正的情绪体验是由对唤醒状态赋予的"标记"决定的，即对唤醒状态的认知决定的。个体利用过去经验中和当前环境的信息对自身唤醒状态做出合理的解释，正是这种解释决定着产生怎样的情绪。所以，无论生理唤醒还是环境因素都不能单独地决定情绪，情绪发生的关键取决于认知因素。在有些情况下，认知先于唤醒，如人只有知道了野兽的凶猛，然后在森林里见到野兽时才会引起生理唤醒；在另外的情况下，唤醒可能先出现，然后才去寻求认知解释。沙赫特通过实验论证了情绪受到认知解释的调节这一观点。

2. 阿诺德的情绪认知评价理论　美国心理学家阿诺德（M.R.Arnold）在20世纪50年代提出了情绪的评定——兴奋学说。这种理论认为，刺激情景并不直接决定情绪的性质，从刺激出现到情绪的产生，要经过对刺激的估量和评价，情绪产生的基本过程是刺激情景—评估—情绪。同一刺激情景，由于对它的评估不同，就会产生不同的情绪反应。评估的结果可能认为对个体"有利""有害"或"无关"。如果是"有利"，就会引起肯定的情绪体验，并企图接近刺激物；如果是"有害"，就会引起否定的情绪体验，并企图躲避刺激物；如果是"无关"，人们就予以忽视。阿诺德认为，情绪的产生是大脑皮质和皮下组织协同活动的结果，大脑皮质的兴奋是情绪行为的最重要的条件。她提出情绪产生的理论模式：作为引起情绪的外界刺激作用于感受器，产生神经冲动，通过内导神经上送至丘脑，在更换神经元后，再送到大脑皮质，在大脑皮质上刺激情景得到评估，形成一种特殊的态度（如恐惧及逃避、愤怒及攻击等）。这种态度通过外导神经将皮层的冲动传至丘脑的交感神经，将兴奋发送到血管和内脏，所产生的变化使其获得感觉。这种从外周来的反馈信息，在大脑皮质中被估价，使纯粹的认识经验转化为被感受到的情绪。

3. 拉扎勒斯的认知-价理论　勒斯认为情绪是人和环境相互作用的产物，在情绪活动中，人不仅接受环境中的刺激事件对自己的影响，同时要调节自己对于刺激的反应。情绪活动必须有认知活动的指导，只有这样，人们才可以了解环境中刺激事件的意义，才可能选择适当的、有价值的动作组合，即动作反应。情绪是个体对环境事件知觉到有害或有益的反应。在情绪活动中，人们需要不断地评价刺激事件与自身的关系。具体来讲，有三个层次的评价：初评价、次评价和再评价。初评价是指人确认刺激事件与自己是否有利害关系，以及这种关系的程度。次评价是指人对自己反应行为的调节和控制，它主要涉及人们能否控制刺激事件及控制的程度，也就是一种控制判断。再评价是指人对自己的情绪和行为反应的有效性和适宜性的评价，实际上是一种反馈性行为。

（六）认知与心理治疗理论

与心理治疗有关的认知理论主要有艾里斯的ABC理论和贝克情绪障碍认知理论。

1. 艾利斯的观点　心理学家艾里斯（A. Ellis）是认知理论的另一杰出代表人物，他于1962年出版了《心理治疗中的理性与情绪》一书，系统地提出了合理情绪理论。艾里斯认为在环境刺激或诱发事件和情绪后果之间介有信念或信念系统。他指出，造成不良情绪的不是事件本身，而是人们对事件的判断和解释。艾里斯认为，人的情绪困扰并非由环境刺激事件引起，而是由人对事件的信念造成，所以，信念对于个人的情绪和行为起决定作用，由此提出了著名的ABC理论。其中，A指与情绪有关的诱发事件（activating events），B指人对诱发事件所形成的信念（beliefs），C指个人对诱发事件所产生的情绪与行为反应

(consequences)。通常人们认为是 A 直接引起 C，而事实并非如此，在 A 与 C 之间存在中介 B。ABC 理论认为，非理性信念是情绪或行为障碍产生的重要因素。有些人常常只根据想象而不是根据事实行事。他们的不正确的信念和非理性的东西可以从别人那里学会，并通过自我暗示及自我重复不断地强化，最后形成了各种功能障碍。艾利斯对常见的造成人们痛苦的非理性信念进行了概括，大致有十点：①一个人要有价值就必须很有能力，并且在可能的条件下很有成就；②某某人绝对是很坏的，所以他必须受到严厉的责备和惩罚；③逃避生活中的困难和推掉自己的责任可能要比正视它们更容易；④任何事情的发展都应当和自己期待的一样，任何问题都应得到合理的解决；⑤人的不幸绝对是外界造成的，人无法控制自己的悲伤、忧愁和不安；⑥一个人过去的历史对现在的行为起决定作用，一件事过去曾影响过自己，所以现在必将影响自己的行为；⑦自己是无能的，必须找一个比自己强的靠山才能生活，自己是不能掌握情感的，需要别人安慰自己；⑧其他人的不安和动荡也必须引起自己的不安；⑨和自己接触的人必须喜欢自己和赞成自己；⑩生活中有大量的事对自己不利，必须终日花大量时间考虑对策。艾里斯认为人的情绪障碍和不良行为正是这些非理性信念存在的结果。

2. 贝克的观点 贝克（Beck）提出情绪困扰的认知模式，基本理论是：若要了解情绪困扰的本质，必须把焦点放在个人对于引发困扰的事件的反应或想法上。贝克认为各种生活事件导致情绪和行为反应时要经过个体的认知中介，情绪和行为不是由事件直接引起的，而是经由个体接收、评价、赋予事件以意义才产生的。每个人的情感和行为在很大程度上是由其自身认识外部世界、处世的方式方法决定的，也就是说一个人的想法决定了他的内心体验和反应。贝克提出的情绪障碍认知理论认为，人的情绪障碍"不一定都是由神秘的、不可抗拒的力量所产生；相反，它可以从平常的事件中产生"。例如，错误的学习、依据片面的或不正确的信息做出错误的推论，以及不能妥善地区分现实与理想之间的差别等。因此，每个人的情感和行为在很大程度上是由其自身认知的外部世界、处世方式或方法决定的。贝克认为常见的认知歪曲有以下五种形式：①任意的推断，在证据缺乏或不充分时便草率地做出结论；②选择概括，根据个别的细节而不考虑其他情况便对整个事件做出结论；③过渡引申，在单一事件的基础上做出关于能力、操作或价值的普遍性结论；④夸大或缩小，对客观事件的意义做出歪曲的评价；⑤"全或无"思维，要么全对，要么全错，把生活看成非黑即白的单色世界，没有中间色。

二、理论的应用及评价

认知心理学认为，人的情绪、情感、动机和行为决定于认知活动，由此发展起来的"认知疗法"是认知心理学在临床方面的运用，已成为重要的心理治疗技术之一，其影响迅速扩大，并在众多领域获得成功，尤其在情绪障碍及焦虑障碍中有显著成就。近年来在性功能障碍及物质依赖领域中也展现出一定势头。

认知心理学是一种富有特色的心理学理论。虽然它还处于发展的初期阶段，有许多不成熟的地方，但是它提出的研究心理活动内部机制的方向无疑具有历史意义，因而成为当今世界占主导地位的心理学思潮。

认知心理学自产生以来，无论是在理论探讨还是研究方法上均有较大的突破，对心理学的科学化发展做出了独特的贡献，具体表现在以下四个方面。

第一，认知心理学冲破了行为主义心理学的禁锢，使心理学从只研究外部行为转向研究内部的心理机制，从而把研究心智和行为统一起来，开辟了现代心理学研究人类心智的新方向。

第二，在传统心理学研究感知觉和表象的基础上，认知心理学更侧重于研究理解、学习、问题解决、推理及决策等高级认知过程和复杂的认知行为，其目的在于把高层次的认知策略和初级的信息加工结合起来，这对于理解人类认知的奥秘具有重要意义。

第三，认知心理学吸收了众多学科的研究成果并采用计算机模拟的方法综合研究认知过程的复杂心理活动，体现了认知心理学的研究方法和工具的现代最高水平，具有重大的时代意义。

第四，认知心理学克服了行为主义心理学机械论弊端，强调认知主体的能动作用及认知主体已有的经验知识在信息加工过程中的作用，这对于研究人的心理活动的本质具有重要意义。

认知心理学虽然曾成功解决了以往困惑心理学的诸多问题，在人脑思维功能模拟方面取得了很大进展，加深了人们对心理活动本质的了解，促进了心理学的发展，但由于其指导性隐喻本身的局限性，使其表现出诸多不足，具体而言，有以下四个方面。

第一，计算机只能处理事实，而人是在生活与实践的过程中创造自身及事实世界的一种存在，计算机根本不可能进入按人类的这些根本能力组织起来的世界之中。

第二，计算机进行认知操作时所需要的数据必须是离散的、明晰的和确定的，否则这些数据就不会成为可赋予计算机的并用规则进行加工的信息；而人在进行认知操作时所需要的信息并不完全是明晰和确定的，人的知识常常是模糊的、近似的、粗略的和有缺失的，相对于计算机，人有更强的适应性，可以对不确定的信息进行重新组织和加工。

第三，认知心理学虽然在一定程度上打破了行为主义心理学设置的禁区，重新研究人的认知活动的很多方面，这似乎扩大了心理学的研究范围，但实质上，认知心理学仅把自己的研究范围局限于人的认知过程，对于人的情感和意向活动，对于人的个性心理特征的研究则显得无能为力，而且即使认知心理学能够研究情感、个性等带有主观色彩的心理现象，但采用计算机模拟的方法则无法进行模拟研究。

第四，认知心理学认为，认知过程是以序列的方式一次一个事件地进行串行加工的。这是不符合人脑的实际情况的。在人脑中，信息加工既按区域原则又按联想原则同时进行，因为进行信息加工的是大脑的整体功能而不是大脑的某一部分活动。

在心理治疗领域，认知理论最大的缺陷在于无法证明精神障碍与错误认知两者孰前孰后，如是抑郁情绪导致抑郁性的想法，还是抑郁性想法导致抑郁情绪。另外，也有批评指出认知理论认定负性感知总是不合理的，但这一点并不一定成立。有时负性的感知可能是反映事实情况的，如觉得没有人爱自己，或许并不一定是对周围环境的歪曲认知。认知理念中所采用的改变对世界的认知这一方法并不是解决所有问题的答案，如患者生活中实实在在的具体问题、工作压力、家庭不幸等，这时他们所需要的可能并不只是主观态度的改变。

（段熙明　朱荔芳）

思 考 题

1. 精神分析理论认为心理活动的三个层次和人格三个结构分别是什么？
2. 行为主义理论的主要观点是什么？
3. 艾里斯的ABC理论和贝克情绪障碍认知理论的主要内容是什么？
4. 人本主义心理学的主要观点是什么？

第四章

心 理 健 康

> **案例 4-1**
>
> 申某，大一女生，来自一个比较宽裕的家庭，父亲非常爱她。在她童年时，母亲因为有外遇弃她和父亲而去，父亲为此伤心欲绝，寻找多次未果后绝望，曾自杀过。从这件事发生后，她不再相信任何人。随着年龄的增长，申某也不再相信人世间存在友谊、爱情。她想通过努力学习离开原来的生活环境，开始新的生活，摆脱童年生活的阴影。
>
> 来到大学后，看到同学们都快乐无忧地生活着，她长久潜藏于心的愤怒悄悄地滋长着，申某不知道如何化解与排解这种情绪，便经常翻同学的书柜和床位，将他们正在看的参考书藏起来，并不是为了看书，而是想看到他们焦虑、着急的样子，以宣泄内在的愤怒。有时这样她还是觉得不解气，甚至曾将同学们的存折悄悄取出，并将钱全部花掉以化解心中的愤怒。
>
> 问题：申某的心理有问题吗？问题出在哪里？

健康对于个人和社会都非常重要。随着医学模式从传统的生物医学模式转变为当代的生物-心理-社会医学模式，人们对健康的认识也从"没有疾病或身体虚弱"扩展到了"躯体、心理、社会适应的完满状态"。在现代社会，人们不仅重视体格健壮、没有疾病的躯体健康，而且越来越重视心理与行为的健康及社会适应的完好；不仅满足于物质生活水平的提高，而且更加重视精神生活的文明和完美个性的塑造。正如世界卫生组织（WHO）所指出："提高人的健康水平不能只限于保存人类机体的生物学要素，还必须提高人们的精神生活质量。"人们需要身心的全面健康，即高水平的生命质量和生存环境质量。自然，讲究心理卫生、提高心理健康水平已逐渐成为现代人的迫切需求与自觉行为。

第一节 心理健康概述

一、健康观的演变

生物医学的发展为人类健康做出了卓越的贡献，使危及人类生命安全和健康的急慢性传染病、营养不良性疾病、自然疫源性疾病、地球生物化学性疾病等，大部分得到控制，有些已经绝迹。但生物医学把人简单地当作生物有机体，忽略人的社会性和人丰富的内心世界，把健康与疾病理解成人体各器官系统是否发育良好和机体的功能运转是否正常。其健康标准通常是用体格检查和各种生理生化指标来衡量的。因此，生物医学的长足进步，并没有使人类摆脱疾病的痛苦和死亡的威胁。相反，随着社会文明程度的提高，形形色色的现代"文明病"对人类的威胁越来越大，迅速改变着"疾病谱"和"死因谱"。新健康观的产生，成为现代医学科学发展的必然。

1977年，美国纽约州罗彻斯特大学精神病学和内科学教授恩格尔（G.L.Engel）首先对生物医学模式提出挑战，主张建立生物、心理、社会医学模式。他在其著名论文《需要新的医学模型——对生物医学的挑战》中指出："为了理解疾病的决定因素，以及达到合理的治疗和卫生保健模式，医学模式必须考虑到患者、患者在其生活中的环境及由社会设计来对付疾病的破坏作用的补充系统，即医生的作用和卫生保健制度。"

1985年，英国《简明不列颠百科全书》把健康定义为："健康，是个体长时期地适应环境的身体、情绪、精神及社交方面的能力。"这一定义明确涉及了个体生理、心理、社会三个方面的功能状态。

1986年，世界卫生组织在宪章中规定："健康乃是一种身体上、精神上和社会适应上的完满状态，而不仅仅是没有疾病和虚弱的现象。"1990年，世界卫生组织又增加了"道德标准"，进一步把健康的内涵概括为躯体健康、心理健康、社会适应良好和道德健康。

二、心理健康的概念及特征

国内外专家学者从多个角度对心理健康的概念进行了深入研究及不同定义。1946年召开的第三届国际心理卫生大会将心理健康定义为："在身体、智能及情感上与他人的心理健康不相矛盾的范围内，将个人心境发展成最佳的状态。"世界心理卫生联合会则将心理健康定义为："身体、智力、情绪十分调和，适应环境，人际关系中彼此能谦让，有幸福感，在工作和职业中，能充分发挥自己的能力，过着有效率的生活。"人本主义心理学家马斯洛将心理健康概括为十个方面：有充分的自我安全感；能充分了解自己，并能恰当估价自己的能力；生活理想切合实际，不脱离周围现实环境；能保持人格的完整与和谐；善于从经验中学习；能保持良好的人际关系；能适度地宣泄情绪和控制情绪；在符合团体要求的前提下，能有限度地发挥个性；在不违背社会规范的前提下，能使个人适当地满足个人的基本需求。我国学者王效道等认为心理健康具有如下特征：智力水平处在正常值范围内，并能正确反映事物；心理与行为特点与生理年龄基本相符；情绪稳定；积极与情境适应，心理与行为协调一致；社会适应，主要是人际关系的心理适应协调；行为反应适度，不过敏，不迟钝，与刺激情境相应；不背离社会行为规范，在一定程度上能实现个人动机并使合理要求获得满足；自我意识与自我实际基本相符，"理想我"和"现实我"之间的差距不大。

综上所述，我们可将心理健康概念定义为：广义的心理健康是指一种高效而满意的、持续的心理状态。在这种状态下，人能做出良好的反应，具有生命的活力，而且能发挥其身心潜能。狭义的心理健康是指人的心理活动和社会适应良好的一种状态，是人的基本心理活动协调一致的过程，即认识、情感、意志、行为和人格完整协调。

心理健康的特征可概括为以下8个方面。

（一）自我评价正确

一个心理健康的人能正确认识自己，有自知之明，能悦纳自我。即对自己的能力、性格和优缺点能做出恰当的、客观的评价；对自己不会提出苛刻的、非分的期望与要求；对自己的生活目标和理想能制订得切合实际；对自己无法补救的缺陷，也能安然处之，同时，努力发展自己的潜能。而一个心理不健康的人则缺乏自知之明，并且总是对自己不满意；由于所定目标和理想不切实际，主观和客观的距离相差太远，总是自责、自怨、自卑；由于总是要求自己十全十美，而又总是无法做到完美无缺，结果是心理状态永远无法平衡，也无法逃脱所面临的心理危机。

（二）人际关系和谐

心理健康的人乐于与人相处，不仅能接受自我，也能接受他人、悦纳他人，能认可别人存在的重要性和作用。同时，他也能为他人所理解，为他人和集体所接受，人际关系和谐。在与他人交往中积极态度多于消极态度，能宽以待人、乐于助人、取长补短、不卑不亢，交往动机端正。一个心理不健康的人，总是独处于集体之外，与周围的人格格不入。

（三）社会适应良好

心理健康的人能面对现实、接受现实，并能能动地去适应现实，进一步地改造现实，而不是逃避现实；对周围事物和环境能做出客观的认识和评价，既有高于现实的理想，又不会沉湎于不切实际的幻想与奢望；对生活、学习和工作中的各种困难和挑战都能妥善处理。心理不健康的人往往以幻想代替现实，逃避现实，没有足够的勇气去接受现实的挑战；总是抱怨自己"生不逢时"或责备社会环境对自己不公而怨天尤人，无法适应现实环境。事实证明：个体不能有效地面对现实、不能有效地处理与周围现实环境的关系是导致心理障碍、心身疾病的重要原因。

（四）意志品质健全

意志是人在克服困难达到预定目标的行动中表现出来的对客观现实的能动反映，是个性重要的精神支柱。它具有自觉性、果断性、坚韧性和可控性特征。健康的意志应该具有目的性，即能自觉地确定行为的目的。在制订和执行计划时，能集思广益，不轻信盲从；在需要做出决定时，能当机立断、毫不犹豫；意志应具有坚韧性，既能持之以恒，又能知通达变；意志应具有自制性，即为了达到目的而能控制一时的感情冲动和约束自己的言行。

（五）情绪积极稳定

情感是人脑对客观现实与人的主观需要之间关系体验的反映。心理健康的人的愉快、开朗、满意等积极情绪总是占优势，虽然也会有悲、忧、愁、怒等消极情绪体验，但一般不会长久，自己善于调节和控制情绪，既能适度克制又能合理宣泄，情绪反应和现实环境相适应。

（六）人格和谐完整

人格是个体比较稳定的心理特征的总和。人格完整是指一个人具有健全统一的人格，即个人的所想、所说、所做都是协调一致的。具有正确的自我意识，待人接物能采取恰当灵活的态度和方式，对外界刺激的认识和行为反应合理、适度；能够与社会的步调合拍，能与现实保持良好的接触。

（七）心理行为符合年龄特征

不同年龄阶段的人有不同的心理和行为，心理健康者应具有与多数同龄人相符合的心理行为特征，如果严重偏离，就是不健康的表现，如少年儿童圆滑世故、成年人天真幼稚等。此外，人的心理行为也应与其性别特征大致相符，如果男性过于女性化、"娘娘腔"

则易造成其社会性别角色的反差和冲突，难以适应社会和群体。因此，心理行为符合年龄及性别特征亦是心理健康的一项基础性指标。

（八）智力正常

智力是人的观察力、注意力、想象力、思维力和实践活动能力等的综合。智力正常是人们学习、生活与工作的基本心理条件，也是个体适应周围环境变化所必需的心理保证。

值得注意的是，心理健康的标准是相对的，我们在理解和运用心理健康的标准时，应把握以下几点：

1. 一个人心理不健康与有不健康的心理活动和行为表现不能等同。心理不健康是指一种连续的不良状态，我们不能根据一人、一时、一事简单地给自己或他人下心理不健康的结论。

2. 人的心理健康和心理不健康不是泾渭分明的截然对立，而是一种连续和交叉的状态。从严重的心理疾病、轻度的心理障碍、心理健康状况一般到心理健康状况良好，这是一个连续的过程。

3. 心理健康状态是动态的，始终处于不断的变化之中。如果人们不注意心理保健，经常处于焦虑、抑郁的心理状态，心理健康水平会下降；如果心理出现了困扰或出现失衡，能及时自我调整或寻求心理咨询的帮助，很快会恢复到心理健康良好状态。

4. 心理健康的标准是一种理想的尺度，它不仅是我们衡量心理是否健康的标准，而且为我们指明了提高心理健康水平的方向。

三、心理健康的评估标准

（一）区分心理正常与否的原则

1. 心理与环境的同一性　心理是客观现实的反应，任何正常的心理活动和行为，无论形式或内容均应与客观环境（自然环境与社会环境），特别是社会环境保持一致，即具有同一性。人的心理行为若与外界失去同一性，不仅难以为人理解，而且自己可能为环境所迫，产生心理压力，造成心理异常。

2. 心理与行为的整体性　一个人的认知、体验、情感、意志、行为在自身应是一个完整和协调一致的统一体。这种整体性是确保个体具有良好社会功能和有效地进行活动的心理基础。例如，一个人遇到高兴的事，应有愉快的情绪体验及相应的表情，并以积极的语言和行为来表达。如果一个人对愉快的事件做出痛苦的反应，或者对痛苦的事件做出愉快的反应，那就是异常的心理状态。

3. 人格的相对稳定性　人格是一个人在长期的生活过程中形成的独特的心理特征。这种心理特征形成之后就具有相对的稳定性，并显示出区别于他人的独特性，在没有重大变故的情况下，一般是不易改变的。如果一个乐观、开朗、外向的人，突然变得悲观、郁闷、内向，说明他的心理和行为已经偏离了正常轨道，这就要考虑他是否心理异常。

（二）心理健康的评估标准

1. 适应能力　对环境（自然环境与社会环境、个体内环境）的适应能力是人赖以生存的最基本条件。"适者生存"是生物进化的普遍规律。这种适应能力不仅包括被动地适应，还包括主动适应，也就是能够在实践中能动地改造环境以满足自身的需要。人不能脱离自己生存的环境，而环境是在不断变化着的，有时甚至是急剧的变化，因此，能否对变化着的环境保持良好的适应，是判断人的心理健康水平的重要标志。如在环境发生重大改变时，有人能处变不惊、积极应对、随遇而安、很快适应，这就是心理健康的表现。

2. 耐受力 是指一个人对挫折、压力的承受力、抵抗力。不同个体的耐受力各不相同，对挫折或压力的反应也各不相同。如亲人不幸死亡，有人悲痛欲绝、不能自制，有人则承受住强烈的情感打击、理智处事。

人的耐受力除了受先天素质如神经系统的类型及活动特点的影响以外，更重要的是与个体的人格特征及认知能力有关。心理耐受力的提高，应是在理性思维与信念的指导下，在顺境与逆境反复交替的锤炼中实现的。

3. 控制力 人对自己的情绪、情感、思维等心理活动是可以自觉地、能动地加以控制和调节的。例如，人的情绪反应的强度、动机的趋向与取舍、思维的方向和过程等都受人的意识的控制和调节。其中，意志品质起着重要的作用。当一个人在任何情况下，都能做到思维敏捷、举止得体、表达流畅，情感表达恰如其分，就说明他的自我控制和调节能力处于较高状态。

4. 意识水平 意识水平的高低可以从许多方面来度量。临床上多以注意水平为客观指标。注意力不易集中往往是某种精神疾病的先兆。当人不能专注于某项工作，不能专心思考问题，注意力涣散，就应引起重视。注意力不集中程度越高，心理健康水平就越低。但要指出，注意的稳定性过分增强，如强迫观念的注意固定则属心理障碍。通过分析个体的注意分配和注意转移水平可以了解人的意识水平状态。

5. 社会交往能力 个体心理活动的产生和维持，离不开社会交往。如果一个人与他人不相往来、孤独冷漠、以自我为中心，或毫无选择地泛泛而交，或过分热情、兴奋都是心理不健康的表现。具有良好社会人际关系的人，心情舒畅，精神振奋，无疑有利于个体的身体健康。

6. 康复力 是心理健康水平的另一项重要指标，指个体蒙受心理创伤后的复原能力。康复力与一个人的认知评价能力与水平有关，也与个人经历、人格特点相关。因而，不同个体在遭受心理创伤后康复的时间长短不同，康复的程度也不同。康复慢者，往往沉溺于往事而不能释怀，情绪起伏不定，其心理、行为、躯体上都留下创伤的痕迹。

7. 道德感 是人类情感需要超越生物本能需要的最高层次的情感。愉快胜于痛苦的道德感是心理健康的一条标准。道德愉快是一个人在利他活动中自我体验到的愉快。道德愉快是个人与社会矛盾统一的实现，是生物属性与社会属性统一的实现。道德愉快有减轻和消融心理痛苦的作用，它是信心、勇敢、乐观进取、坚韧不拔等许多优良心理品质的基础。道德痛苦则是个人与社会的矛盾反映，比其他心理痛苦都强烈而深刻。当个体陷于自责、自罪的痛苦之中时，就体验不到任何真正的快乐。道德痛苦可以破坏一个人的价值观和人格，使人陷于不能自拔的困境，直至轻生自杀。

> **案例 4-2**
> 郑某，女性，38 岁，本科学历，中学英语老师。自称心情不愉快，没有幸福感，看什么都不顺眼而来求助。自述丈夫是潜艇军官，恋爱结婚后随军。原在北方部队驻地附近的一所中学教书，丈夫住家，生一儿子。各方面都很顺心。
> 半年前部队调防，随军来到南方，条件不便，工作安排在距部队驻地较远的一所中学，仍教英语。丈夫只能节假日回家，为了儿子上学方便，租赁一栋较旧的居民楼房居住，住

在三楼,单元没有防盗门。居民成分混杂,楼中住有三四十名民工,感到不安全。自己虽安装防盗报警系统,但晚上睡觉仍不放心。丈夫不在家,要求 10 岁的儿子到自己房间来睡。儿子不情愿,自己也怕不利于儿子的性心理发展,但无可奈何。睡眠质量也很差,工作受影响。

刚来时,觉得语言不通不是大问题,工作时师生交流一般都是用普通话,有时听他们讲当地话,也不难听,觉得他们说得挺有节奏感,而且自己学外语都能行,这点困难算什么。但自从上次吃饭后自己发生了变化。一次加班较晚,大家说很累,不回家做饭了,就和同事们去了饭店。饭后结账他们说 AA 制,当时觉得南方人真小气,就抢去把单买了,他们也没让让。晚上睡不着觉。觉得这事不对,自己初来乍到,怎么反倒让自己花钱?是不是看自己好欺负?越想越睡不着。第二天再听他们说当地方言,就觉得非常难听,想堵住耳朵。再往后,接电话一听是当地话,立马把电话扣死,觉得不能忍受,并且不让儿子学当地话。

问题:试用心理健康的特征及标准分析郑某的苦恼。

第二节 个体心理健康的发展

个体心理行为的成长是一个发展的过程,在时间上常划分为几个阶段,如婴儿期、幼儿期、儿童期、青少年期等。个体心理健康就是根据个体不同年龄阶段生理、心理发展的特点,研究不同年龄阶段个体的心理卫生问题。

知识拓展:"布母猴"的故事

动物学家哈洛在研究灵长类动物时,用两组刚出生的恒河猴做实验,一组剥夺母爱喂养,一组在母猴照料下同样喂养。3 年后比较发现,剥夺母爱组的小猴瘦小,不安,缺乏爱与被爱意识,性无能。提示其身心两方面发育均有障碍。另一实验,哈洛制造了两个假母猴,一个是金属构成的"金属母猴",一个则是在金属的外面覆盖上一层柔软的毛巾做成"布母猴",两个"母猴"都装有可供幼猴吸吮的奶瓶,可让小猴自由选择在有"母猴"的笼子里活动。实验结果发现,不论"布母猴"是否供应食物,幼猴除了吃奶外,其余时间基本上与"布母猴"相依相恋。于是哈洛推断,身体接触的舒适比食物对依恋的形成更为重要。

一、胎儿期及婴儿期的心理健康

个体一生的发展可分为若干相对独立而又相互联系的阶段。从妊娠到出生为胎儿期,出生后 1~3 岁为婴儿期。个体心理健康问题从胎儿期就应予以重视。注意胎儿的心理健康,其实就是注重母亲的心理健康。新生儿期是人类生命从母亲内环境转入复杂多变的外环境的过渡时期,在人的身心发展过程中具有重大转折意义,亦应予以高度重视。

(一)孕妇的营养及保健

丰富合理的营养是胎儿心身发育的重要保证。研究证明,孕妇营养不足和营养过剩均会影响胎儿正常发育,尤其影响智力发展。因此,妊娠期要保证提供胚胎发育所需的一切高蛋白、低脂肪与多种维生素,以满足快速生长的胎儿的需要。妇女妊娠头 3 个月感染风疹、流行性感冒、腮腺炎、猩红热等病毒或弓形虫等,容易造成胎儿发育畸形或死胎;孕妇内分泌失调、甲状腺功能低下，易使新生儿患痴呆症；孕妇患肺结核或尿路感染、糖尿病等疾病都会影响胎儿发育，她们所生的孩子有更多的先天畸形或缺陷。因此，孕妇应特别重视保健防病。

（二）父母良好的行为习惯

在胎儿期间，父母的不良习惯会影响胎儿的发展和今后儿童的个性完善。如父母酗酒、大量吸烟、吸毒、药瘾等可增加婴儿死亡率。据来自美国的报告，吸烟的孕妇生下孩子体重不足的比例更大，大致是不吸烟孕妇的2倍。孕妇吸烟过多还可导致自然流产或死胎。不仅如此，日本学者调查证实，丈夫吸烟也会影响胎儿健康，婴儿畸形发生率与父亲每日吸烟数量成正比。另外，孕妇大量饮酒，可造成"胎儿酒精中毒综合征"，胎儿出生时矮小，体重轻，长大后智力低下，动作迟缓，有的还会出现畸形，如小头、心脏缺陷、关节骨髓变形、脊髓膜膨出等。

（三）积极的情绪状态

孕妇应心情舒畅，情绪稳定，生活有规律，避免生气、过度狂欢等不良刺激，这些是保证胎儿心身健康发育的重要条件。Berly 等发现，自发性流产常与孕妇情绪紊乱有关，心理治疗可以使多次流产的孕妇解除焦虑而成功生产。国内外大量临床观察表明，妊娠期经历夫妻关系或人际关系紧张、生活动荡、经济或住房问题、亲人亡故等事件的孕妇，易引起情绪波动，影响内分泌和血液成分，从而影响胎儿的发育。这些负性事件如发生在胎儿发育的不同阶段，会引起胎儿相应的心身发育问题及缺陷，如腭裂、唇裂、脊髓管畸形、体重轻、发育迟缓、智力低下、情绪不稳定、反应迟钝等。情绪不稳定的孕妇，发生难产的概率比较高或产程延长。长期处于焦虑的孕妇，常会引起早产。

（四）满足婴儿依恋的情感需要

依恋是婴儿寻求并企图保持与母亲（或其他主要抚养者）亲密的身体联系的一种倾向，主要表现为啼哭、笑、吮吸、喊叫、咿呀学语、抓握、身体依偎和跟随行为。依恋是婴儿与抚养者之间一种积极的充满感情的情感和躯体联结，是一种双向情感交流过程。在6个月到1.5岁这段时间，婴儿由于认知能力的发展，对母爱的需要更加迫切。父母给予的拥抱、微笑、温柔的爱抚，可缓解皮肤饥饿感，使大脑的兴奋和抑制过程趋向协调，情绪安定，疲劳解除，促进大脑发育和智力提高。依恋需要的满足程度与性质如何可直接影响儿童对周围世界的信任感、他们的情绪情感、社会性行为和性格特征。有研究者发现，孤儿院、育婴堂里的儿童除了在洗澡、换尿布或喂奶时，与照顾者有短暂接触外，几乎很少有与他人的情感交流。这些儿童表现出明显的生理发育迟缓、语言发展缓慢，表现出孤独，对照顾者没有兴趣，或因情感不能得到满足而表现出情感饥渴。成长以后，这些儿童也更多地表现出社会性不够成熟，过分依赖成人或者更多地发脾气，活动过度，攻击性强，有欺骗及破坏行为。而那些很早被收养，生活在完整家庭中的儿童，重新得到母爱和关心，因而其情绪、社会性和认知能力都能得到正常的发展。

（五）加强训练与教育

对婴儿进行感官、动作、言语三大训练，对促进其生理功能和心理活动健康发展都大为有益。感官训练就是有意识地为孩子提供视、听、触觉等刺激，让孩子在各项活动中多看、多听、多摸、多尝，鼓励孩子去感知周围的世界。如在室内布置色彩鲜艳的图片，小床周围悬挂发光发声的玩具，到大自然中玩耍，播放优美悦耳的音乐等，给予孩子适宜的感官信息。这样既可以使孩子获得直观的感知觉经验，又发展了智力。

对 4~5 个月的婴儿可在俯卧的基础上训练其四肢运动，并利用玩具逗引或由成人帮助学翻身。半岁以后可训练其用手抓握物品，10 个月后可训练其站立、走路。婴儿动作训练不仅有益于大脑发育，也有益于小脑的发展，使其动作更协调、更灵巧，促进孩子的身心健康发展。

婴儿期也是语言发展的重要时期。在孩子 3~4 个月就可以对其进行语言训练，一般情况下，孩子在半岁时便开始"咿呀学语"。7~8 个月时，逐渐能听懂成人的一些话，并做出相应的反应。1 岁左右孩子说出单个的词，3 岁的儿童基本能使用完整的句子。

二、幼儿期的心理健康

年龄在 3~6 岁的儿童处于幼儿期，出现了简单的逻辑思维和判断推理，模仿力极强，并出现了独立的愿望。幼儿期以游戏为主导活动。因此，这一时期，孩子的心理健康应注意以下几方面。

(一) 正确对待孩子独立的愿望

随着自我意识的发展，幼儿自主欲求也不断增强。3~4 岁时，个体将出现第一个反抗期。儿童开始表现出"自己做"，常要自行其是，对父母的帮助或指示开始用"不"来反抗。第一反抗期的出现是幼儿心理发育中的正常现象，具有积极的意义。父母要理解并注意因势利导，培养孩子的自我管理能力。一方面，对幼儿独立的愿望要肯定，并引导孩子去积极尝试。如让孩子自己穿衣、吃饭、大小便等，做得好时应及时予以肯定和表扬，使正确的行为得到强化，培养孩子独立自主的意识。另一方面，由于幼儿的自我料理的能力有限，当孩子不能独立达到自己的目的时，家长要给予适当的帮助，并注意防范一些危险的情景和因素，以免幼儿受到伤害。

(二) 支持幼儿的主导活动

玩耍与游戏是幼儿的主导活动，幼儿通过游戏活动进行娱乐、学习、社会交往和认识周围世界。高尔基说，"游戏是儿童认识世界和改造世界的途径"。小孩子在一起愉快地玩，有利于社会交际、道德品质、自觉纪律、意志、性格和语言表达能力等的培养。

(三) 重视早期教育，从小培养孩子良好的人格品质

俗话说："三岁看大，七岁看老。"幼儿期是儿童的人格品质和行为习惯开始形成的时期，而家庭是孩子成长的最初的环境，父母是儿童最早的交往对象。家庭的环境与氛围、父母的言谈举止及教育方式对儿童的情绪、态度、行为，乃至成年以后的兴趣、信仰、行为方式、自我价值观念均具有较大的影响。一方面，父母应以其自身的言行，为幼儿树立观察和模仿的榜样；另一方面，要采取正确的教育方式来塑造、培养孩子良好的人格及行为。对于孩子正确的行为，要及时表扬予以强化；对于孩子的过失和错误，要正面引导，多讲道理，让孩子明白错误之处。不要动辄打骂孩子，否则会损害孩子的自尊心。批评和教育孩子时，父母及长辈的口径要一致，避免使孩子感到无所适从。

三、儿童期的心理健康

儿童期指 6~12 岁的小孩。这一时期也称为学龄期，脑的发育逐渐成熟，到 12 岁时脑的重量约为 1400g，达到了成人的平均脑重。其中，额叶显著增大，大脑皮质的兴奋和抑制过程都在发展，但平衡能力较差。

学龄期儿童是智力发展最快的时期，记忆容量显著增加，有意记忆逐渐占据主导地位，口头语言迅速发展，开始掌握书写言语，词汇量不断增加，思维逐渐由形象思维向抽象逻辑思维过渡。

学龄期儿童情绪直接外露，好奇心强，自我意识在幼儿期的基础上不断发展和深化，自我评价的独立性日益增强，个性品质及道德观念逐步形成，喜欢模仿，但辨别力差。

（一）小学生入学的适应

这一阶段学习已成为儿童的主导活动。小学的学习是一种系统、正规的教育活动，与幼儿园的学习有很大的不同。学校生活对孩子各方面都提出了新的要求。他们必须遵守课堂纪律，认真听讲，完成作业，复习功课，并参加各种考试以获得对其学习成绩的评价。他们不仅要学习自己感兴趣的内容，也要学习自己不感兴趣的内容，有些儿童会感到一时难以适应。因此，老师和家长对新入学儿童应多给具体的指导帮助，首先，应给孩子做入学准备，进行入学教育。其次，要教育孩子热爱学习、向往学校。学校要重视新生各项常规训练，如课堂学习常规、品德行为常规教育等。要注意教学的直观性、趣味性，注意培养孩子的学习兴趣，鼓励孩子好好学习，帮助他们尽快适应学校生活。

（二）让孩子学会学习

进入学校学习是儿童生活的一个重大转折。培养良好的学习习惯可以帮助儿童尽快地适应学校的生活。例如，按时起床、按时入学、按时完成作业等。家长应培养孩子自己收拾、整理学习用具的习惯。从进入学校的第一天起，教师就要着手培养儿童形成良好的学习习惯，教会儿童如何听课，教育儿童遵守学校的规章制度，教会学生如何预习、复习、阅读，培养儿童认真学习、积极思考的学习品质。另外，刚入学的儿童往往缺乏良好的学习方法，这就需要教师加强指导，引导儿童不但要注意学习的结果，还要注意学习方法是否正确。在学习中，应鼓励儿童积极思考，克服困难，学会学习。

（三）防止不良行为发生

儿童期的孩子模仿力较强，但因其知识经验贫乏、辨别是非能力差，既容易被新奇事物所吸引，也可能会沾染一些不良行为，如说谎、说粗口、逃学、偷窃等。家长、教师应抓住儿童的心理、年龄特点，循循善诱，正确引导。

四、青少年时期的心理健康

青少年时期的个体正处于青春发育期，是个体从儿童过渡到成年的阶段。这个时期个体的心理和生理都发生巨大的变化，人的自觉意识迅速发展，人生观、价值观逐步形成，开始选择职业和成人的生活。此期又称为"困难期""危机期""可塑期"。

青少年期的个体在生理上发生着剧变，经历着生理发育的第二个高峰。身体迅速地长高，体重迅速地增加，第二性征出现，各种生理功能迅速增强，并逐步趋向成熟。身体外形的变化、性器官和性功能的成熟，使孩子认识到"自己长大了"，产生了成人感。但是他们阅历尚浅，涉世不深，在许多方面还不成熟。由于这种身心发展的不平衡，使得青少年心理上容易产生种种矛盾，是各种心理行为问题乃至精神疾病发生的高峰期。人们常用"狂风暴雨"来概括动荡复杂的青少年时期的心理特征。

（一）引导青少年性心理健康发展

青少年时期伴随着身高与体重的显著变化，个体的性功能迅速成熟，第二性征出现。男孩喉结突起，声音变粗，出现遗精。女孩声音变尖，乳房发育，开始来月经。性的成熟使青少年开始意识到自己向成熟过渡，同时也给他们带来对性的好奇。此时无论男孩或女孩，都已经开始意识到同性和异性的差异，出现一系列复杂的内心情感体验，并产生了亲近异性和追求异性的需要。由于青少年期生理的成熟，性意识已经觉醒，但道德伦理观尚未成熟。所以，父母和教师必须做好青少年的性教育工作，包括性知识教育和性道德教育，引导青少年正确对待和处理可能出现的性方面的种种问题，促进其身心健康。

（二）帮助青少年顺利度过第二反抗期

青少年期是个体发展的一个极为特殊的时期。由于身心发展的不平衡，往往会出现许多矛盾。例如，性生理成熟与性心理相对滞后的矛盾，独立性与依赖性的矛盾，心理闭锁与需要理解交流的矛盾，心理断乳与希望得到父母支持的矛盾，理想与现实的矛盾，等等。尤其是自我意识飞速发展，在心理上希望摆脱对父母的依赖，希望以独立的人格出现，在许多方面表现出"逆反"。因此，家长和老师应转变观念，尊重孩子的独立意识，在家庭中采取民主的态度，耐心听取孩子的要求与想法，在升学、交友、就业等问题上尊重和支持孩子的合理意见。通过家庭和学校积极的引导与教育，改变孩子不成熟的想法，同时培养他们应有的责任感，帮助孩子顺利度过这一时期。

五、中年期的心理健康

中年期（一般指 40~60 岁）是从青年到老年的过渡期，是躯体和心理从成熟到衰老的变化阶段，是个体一生中发展最成熟，精力最充沛，工作能力最强，社会负担、心理压力最大的年龄阶段。

（一）防止过劳

中年人是社会的中坚，肩负着社会与家庭的重任，是各行各业的主力，又是家庭的"顶梁柱"，具有多重社会角色。中年人对事业成就的期望高，劳心劳力，尽职尽责，长期承受的高强度的精神紧张与心理压力，严重威胁到中年人的心身健康。中年知识分子和企业家的情况更为严重。因此，中年人要合理安排自己的时间和精力，避免超负荷的工作，充分运用这一年龄阶段特有的智慧，设法取得智力和体力之间新的平衡与协调。中年人尤其应注意保持心态的平和，学会心胸开阔地面对现实，丰富人际交往，增加生活情趣，不为眼前利益而牺牲健康。当压力过大时，应学会适当地宣泄和放松自己，定期参加体育运动，保持身心健康。

（二）妥善处理各种人际关系

中年期是各种人际关系最为复杂的时期。在工作关系中，要妥善处理好与老年同事、年轻同事的关系，还要处理好上下级同事间的关系。在家庭关系中，中年人上有父母、下有子女，能否处理好父母、夫妻、子女的关系，对促进心理健康具有很大影响。夫妻之间要相互沟通、相互体谅，特别是在教育子女的问题上，应多讨论，避免态度的不一致。对子女的教育方式和态度，应采取民主教育的方式，充分了解子女的心理特点，把握两代人的心理差异，尊重子女的人格。对子女的期望值一定要从子女的能力和特点出发，要适度。否则，容易造成亲子关系紧张，影响心理健康。

（三）重视更年期的心理保健

更年期是生命周期中从中年向老年的转折，是生活历程中的一个必然经历的阶段。将进入和已经进入更年期的人，尤其是妇女，要从知识上和心理上有准备地去适应这一变化。应学习有关更年期的知识，了解更年期生理、心理变化规律，避免因轻视、疏忽或猜测而导致的焦虑不安。个体应注意心理卫生保健，合理安排时间，劳逸结合，扩大社会交往，坚持体育锻炼。

六、老年期的心理健康

一般将 60～65 岁以后的年龄阶段称为老年期。当今世界，人口的平均寿命延长，社会老年化趋势越来越明显，因此，如何保障老人安度晚年、提高其心身健康水平，已成为全社会关注的问题。

（一）正确认识衰老与死亡

机体衰老是自然规律，老年人应正视这个事实，注意调整自己的心态，适应个体的生理和心理变化，从事力所能及的工作和活动。要利用老年期的"清闲"，培养新的志趣追求，克服心理上的"衰老"及恐惧疾病和死亡的消极心态，努力提高自己的生命质量，从容不迫的生活。

（二）正确对待"离退休"

离退休的实质是一个人社会角色的转变。有些老人退休后，由于适应不了生活环境、社会地位、经济收入的转变，形成极大的心理落差，短时间难以接受这个现实，所以产生极强的失落感，表现为苦闷、抑郁，情绪消沉。子女长大成人，离家独立，"空巢"观点会使老人产生寂寞、孤独等心理。对此，老年人应积极面对，适时自我心理调适，培养新的志趣追求，实现完美人生。

（三）要有和睦的家庭

对老年人而言，家庭是他们活动的主要场所。家庭是否和睦直接影响到老年人的情绪。对于老年人来说，要心胸豁达，不为琐事而烦恼，不要倚老卖老、对年轻人指手画脚；对于晚辈来说，应理解老年人的心理特点，对他们生活上给予体贴与照顾，精神上给予关心与尊重。老人有病，及时治疗。对于丧偶老人，若有条件再婚，社会和家庭应给予支持。

案例 4-3

田某，男性，16 岁。父亲是典型的严父，对孩子说话一律是命令的口气。而母亲则非常溺爱孩子。田某认为自己最烦恼的事就是他的父亲经常"因为芝麻绿豆大的事情冲他喊"。田某也承认自己"脾气不太好，易怒"。到了青少年期，出现逆反心理的田某与父母的矛盾开始激化。去年1月，再一次遭到父亲呵斥的田某，冲着父亲举起了菜刀。这时田某的母亲终于认识到问题的严重性，到某市心理研究所求助。

问题： 田某为什么向父亲举起菜刀？田某与父亲的矛盾应当怎样解决？

第三节 群体心理健康

人的健康心理与群体心理环境关系密切。因此，改善群体心理环境，增进群体心理健康亦是提高人们心理健康水平的重要途径。

一、家庭心理健康

家庭是一个人最基本的生存环境。人从出生到成熟到死亡，整个生命的过程，无不受到家庭的影响。家庭关系、生活方式、家庭气氛、父母的教养态度等，在潜移默化中促进或制约着人的发展和成长。因此，家庭心理环境对个体心理健康具有重要意义。同时，家庭又是组成社会有机体的基本细胞，家庭心理健康则是整个社会心理健康的基础和前提。随着社会的不断发展，家庭结构、职能、观念也在相应发生变化，尤其是现代社会的急剧变革所带来的对传统家庭功能的冲击，也导致现代家庭产生种种心理健康问题，主要反映为代际之间及夫妻之间的关系问题。家庭崩溃、家庭冲突及家庭教育子女的方式都会带来很多心理问题。特别是丧偶、离婚、失去亲人等负性生活事件会给家庭带来较大的负面效应。国外一项对家庭丧偶者的调查研究表明，25～34岁的丧偶者因各种疾病造成的死亡率要比未丧偶者高得多，因为丧偶对许多人来说是个极大的精神创伤。离婚给儿童带来的问题，主要是个性和发展方面的不良影响。已离婚的人中酗酒者和自杀者也比其他群体的人要多。因此，要重视家庭心理卫生，努力构筑健康的家庭心理环境。应加强家庭成员间的沟通，增进相互间的理解、关心和尊重；营造良好的夫妻关系，正确处理夫妻间的矛盾，避免家庭的破裂；采用正确教育子女的方式、方法，增强家庭成员对家庭的责任感。

二、学校心理健康

在个体的心理发展中，学校教育是相当重要的。现代社会的正规教育时间，一般长达9～16年，在这期间，学校对学生施以有目的、有计划、有系统的全面教育，对学生了解社会、发展自我和人格、培养合乎角色的社会行为模式起着重要的作用。学校环境对学生的心理健康也有着重要影响。一方面，教育体制、办学思想、管理制度、教育方法都会对学生的心理健康产生影响。如在应试教育体制下，因为巨大的升学压力而导致学生产生心理障碍的事情屡有发生；另一方面，学校中的各种人际关系如师生关系、同伴关系等也会影响到学生的心理健康水平。例如，"尊师爱生"的亲密关系对于师生双方都是重要的心理支持力量，学生对老师的尊敬能使教师获得成就感和胜任感；教师对学生的热爱与关心能使学生感到愉快、自信、有价值。总之，良好的师生关系对学生的人格发展具有重要影响。相反，对立、冲突、冷漠的师生关系则有可能导致学生的人格偏差甚至人格障碍。

除了师生关系外，同伴关系对学生的心理健康也有重要影响。中国教育报的一项调查表明，学生有心里话最想找同学、朋友说的占67%，学生有困难首先想到找同学的占53%。同学之间年龄相仿，阅历相似，能较好地满足学生的心理需要；能促进学生自我概念的形成和人格的发展；能缓解学生的心理压力，为学生的全面发展提供重要的社会心理支持。

> **知识拓展：罗森塔尔效应（Rosenthal's effect）**
>
> 教师能否通过对一个学生的所作所为提高期望而使其成绩突出呢？贬低学生是否会导致学生成绩低劣？美国心理学家罗森塔尔在一项研究中探讨了这个问题。报告他的研究成果的《课堂中的皮格马利翁效应》一书，在教育界十分著名。
>
> 罗森塔尔的研究过程：告诉一所小学的教师说他们学生中的某些人经过一个特定的测验，被划定为"即将绽开的花朵"，其实"花朵"的选择是随意进行的。经过一个学年，期末测验的结果显示，"即将绽开的花朵"所获得的分数比一般学生高得多。
>
> 这项研究证实了教师对学生的期望对于学生的发展是一种巨大的推动力量。学生感受到教师的关怀、爱护和信任，这种和谐的师生关系会使学生更加自尊、自信，诱发出一种积极向上的激情。

三、职业群体

职业是"人们维持生计、承担社会分工角色、发挥个性才能的一种连续进行的社会活动"。人生的大部分时间都在工作着，都与职业发生着密切联系。职业在人们的生活中占有重要位置，它能使人实现生命的价值，改变着人们的生活方式，影响着人们的身心健康。工作场所的工作环境、工作性质及强度、人际关系等都会直接影响每个员工。例如，在工矿企业中，噪声会影响人的情绪和对信息的感知，从而降低一个人的智能和操作反应能力，导致个体失眠、情绪和行为出现异常。据调查，在工伤事故中，与噪声有关的事故所占比例很高。简单重复的操作、变动频繁、无章可循的工作，以及长时间处于隔离、孤独环境中的工作都会引起个体的厌倦和疲劳，产生睡眠障碍、精神不安、食欲不振等身心问题。另外，个体对工作本身的胜任程度及满意程度、与同事及领导之间的人际关系、与其他部门之间工作的协调程度等，都会影响到个人的心理状况和工作效果。例如，工作与个人能力的不适、与个人愿望不符、工作性质突然发生变化、责任的突然增加和减少、人际关系紧张等都会使人产生各种心理问题。因此，应通过提高职业满意度，促进人际关系和谐，实现工作环境优化及劳动组织合理化来达到职业群体心理健康的目的。

第四节 心理健康与环境适应

人是自然和环境的共同产物，人对生存环境适应良好是心理健康的重要标志。

一、社会变革带来的心理问题

社会变革是指包括渐进的社会改良和突发的社会革命在内的一切社会结构和层次的变化。社会变革是一个很大的概念，包括的内容很多，最重要的变革是社会制度的变革。

当今中国正处在深化改革的新时代，为促进经济发展和社会进步，国家在社会诸多领域开展了一系列的改革，如企业改革与转制、医疗制度改革、教育体制改革及住房商品化等，都会对人们心理产生巨大冲击。

二、文化环境及变化带来的心理问题

文化具有"化人"的功能，特定的社会文化环境都会对个体产生特定的影响。特别是当环境、角色发生变更的时候，个体就会面临更多的文化因素的挑战。这些因素主要包括：社会道德规范，行为准则；不同民族、地区的语言文字、宗教信仰、风俗习惯、生活方式；不同社会结构下的理想、信念、人生观、价值观和伦理观；各阶层的经济水平、社会地位、教育程度；不同社会背景下的人际关系准则等。若个体对所处的文化环境不能很好地适应，这必然会对人的心理造成不良影响，引起心理上的矛盾冲突，进而影响到人的身心健康。据报道，某老年夫妇退休后移居国外女儿处。原打算长期居住，但不到半年便匆匆而归。究其原因，主要是语言不通、人际交往匮乏、生活习惯与国内迥异，再加上小辈工作忙碌，较少陪伴老人，使得老两口感觉十分孤独，甚至觉得度日如年。由于心情不愉快，身体的种种毛病也相继出现。"文化休克"驱使他们早早打道回府。

三、生态环境的变化带来的心理问题

生态环境包括自然环境（地理、气候、温度、颜色等）、人工环境及人为的环境（如空气污染、噪声、水污染、放射性污染等）和社会文化环境。生态环境的优劣及变化直接对人类心理产生相应的影响。例如，舒适有利的气候条件，可使人情绪高涨，心情舒畅，干劲倍增，工作效率提高；而不利的气候条件如高气温、低气压、高湿度、低含氧量、空气污染等，常会使人情绪低落、郁闷、烦躁、易怒、失眠，工作效率降低，严重者甚至出现人格变态。Gall调查了精神病求诊率及死亡率与人口密度的关系，发现大量焦虑、紧张、颓废、精神分裂症等都出现在人口密集地区，特别是住房拥挤的家庭中。科恩（S.Cohen）等曾测定儿童阅读成绩和听觉辨别能力，被测儿童在纽约一座高速公路旁的楼房里至少居住了4年，生活在较低层的儿童在两种测量中的成绩都很糟，哪层楼的噪声越大，儿童就读得越差，他们的听觉辨别能力也越差。该研究指出，城市或其他地方的高噪声可以带来长期严重的消极后果。

四、增强环境适应能力，提高心理健康水平

一是改变观念，积极主动地适应社会环境的变化。在人的环境适应力中，社会环境适应力尤为重要。要充分认识，社会变革是一把双刃剑，它对人心理的发展具有积极和消极两方面的影响。要充分发挥人的主观能动性，化消极因素为积极因素。坚信人能够转变思维、调节心理状态、主动适应社会环境的变化。主动适应是个体面对现实环境积极地寻求适应，是充分调动主观能动性，努力克服困难、改变现状、寻求成功的过程。例如，下岗职工面对现实，提高自我，重谋职业，寻求新的发展；贫困大学生自强不息、刻苦学习，变压力为动力等均属主动适应。主动适应有利于人的才能和潜能的充分发展，有利于社会的稳定与进步，同时，也是心理健康的重要标志。

二是适当回避难以适应的环境。对有些难以适应并有可能回避的环境,可采取回避的方法,来减少或消除环境对个体的不良刺激。例如,"文化休克"现象就可通过脱离环境来消除或避免;心理承受能力脆弱者不宜参与过分惊险与紧张的活动。回避法虽然不如主动适应具有积极意义,但在一定情况下运用得当也可起到解除或避免心理困扰的作用。

三是善于寻求社会支持。社会支持是指社会各方面对个体物质上和心理上的支持或援助。当某人遭遇不幸时,得到家庭、亲友、同事及社会各方面的关心、支持和理解可以有效地降低或缓解应激的强度,帮助个体平稳地度过应激期,摆脱困境。社会支持系统对健康是个保护因子,当应激发生时,它起到一个缓冲或延缓的作用,使个人的应对能力增加,维持个体良好的情绪体验从而有益于健康。社会支持不仅是物质上的、经济上的有形支持,更重要的是心理支持。例如,贫困大学生获得经济资助后,虽然在某种程度上可以缓解其生活困难,但难以消除其自卑心理,因此,只有同时予以社会心理支持,关心、理解并尊重他们,鼓励他们树立自立自强、奋发向上的精神,才能真正帮助他们消除自卑、健康成长。

> **知识拓展:厄尔尼诺抑郁症**
>
> 在赤道太平洋,沿南美厄瓜多尔及秘鲁海岸的冷水区域周期性出现的一股向南流动的暖洋流,使海区的水温比正常年份增高 3~6℃,并导致海洋浮游生物、鱼群及鸟类大批死亡,这种现象就是著名的厄尔尼诺现象。厄尔尼诺现象持续时间长,平均达 18 个月;出现频繁,一般 2~7 年出现一次,给人类带来灾难性的打击。1982~1983 年出现的厄尔尼诺事件,就曾使人们痛心疾首、坐卧不安、情绪冷漠、精神迟钝,甚至有意志薄弱者抑制不住内心的痛苦,发出歇斯底里的哭叫声。世界卫生组织的一份统计资料表明,该次事件使全球大约 10 万人患上了抑郁症,精神病发生率上升了 8%,交通事故也增加了至少 5000 次。
>
> **问题**:列举与"厄尔尼诺抑郁症"类似的案例,说明增强人的环境适应力的重要性。

(尚鹤睿 王鹏飞)

思 考 题

1. 什么是健康?影响健康的因素有哪些?
2. 心理健康的现实意义是什么?
3. 心理健康的判断标准是什么?
4. 结合实际思考认知对健康的影响?

第五章

异 常 心 理

> **案例 5-1**
> 冯某，女性，32岁，未婚，哲学博士，系国内某大学教师，一周前到英国牛津大学做博士后研究。一日外出购物，看到马路上有一群人参加比赛，奇怪的是这些男男女女身上一丝不挂，他们神态自如，路人和警察也没有人去干涉他们的比赛，难道他们是"脑子有问题"，要是国内，早就有人管了！记得一年前国内某报纸报道：有个男中学生多次中午放学就裸体站在学校附近的商业大街上，后来被警察送到精神病院，大夫说这中学生得了精神分裂症。在这儿怎么能这样啊！带着疑惑回到学校，问实验室的一位来自南非的女同事，同事听了，哈哈大笑："这有什么啊？下周我们也要在校园内举行裸体赛跑呢，我们实验室有2个人已经报名了，你也参加吧！"冯博士听了，脸马上红了。
> **问题**：你怎样看待案例中的两种裸体行为？

随着社会的变迁，人们思想观念和生活方式发生了重大变化，在新的医学模式倡导下，医学越来越关注人的心理是否正常。

人的心理现象既包括正常心理，也包括异常心理。正常的心理活动能帮助人正确地认识和反映客观世界，顺应环境变化，担当社会角色。然而，受到内外环境的影响，人的心理活动可能产生不同程度的损害，甚至出现异常心理活动。但心理活动的正常和异常是相对的，两者之间没有明确的界限，两者有相互转化的可能性。有精神障碍的人经过系统治疗，心理异常部分也能得到改善或完全被矫正。因此正常心理活动和异常心理活动在人群中是普遍共存的。

第一节 异常心理概述

一、异常心理的概念

关于异常心理（abnormal psychology）的概念，迄今尚未达成共识。目前，国内外多数学者认为异常心理是指个体无法按社会规范或以适宜的方式来适应日常生活要求，而表现出心理或者行为偏离。

异常心理是偏离一般心理健康水平的，其表现可以是严重的，也可以是轻微的。其中包括低于一般心理健康水平的症状，如神经症、人格障碍等；严重心理疾病，如精神病等；高于一般心理健康水平的症状，如极端心理等。

异常心理现象产生的原因涉及生物学、心理学和社会学等方面诸多因素的影响。异常心理的特点：第一，异常心理的发生可能是因为个体没有能力按社会认为适宜的方式行事。其原因主要是器质性损害或功能性缺陷，或者两者兼而有之，如脑器质性损伤、认知功能障碍等。第二，对于同一种行为的衡量标准，在不同的文化背景下可以截然不同，即使同一种文化在不同的时间或者不同的时代背景中也有所不同。例如，古代女子缠足和男子留长辫子，是符合当时的社会价值标准的，但同样的行为发生在当今的社会，可能被认为是心理不正常。第三，异常心理者常有明显的偏离社会常模或规范的行为，但不能认为违反社会常模的人都是"有病"的。例如，强奸犯、凶杀犯的行为是违背社会行为规范的，但是他们不是心理异常患者。

二、正常心理和异常心理的区分和判别

人类心理与行为的正常和异常是相对的，绝对的健康和正常很难找到，即便是心理障碍的人，他们的心理活动也并非完全异常的。而且，心理的异常与正常之间的差别也是相对的，两者之间在某些情况下可能有本质的差别，但在更多情况下又可能只是程度的不同。所以判断一个人心理是否异常及心理异常的程度如何等问题目前还没有完全统一和简洁的标准。一般情况下，区分正常心理和异常心理的方式：把某人的心理状态和行为表现放在当时的客观环境、社会文化背景中加以考虑，通过与社会认可的行为常模进行比较，以及与其本人一贯的心理状态和人格特征加以比较，从而判断此人有无心理异常及其程度。近年来，我国较常用的对心理异常进行区分的方法有以下几种。

（一）常识性区分

常识性区分，即非专业人员对正常和异常心理的区分，主要依据日常生活经验。若出现以下几种情况，可考虑为心理异常。

1. 出现离奇怪异的言谈、思想和行为。
2. 呈现过度的情绪体验和表现。
3. 自身社会功能不完整。
4. 影响他人的社会生活。

（二）心理学的区分

我国著名临床心理学家郭念锋教授根据科学心理学的定义，即"心理是客观现实的反映，是脑的功能"，提出了区分心理正常与异常的三条原则。

1. 主观世界与客观世界的统一性原则 心理反映了人对客观世界的认知，正常心理活动或者行为在形式和内容上应该是和客观环境保持一致性的，这是心理学上所谓的统一性标准。此标准是衡量心理异常的重要指标之一。例如，当出现恐怖症时，会对某场所或者事件的威胁性产生过高评价，出现夸大的恐惧感，出现精神分裂症时，甚至产生幻觉、妄想等。在精神科临床上，常常把有无"现实检验能力"作为鉴别心理正常和异常的指标，即以认知与客观现实的一致性为前提，来检验自己的感知和观念。

2. 心理活动的内在协调性原则 人的心理过程可分为认知、情绪、意志等部分，而各部分是一个完整的统一体，保持着协调一致的关系，以此保证个体心理在反映客观世界过程中的高度准确和有效。当出现异常心理时，各个心理过程的协调性被打破。例如，情感倒错时，内心的情感体验是痛苦的，而行为上却表现出愉快，"微笑的抑郁"也是如此。

3. 人格的相对稳定性原则 每个人在长期的成长过程中会形成相对稳定而独特的人

格特质。在没有外界刺激的情况下,一个人的个性出现明显的变化,也要怀疑此人是否出现心理异常的问题。例如,一个素来节俭的人突然变得挥金如土,一个平时充满自信的人突然变得极其自卑等,如果这些变化在他的生活环境中找不到足以使其发生改变的原因,则我们认为,他可能是心理活动出现异常。

(三) 心理异常的判断标准

正常和异常心理是一个渐变的连续过程,其区别往往是相对的,其二者间存在着相对界限,通常按以下几条标准来判断。

1. 经验标准　一是指心理异常者个体的主观体验,即其是否觉得有焦虑、抑郁或者没有明显原因的不舒适感,或自己不能适当地控制自己的行为,因而寻求他人支持和帮助。但是,在某些情况下没有这种不舒适感反而可能表示心理异常。二是研究者根据自己的经验和体验来鉴别常态和变态,或者根据一般人对正常心理与行为的经验作为出发点来判断正常与否。但此标准不能排除所有异常,即没有痛苦体验的人不一定没有异常。例如,反社会型人格障碍和严重分裂症患者可能自我感觉良好,但是心理异常已经达到严重障碍程度。因此,这种标准因人而异,主观性较强,不同研究者之间的差异性较大。

2. 统计学标准　在普通人群中,对人们的心理特征进行测量的结果常常显示正态分布,居中的大多数人属于心理正常,而远离中间的两端被视为异常。因此判断一个人的心理正常或异常,就以其心理特征偏离平均值的程度来决定。心理异常是相对的,它是一个连续的变量,偏离平均值的程度越大,则越不正常。当然正常与异常的界限是人为划定的,以心理测验结果的统计数据为基础。但这种标准也存在缺陷,如智力超常或有非凡创造力的人在人群中是极少数,但很少被人认为是病态。再者,有些心理特征和行为也不一定成常态分布,而且心理测量的内容同样受社会文化的制约。所以,统计学标准也不是普遍适用的。

3. 社会适应标准　在正常情况下,个体能够按照社会生活的需要适应环境和改变环境。因此,正常人的行为应符合社会准则,并能够按照社会要求和道德规范行事,使其行为符合社会常模。一般情况下,判断人的心理活动是否正常,主要看其心理活动和行为表现是否与其所处的生存环境相适应,适应者为正常,不适应者为异常。但是由于社会状况的不同,不同国家、地区、民族的风俗、信仰、文化有差异,相应的社会准则必然不尽相同,所以不同环境的社会标准也不一致。家庭、工作单位或者学校是个体适应社会环境的最小单元,如果一个成年人或者学生能够适应其所在的家庭环境、工作环境或者学校环境,就认为其能适应社会。

4. 医学标准　也称为客观检查标准,即将症状数量化,以数字来表示,是比较客观和可靠的指标。医学标准主要是指生理和组织的检查指标,即通过对大脑的生理功能和结构特点进行检查,如果发现了某一方面的阳性证据,如病理解剖与病理生理的变化,特别是中枢神经系统的病理改变,同时也发现相应的心理异常表现,即可用大脑生理和组织的检查指标作为标准来判定心理异常的存在。

三、异常心理的分类

据世界卫生组织估计,在同一时期,人群中大约有20%的人存在着不同程度的心理异常。显然,对于异常心理人群的分类工作非常复杂也十分重要,至今,仍有许多不同的分类方法。

(一)现象学分类

1. 认知过程障碍 包括感觉、知觉、思维、注意、记忆、智能、定向力等方面出现障碍。

2. 情感过程障碍 包括情感高涨、低落、脆弱、迟钝、淡漠、倒错等,焦虑和抑郁性情感,矛盾情感,病理性激情和病理性心境恶劣等。

3. 意志行为障碍 ①意志障碍:包括意志增强、意志减退、意志缺乏、意向倒错和矛盾意向等;②行为障碍:包括兴奋状态、木僵状态、违拗症、被动性服从、刻板动作、模仿症、离奇行为、持续动作、强制性动作和强迫动作等。

4. 意识障碍 包括周围意识障碍、自我意识障碍。

(二)病因和症状学分类

目前,国际上有两个心理异常分类系统较为权威,一个是由世界卫生组织(1990年)制定的《疾病和有关健康问题的国际统计分类》(International Statistical Classification of Diseases and Related Health Problems, ICD),简称国际疾病分类,现已修订到第十版,即ICD-10。另一个是由美国精神病学会(American Psychological Association, APA, 1994年)制定的《精神障碍诊断和统计手册》(Diagnostic and Statistical Manual of Mental Disorders, DSM),现已颁布了第四版,即DSM-Ⅳ。我国精神卫生工作者,参考了ICD-10和DSM-Ⅳ,中华医学会于2001年制定了《中国精神疾病分类与诊断标准》(Chinese Classification and Diagnostic Criteria of Mental Disorders, CCMD),已修订到第三版,即CCMD-3(表5-1)。

表5-1 CCMD-3、ICD-10与DSM-Ⅳ的分类

CCMD-3	ICD-10	DSM-Ⅳ
0 脑器质性精神障碍	F00 器质性,包括症状性精神障碍	1 通常在儿童少年期首次诊断的障碍
1 精神活性物质或非成瘾性物质所致精神障碍	F10 使用精神活性物质所致的精神和行为障碍	2 谵妄、痴呆、遗忘及其他认知障碍
2 精神分裂症(分裂症)和其他精神病性障碍	F20 精神分裂症、分裂型障碍及妄想性障碍	3 由躯体情况引起,未在他处提及的精神障碍
3 心境障碍(情感性精神障碍)	F30 心境(情感)障碍	4 与物质有关的障碍
4 癔症、应激相关障碍、神经症	F40 神经症性、应激相关的及躯体形式障碍	5 精神分裂症及其他精神病性障碍
5 心理因素相关心理障碍	F50 伴有生理功能紊乱及躯体因素的行为综合征	6 心境障碍
6 人格障碍、习惯与冲动控制障碍、性心理障碍	F60 成人的人格与行为障碍	7 焦虑障碍
7 精神发育迟滞与童年和少年期心理发育障碍	F70 精神发育迟滞	8 躯体形式障碍
8 童年与少年期的多动障碍、品行障碍、情绪障碍	F80 心理发育障碍	9 行为障碍
9 其他精神障碍和心理卫生情况	F90 通常发生于童年与少年期的行为与情绪障碍	10 分离障碍
		11 性及性身份障碍
		12 进食障碍
		13 睡眠障碍
		14 未在他处分类的冲动控制障碍
		15 适应障碍
		16 人格障碍
		17 可能成为临床注意焦点的其他情况
		(序号为作者所加)

第二节 神经症

一、神经症的概述

神经症（neuroses），又称神经官能症，是一组大脑功能失调的疾病的总称。是变态心理研究的经典内容，也是心理咨询门诊最常见、心理治疗效果较好的一类心理疾病。神经症的总患病率国外报告为5%左右，我国1982年流行病学调查资料报告为2.2%，1990年全国抽样调查总患病率为1.5%。WHO根据各国的调查资料推算，人群中罹患神经症者约为重性神经病的5倍。女性高于男性，40~44岁年龄段患病率最高，但初发年龄多见于20~29岁。

（一）神经症的特征

神经症是一组常见的精神障碍，主要表现为精神活动能力下降、烦恼、紧张、焦虑、抑郁、恐惧、强迫症状、疑病症状或者各种躯体不适感。其主要特征为：

1. 不以脑的器质性病变为基础。其起病常与心理社会因素有关，病前患者有一定的素质和人格基础。

2. 心理冲突，精神痛苦。患者出现矛盾、无力自拔，想控制症状又无法做到的症状。

3. 精神活动能力降低，主要是指患者的学习和工作效率下降，但生活自理、社会适应能力基本正常。

4. 自知力良好，有痛苦感受，喜欢诉苦，求治心切。

5. 症状持续3个月以上。

（二）神经症的诊断

神经症的诊断主要根据临床表现，参考定式的诊断标准做出。诊断标准包括总的标准与各亚型的标准，均是按照症状标准、严重标准、病程标准及排除标准而制定的。在做出亚型的诊断之前，任一亚型首先必须符合神经症总的标准。

CCMD-3关于神经症的诊断标准：

1. 症状标准 至少有下列1项：①恐惧；②强迫症状；③惊恐发作；④焦虑；⑤躯体形式症状；⑥躯体化症状；⑦疑病症状；⑧神经衰弱症状。

2. 严重程度 社会功能受损或者无法摆脱的精神痛苦，促使其主动求医。

3. 病程标准 符合症状标准至少已3个月，惊恐障碍另有规定。

4. 排除标准 排除器质性精神障碍、精神活性物质与非成瘾物质所致精神障碍、各种精神病性障碍，如分裂症、偏执性精神病及心境障碍等。

二、焦虑症

案例5-2

患者，男性，40岁。最近几个月来，常常感到心里发慌，无缘无故地紧张且害怕。追溯其不安状态的产生，发觉症状开始于3个月前，当他接到上级任命，被调派到一个新的工作单位负责领导工作时。他是一个好强、工作认真负责的同志，数年来一直渴望得到现在的职位，但是当真的得到这个机会时，精神上又不安起来。在家中他排行老二，自小常与比他大几岁的哥哥比较、竞争。一方面很羡慕哥哥比他经验多且能干，常与之竞争，想超过哥哥；但另一方面又害怕，假如一旦真的比哥哥好，会惹哥哥生气，会被哥哥欺负，心里总是战战兢兢的。这一次，在他原来工作的单位，有一位比他年资高的同事，原来被大家认为是晋升的对象，但由于患者平时工作认真，表现好，乃被领导重用，被提拔晋升。这样一来，就触发了他小时与哥哥竞争而唯恐哥哥欺负的心理症结，潜意识中害怕那位年资较他高的同事可能会暗地里向他报复，做一些对他不利的事情。由于这种潜意识的心里症结，患者一直感到坐立不安，心情焦虑。

问题：患者产生焦虑的原因是什么？我们如何解决其心里症结？

焦虑症（anxiety disorder）是一种以焦虑和紧张情绪为主的神经症。患者常伴有显著的运动神经紧张和自主神经活动过度的症状，如心悸、头晕、胸闷、憋气、胸紧、呼吸困难、口干、尿频、尿急、出汗、震颤和运动性不安等症状。

我国患病率为1.5%，占精神科门诊的6%~27%，女性多于男性，多发生在20~40岁。焦虑症患者的焦虑与正常人的焦虑不同，它往往指向未来实际并不存在的某种威胁或危险，焦虑紧张程度常常与现实事件很不相称。焦虑会让个体预先为反应做好准备，居安思危，而适当的焦虑一定程度上有助于帮助我们做好计划并准备应对可能发生的威胁，也可以改善个体的学习和工作表现。而过度的焦虑长期持续且程度严重，则影响适应，就会诊断为焦虑障碍。

（一）发病原因

1. 生理因素 焦虑症患者具有非常敏感和活跃的神经系统，因而对日常生活事件和自身的生理状态产生过度的神经生理反应倾向。有研究表明，遗传因素可能与焦虑症的发病有关。亲属患病率为15%，一般居民为3%，同卵双生同病率为41%，异卵双生只有4%；患者的肾上腺素、去甲肾上腺素和乳酸分泌增加。

2. 早期的生活经历的影响 大部分接受治疗的焦虑症患者都讲述过去在童年时代给他们造成精神创伤的损伤或分离经历。对个体影响最大的早期生活经历主要是"失去"和"分离"。最近的一项对焦虑症患者的分组治疗表明，8名患者中有6名经历过巨大创伤的"失去"，失去的大多数是父母和手足。童年时代的"失去"和"分离"的经历会造成分离能力的持久性的脆弱。

此外，家庭成员对特殊情境的反应方式会直接影响到儿童的行为方式和行为习惯。生活事件对焦虑性障碍的影响也不可忽略，各式各样的生活事件都可以引起应激，从而使个体产生程度不同的焦虑体验。焦虑症患者典型的人格特征：①极度依赖别人；②对"分离"和"失去"过度敏感；③对死亡和灾难有强烈忧虑感；④对疾病的过分担心和控制的需求。

（二）临床表现

主要症状为焦虑的情绪体验、自主神经功能失调及运动性不安。临床上常见有急性焦虑和慢性焦虑两种表现形式。

1. 急性焦虑 又称为惊恐发作（panic attack），主要表现：①发作性心慌，大部分患者突然感到心慌，极度恐惧，伴有濒死感、呼吸困难、憋气，害怕"心脏不跳了""要发疯了"；②头晕，少数患者突感头晕，担心马上就要晕倒，赶快就地坐下；③饥饿感，患者有强烈的饥饿感、出汗、腹部不适等症状。发作通常起病急，10分钟内达到高峰，一般不超过 1 小时，发作时意识清晰，事后能回忆发作的经过。

2. 慢性焦虑 又称广泛性焦虑（generalized anxiety disorders），是焦虑症常见的表现形式。患者在缺乏充足的客观原因时，长期感到紧张和不安，有大祸临头之感；遇事易往坏处想，做事心烦意乱，没有耐心，易发脾气。患者如此惶惶不可终日，并非由于客观存在的实际威胁。

（三）诊断与鉴别诊断

1. 广泛性焦虑的诊断 根据 CCMD-3 的定义，广泛性焦虑障碍，是以一种缺乏明确对象和具体内容的提心吊胆及紧张不安为主的焦虑症，并有显著的自主神经症状、肌肉紧张及运动性不安。患者因难以忍受又无法解脱而感到痛苦。

（1）症状标准：符合神经症的诊断标准，以持续的原发性焦虑症状为主，并符合以下两项。①经常或持续的无明确对象和固定内容的恐惧或者提心吊胆。②伴有自主神经症状或者运动不安。

（2）严重标准：社会功能受损，患者因难以忍受又无法解脱，而感受痛苦。

（3）病程标准：符合症状标准至少已 6 个月。

（4）排除标准：排除甲状腺功能亢进、高血压、冠心病等躯体疾病的继发性焦虑。排除兴奋药物过量、催眠镇静药物或抗焦虑药的戒断反应，强迫症、恐怖症、疑病症、神经衰弱、躁狂症、抑郁症或神经分裂症等伴发的焦虑。

2. 惊恐障碍的诊断 惊恐障碍是一种以反复的惊恐发作为主要原发症状的神经症。这种发作并不局限于任何特定的情境，具有不可预测性。惊恐障碍患者会出现突然感到强烈的恐惧、紧张，或者预感到有不好的事情将要发生，但发作前往往没有特定的诱发事件，发作以后逐渐消退，有时甚至出现更严重的、经常性的发作。

（1）症状标准：符合神经症的诊断标准。惊恐发作需符合以下 4 项：①发作无明显诱因、无相关的特定情境，发作不可预测。②在发作间歇期，除害怕再发作外，无明显症状。③发作时表现强烈的恐惧、焦虑及明显的自主神经症状，并常有人格解体、现实解体、濒死恐惧或者失控感等痛苦体验。④发作突然开始，迅速达到高峰，发作时意识清晰，事后能回忆。

（2）严重标准：患者因难以忍受又无法解脱，而感到痛苦。

（3）病程标准：在 1 个月内至少有 3 次惊恐发作，或者首次发作后继发害怕再发作的焦虑持续 1 个月。

（4）排除标准：排除其他精神障碍，如恐怖症、抑郁症或者躯体形式障碍等继发的惊恐发作；排除躯体疾病，如癫痫、心脏病发作、嗜铬细胞瘤、甲状腺功能亢进或自发性低血糖等继发的惊恐发作。

（四）焦虑症的治疗

1. 一般性心理支持疗法 让患者认识该病的功能性而非器质性的性质，消除疑虑，去除病因；正确安排学习生活，劳逸结合，患者不宜全休在家，否则会加重焦虑。气功、太极拳等有一定防治效果。

2. 认知行为治疗 部分焦虑症患者自我期望过高，有强烈的上进心和事业心，成就动机强烈，渴望取得好成绩，对潜在的失败很紧张。通过认知行为治疗及分析性精神治疗可帮助患者对可能的致病原因进行分析，使患者加深认识。

3. 放松疗法 当个体全身松弛时，生理警醒水平全面降低，心率、呼吸、脉搏、血压、肌电、皮电等生理指标出现于焦虑状态逆向的变化。许多研究证实，松弛疗法不仅有如此生理效果，亦有相应的心理效果。生物反馈法、音乐疗法、瑜伽、静气功等均有一定效果，也可应用。

4. 药物治疗 必要的药物治疗，可减轻焦虑症状。常用治疗药物：一类是镇静催眠药，如安定类；另一类是镇静自主神经类药，有安泰乐、多虑平等。

三、恐 怖 症

> **案例 5-3**
> 朱迪，16岁，多次晕倒以后被介绍到治疗焦虑障碍的诊所。2年前，她上第一节生物课的时候，老师放映了一部有关青蛙解剖的电影来说明解剖的要点。这是一部图解式的电影，里面包含了血液、组织和肌肉的真实图像。大概播放到一半的时候，朱迪觉得有点头晕眼花，就离开了教室。但是那些图片并没有离开她。她心里仍然被那些图片烦扰着，有时候她还伴有恶心。她开始避免那些可能看到的血液和伤口的情况，不再看可能包含血淋淋的图片的杂志。渐渐地，她连看生肉甚至绷带都觉得很困难，因为这些东西会使得她脑海里重现那些恐怖的图像。最后，朱迪的朋友或者父母说的任何能联想起来血液或者伤口图像的话，她都感到头晕。情况坏到了只要一个朋友说"把它切了"，她就会晕倒。朱迪在我们诊所前6个月就曾因看到血而晕倒。她的家庭医生和其他一些内科医师都无法找到病因。直到来我们诊所求助的时候，她已经每周会晕倒5~10次了，而且这些情况经常是在课堂上发生。很明显，这对于朱迪是个问题，而且干扰学校的正常活动：每次她晕倒，其他学生就会围着她，试着帮助她，但这样授课就被打断了。尽管朱迪是一个优秀的学生，因为大家都找不出她的症结所在，最终校长只能认为她是故意的而让她暂时离开学校。
>
> **问题：** 案例中的朱迪为什么会看见血就晕倒？

恐怖症（phobia）是指患者在某种特定事物、处境或人交往时而发生强烈恐惧感，可致脸红、气促、出汗、心悸、血压变化甚至恶心、无力、晕厥等症状，因而主动采取回避方式来解除焦虑不安。患者明知恐惧不对，又无法控制，为此焦虑不安，影响正常生活。1982年我国对12个地区的流行病学调查表明，我国恐怖症患病率为0.59%，女多于男，发病年龄多在20岁左右。

在上述案例中，朱迪所患的正是我们现在认为的血液-伤口-注射恐怖症。她的反应相当强烈，符合恐怖症的标准。恐怖症是一种以对某种物体或情形存在显著而且持久的恐惧为特征的心理障碍。其实很多人都有类似的反应，但反应都没有那么剧烈。对于那些反应的剧烈程度像朱迪一样的人来说，这种恐怖症则让人丧失了很多能力。这些人可能得避开一些行业，如医疗或护理工作，而且，如果真的这么害怕针和注射，以致在必需的时候仍然抵制这些措施，他们就可能损害自己的身体健康。

（一）恐怖症的分类

1. 广场恐怖症 恐怖对象为广场或人群聚集拥挤的地方。可伴有惊恐发作，也可能只有一些类似惊恐发作的症状，如头昏眼花、眩晕和呕吐。女性患者是男性的2倍。

患者主要表现为不敢进入商店、公共汽车、剧院、教室等公共场所和人群聚集的地方，在人群积聚的地方，他们害怕自己会晕倒或发生其他例外，而身边没有亲人或朋友帮助，因而尽量逃避外出（公共汽车站、火车站、书店、超市等），即使这样，他们仍会感到焦躁不安或烦躁。

2. 社交恐怖症 主要表现为心理、行为和生理方面的一系列异常反应,出现焦虑不安、反应迟钝、暂时性遗忘,严重时出现心力委顿和自我失控感等心理反应;在行动上,动作僵化、变形、语言断续不流畅,甚至口吃;出现脸红、心跳加快或发慌、心悸、气短、发抖、出汗、呼吸困难等生理反应。

3. 特定的恐怖症 是指患者对特定事物或情境的不合理的恐惧,这种恐惧明显妨碍了个体的功能。常见于儿童,恐怖对象如动物、鲜血、尖锐锋利物品、自然环境等(表5-2)。

表 5-2 特定恐怖症的五种类型

恐怖症		两性差异	发作年龄
动物恐怖症	猫(恐猫症) 鸟(恐鸟症) 狗(恐狗症) 马(恐马症) 昆虫(恐虫症) 蛇(恐蛇症) 蜘蛛(恐蜘蛛症) 啮齿动物	大部分是女性	童年
自然环境恐怖症	污物(恐秽症) 黑暗(恐夜症) 风暴(雷鸣恐惧) 雷雨和闪电(雷电恐惧) 高度(恐高症) 水(恐水症)	更多是女性	任何年龄
情境恐怖症	封闭的场所(幽闭恐惧) 桥 电梯 飞机 隧道	更多是女性	童年和25岁左右
血、注射、伤口恐怖症	血 注射 伤口	可能女性更多	童年晚期
其他恐怖症	死亡恐怖症(恐死症) 癌(恐癌症) 性病(性病恐怖症)	没有差异	中年

(二)发病原因

人们通常会说"见过鬼也怕黑""一朝被蛇咬,十年怕井绳",绝大多数人认为恐怖症是由过去一件非同寻常的创伤性事件引起的。曾经有一个幽闭恐怖症（claustrophobia）者说她曾有一次被关在电梯里很长时间。这些都是当现实中具体危险或疼痛使机体产生境界反应时，个体的直接经历导致的获得性恐怖症的例子。这是特定对象引起恐怖症的原因。除此以外，还可能有以下三方面原因：对某特定的情况下的虚假警戒（恐慌发作）的反应经历；看到别人极度恐慌的经历（代替经历）；被别人告知的恐怖经历。

恐怖症的产生也可从生物、心理和社会的综合作用来理解，一是泛化的生物易感性，包括"事先做好准备"的遗传倾向性，对人类有危险的事物或情景的恐惧心理，较低的特殊防御反应阈值，如见血即晕倒或者"站台"紧张等；二是泛化的心理易感性，可能来自于先前所经历的生活事件带来的应激，从心理上产生对将要遇见所恐惧的事物的焦虑和担忧（习得警戒）；三是社会直接的或者代替的经验（真实警戒）引起个体产生恐怖体验。

恐怖症的发病原因很多，遗传与个体素质因素也有一定的影响，患者的性格多为胆小、害羞、被动、依赖、高度内向、容易焦虑和恐惧、有强迫性倾向等，从小多受到母亲的过分保护、早期的不良体验、促发心理冲突的不良生活事件、父母或他人的示范与影响等都可能成为病因。

（三）治疗

一是治疗可采用行为疗法中的系统脱敏和肌肉松弛训练，如采用结构化的、稳定的暴露；二是练习按恐怖的程度分级脱敏治疗。

四、强迫症

案例 5-4

马克，一个 28 岁的单身男子，当他前来寻求治疗时，他受到强迫观念和强迫想象的严重困扰，他担心自己会伤害他人，如在开车时候撞到路上的行人。他还有担心自己会犯罪的严重的强迫观念，如自己在商店抢劫一大笔钱或对家人朋友投毒等。这些强迫观念伴随着长时间过度的检查仪式。例如，有一日开车的时候，他开始反复地想着自己出了交通事故，在十字路口撞到了一个行人，这种念头迫使他花了几个小时在那个十字路口附近寻找事故发生的证据。

马克在毕业后曾经独自生活了几年的时间。当他去一家治疗焦虑障碍的诊所求助时，已经无法独立生活。他是一个很聪明而且很有艺术天赋的年轻人，毕业于名牌大学的艺术专业，当他 20 多岁开始有强迫观念时，已经是一名成功的年轻艺术家了。起初，这些强迫观念主要集中于担心自己可能被牵涉进一些他没有犯过的罪行之中。之后，这些观念发展成他害怕自己可能确实犯下了罪行并供认罪行。最后，他进行仪式化的核查，并回避所有可能供认罪行的场所，这使他不得不放弃工作和自己的住所，搬回来和家人同住。

当马克来接受治疗时，他的上述强迫观念已经非常严重，他不得不把自己关在父母家中，只有当他随身带着录音机时才能离开房间，录音机可以帮助他录下他是否发出声音坦白了自己的任何罪行，因为他已经不相信自己的记忆能力了。心理诊所距离他家有几个小时的车程，由于担心撞到行人或者其他车辆的强迫观念和长时间的核查仪式，他母亲不得不开车送他到诊所。他也无法打电话，以防自己在电话中供认自己实施的（或未实施的）罪行。出于同样的原因，他也无法寄信。他也无法单独去商店或者公共浴室，他害怕自己可能会在那儿的墙上写上供认罪行的文字因此被捕或被惩罚。

问题：案例中的马克出现了哪些强迫症状？应该如何对其进行治疗？

强迫症是指个体产生不必要的、侵入性的强迫观念或者令人苦恼的想象，患者意识到它不必要，但不能控制，通常伴随着压制这些强迫观念、强迫想象及防止恐惧事件或者情景的强迫行为，并为此苦恼而不安，自知力完好，求治心切。我国患病率为 0.3%，占精神科门诊的 0.1%~2%，发病多在 16~30 岁，脑力劳动者多，女性多于男性。

（一）临床表现

强迫症主要临床表现为强迫观念和强迫动作两方面。

1. 强迫性怀疑 最常见，占强迫观念患者的大部分。患者对已经完成的事情放心不下，如常常怀疑门、窗是否关紧，煤气是否关好，别人的话是否听清楚，理解是否正确等。不管患者怀疑什么，他自己都清楚这种怀疑是没有必要的却又忍不住去怀疑和纠结。

2. 强迫性回忆 患者对于往事、经历不能摆脱的反复回忆，明知缺乏实际意义但无法摆脱。

3. 强迫性穷思竭虑 无休止地思索一些缺乏实际意义的问题，如患者反复思考"人为什么要吃饭？""一加一为什么等于二？""人为什么要分男女？"等。

4. 强迫性意向 如走在桥上总有往下跳的想法，看到菜刀就想杀人，看到影视剧中的人物被害，就想到自己也有被害危险或自己将要行凶；脑中出现对立思维，读到"战争"，想到"和平"等，患者常因此焦虑不安。

5. 强迫性洗涤 如反复洗手、洗澡、洗衣服，明知已经清洁，无法控制。

6. 强迫性计数 见到电线杆、窗户、台阶等就要计数，否则会烦躁不安。

7. 强迫性仪式动作 患者总要做一定的动作，以此象征吉凶祸福，如患者进门总要先进两步，再退一步，表示能逢凶化吉，不做这些动作会焦虑不安。

（二）病因分析

1. 社会心理因素 起诱发作用，如工作和生活环境变换、要求过分严格、处境困难、担心意外、家庭不和、妊娠紧张、亲人去世、政治冲击和濒临破产等，使患者谨小慎微、遇事犹豫不决，反复思考，忧心忡忡，促发强迫症状。这些症状的表现往往与其所经历的社会心理有关系，具有保护性回避反应的性质。

2. 生物因素 强迫症还表现出一定的遗传素质，亲属患病率高于对照组，同卵双生子患病一致率是异卵的 2 倍，一个三代有 10 人患强迫症的家系，呈常染色体显性遗传。研究还发现，强迫症患者有脑部损伤史，而且很多器质性疾病也容易引起强迫症，如脑炎、癫痫及颞叶损伤的患者。

3. 人格特征 强迫症患者常常具有胆小怕事、优柔寡断、过于细致、严肃古板、一丝不苟、反复推敲等人格特征。

（三）诊断标准

强迫症是一种以强迫症状为主的神经症，其特点是有意识的自我强迫和反强迫并存，两者强烈冲突使患者感到焦虑和痛苦；患者体验到的观念和冲动是来源于自我，但又违背自己意愿，虽极力抵抗，但无法摆脱。病程迁延者以仪式动作为主而精神痛苦减轻，但社会功能严重受损。

1. 其症状符合神经症的诊断标准，并以强迫症为主，至少有下列中的 1 项。

（1）以强迫思想为主，包括强迫观念、回忆或表象，强迫性对立观念、穷思竭虑、害怕丧失自控能力等。

（2）以强迫行为（动作）为主，包括反复洗涤、核对、检查或询问等。

（3）上述混合形式。

2. 症状来自于患者自己的内心，而不是被别人或者外界影响强加的。

3. 症状反复出现，患者认为没有意义，并感到不快甚至痛苦，因此试图抵抗，但不能奏效。

4. 符合强迫症标准症状至少已有 3 个月。

5. 排除其他精神障碍的继发性强迫症状，如精神分裂症、抑郁症或恐怖症等；排除脑部器质性疾病。

（四）强迫症的治疗

以心理治疗为主，如认知行为疗法（系统脱敏、橡皮圈弹击手腕）、精神分析治疗及支持性心理治疗等，要提高患者对疾病的认识，减少焦虑，增强信心。药物上用丙咪嗪对控制强迫症状有特殊疗效。有人提出以强迫观念为主者首选药物治疗，以强迫行为为主者行为疗法有效。对于症状极为严重的，且药物治疗和心理治疗都无效的情况下，可实施外科手术，如特殊的对扣带回损伤进行的手术。

五、身体形式障碍及解离性障碍

您是否曾经感觉到自己好像很茫然，或者神不守舍地四处闲逛，尤其是在压力非常大的时候？您是否听到有人常常说他们得了严重的疾病，但是医生的检查结果看不出来任何问题？以上症状是轻度的解离性或者躯体化症状，如果发展严重时，会给当事人带来明显的痛苦体验和功能损害。

（一）躯体形式障碍

躯体形式障碍是一组疾病的汇集，包括躯体症状和患者对症状的抱怨，患者常常抱怨自己患有躯体症状或者某种疾病，但实际上没有任何器质性病变可以解释其症状。通常，可表现为以下五种形式：①疑病症；②躯体化障碍；③疼痛障碍；④转换障碍；⑤躯体变形障碍。以上五种障碍在躯体疾病、失能或者想象的缺陷等症状中表现相似，但其病因和治疗方法却不尽相同。

1. 疑病症 可能是躯体形式障碍中最常见的一种，其症状大多表现容易焦虑，过于关注自己的身体功能（如心跳或者肠蠕动等）、很小的身体异常（如微弱的疼痛或者偶尔的咳嗽）或者模糊不清的躯体感觉（如"心力交瘁"或者"静脉疼痛"等）。通常，其症状具有弥漫性，涉及多个身体部分。患者通常将其归咎于某种可疑疾病，并主观性给自己下疾病诊断，如肺结核、癌症、艾滋病等。事实上，疑病症患者的身体状况一般比较好，而他们却确信自己是患有某种疾病，不是诈病，且此症状持续 6 个月以上。从病因的理论视角而言，疑病症是一种认知和知觉的障碍，是对身体感觉的错误解释，也正是这种错误解释起到了致病作用。因此，认知行为疗法可能是治疗疑病症的一种非常有效的手段，也有初步的研究显示某些抗抑郁药物（尤其是选择性血清再吸收抑制剂）对此病有效。

2. 躯体化障碍 主要表现以多种多样、反复出现和不断变化的躯体不适为主。症状可涉及身体的任何器官和系统，其中胃肠道不适、异常的皮肤感觉、性和月经方面的主诉较多见，常伴有抑郁和焦虑症状。多在30岁前起病，女性患病率要比男性高约10倍，伴显著的社会功能障碍，如重度抑郁、惊恐发作、恐怖症及广泛性焦虑障碍等。慢性发病预后较差，其症状的严重程度随着时间而波动，通常在压力大的时候容易出现症状。

3. 疼痛障碍　其特征是患者持续地体验到身体某个部位或者多个区域的剧烈疼痛，类似于躯体化障碍中的疼痛症状，但没有躯体化障碍的其他症状。DSM-IV-TR具体编码了疼痛的两种亚型：①与心理因素相关的疼痛障碍；②既与心理因素有关又与一般性医学疾病相关的疼痛障碍。以上两种类型中，可分为急性的疼痛障碍（持续时间少于6个月）和慢性的疼痛障碍（持续时间长于6个月）。通常，女性被诊断为疼痛障碍的比例要比男性高，且其常与焦虑或者心境障碍共病。患者一般难以工作，也无法从事其他社交活动，并由此带来活动缺乏和社会隔离，进而产生抑郁情绪及丧失体能和忍耐能力，致使疼痛加重，造成恶性循环。常见的治疗方法是认知行为技术，如放松训练、给予支持和确信其疼痛的真实性、安排日常活动、认知重构及"无疼痛"行为强化等。

4. 转换障碍　包括这样一组疾病，其症状或者问题表现在感觉和自主运动的功能上，从而令人以为其患有医学或者神经学的疾病。然而，医学检查无法解释患者的症状或者问题。典型的例子如身体部分瘫痪、失明、失聪或者假性癫痫发作，并随着应激的增加，病情加重，而心理因素起到尤为关键的作用。事实上，患者的这些症状并非有意制造或者伪装。目前治疗转换障碍的方法还没有控制良好的相关研究。也有某些研究采用行为取向疗法治疗运动转换性症状的患者，同时也结合一些催眠方法来解决问题。

5. 躯体变形障碍　患者对自己察觉到的或是想象到的关于自己的外表的缺陷表现出强迫性关注。这种关注过于强烈，以致带来临床上明显的痛苦和社会或职业功能受损。大多数患者都有自我检查的强迫行为（如过分照镜子检查自己），回避日常活动，害怕别人会看到其想象中的缺陷而厌恶自己，也称之为"想象中的缺陷障碍"。患者往往同患抑郁症（估计高达70%~80%），严重者可能出现企图自杀甚至实施自杀。另外，它与社交恐怖症和强迫症共病比率也很显著。患者有明显的强迫症状，有许多仪式性动作，如反复确认、照镜子、把自己和别人进行比较及伪装。但除了这些症状之外，在病因上，躯体变形障碍与强迫症患者的大脑机制很类似。另外，它也和进食障碍的特征有明显交叉，如两种障碍的患者都对自己的躯体形象存在歪曲的认识。在治疗方法上，常采用认知行为疗法或者选择一些抗抑郁类药物等。

（二）解离性障碍

解离是指人类的心智可以脱离或者独立于意识而调节复杂的心理活动。从某种程度上我们曾也有过这样的体验，如我们做白日梦或者不知道自己身边发生了什么的时候，又或者是当我们开车时发觉自己已经越过目的地好几公里却完全没有意识到这是怎么发生的。这些都是轻度解离的症状。据研究，这是一种极度的适应机制，使得我们可以用最大的效率处理许多日常功能。在认知心理学领域中，内隐记忆和内隐知觉会在发生解离性障碍时出现，是目前该领域研究的热点。解离性障碍的出现主要也是个体回避焦虑、压力及应对生活给其带来严重威胁的一种方式，这些威胁已经超出其所能承受的范围。

1. 人格解离性障碍　患者持续、反复地感觉到自己与身体和心理活动相分离，在此过程中，自己与现实的接触未受影响，并出现显著的痛苦和功能损害。其中，去现实化和去人格化是其常见的症状。在人格解离性患者的眼中，世界是模糊不清、难以辨认的。他们往往感觉到体验者、自我（在去人格化时）和外部世界（去现实化时）这三者是隔离的状态，因没有生机、奇特而陌生。自我和他们就像机器人一样机械地运动，没有主动性和自控性。平均发病年龄约为 16 岁，病程漫长，患者抵触治疗。也有研究表明与童年时期遭受创伤（大多是情感虐待）有关。

2. 解离性遗忘和漫游

（1）解离性遗忘：又称为心因性遗忘，往往表现出一次或者多次无法回忆起之前所储存的个人信息，而不是由正常的遗忘所引起的，并导致其痛苦和功能损害，这是个体在面对无法承受的应激环境时一种相当常见的原始反应，如战争或者严重车祸之类的灾难性事件。其主要包括四种形式：局部失忆症（当事人不记得某个特定时期所发生的事情，常见于一些高创伤性事件之后的几小时或几天之内）、选择性失忆（当事人忘记某个特定时期所发生的某些事情，但不是全部）、普通性遗忘（当事人忘记个人所有的过去）和连续性遗忘（当事人忘记了从过去某个时间点到目前的所有事情）。

（2）解离性漫游：主要表现是个体不仅遗忘关于自己过去的信息，而且从家庭或者工作所在环境突然意外出走。患者常常对个人身份感到困惑，或者给自己设想一个新的身份，因此引起其痛苦和功能损害。

3. 解离性身份认同障碍　最初也称为多重人格障碍，是一种戏剧性的解离性障碍，患者表现出两种或者多种不同身份或人格状态，而它们会以某种方式彼此交换着控制行为。同时，患者也不能回忆起重要的个人信息，这种失忆无法用正常的遗忘来解释。

第三节　其他异常心理

案例 5-5

玛格丽特，一名以精力和效率而闻名的出色商人，40 来岁，丈夫为了一个更年轻的女人而将其抛弃。在经历了最初的震惊和愤怒之后，她开始无法控制自己的眼泪，对自己的商业洞察力也产生了怀疑。做决策成了严峻的考验，经济水平急剧下降，有越来越多的时间在床上度过，拒绝与任何人接触。对酒精的消耗不断增加，已经到了很少能保持完全清醒的程度。不出几个星期，由于已经不能或拒绝经营自己的生意，她遭受了惨重的经济损失。她觉得自己是一个"彻底的失败者"，即使提到她相当多的个人成就或职业成就时也是如此；事实上，她的自我否定逐渐蔓延到其生活和个人经历的方方面面。最后，担忧她的家人认为有必要强迫她去接受一次临床心理学家的咨询。

问题：玛格丽特出了什么问题？

一、心境障碍与自杀

我们大部分人都会时不时地感到忧郁。考试不及格、没有进入自己理想的大学或者研究生院、与所爱的人分手，能够使人心情抑郁的事例比比皆是。但是，心境障碍所涉及的心境起伏要严重得多，并且持续时间也更长。在这些情况下，个体会出现明显的适应不良，通常会导致人际关系与工作表现产生严重问题。心境障碍是一种高患病率、高疾病负担、高复发率、高致残率、高自杀率的慢性精神疾病。抑郁是世界各地的首要致残原因，它是导致全球疾病负担的一个重大因素。目前，全球有超过 3 亿人患有抑郁症，遍布各个年龄组，女性患者居多，严重者可致自杀。

心境障碍（mood disorder）又称情感性精神障碍（affective disorder），是以情感或心境显著而持久的改变（情感高涨或低落）伴有相应的认知和行为异常为主要特征的一组精神障碍。可伴有精神病性症状，如幻觉、妄想等。心境障碍中的两种关键的心境分别是躁狂和抑郁，前者经常以强烈而不真实的兴奋感和欣快感为特征，后者通常涉及极度悲伤和沮丧的情绪。在单相障碍中，个体只会体验到抑郁发作，而在双相障碍中，个体则会体验到躁狂发作和抑郁发作。二者在症状、病因和治疗方面存在着显著差异，可以以下形式对心境障碍进行区分：①严重程度——患者在生活的各个领域所体验到的功能障碍的多少，以及在这些领域中所显示的损害程度的大小；②持续时间——障碍是急性、慢性，还是间歇性发作（在障碍两次发作期间有功能相对正常的时期）。

重度抑郁发作是导致自杀最常见的倾向性因素。1982年，我国12个地区开展的精神疾病流行病学调查中，心境障碍的终生患病率为0.076%，时点患病率为0.037%。21世纪以来，我国精神疾病的疾病谱已发生了很大变化，重性抑郁、酒精使用障碍和心境恶劣障碍已经成为目前各地最突出的精神障碍，焦虑障碍（如特殊恐怖症和广场恐怖症等）也成了部分地区突出的精神卫生问题。

（一）抑郁发作

抑郁发作的典型症状包括与环境不相称的显著持久的情绪低落、思维活动缓慢及兴趣和活动性减退，故称为"三低"症状，严重者出现消极自杀行为。其中，以间歇发作性病程为主要特征者称抑郁发作，以持续性病程为主要特征者称恶劣心境。抑郁障碍患病率较高，漏诊率也较高，对社会危害较大，应予以重视。

抑郁发作的特征有：

1. 情绪低落　主要特点是明显而持久的情绪低沉，心情压抑，长吁短叹，闷闷不乐，没有愉快感，孤独无助，甚至有绝望感。儿童或青少年有易怒情绪，部分伴有焦虑、激越症状，更年期和老年期抑郁症更为明显。典型案例中，这些体验有晨重夜轻的变化规律。

2. 思维迟缓和思维内容障碍　抑郁发作时，患者的思维联想速度缓慢，反应迟钝，自觉脑子好像生了锈，思考问题困难，注意力下降，工作和学习的能力和效率下降。临床表现为主动性言语减少，语速缓慢，声音低沉，回答问题需等待良久或多问不答。

思维内容障碍表现为患者自我评价过低，认为自己无能，没有价值感。有的过分自责，事事过错归咎于己，自我惩罚。对未来不抱希望，反复出现自杀观念，并付诸行动。严重者还有罪恶妄想、关系妄想、贫穷妄想等，亦可在躯体不适的基础上产生疑病观念，部分患者会出现幻觉。

3. 兴趣和活动性降低　患者的意志活动明显受到影响，行动缓慢，活动减少，交往被动，对以往感兴趣的活动也失去了兴致。时常感到疲乏无力。常独处一隅，唉声叹气，疏远亲友，乃至于闭门不出。感到生活没有快乐，有生不如死的感觉。严重者甚至连日常生活也懒于打理，不吃、不语、不食、不动，呈木僵状态。

抑郁发作时常伴有焦虑恐惧情绪，行为表现出明显的坐卧不来、来回踱步或搓手顿足，易被激怒。严重的抑郁发作常有冲动伤人或自杀行为，有些患者甚至通过凶杀，借助法律制裁来间接达到自杀的目的，或者出于自己死后亲人会受苦等原因，在自杀前先杀害亲人，社会影响恶劣，更应该高度警惕。

4. 躯体不适症状 抑郁发作常伴有各种躯体不适症状，多与自主神经功能紊乱有关（如心悸、头疼、食欲下降、体重减轻等），还会出现具有临床意义的痛苦或功能损害。入睡困难、早醒等睡眠障碍突出，少数出现睡眠过多。这些症状持续 2 周以上，才能判断是否抑郁发作。抑郁发作也可出现人格解体、现实解体和强迫症状。

（二）躁狂发作

发作时有与环境不相称的典型"三高"症状：情感高涨、思维奔逸和思维内容障碍、活动性增高。

1. 情感高涨 患者自觉轻松愉快，整日兴高采烈，感觉生活绚丽多彩一切美好，言语诙谐有趣，感染力强，所到之处常有欢声笑语。有的伴有情绪不稳定而易激怒，表现出敌意、暴怒或攻击性行为，但历时短暂后又转怒为喜。

2. 思维奔逸和思维内容障碍 躁狂发作的状态下，患者的联想过程明显加快，自觉脑子转的特别快，思绪不断涌现，想象力丰富，表现为高谈阔论、滔滔不绝、引经据典、口若悬河，常出口成章、妙语连珠，出现音联（音韵联想）和意联（词意联想）等表现。患者的注意力不集中、易转移，常出现随境转移和意念飘忽（即思维活动常受周围环境影响而使得话题突然改变）。因来不及深思熟虑，讲话内容较肤浅，常给人以信口开河之感。

在心境高涨的背景上，患者自我评价过高，目空一切，可出现夸大观念，常涉及健康、容貌、能力、地位和财富等。进一步发展为夸大妄想或富贵妄想，在激情驱动下做出一些符合自身能力的行为。有时出现短暂的关系妄想和被害妄想等。

3. 活动性增高 表现为精力异常旺盛，活动明显增多，整日忙忙碌碌不知疲倦，但做事有始无终，往往一事无成。交往非常主动，爱管闲事，爱打抱不平，爱开玩笑，好出风头，注重打扮，追逐异性，随意挥霍，十分慷慨。由于缺乏深思熟虑，给人以言行轻率的感觉。自认为才智过人，狂妄自大，颐指气使，训斥他人等。严重者自我控制能力下降而举止粗野，甚至有攻击和破坏行为。

4. 其他症状 躁狂患者因自觉良好而很少有躯体不适诉述，但仔细观察可发现患者面容红润、双目有神、心率加快、瞳孔轻度扩大和便秘等交感神经功能兴奋症状，食欲和性欲增强，睡眠需求减少。由于体力过度消耗，容易引起失水和体重减轻等状况。

躁狂发作患者的主动和被动注意均加强，但不持久。记忆力增强，但漫无控制，内容琐碎而混乱。多数患者的自知力在发病早期即有不同程度的损害。严重者处于极度兴奋躁动状态，出现片段的幻听，行为紊乱而冲动，也可出现意识障碍、错觉和幻觉及思维不连贯等症状，称为"谵妄性躁狂"。

躁狂症状和抑郁症状在一次发作中同时存在的情况较少见，称为混合发作，一般持续时间短暂。二者交替出现，但表现程度均较轻者称为环性心境障碍。

（三）治疗与预防

抑郁发作时可使用抗抑郁药治疗，如三环类的氯丙咪嗪和阿米替林、四环类马普替林、选择性五羟色胺再摄取抑制剂一类的氟西汀和帕罗西汀等、新型抗抑郁药如曲唑酮和万拉法新等药物。躁狂发作时可使用碳酸锂、丙戊酸钠、卡马西平等药物治疗。合并精神病性症状者可应用抗精神病药物，病情严重或药物治疗无效者则考虑电抽搐治疗。

心理治疗对轻中度抑郁和病情缓解期的患者有积极的疗效，尤其是认知行为治疗的疗效得到认可。此外,支持性心理治疗、家庭治疗、人际心理治疗等一系列心理治疗技术对改善认知、调整适应不良性行为,提高应对能力等方面有促进作用,有利于病情的环节和预防复发。

(四) 自杀

自杀(suicide)是个体有意采取各种手段结束自己生命的行为。自杀是全世界年轻人中最常见的第二大死亡原因。一般将自杀分为自杀意念、自杀未遂和自杀死亡三种。自杀意念是有寻死的愿望,但没采取任何实质行动;自杀未遂是指有自杀行为但未成功;自杀死亡是指有意采取毁灭自己的行为,并导致了死亡。

二、进 食 障 碍

进食障碍(eating disorder)是与进食有关的一组症状群或综合征,是指在心理因素、社会因素与特定的文化压力等因素交互作用下导致的进食行为异常,主要包括神经性厌食、神经性贪食及其他分类等。20世纪50年代至60年代早期,这一类疾病开始在西方呈上升的趋势,并在数十年里蔓延开来。事实上,在所有心理障碍中(包括抑郁症),进食障碍的死亡率是最高的。如1995年在美国的统计数据显示,持续时间较长的厌食症患者中,有20%死于该病。

(一) 神经性厌食症

神经性厌食症(anorexia nervosa)是指有意地节制饮食,导致体重明显低于正常标准的一种进食障碍。患者对体重增加和肥胖过度恐惧,因而过度控制饮食以达到使体重下降的目的。

在过去的几十年里,神经性厌食症的发病率明显增加,而且不同的国家均有发生。更令人感到惊奇的是其在文化上的独特性。过去,在发展中国家并未发现进食障碍,人们往往要为温饱而奋斗;只有在发达国家,食物供给充足了,进食障碍才会出现。但现在情况变了,进食障碍逐渐成为全球性的疾病,甚至在一些国家和地区如日本、我国香港的发病率接近老牌发达国家——美国。我国大陆随着近些年生活水平的提高、人们观念的改变及对"以瘦为美"的目标的追求,发病率有升高的趋势。但并不是每一个人都处在危险中,据报道,90%以上的患者是青少年女性,青春期少女的发病率高达0.5%~1%,为成年人的发病率的5~10倍,男性患者少见。事实上,仅有相当少数的人患有进食障碍,90%以上的严重案例是年轻女性,他们往往来自于社会经济地位较高的家庭,处在社会竞争中,最明显的例子就是已故的英国王妃戴安娜,她曾经与神经性厌食症战斗了7年之久。

神经性厌食症的主要临床特征:①患者故意限制饮食,甚至极端限制饮食,尤其是拒绝高能量的饮食;②患者对自己身体的认知发生严重歪曲,即使体重已经明显降低到正常标准以下,依然认为自己不够瘦;③患者表现为严重的营养不良,并伴有内分泌和代谢紊乱,停经是女性神经性厌食症患者重要的临床表现之一,在厌食的早期,体重尚无明显下降时就会出现;④其他症状包括皮肤干燥、头发和指甲易断裂,对低温敏感或无法忍受,手足面颊出现绒毛等。

神经性厌食症的治疗比较困难,患者往往因为否定自己有病而不配合治疗。神经性厌食症患者也会出现焦虑和情绪障碍；此外较常见伴发强迫症，厌食症患者会采取各种行为来防止体重增加，其中一些行为是仪式化的。因此，在强调维护躯体功能正常的基础上突出心理治疗：①纠正营养不良，提供高热量饮食，必要时通过静脉注射补充营养并纠正电解质紊乱，并采取各种办法帮助患者恢复正常的饮食习惯；②心理治疗：常采用认知疗法、行为疗法、家庭疗法等方法，通过认知治疗消除过分怕胖的观念，采取系统性脱敏疗法、标记奖励疗法等矫正患者不良的饮食习惯等；③药物治疗：针对存在抑郁情绪、强迫观念等症状对症治疗，抗抑郁药物应用较多，常用的有五羟色胺再摄取抑制剂。

（二）神经性贪食症

神经性贪食症（bulimia nervosa）的主要表现是反复在相似的情况下，出现不可控制地进食大量食物（远多于常人水平）的冲动和行为，且食物多为垃圾食品而并非水果、蔬菜，进食后又因为担心发胖而采用一些不适当的方法来防止体重增加，如催吐、导泻、过度锻炼等。神经性贪食症发作的时候，患者会有失去自我控制的感觉，在短时间内吃掉大量高热量食物，直到出现躯体不适或者受到社会干扰时贪食行为才停止。刚开始，这种贪食行为可能会有助于减轻患者所承受的压力，但随后就会感到后悔，出现负罪感、抑郁情绪和自我厌恶的感觉，遂通过催吐等方法排出食物。

神经性贪食症患病人群主要为女性，发病年龄多在18～20岁，男性少见。此病常与神经性厌食症交替出现，多数患者是神经性厌食症的延续者，两者可能拥有相似的病理心理机制及性别、年龄分布。

神经性贪食症的临床特征：①暴食行为反复发作，其特征是在2小时内摄入异常大量的食物，发作时伴有进食失控感；②为防止体重增加，反复采取不恰当的而补救行为，如自我引吐、滥用泻药、绝食、过度锻炼等；③通常暴食及不恰当补偿行为每周至少2次，持续3个月；④过分关注体形和体重。贪食症的患者常常伴发一些心理障碍，尤其是焦虑和情绪障碍。曾有人对贪食症、惊恐障碍、社交恐怖症各20位患者进行了对照实验研究，结果发现，75%的贪食症患者均伴有焦虑症或恐怖症，如社交恐怖症、广泛性恐怖症等。

神经性贪食症以心理治疗为主，辅以药物治疗。心理治疗可以采取认知疗法、行为疗法等，认知疗法主要是改变患者过分关注自己的体形及过分怕胖的想法，使之对于进食规则有正确的认知；行为疗法常采用系统脱敏、暴露、正强化等，促使其每餐按照预定计划得以控制。抗抑郁剂能减少部分患者贪食的发作，改善其心境。

（三）发病原因

1. 社会文化因素 厌食症和贪食症具有相当的同质性，近年来认为这主要与现代时尚文化中倡导的"以瘦为美"的美文化有关。另外，在西方少数民族文化中，进食障碍的发生频率及发作形式有所不同，但患者价值感趋于与中等阶层的白人一致。由于绝大多数进食障碍始于青少年期，很显然厌食症和贪食症与发育呈明显相关。青少年期过后，女孩体重增加主要是由于脂肪组织增加，而男孩则是由于肌肉和无脂肪组织的发育。理想中的外形是：男性高大、肌肉发达；女性苗条而充满活力。身体发育使男性的体形愈加理想化，而女孩的体形则可能离理想愈远，因此促发进食障碍在青少年期的高发。

此外，家庭因素也在其中发挥着作用。一旦发生进食障碍，家庭互动模式就可能有意义了。很多研究者发现在典型的厌食症家庭中，其成员表现为事业成功、极其努力、关注外表、渴望保持和谐。为了达到这些目标,家庭成员经常否认或忽视矛盾和负性情绪,他们倾向于以成员之间坦诚的交流为代价,将他们的问题归结到其他人身上。但不管以前的家庭关系如何,在进食障碍尤其是厌食症出现后,患者的家庭关系都会很快恶化。父母所体验到的内疚和痛苦常常远超进食障碍的孩子所具有的焦虑和抑郁水平。

2. 生物学因素 和大多数心理障碍一样,进食障碍会发生在家族中,因此可能与遗传有关。但目前尚无更进一步的资料研究证明,是哪一种物质的遗传导致了进食障碍的发生。部分研究者推测,非特性的人格特征如情感不稳定、冲动控制不良可能会被遗传。换句话说,一个人可能会遗传对应激性生活事件的情绪反应倾向,为了缓解压力和焦虑可能会大吃一顿,然后再采取补偿性行为。总而言之,如果研究者真的发现了进食障碍与神经生物学之间有着密切的联系,那就要考虑神经生物学异常是结果还是原因了。

三、睡 眠 障 碍

睡眠障碍既可以表现为睡眠量不正常、睡眠中出现异常行为,也可以表现为睡眠和觉醒正常节律性交替紊乱。既可见于正常人,也可以是各种疾病的伴随症状。

(一)失眠

失眠(insomnia)是临床上最常见的睡眠障碍,指的是患者对睡眠时间和(或)睡眠质量不满足,并影响到白天社会功能的一种主观体验。常见的失眠形式有三种。①入睡困难型:上床后久久不能入睡;②保持睡眠困难型:夜间易醒,或醒后很难再入睡;③早醒型:觉醒过早,多于清晨3~4点醒来。失眠患者白天往往表现出精神不振、疲乏、困倦、记忆力和集中力减退、易激怒和抑郁等症状。

失眠的产生原因主要有:

1. 心理因素 过度疲劳、紧张或者对健康过度关心,尤其是个人的不良自我暗示是导致失眠和使失眠长久不愈的重要心理因素。过大的压力,来源包括人际关系矛盾、家庭冲突、感情婚姻不合、经济压力、职业工作负荷、有影响的挫折创伤等,这些压力事件给人造成的压力直接体现为个人情绪的紧张(即焦虑),而这些焦虑紧张会通过直接的或间接的多个途径造成睡眠的干扰。

2. 疾病因素 各种抑郁症、焦虑症、精神分裂症等精神疾病常出现失眠问题,这时的失眠本身就是精神心理疾病的一个重要症状,常常会在疾病潜伏期或初期就表现出失眠,而失眠有时也会成为这些疾病治疗效果的一个风向标,一旦治疗有效,失眠常常会随之好转。

某些特殊的躯体状况如呼吸暂停综合征、肥胖等也会导致睡眠问题,如人们常常用"鼾声如雷"形容一个睡得很熟,其实打鼾本身是人睡眠中通气不畅通的表现,呼吸暂停综合征的患者常常会有明显的鼾声,气道不畅通或者呼吸暂停常常会导致暂时的大脑低氧,这时的睡眠本身是有问题的。

3. 药物因素 服用中枢神经系统兴奋剂等可能影响睡眠。

4. 其他因素

(1)睡眠的节律性紊乱容易造成失眠,随着科技进步和经济发展,越来越多人都有熬夜的经历,有时候是一夜不睡,白天补眠。睡眠节律是人身体重要的生物节律之一,紊乱的睡眠节律也会造成失眠。

（2）而睡觉前的身体状态也会影响入睡，有些人会在睡前做运动，有些人会在睡前看激动人心的电影（如恐怖片），还有些人会在晚间喝咖啡或茶，这些睡眠活动或者物质会改变人的生理状态，尤其是改变了人大脑的状态，让人不容易进入松弛平静的状态，而睡眠必要的一个条件就是处于松弛平静的状态。

（3）光线过强、噪声过大、睡眠环境改变或入睡前饮用兴奋性饮料（茶、咖啡）等可导致失眠。

（二）原发性嗜睡症

失眠是指睡眠不足，而嗜睡症是指睡眠过多，整夜睡眠的人第二天发现仍然要睡几次。需要区别于失眠导致的白天困倦，失眠患者夜间睡眠不足，白天则感到疲惫思睡；而嗜睡症患者整晚都在睡眠，醒着的时候也是在休息，但他们仍然会抱怨整天感到极度疲倦。诊断嗜睡症，需要排除失眠症、睡眠呼吸暂停或引起白天睡眠的其他因素。

（三）睡眠障碍的治疗

睡眠障碍有很多不良的影响，以失眠为例：失眠对人体的伤害主要是精神上的，一般不会使人致命。但失眠的人长期处于睡眠不足状态，严重的会引起感知方面变化，如视野变化、幻视、消化功能和性功能减退、记忆力下降、脾气变得暴躁、性格改变，也会诱发高血压、冠心病、卒中、糖尿病，对女性还会导致皮肤干燥、月经失调等疾病。有时候，失眠也会导致器质性的疾病，还会使人免疫力下降。

对睡眠障碍的治疗需要先对患者进行躯体和心理的检查，明确病因并针对性地对其原因选用相应的治疗方法

1. 药物治疗 对失眠最常见的是药物治疗。目前常用治疗失眠的药物有镇静催眠药，包括巴比妥类、苯二氮䓬类、非苯二氮䓬类，还有抗抑郁药物类等。仅仅苯二氮䓬类，就有地西泮、氟西泮、硝西泮、氟硝西泮、艾司唑仑等多种不同药理特点的药物。但药物治疗也会引起睡眠过多、药物依赖或滥用等弊端。而为了帮助嗜睡症患者，内科医生常常使用中枢兴奋剂如苯丙胺、莫达非尼、哌甲酯等。对猝倒症或肌张力丧失等病症，则常常使用抗抑郁药物。

2. 心理治疗 不同的治疗方法适用于不同睡眠问题的患者。例如，放松治疗能减轻阻碍患者入睡的躯体紧张。一些患者对工作、人际或其他状况的焦虑，通过认知疗法可以解决；通过认知行为疗法，调整认识态度，消除不良自卫暗示，减轻心理压力，消除紧张情绪等。

3. 环境治疗

（1）人们往往会第一时间想到失眠是睡眠环境的原因，并且会由此做出很多尝试来改善睡眠，如要求环境绝对安静或听着舒缓的轻音乐睡觉，加厚床垫以增加床的舒适度，开灯睡觉或换上厚实遮光的窗帘等。如果发现了是周围环境导致的眠，可以采取一定的手段改善环境。

（2）保证正常的睡眠作息节律，在大多数地区，太阳落山后 2~4 小时后入睡，清晨地平线上第一道阳光照耀的 2~3 小时起床，可以此作为参考。失眠后第二天可以比平时稍早些上床睡觉，第三天早晨可以稍晚些起床。不要用补觉的方式来弥补，除非你头天晚上彻夜不眠。

（3）睡前不要看电影、玩游戏、喝浓茶咖啡等，让大脑进入思维松懈、注意力发散的

状态，更有助于睡眠。

四、人格障碍

> **案例 5-6**
> 库恩，22 岁，因为偷窃汽车和持枪抢劫而面临审判。他的犯罪记录从 9 岁开始有一长串拘捕史，因为故意破坏公共财产而被捕过；因为逃学和捣乱，在高中的时候被开除学籍。很多时候，他会一次离家几天或几个星期，回来的时候总是一副蓬头垢面且"筋疲力尽"的状态。虽然他彬彬有礼的态度能够让他很容易地得到一份工作，但是迄今为止，他没有一份工作是超过数天的。别人说他是一个几乎没有朋友的独行者。对于那些他遇到的人，虽然一开始友好，但日久见人心，别人很快就开始对他感到很反感，因为他总是好强、好斗又以自我为中心。在第一次面谈之后不久，他弃保潜逃，可能为了躲避审判而离开市区。
> **问题**：库恩为什么会有那么多拘捕史？

人格障碍是指在无智力障碍的情况下，个体的人格特征（认知、情感、人际关系和冲动控制等）明显偏离所属社会文化中大多数人的范围，导致社会和职业功能受损、环境适应不良。

儿童和青少年时期处于人格的塑形期，不作人格障碍的判断。但人格障碍往往开始于儿童或青少年时期，成长过程中偏异的人格特征逐渐突出而固定下来并长期存在，一直持续到成年或者终生。虽无智能障碍，但偏异的行为模式难以矫正，少数人在中年以后某些人格特征的偏异程度可有所改善。人格障碍与正常人格没有截然分明的界限，而是人格特征在程度上的差异及由此造成对于个体的影响是不同的。

人格障碍的成因目前尚不明确，可能是在生物、心理和社会多种因素的共同作用下形成的。

（一）人格障碍的类型与主要特征

1. 偏执性人格障碍（paranoid personality disorder） 主要特点是广泛的猜疑和偏执。经常表现为敏感多疑、过度防卫，容易将别人无意或者友好的行为误解为敌意或轻蔑从而产生歪曲的体验；有时候把周围的事物解释为不符合实际的"阴谋"，容易记仇，不知不觉与周围人对立，易被激怒和出现攻击行为；甚至对家人也怀有强烈的戒心，怀疑配偶的忠诚，难与人建立亲密关系。除此之外偏执性人格障碍还表现为对自己估计过高，过于自负，对批评和挫折过分敏感，常把错误和失败归咎他人；固执地追求不合理的权利或利益；看问题主观片面，特别固执己见，难以接受他人的建议或意见，易与人争辩，甚至强词夺理、推诿责任。

此型人格障碍在普通人群众的患病率估计为 0.5%～2.5%，男性多于女性。历程漫长，大部分人随着年龄的增长，人格趋向成熟或者应激源减少，其人格特征也趋于缓和，但仍有一部分人持续终生。

2. 分裂样人格障碍（schizoid personality disorder） 以观念、行为和外貌装饰的奇特、情感淡漠、人际关系明显缺陷为主要特征。具体表现为常常沉浸于奇特的幻想和信念或沉溺于较高深的理论问题中，思维内容空泛抽象，常有一些旁人难以理解的想法，言语表达能力弱。性格明显内向（孤独、被动、退缩），与家庭和社会疏远，情感上少有主动需求，对人际交往似乎不感兴趣,孤僻离群,缺少亲密朋友;缺乏愉快感;表情呆板,对赞扬和批评反应差或无动于衷;不愿或者拒绝与异性交往,对与他人之间的性活动不感兴趣(考虑年龄)。对周围事物几乎没有兴趣,爱好极少,往往涉及智力性活动,如组装模型或者机械器具等;在遵守社会规范方面存在困难,对外表现行为怪异。

此型人格障碍以男性患者居多,与精神分裂症并无必然的因果联系。典型的分裂样人格障碍者很难维持正常人的生活;程度较轻者尚可维持正常的生活,因为甘于寂寞而不易为外界环境的变化所吸引,故而能坚持长时间进行某项工作,有的甚至可以在某些领域取得较高的成果。

3. 反社会性人格障碍(antisocial personality disorder) 又称为无情型人格障碍或社交紊乱型人格障碍。其主要特点是情感上对人冷酷无情,行为上不符合社会规范,经常违法乱纪。

具体表现为:

(1)严重和长期不负责任,无视社会常规、准则、义务等。

(2)行动的冲动性非常突出,缺乏周密计划。

(3)缺乏爱心和友谊,对他人漠不关心,甚至会故意制造痛苦和麻烦,危害别人时缺乏内疚和自省。

(4)缺乏情绪控制能力,常常故意伤害他人或出现暴力攻击行为,即使对配偶和子女也是如此。

(5)对挫折的耐受性低,容易被激怒并做出暴力攻击行为,很容易责怪他人或对其与社会冲突的行为进行无理辩解。

(6)忽视社会道德和行为规范,反复出现违法犯罪行为而毫无悔意,很容易出现酗酒或者其他物质滥用的情况。

(7)社会适应能力差,虽然建立人际交往并无困难,但是难以维持与他人的长久关系,经常给他人造成麻烦而被人疏远。反社会性人格障碍患者在 18 岁之前往往就有各种品行障碍的表现,如逃学、打架、说谎、偷盗、虐待动物、故意破坏他人或公共财物等行为,还有过早出现性行为或性犯罪,常有酗酒、吸毒、赌博行为。

反社会性人格障碍中男性远多于女性,我国台湾有资料表明反社会性人格障碍的终生患病率为 0.1%左右,明显低于美国。此型人格障碍是最难治愈的人格障碍之一,其行为问题在青少年期和成年早期达到顶峰,30%~40%者于 40 岁前行为有明显改善,年龄再大者易患上慢性酒精中毒或者晚发抑郁症。

4. 冲动性人格障碍(impulsive personality disorder) 又称攻击型人格障碍,以感情爆发伴有明显的冲动行为为主要特点,男性明显多于女性。此型人格障碍常表现为情绪不稳定,容易激怒,突然爆发愤怒,做出冲动行为。行为爆发时难以遏制,甚至有自伤、自杀行为;冲动后虽有懊悔,但不能防止再犯,受挫时易与人发生争执,造成人际关系紧张,几乎没有长久的朋友;日常生活和工作中缺乏计划性和目的性,做事不持久,冲动性明显;不能坚持没有奖励的行为,自我形象和内在偏好紊乱。

5. 表演性人格障碍(histrionic personality disorder) 又称"癔症性人格障碍",以过分的感情用事或夸张言行吸引他人的注意为特点。这类人格障碍遇事后总以自己当时的感受来决定好坏。夸大事实,爱走极端,喜欢则视为完美无瑕,讨厌则视为一无是处;注重外表,常打扮得花枝招展,行为富于表演和夸大色彩,过分情绪化和以自我为中心;想方设法成为他人注意的焦点，渴望得到他人的同情和赞赏，否则就大发脾气和失望；重视人际关系，但争强好胜，不顾及他人感受，总将自己的意愿强加给别人，达不到目的的时候产生强烈的情感反应，以至于给自己和他人造成极大困扰；当与现实发生冲突时，不自觉地以幻想来缓解冲突，在极端的情况下凭空想象出不存在的经历，成为"病理性说谎者"；易于接受暗示，情感迅速变化而肤浅，难以与周围保持长久的社会联系同时又持续渴望得到理解和认可；与异性交往时，外表和行为显出不恰当的挑逗性。在性行为方面，尽管有较高的激情，但与异性接触时又表现出明显的性冷淡，因此较难有满意的性生活。

表演性人格障碍中女性多于男性，在普通人群中的患病率为2%~3%。社交性的小组治疗对这类人格障碍是有益的。没有合并其他类型的人格障碍者预后相对较好。

6. 强迫型人格障碍（compulsive personality disorder） 主要特征是不确定感、不安全感和不完美感。这种人格障碍者凡事追求完美。过分关注秩序，按部就班，拘泥细节，忽视全局；做事瞻前顾后，谨慎而犹豫，常自我怀疑而反复核对；过于爱好整洁和自我关注，过于自我克制，责任感和道德感强，不仅对自己要求苛刻，有时甚至对与其共同生活和工作的人也强求一致；行为刻板，循规蹈矩、食古不化、缺乏创新和冒险精神；爱好少，缺乏幽默感和生活情趣，人际交往有限，常伴焦虑、紧张和苦恼。

强迫型人格障碍中男性较多见，普通人群的患病率估计为1%，约70%的强迫症患者病前有强迫性人格障碍。适合在非常稳定的环境中生活和长期从事单一的工作。强迫性人格特征突出者可出现明显的强迫、焦虑和抑郁症状。

7. 焦虑性人格障碍（anxious personality disorder） 又称回避性人格障碍，主要特点是过分地渴望得到他人认可，对拒绝和批评极端敏感，一贯地感到紧张、不安全感和自卑，习惯性地夸大日常处境中潜在的危险而有回避某些活动的倾向；社交中总是紧张不安，胆怯羞涩，缺乏自信，回避与人接触，尤其是面对上级、异性或者感觉比自己能力强的人时，更加局促不安，不敢在大庭广众面前讲话，个人交往十分有限。由于不自信，常常害怕接受新的工作和承担责任。

此型人格障碍的男女比例相当，患病率为0.5%~1.5%，是强烈渴望别人接纳和自尊心下降的人格特征的持久体现，与个人的生活环境无关。

8. 依赖性人格障碍（dependent personality disorder） 主要表现是过分地依赖他人而害怕与他人分离。由于缺乏自信而没有主见，难以独立做出决定，往往需要依从别人的安排生活；儿童或少年时期事事由父母做主，成人后难以独立生活和完成工作，需要时常有人在侧，每当独处时会感到极为不适；有时为了有所依靠，甚至对被依赖者做出过分自我牺牲和忍耐心身虐待，当亲密关系终结时则有被毁灭和无助的体验。

该型人格障碍多见于女性，由于人格方面缺陷明显而长期处于失业和单身的状态中生活。

（二）人格障碍的鉴别

人格障碍主要与精神分裂症、神经症等精神疾病相鉴别，前者一般开始于儿童、青少年时期，一旦形成即不容易改变，一直持续到成年期，并无明确的形成时间，也无疾病发生发展的一般过程；而后两者中任何一种精神疾病均有疾病时期和非疾病时期的明确界限。

人格障碍还应该区别继发于某些精神疾病或躯体疾病的人格改变，人格改变发生在某一种精神刺激或躯体疾病后，病前有人格发展正常的阶段，可以用于鉴别。

（三）人格障碍的干预措施和预后

人格偏异也就是人格障碍一旦形成，矫正难度极大，目前各种治疗手段对于人格障碍的效果并不理想，教育感化作用也较为有限。随着年龄增长，一部分人格特征的偏异程度会有逐渐缓和的趋势。因此，加强围产期保健、良好的养育环境和教育方式对预防人格障碍有重要的意义。

心理治疗广泛应用于各种人格障碍，围绕每种人格障碍的核心特征实施治疗。短期内改变人格特征的可能性不大，因此心理治疗的目标定位于帮助人格障碍者寻找与自己人格特征冲突较小的生活环境和生活方式，减少与环境冲突所带来的负面情绪，防止由于人格特征而引起的酗酒、吸毒等附加问题的发生，提高适应性和减少社会负担。由于人格障碍者难以和心理治疗师建立相互信任的关系，目前任意一种心理疗法对人格障碍的疗效都尚待考究。

精神药物对纠正人格障碍没有明显效果，主要是对症治疗。对于冲动行为明显者，可以短期、小剂量地使用镇静作用较强的抗精神病药物，如氯氮平、利培酮等，对于易激怒者可使用锂盐、苯妥英钠、抗焦虑药物等，情绪低落者可选用抗抑郁剂治疗。

五、成 瘾 障 碍

成瘾行为是当今社会面临的最普遍和最顽固的心理健康问题之一，这是一种对某种物质或者活动有病理性需求的行为，包括对尼古丁、酒精、可卡因等物质的滥用行为，网络成瘾及病理性赌博等。

从诊断的角度出发，成瘾物质相关障碍可以分为两大类。第一类包括那些因长期过量使用精神药物而造成的器质性损伤，如伴有失忆症状的酒精滥用所导致的痴呆，另一类是由物质引发的器质性精神异常和各类症状。大部分的成瘾障碍属于第二类范畴，主要因规律性长期服用药物而导致不适应行为，包括物质滥用障碍和物质依赖。

1. 物质滥用（substance abuse） 一般均包含病理性物质使用，这样的行为可能会导致有安全隐患的行为，如在药效期间驾驶，或者在已经存在社交、心理、职业和健康问题的情况下仍然持续使用。物质依赖（substance dependence）是更为严重的物质使用障碍，且一般伴有一种明显的生理渴求，即要通过增加剂量才能达到先前的使用效果。

2. 酒精滥用 又称为酗酒，它是造成躯体或精神损害或不良社会后果的过度饮酒。其特点是对饮酒不能自控，思想关注于酒，饮酒不顾后果；思维障碍；每一症状可以是持续或周期性的。长期酗酒引发营养问题，造成各种消化系统和代谢系统疾病。导致酒精性肝硬化和癌症，影响脂肪代谢，出现"啤酒肚"体态。酗酒会损害大脑神经组织，慢性酗酒者的高级认知功能呈渐进性衰退，学习和利用新知识及解决问题的能力下降。酗酒还会造成严重的社会问题和家庭冲突，如交通事故、自杀及家庭暴力等。

3. 吸烟成瘾 吸烟可导致肺癌、口腔癌或食管癌、膀胱癌；也导致心脏病、慢性支气管炎和肺气肿、高血压。孕妇吸烟会导致胎儿发育障碍，易娩出低体重儿，导致胎儿慢性缺氧。长期吸二手烟的肺癌患病率较高，亦更易出现血管硬化及患上心脏病。吸烟成瘾会使人产生心理依赖，对成瘾物质（尼古丁）的耐受性及戒断症状。烟草会影响吸烟者的精神状态，被要求强行戒烟者会产生一种对香烟的强烈的渴求感。其成瘾原因是香烟中的尼古丁随着血液流入中枢系统，和乙酰胆碱受体结合，代偿性产生更多的结合尼古丁的乙酰胆碱受体。一旦体内尼古丁含量下降，脑内乙酰胆碱受体无法与尼古丁结合，会引起一系列生理和心理反应，产生强烈的吸烟渴求，导致烟瘾发作。戒烟的有效治疗方法有团体行为治疗、使用抗抑郁药物、尼古丁代替治疗、心理治疗与心理咨询、电话咨询、护士干预、自助等。

4. 网络成瘾障碍 是指慢性或周期性的对网络的着迷状态，不可抗拒地再度使用的渴望与冲动，上网后欣快，下网后出现戒断反应，出现生理或心理的依赖现象。根据网络成瘾内容，可分为网络色情成瘾、网络交友成瘾、网络交易成瘾、网络信息收集成瘾、计算机游戏成瘾。成瘾的人群主要集中在青少年和从事专业技术的人群。网络成瘾会导致心身障碍，出现睡眠节律紊乱、自主神经功能失调、免疫力下降，诱发心血管疾病、紧张性头痛、抑郁和焦虑等，也容易出现人格障碍，沉浸网络世界而不能自拔，回避或者脱离现实世界，造成社会功能损害和适应障碍。网络成瘾的治疗主要以预防为根本原则，心理治疗采用警示卡、团体治疗和家庭治疗。

六、性心理障碍

性心理障碍包括一组不同形式的性心理和性行为的异常。

（一）性指向障碍

性指向障碍指各种性发育和性定向有关的心理及行为异常。根据 CCMD-3 定义，其具体内容是指个人在建立性伙伴关系时，内心并不希望如此或犹豫不决，由此产生焦虑、抑郁和内心痛苦体验，试图寻求治疗加以改变的情况。从性活动本身来说，单纯的性指向问题一般不视为一种障碍，不同的社会文化对同性恋的看法也各不相同，国际疾病分类第十版（ICD-10）已不再将同性恋和双性恋作为精神障碍来归类。

在 ICD-10 中，性指向障碍分为性成熟障碍、自我不和谐性取向及性关系障碍等。CCMD-3 将性指向障碍分为：同性恋、异性恋和其他待分类的性发育和性指向有关的心理和行为障碍。

（二）性偏好障碍

这是指采用与常人不同方式满足性欲的一类性心理障碍。性偏好障碍有多种类型，在一个人身上也可能同时存在一种以上的性偏好障碍。

1. 恋物症（fetishism） 指个体反复出现的、强烈地使用无生命物体（一般为女性用品）来唤起性兴奋和获得性满足的行为。绝大多数恋物症患者都为男性。一般来说，恋物症者并不试图接近物品的主人，对与异性的性活动缺乏原动力，性功能低下，对性生活怯懦。矫正方法可以采取心理治疗和行为治疗，树立信心，促进异常行为的改善。异装症（transvestism）也是恋物症的一种特殊形式，表现为对异性的服饰打扮特别喜爱，有反复穿戴异性服饰的强烈愿望并付诸行动。异装症患者的性指向一般是异性恋，且多数有正常的异性恋关系。

2. 露阴症（exhibitionism） 指个体反复出现的、在不期而遇的陌生异性面前裸露自己的生殖器，以求得性欲满足的行为。几乎仅见于男性。受害者的反应或预期中受害者的反应在其性满足中发挥重要作用，可伴或不伴有手淫。通常并无进一步接近或侵犯异性的行为。

3. 窥阴症（voyeurism） 是指通过窥视不知情者的裸体、脱衣或性活动来获得性满足的一种性心理障碍。患者几乎仅见于男性，在窥视时或者想想窥视情景时手淫，一般并无与被窥视者发生性关系的愿望。

4. 性施虐症（sadism）和性受虐症（masochism） 性施虐症指通过使性活动对象遭受精神或者肉体上的痛哭而获得性满足的性癖好障碍；性受虐症指以接受性活动对象虐待而引起的痛苦来获得性满足的性偏好异常行为。虐待方式多种多样，性对象可能出于自愿，也可能是被迫而为之。有时候两种角色可能在性行为中互换，也有的人只进行施虐或受虐想象即可满足性欲望。

5. 摩擦症（robophilia） 指个体反复出现的、在拥挤场合趁人不备，用生殖器摩擦和接触他人（通常为异性）身体的一部分，以达到性欲满足的性心理障碍。患者并没有暴露生殖器的愿望，也没有想和被摩擦对象发生进一步性活动的愿望。

6. 恋童症（pedophilia）和恋老症（gerontophilia） 指成年人以儿童或老人为性活动对象。其性活动方式可以多种多样，如观看、手淫、爱抚或者通过肛门、阴道性交。恋童症者的行为违背社会公德和法律，对儿童的身心发展造成极大危害，应该予以法律严惩和社会舆论的批评。

（三）性身份障碍

性身份障碍指的是个体表现为强烈的改变自身性别的欲望，主要指易性症（transsexualism），即持续存在不认同自身性别和厌恶性征及生殖器，强烈地希望改变自身的解剖生理特征而成为异性的行为。易性症者男性多于女性，性行为指向同性，渴望像异性一样生活，其性认同比性满足重要得多。部分易性症者有不正当服用激素类药物的现象，部分患者可能出现药物导致的心境障碍或戒断症状，损害社会功能。

性心理障碍的治疗要根据各种类型的特点具体分析和实施。对于性指向障碍者的治疗，针对同性恋本身进行的治疗并无意义，应关注纠正自我不和谐的性体验和缓解内心冲突，使患者更现实地对待自身问题。以教育和发展为主旨的长期心理咨询和心理治疗对其他性指向障碍是有益的。对于性偏好障碍者，精神动力学治疗、行为治疗中的厌恶疗法可以使其行为得到改善。伴有攻击行为或导致自我伤害者可以使用躯体治疗，但无动机寻求，帮助者难以施治。手术治疗对部分坚持改变性别者有较好的疗效，但并非所有性身份障碍者都适合接受手术，心理治疗在解决患者内心冲突、增加社会适应性方面有所帮助。

七、精神分裂症

精神分裂症（schizophrenia）是常见的重性精神障碍之一，具有思维、情感、行为等多方面的障碍及精神活动和环境不协调。常缓慢起病，多发于青壮年，病程迁延、反复，部分患者趋向慢性化，甚至最终走向精神衰退。常导致患者不同程度的社会功能受损。

精神分裂症在全世界影响着超过 2100 万人，但它不像许多其他精神疾患那样常见。它在男性（1200 万）比女性（900 万）中更常见，精神分裂症在男性中开始发病的时期往往更早。精神分裂症患者早年死亡的可能较普通人群高出 2~2.5 倍。

(一)精神分裂症的临床表现

精神分裂症的精神症状极其复杂,在不同阶段、不同类型的临床表现存在较大差异。其精神症状可分为两大类:一类为特征性症状,反映本病患者精神活动"分裂"的特点,即患者自身认知障碍、情感和意志行为活动不协调及患者精神活动脱离现实与环境不协调。另一类是其他常见症状,如感知觉障碍、思维障碍及患者自知力受损。

1. 特征性症状

(1)认知障碍:主要为言语性幻听,如评论性、争议性、命令性幻听或思维冥想,可反复持续出现且十分顽固。患者的情绪和行为受幻听的影响和支配,可表现侧耳倾听、自语、自笑或对空谩骂,亦可出现伤人、自伤或自杀行为。患者的意识清晰,但思维联想过程缺乏连贯性和逻辑性,在交谈或书写中出现句子、段落及主题等内容无意义和无逻辑等情况,让人感到其说话"颠三倒四",严重者出现言语支离破碎或者病理性象征性思维。例如,某患者突然扑向正在疾驰的汽车轮胎,称自己想再"投胎转世"。有时患者感到在无外界因素的影响下,头脑中突然涌现出大量思维,自己不能控制,常伴有不愉快的体验,称强制性思维。患者将一些无关的词、字拼凑起来,或用图形、符号代表特殊的意义,不经患者解释,别人无法理解,称语词新作,如某患者用"%"表示"父母离异"。

原发性妄想是本病的特征性症状。其临床表现可有突发妄想、妄想知觉、妄想心境。有的患者坚信自己的行为、思维受外力的控制和干扰,称被控制妄想。有的患者则坚信自己心中所想未经言语表达已尽人皆知,称被洞悉妄想。有些患者坚信,身体不适或思维及情感活动的变化是由于外界尖端仪器、人造卫星或电波对自己的影响,称物理影响妄想。

(2)情感障碍:情感淡漠和情感活动不协调是本病情感障碍的特征。最早可表现对亲人、朋友、同事不关心。病情加重后,患者对周围事物缺乏应有的情感反应。同时还可出现情感反应与思维内容不配合,与环境不协调,患者可流着眼泪唱愉快的歌,满面笑容地述说个人的不幸遭遇,后者称情感倒错。与患者交谈时,如患者述说长期感到恐惧、害怕时,无强烈、鲜明的情感反应。在讲述不同的事件时,表情及内心体验均无明显变化。

(3)意志行为障碍:患者对学习、工作无要求,行为被动。严重者生活懒散,可长期不洗澡、不理发,终日呆坐,无所事事。有些患者其行为与环境不协调,如吃纸、木屑,喝污水,伤害自己的身体等,称意向倒错。有的患者出现怪异愚蠢行为,或紧张症状群,如违拗、蜡样屈曲、木僵、紧张性兴奋等。有的患者孤僻、独处,不与人交往,不愿暴露自己的病态体验,社会功能明显受损。

2. 其他常见症状

(1)感知觉障碍:约半数以上患者有言语性幻听,其内容可为威胁、辱骂、赞扬或有人在与自己对话。幻视较少见,有时可见幻嗅、幻味、幻触,且常与妄想(如被害妄想)的内容有关。人格解体在本病中也不少见。有时患者感到自己的头离开了身体,或下肢不存在了;有的患者感到心灵(精神)和躯体分开了。

(2)思维障碍:最常见的妄想为关系妄想、被害妄想。钟情、嫉妒、非血统妄想、夸大、罪恶和疑病妄想亦较多见。妄想的对象泛化(妄想的对象范围越来越广,涉及的人越来越多),内容荒谬、离奇是本病的特征。例如,某患者最初认为同事和邻居的言行举止与己有关,后来则认为街上、公共场所里的陌生人也在议论自己。

(3)患者的自知力受损:患者常常不承认自己的精神活动不正常,因此拒绝就医服药。

3. 早期症状 精神分裂症的早期症状多种多样,与起病类型有关。病程进展缓慢者,一般很难确切估计起病时间,早期症状以神经症症状和性格改变常见。可表现为睡眠障碍、敏感、多疑、情绪不稳、与亲人疏远、工作能力下降、生活懒散、行为紊乱、自语、自笑等。

4. 后期症状 病情可有不同程度的缓解,有的患者症状基本消失,可遗留类似神经衰弱的症状;有的则表现为孤独、淡漠、退缩等社会功能缺损,最后导致精神衰退。

(二)临床常见的类型及预后

1. 偏执型(paranoid schizophrenia) 又称妄想型,最常见,约占住院和社区群体调查精神分裂症患者的50%。起病较缓慢,多在青壮年或中年发病。妄想为主要的症状,病初可表现为敏感多疑,以后逐渐发展成妄想,且妄想的对象有泛化的趋势。有时可伴幻觉(常见言语性幻听)和感知综合障碍。妄想多不系统,内容荒谬或自相矛盾,如患者认为是时任美国总统克林顿的女儿,但又认为克林顿通过高科技手段陷害她,用她做试验。情感和行为受幻觉或妄想的影响,表现紧张、恐惧,也可出现自伤、自杀或伤人行为。此型如治疗及时,预后较好。

2. 青春型(hebephrenic schizophrenia) 占住院精神分裂患者的8%。起病较急,多在青春期或成年早期发病。主要症状为思维破裂,情感变化突出,情感肤浅而不恰当,哭笑无常与环境不协调,行为怪异,杂乱无目的,常有作态,可有兴奋冲动、意向倒错及本能(性欲、食欲)意向亢进。幻觉妄想片断易逝。此型病症发展较快,出现发展迅速的阴性症状,如不及时治疗,预后较差。

3. 单纯型(simple schizophrenia) 较少见,占住院精神分裂患者的1%~4%。多见于青少年期缓慢起病,病程持续进行性加重。主要表现为日渐加重的孤僻、懒散,学习、工作能力下降,思维贫乏、情感淡漠、意志缺乏,幻觉妄想不明显。此型患者早期症状常不能引起家人的注意,被误认为是思想问题或性格问题而不能得到及时的治疗,预后较差。

4. 紧张型(catatonic schizophrenia) 据国内外资料报道,紧张型发病大有减少。起病较急,多见于青壮年发病,病程为发作性。临床表现为紧张性木僵或与短暂的紧张性兴奋交替出现。患者肌张力增高,不语不动,不饮不食(木僵状态),肢体可任人摆放于某固定姿势长时间不动,称蜡样屈曲。紧张性兴奋时患者突然起床,可出现冲动、毁物行为,后又躺下呈木僵状态。此型可自行缓解,治疗效果较其他类型好。

5. 未分化型 就如同其名字一样,未分化型精神分裂症的诊断是个分裂垃圾桶。被诊断为该类型的患者符合精神分裂症的一般诊断标准,包括(不同的组合形式)妄想、幻觉、思维紊乱和怪异行为,但是因为有很多混合症状,无法确切地归入某一类别中。在精神分裂症早期的急性发作期通常存在未分化型症状,这些临床症状会逐渐变化,最后发展成某一特定亚型或未分化型。

6. 残留型 是指至少有过一次精神分裂症发作,但是目前没有表现明显的阳性症状,如幻觉、妄想或言语紊乱、行为紊乱等。相反,常会表现出阴性症状(如情感淡漠),偶尔也会不显著地表现出一些阳性症状（如奇怪的信仰、怪异的行为等）。

7. 其他精神病性障碍 主要包括分裂情感性精神障碍、精神分裂样精神障碍、妄想型精神障碍、短暂精神病性障碍、感应性精神病性障碍等。

（三）病因及治疗

该病原因尚未明确，常与遗传因素有关，一级亲属患本病的危险性较高，约为普通人群的10倍。有关双生子研究表明，精神分裂症单卵双生同病率比异卵双生高4～6倍。精神分裂症患者在发病前往往存在一些特殊的性格特征，如好幻想、思维缺乏逻辑、敏感、害羞、胆怯、孤僻等。也有相关新的研究进展显示，该病可能是一种神经发育异常和神经退行性疾病。研究证明，中枢神经系统的单胺递质的异常在精神分裂症的发生中起着重要的作用，如多巴胺（DA）活动过度，五羟色胺（5-HT）和去甲肾上腺素（NE）神经通路障碍等。在治疗中提出了早期诊断、及时治疗、全面治疗的理念。

> **知识拓展：《美丽的心灵》剧情简介**
>
> 《美丽的心灵》是一部关于一个真实天才的极富人性的剧情片。故事的原型是数学家小约翰·福布斯·纳希（Jr. John Forbes Nash）。英俊而又十分古怪的纳希早年就做出了惊人的数学发现，开始享有国际声誉。但纳希出众的直觉受到了精神分裂症的困扰，使他向学术上最高层次进军的辉煌历程发生了巨大改变。面对这个曾经击毁了许多人的挑战，纳希在深爱着的妻子艾丽西亚（Alicia）的相助下，毫不畏惧，顽强抗争。经过了几十年的艰难努力，他终于战胜了这个不幸的疾病，并于1994年获得诺贝尔奖。这是一个真人真事的传奇故事。
>
>
>
> 小约翰·福布斯·纳希（Jr. John Forbes Nash）与妻子艾丽西亚（Alicia）
>
> 1947年纳希（罗素·克洛饰，Russell Crowe）进入普林斯顿大学学习并研究数学。这个"神秘的来自西弗吉尼亚的天才"并没有上预备班的经历，也没有遗产或富足的亲戚资助他进入"常春藤盟校"（Ivy League），但普林斯顿最具声誉的奖学金证明他确实属于普林斯顿这个团队。这对纳希或是对普林斯顿来说是很不容易的。优雅的社会交际他根本不屑一顾，上课也提不起什么兴致。他整天沉迷着的只是一件事：寻找一个真正有创意的理论。他深信这才是他应该从事的事情。普林斯顿的数学系竞争十分激烈，纳希的一些同学也十分乐于看到纳希的失败。但是他们仍然对他十分容忍与看重，有意无意地怂恿他当个伟人。一个晚上他与一些同学在当地酒吧娱乐，当时他们对一个热情的金发碧眼女人的反应引发了他的灵感。当纳希观察着这些竞争对手时，常常在他脑海里酝酿的想法突然变得清晰起来。他随之撰写出了关于博弈论的论文——"竞争中的数学"——大胆地将现代经济之父亚当·斯密（Adam Smith）的理论做出了不同的解释。这个已经被人们接受了150年的思想突然变得陈旧过时了，纳希的生活也从此发生了改变。纳希后来获得了在麻省理工学院（MIT）进行研究和教学的工作，这可是一个众人觊觎的工作，但是他对这些并不满意。科学曾为美国在第二次世界大战中的获胜发挥了巨大的作用，现在冷战盛行，纳希渴望在这场新的冲突中发挥自己

的优势。他的愿望得到了实现,神秘兮兮的威廉·帕彻(William Parcher,埃德·哈里斯饰,Ed Harris)招募他参加一个绝密的任务,破解敌人的密码。纳希在麻省理工学院工作的同时,全身心地投入到这个耗神的工作中。在这里,纳希受到了一种全新的挑战,但是这次的挑战却是来自光彩照人的艾丽西亚·拉迪(Alicia Larde,珍妮弗·康奈利饰,Jennifer Connelly),一个物理系学生,她向纳希引入了一个从来没有认真考虑过的观念——爱情。

不久,纳希和艾丽西亚结婚了,但是他不能告诉她他正在为帕彻所从事的危险项目。这项工作稍有不慎泄了密,后果将不堪设想。纳希一直是悄悄地在干,他被这项工作深深地迷住了,并最终迷失在这些无法抵御的错觉中。经诊断,他得的是妄想型精神分裂症。纳希的遭遇让艾丽西亚吓坏了,她挣扎在被毁天才爱的重压下。随着每一天都似乎会给他们带来新的恐怖,这对令人羡慕的伴侣已失去了当初让人羡慕的份儿。但是艾丽谣亚仍然在她爱着的男人身上发现了他的超凡魅力,这也是支撑她对他承诺的源泉所在。受到她那坚贞不渝的爱情和忠诚的感动,纳希最终决定与这场被认为是只能好转、无法治愈的疾病做斗争。

谦卑的纳希目标很简单,但要实现这些目标却是难上加难。处在病魔的重压之下,他仍然被那令人兴奋的数学理论所驱使着,他决心寻找自己的恢复常态的方法。绝对是通过意志的力量,他才一如既往地继续进行着他的工作,并于1994年获得了诺贝尔奖。与此同时,他在博弈论方面颇具前瞻性的工作成为20世纪最具影响力的理论,而纳希也成了一个不仅拥有美好情感,并具有美丽心灵的人。

《美丽的心灵》电影海报

(王鹏飞 尚鹤睿 赖 颖)

思 考 题

1. 心理异常的判断标准有哪些?
2. 心里异常可分为哪些类型?
3. 神经症的主要特点及临床表现有哪些?
4. 焦虑症的主要临床表现有哪些?应如何进行治疗?

第六章

心 理 应 激

> **案例 6-1**
>
> 　　盛夏的一天,上午10点多一位汗流浃背的农妇搀扶着一个足有200多斤的汉子挪进医院急诊室。急诊室值班的年轻女医生忙迎上去问:"怎么了?"汉子指着肚子说:"我肚子不舒服,我,我……"话还没说完,就咚的一声摔在了地上,转眼间心跳、呼吸完全停止。那个妇女见状傻了一般地号啕大哭起来,边哭边唠叨:"他可不能死啊,他是我们的一家之主,他死了,我和两个孩子靠谁啊?"面对患者突如其来的病情变化,年轻的女医生很紧张,大声喊道:"别哭了,他还没死呐!"对旁边的护士说:"快,我抬头,你抬腿。"医生现在也想象不出当时怎么会有那么大的劲儿,一个二百多斤的汉子愣是让两个瘦弱的女子一下就抬上了手推车。又对闻讯赶来的护士长说:"马上送抢救室抢救。"从汉子倒地到开始供氧,仅用了3分钟。
> 　　从发作情况和心电图的变化看,医生怀疑患者患了重症心肌炎,当时最致命的情况就是反复心室颤动。为了使患者的心率恢复正常,抢救期间抗心律失常针就用了三十多支,电除颤用了17次。抢救过程中医护人员配合得十分默契。晚上七点多,患者的血压、心率终于稳定下来。医生松了口气儿,对患者的老婆说:"你放心吧,他没事了。"话一说完,医生突然感到站在那儿动不了。原来她的腰椎间盘突出旧病复发,霎时痛得满头大汗。望着脱离危险的患者被推进心脏病监护病房,医生才想起自己已经近10个小时没有喝水、吃饭、上厕所了。患者一周后下地活动,3个月后痊愈出院。
> 　　**问题**:医生为什么能够连续近10个小时不喝水、不吃饭、不上厕所?

第一节 应 激 概 述

　　联合国专家曾预言,从现在到21世纪中叶,没有任何一种灾难像心理危机那样带给人们持续而深刻的痛苦。每个人在一生中总会遭遇一些突发事件,极少有人能真正的"一生平安"。从这个意义上说,遭遇突发性事件是一件概率非常大的事件,可怕的并不是我们遇到了它,而是我们不知道如何应对它,或者说是我们不知道如何调节我们的心理去应对危机。

一、心理应激的含义

　　"应激"(stress)一词引自工程力学中的"应力",即物体对于施加其上的外力所产生的内部响应力。医学界将stress翻译为"应激",其意更侧重在"应"字上。故传统医学中的应激含义更重视各种刺激作用下相应的"个体适应性反应"。心理学将stress翻译为"紧张刺激"或"紧张",此意侧重于给个体带来紧张感受的"刺激"及伴随的个体心理上的

"紧张感受",即俗称的"压力"。

应激是一个基础过程。它影响所有个体,从最简单的细菌、原生动物到复杂的真核生物,如哺乳动物。在单细胞生物体和我们身体中,进化提供了一系列应急系统以保护关键细胞功能免受意外的外部挑战及其产生一系列内部后果。例如,称为热休克蛋白(heat shock proteins,又称热激蛋白)的特殊分子将损伤的蛋白质引导到它们可以被修复或无害降解的位置,从而保护细胞免于中毒或功能障碍。在复杂的生物体内,如人类,应激系统已经演变为高度复杂的过程,来帮助处理可能折磨我们的日常挑战。这些细胞保护机制已经形成了更大的应激保护网络中的一部分。

应激概念的提出和心理应激(psychological stress)理论的发展经历了较长的历史过程。由于研究的领域背景不同,理论侧重点和关注点不同,对应激和心理应激概念的界定说法较多。由早期注重应激刺激源或应激反应,以及重视应激的中间过程,到近年来应激概念不断扩大,已从生理和生物医学的微观领域扩大到心理与社会的宏观领域,目前更多学科关注应激多因素交互作用。

(一)应激的学说

1. 生物应激学说 "应激"一词的应用,始于杰出的生理学家坎农提出"稳态"的概念和应急学说。他以几种不同的观点探讨机体应急反应行为模式的生理学。把焦点主要集中在内环境稳定的生理学基础,同时也注意到交感神经系统对内分泌的控制,内分泌系统对代谢的影响,情绪反应对各种生理过程的影响。研究了机体的"应急反应"(emergence reaction)或应急反应的"搏斗或逃跑"(fight or flight)保护机体生存的行为模式。当机体遭遇一种处境,无论是躯体的、精神的或有情绪的威胁,机体"斗或逃"反应包含交感-肾上腺髓质轴的激活,坎农应急稳态学说,为整体生理学建立了一个理论和实验框架。

加拿大生理学家塞里进一步提出强调全身适应综合征(general adaptation syndrome,GAS)的应激学说,通过对患者的观察和大量动物实验,发现处于失血、感染、中毒及其他紧急状态下的个体体内都产生相同的特征性的生理生化反应过程和病理生理变化。该学说将引起全身多系统反应的伤害刺激或需求称为"应激",后改称为"应激源"(stressor)。并且把应激源持续存在引起机体产生的症状与体征称为"全身适应综合征"。塞里认为"全身适应综合征"与刺激的类型无关,而是机体通过激活下丘脑-垂体-肾上腺轴所引起的生理变化,是机体对有害刺激所作出防御反应的普遍形式。GAS被分为警觉(alarm)、抵抗(resistance)和衰竭(exhaustion)三个阶段。①警觉或动员期,机体为了应对外部刺激而唤起体内的防御能力动员全身,表现为肾上腺分泌增加,血压升高,脉搏与呼吸加快,心、脑、肺和骨骼肌血流量增加,以及血糖升高,应激激素增加,与坎农的"战斗-逃避"行为反应模式相似。②抵抗或适应期:如持续暴露于有害刺激下,机体以对应激源的适应为特征,通过提高体内的结构和功能水平以增强对应激源的抵抗程度。表现为体重恢复正常,肾上腺皮质变小,淋巴结恢复正常和激素水平保持恒定。③衰竭期:如果持续处于严重的有害刺激之下,应激源不能消除,机体抵抗力下降而转入衰竭阶段。机体可能出现休克、消化溃疡和对感染抵抗力的下降,并可能造成不可逆转的伤害,最终造成死亡。

塞里的应激理论认为所有生物有机体都有一个先天的内驱力,以保持体内的平衡状态。然而,应激源将会打破内部的平衡状态,无论应激源是正性的还是负性的,人体都会用非特异性生理唤醒来对应激源做出反应,这种反应是防御性的和自我保护性的。该理论认为对应激的适应是按阶段发生的，各阶段的时间进程和进度依赖于个体抵抗的状态及应激源的强度和持续时间。如果个体在抵抗过程中能量耗尽，个体将缺乏应付持续应激的能力并导致衰竭死亡。

2. 遗传发生论 遗传发生论认为，遗传与环境交互作用影响应激现象产生。个体的有关遗传因素也会影响对应激的抵抗力，称为生理素质倾向因素，类似于阈限因素。这种素质因素可以通过几种方式来减少抵抗力，如影响自主神经系统、搏斗应急反应系统的平衡等。基因还控制器官和人体系统结构与功能的编码，抵抗应激重要的器官系统是心血管系统、消化系统、神经系统和内分泌免疫功能。素质与压力互动模型就是用这种方式解释遗传与环境的作用力的。较低的应激阈限与机体的弱性使个体疾病的易患性增加。机体这些弱性特征是否外显地表现出来则依赖于应激的数量、压力的大小及个人的经历等。

3. 心理应激学说 心理学家更重视心理社会中介因素，如个人认知评价和应对方式在应激中的作用。20世纪60年代，情绪心理学家拉扎勒斯（Lazarus）等提出认知评价在应激中的重要性。应激不仅依赖于外界因素，而且依赖于个体能否适当应付处理紧张情境。认知应激交互作用理论认为应激是外界环境因素与个体本身的变量间相互作用的结果，是人们对情境和事件评价的产物。应激既不是环境刺激，不是人的性格，也不是一个反应，而是发生于个体察觉或估价一种威胁的情景之时，个体需求及理性地应对这些需求之间的联系。需要注意的是，同一环境事件对某一个人来说可能具有应激性，而对其他人来说可能不具有应激性。大多数外部刺激不能绝对地被定义为具有应激性。只有个人的认知评价才使得某一事件具有应激性。其次，同一个体有可能因为身体条件、情绪和动机等心理状态的不同，在不同场景会把同一事件解释成具有应激性或不具有应激性。

4. 社会应激学说 社会应激理论把个体与社会结合起来，强调社会生活变化是引起应激的重要原因，认为应激本身就是社会的一部分，紧张的重要根源就是社会在某种程度上不得不强制自己的成员去遵守社会准则。代表人物是美国的社会学家霍尔姆斯（Holmes），这一理论中丧失被看作一个定量的标志，当个体失去或感觉到失去了某些社会资源，包括缺乏稳定的社会关系、贫穷、缺乏必需的社会服务及个人拥有的资源或社会角色变化时，就会出现心理应激。社会应激学说也被称为挫折-冲突理论。冲突理论也关注社会关系的稳定性、经济财物的分配、为社会服务及人际间权力的分布和个人控制等。

（二）现代心理应激概念的发展

现代应激理论将应激定义为：应激是个体面临或觉察到环境变化对机体有威胁或挑战时做出的适应性和应对性反应的过程。

在医学心理学领域中，应激的含义可概括为三大类。

1. 应激是一种刺激物。这是把人类的应激与物理学上的定义等同起来。类似于金属等物体，当应力超过其阈限值时就引起永久性损害。人也具有承受应激的限度，超过它也会产生不良后果。

2. 应激是一种对不良刺激或应激情境的反应。这是由塞里的应激概念发展而来。他认为应激是一种机体对环境需求的反应，是机体固有的，具有保护性和适应性功能防卫反应，从而提出了包含三个反应阶段（警戒期、抵抗期、衰竭期）的一般适应综合征学说。

3. 应激是一种察觉到的威胁。这是由拉扎勒斯综合了刺激与反应两种学说的要点而提出的。他指出，应激的发生并不伴随于特定的刺激或特定的反应，而发生于个体察觉或估价一种有威胁的情境之时。这种估价来自对环境需求的情境及个体处理这些需求的应对能力的评价。该理论认为，个体对情境的察觉和估价是关键因素。该理论可以解释面对应激性刺激做出反应时的个体差异。

总之，应激涉及事件（外部刺激）、个体（认知、感受、人格）和结果（功能变化）三方面，在实质上包括了生物、心理、社会等多种因素。

二、应激的理论模型

近百年来，不同学者形成了不同的应激理论，如有早期重视应激反应的"应激反应模型"（response-based model of stress）、重视应激刺激作用的"刺激模型"（stimulus-based model of stress），到之后重视个体对应激源和应对能力的"认知评价模型"（cognitive appraisal model of stress）、应激作用的"过程模型"。下面主要介绍应激的认知评价模型、应激的系统模型和应激的过程模型。

（一）应激的认知评价模型

塞里和拉扎勒斯均认为，引起应激反应的事件多种多样，但不同的个体对其认知评价各有不同。1979年，武尔福克（Woolofolk）和理查德生（Richardson）正式提出了应激的认知评价模型。认为应激反应不是环境因素的直接结果，许多环境因素本来是中性的、无关紧要的；它们之所以引起一些人的应激反应，是因为这些人将其视为"至关重要的""威胁性的"和"必须慎重应对的"。因此，该模型认为应激反应是个体对情境或事件认知评价的结果，人们感受和评价事物的方式、对应激源赋予的意义决定着应激反应的发生和程度。认知评价在应激发生和反应中的作用见应激的心理中介机制部分。

（二）应激的系统模型

大量的有关应激因素之间相互关系的实证研究提示，应激有关因素之间不是单向的从因到果或从刺激到反应的过程，而是多因素相互作用的系统。对个体而言，现实生活中的任何人都生活在自然和社会环境中，人与环境之间在不同的水平相互影响、相互作用。从自身来看，人的心理功能和生理功能也是相互联系、相互作用的。例如，患者可以对应激刺激做出不同的认知评价，从而趋向于采用不同的应对方式和利用不同的社会支持，导致不同的应激反应。反过来，应激反应也影响社会支持、应对方式、认知评价直至生活事件。也就是说，应激其实是有关因素相互作用的系统，即"应激系统模型"。

应激系统模型的基本特征（法则）：①应激是多因素的系统；②各因素互相影响互为因果；③各因素之间动态的平衡或失衡决定个体的健康或疾病；④认知因素在平衡和失衡中起关键作用；⑤人格因素起核心作用。

根据系统模型，心理应激可以被定义为：个体的生活事件、认知评价、应对方式、社会支持、人格特征和心身反应等生物、心理、社会多因素构成相互作用的动态平衡"系统"，当由于某种原因导致系统失衡，就是心理应激（图6-1）。

（三）应激的"过程"模型

根据应激学说的发展历史和20世纪70～80年代国外各种应激有关研究成果，国内学者如姜乾金等倾向于将心理应激看作由应激源（生活事件）到应激反应的多因素作用过程，即"应激过程模型"。

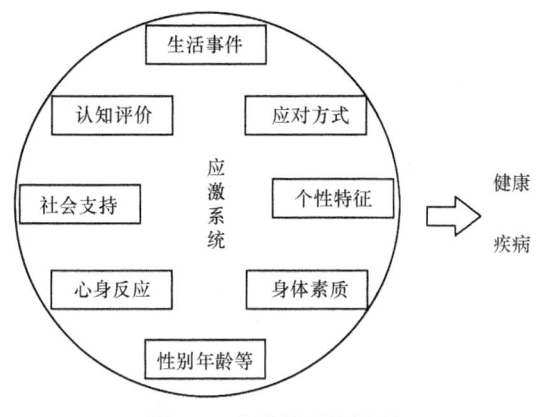

图 6-1 应激的系统模型

根据过程模型，心理应激可以被定义为：个体在应激源作用下，通过认知、应对、社会支持和个性特征等中间多因素的影响或中介，最终以心理生理反应表现出来的作用"过程"。该定义强调应激是个体对环境威胁和挑战的一种适应过程，应激的原因是生活事件，应激的结果是适应的和不适应的心身反应，从生活事件到应激反应的过程受个体的认知等多种内外因素的制约（图6-2）。这一定义符合人们通常的因果逻辑思维习惯，易于理解也便于对某些疾病发生的病因做出解释。

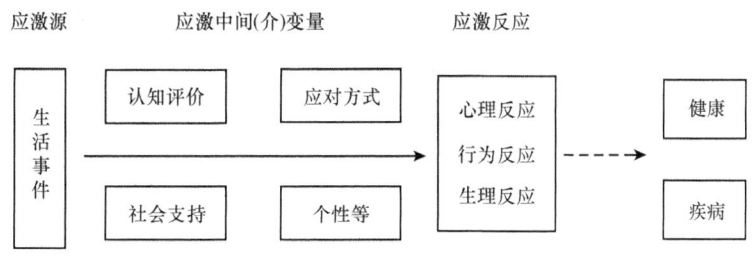

图 6-2 应激过程模型

心理应激的理论模型为医学心理学研究提供了框架和思路，在应激与疾病的发病机制、健康促进领域具有理论与实际指导意义。

在医学认识论方面，心理应激理论特别是"系统模型"，使我们认识到个体实际上是生活在应激多因素的动态平衡之中。心理应激多因素作用过程与健康的关系与心理社会因素与疾病和健康的关系相一致。与疾病密切相关的不良行为方式如吸烟、酗酒、药物滥用、多食、少运动、肥胖及对社会压力不良反应等均可在心理应激理论的框架下进行研究。并且随着工业化、现代化和竞争日趋激烈、人际关系日趋复杂，人们感受到的生活压力增大，心理应激程度也不断增强，由此而引起的生理和心理反应和形成的症状和体征，正成为当代人们身体不适和精神痛苦的根源。这种从整体上对健康和疾病的认识，有助于我们的健康工作决策，也有助于医学的模式转变。

在病因学方面（心理病因学），"反应模型"和"过程模型"有助于清晰理解心理疾病和心身疾病的发生发展过程。例如，近些年来在国内外许多研究中，将心身健康的变异情况（如情绪反应、心身症状）作为应激作用的结果或应激反应来看待，而将与健康和疾病有关的各种心理社会因素，如生活事件、认知因素、应对方式、社会支持、个性特点和某些生物学因素悉数作为应激有关因素进行多因素的分析研究，取得了较好的研究成果。

在治疗方面，根据"刺激模型"可以通过任何消除或降低各种应激因素的负面影响，促进机体系统因素之间的良性循环而实现新的平衡，达到治疗的目的。干预策略包括了应激模型中的多个环节，例如：①控制或回避生活事件；②改变认知评价；③改善社会支持；④应对指导；⑤松弛训练；⑥阻断应激启动通路等。

在预防医学方面和健康促进领域，"认知模型"有助于认识和指导合理调整应激各有关因素的动态平衡，促进个体在不同内外环境下的健康成长或保持适应（心理卫生）。如应对指导训练、社会支持系统的建立、人格健全的促进等都是可用的心理保健措施。

三、心理应激的意义

应激具有积极与消极双重意义，适度应激能提高生理唤醒度、作业绩效和生存适应能力，但过强、持久的应激消耗储备能力，增加机体负担，有损健康。

（一）应激的积极意义

1. 提高生理唤醒度和作业绩效 应激能激活机体的生理系统功能，表现为肾上腺分泌增加，血压升高，脉搏与呼吸加快，心、脑、肺和骨骼肌血流量增加，以及血糖升高，应激激素增加等。有研究发现，应激生理唤醒度与绩效之间存在显著相关：在唤醒水平到达最佳点之前，效率将随唤醒水平的提高而提高，当唤醒水平处于最优值，其效率最高，可以消除厌烦情绪，动员全身潜能，激励人们投入行动，适应环境，提高工作和学习效率。如果超过唤醒水平的这个最优值，其效率开始下降，影响绩效，损害个体心身健康。因此，适度的应激是有利的。

2. 提高个体生存适应能力 个体只有经过一定强度和广度的应激，才能学会识别刺激、预测应激和掌握缓解应激的方法及程序，这有助于个体成长和发展。早年的适度心理应激经历，可以丰富个体应对资源，提高以后生活中的应对和适应能力，提高对心身疾病的抵抗力。因此，适度的挫折教育有助于心理成长发展。

（二）应激的消极意义

1. 频繁、强烈而突发过度的应激可造成机体唤醒障碍（唤醒不足或过度），耗损过度，适应能力减弱，使心身功能和社会活动障碍，作业能力受损，工作、学习效率下降，引发事故和车祸等。

2. 持久和慢性应激，使机体处于适应不良和易感状态，耗竭机体储备，引起机体神经内分泌功能紊乱，免疫功能下降，进而导致心身疾病，引发精神障碍，加重原有的躯体和精神疾病，或使之复发。目前应激作为发病机制的疾病已经涉及临床各科。与应激密切相关的疾病的产生，既取决于应激源的类型，也取决于个体对它的反应、多种复杂的中介危险因素和不同的致病途径。

第二节 应 激 源

一、概 念

应激源指那些能引起应激的刺激，如社会、自然及心理、生理的变化，都可以成为应激源。在目前各种应激的动物实验研究中，常用的应激源或应激刺激包括电击、水浸、捆绑、拥挤、恐吓等。在人类心理应激研究领域，应激源是以生活事件为研究中心的，因此应激源大多是来自心理和社会的变化。

二、分　类

应激源可以从不同的角度进行分类。

（一）按性质分类

按性质分类，可将应激源分为躯体性应激源、心理和社会的应激源及文化性应激源。

1. 躯体性应激源　是指对人的躯体直接发生刺激作用的刺激物，也是引起人们生理应激和应激的生理反应的主要刺激物。例如，各种物理的、化学的和生物学的刺激物，如过高过低的温度、强烈的噪声、酸碱刺激、不良食物、微生物等。

2. 心理性应激源　是指来自人们头脑中的紧张性信息，主要指冲突、挫折和各种原因导致的自尊感降低，常常是外界刺激物作用的结果。如心理冲突与挫折，不切实际的期望、不祥预感，以及与工作责任有关的压力与紧张等，心理性应激源与其他类应激源的显著不同之处在于它直接来自人们头脑中，反映了心理方面的困难，内心矛盾与冲突。生活中的应激事件处处可见，但为什么有的人无动于衷，有的人却耿耿于怀，区别常常源于人们内心对压力的认知。如果过分夸大应激压力的威胁，就会制造一种自我验证的预言。

3. 社会性应激源　主要是社会环境因素引起的应激反应，小到个人生活的变化、日常困扰，大到社会生活中的重要事件、天灾人祸、个人生活的改变等，常常会给人带来紧张。大部分人经历过的生活事件项目直接与家庭内人际关系的变化有关。社会生活中的重要事件包括灾害、政治动荡、经济衰退、战争创伤、恐怖事件等。对受害者造成重大打击，而且那些目击救援者、亲朋知情者也会体验到或大或小的压力。

4. 文化性应激源　是指因语言、风俗和习惯的改变而引起应激，文化差异中最为常见的是"文化性迁移"，如由一种语言环境进入另一种语言环境，或由一个民族聚居区、一个国家迁入另一个民族聚居区、一个国家。在这种情况下，个体将面临一种生疏的生活方式、习惯与风俗，从而不得不改变自己原来的生活方式与习惯，以顺应新的情况。

在今天复杂和快节奏的世界中，应激源更多地来自于心理或社会层面上，我们经常需要面对它们。许多挑战是心理层面的，如我们存在着与他人互动的困难，或者我们努力学习以希望在学校团队中争夺一席之地，或者为生活去争取一份工作。另外一些应激是来自身体上的，如急性疾病或在车祸中断腿。大多数压力源是混合的，如疾病疼痛和其他身体痛苦，再加上担心和忧虑等。

（二）以当事人的体验作为判断依据

以当事人的体验作为判断依据，将生活事件的影响性质分为正性和负性生活事件。

1. 正性生活事件　是指个人认为对自己具有积极作用的事件。日常生活中有很多事件具有明显积极意义，如晋升、提级、立功、受奖等。但也有在一般人看来是喜庆的事情，而在某些当事人身上同样出现消极的反应，如结婚对于某些当事人却引起心理障碍，成为负性事件。

2. 负性生活事件 指个人认为对自己产生消极作用的不愉快事件。这些事件都具有明显的厌恶性质或带给人痛苦悲哀心境，如亲人死亡、患急重病等。研究证明，负性生活事件与心身健康相关性明显高于正性生活事件。因为负性生活事件对人具有威胁性，会造成较明显、较持久的消极情绪体验，从而导致机体出现病感或疾病。

（三）按照事件的主观和客观属性分类

按照事件的主观和客观属性分类，可将应激源分为客观事件和主观事件。

1. 客观事件 是指压力发生是不以人们的主观意志为转移的，无法控制的，多为突然发生的灾难，如地震、洪水、滑坡、火灾、车祸、空难、海难、空袭、战争等，当然也包括人的生老病死事件。

2. 主观事件 包括生活条件恶化，家庭矛盾，单位同事关系紧张，工作学习负担等。这些事件相对地是可以预料和可以被个人所控制的，有一定的主观属性。

（四）根据应激原作用时间的长短进行分类

根据应激原作用时间的长短进行分类，可分为急性应激和慢性应激。

1. 急性应激 指应激原短时间内，持续数小时或数天，作用于机体引起的应激反应。例如，突发的交通事故、自然灾害、亲人过世的噩耗等所致的应激。

2. 慢性应激 应激源长时间，如几周或几年，缓慢地作用于机体引起的应激反应。例如，幼儿长期生活在一个得不到关怀的环境中，而引起慢性应激反应。

第三节 应激反应

应激反应是指个体因为应激源所致的生理、心理、行为方面的变化，也常称为应激的心身反应（psychosomatic response）。

一、生理反应

心理应激的生理反应通过应激系统整合产生，应激系统是指将应激源的信息转换成应激反应的全部中介结构，包括中枢与外周系统。

紧张的压力激活大脑中枢调节身体功能的三个主要系统是自主神经系统、中枢神经系统和内分泌系统。

（一）自主神经系统

自主神经系统与情绪反应时内分泌活动和内脏功有密切的联系。下丘脑通过自主神经系统以调节交感和副交感神经的功能。心理生理应激反应在神经系统的调控下，通过非特异反应系统（ergotropic system）和向营养性系统（trophotropic system）两个对立而又相互作用的神经生物系统的动态平衡来实现调节自主神经系统与躯体内脏功能。两大系统根据应激的程度、时间，应激源的性质，个体的认知评价，应对类型，内控，防御反应，个人经验与遗传背景和情绪反应而出现明显不同的兴奋效应。通常这两大反应系统在心理生理范围内相互协调，使机体处在动态平衡之中，以维持机体正常的生理功能，这是保持心身健康的最基本条件。这种稳态的维持是通过体内适应反应（对抗重建力）对应激源（干扰稳态力）的相互作用而实现的。当机体处于强烈应激状态时，应激刺激被中枢神经系统感知、加工和整合，神经冲动作用于下丘脑，激活交感-肾上腺髓质轴系，交感神经兴奋，释放儿茶酚胺，引起肾上腺素和去甲肾上腺素的大量分泌导致中枢兴奋性增高，从而导致心理的、身体的和内脏功能的改变。非特异反应系统的兴奋性增强，而向营养性系统兴奋性相对降低，结果网状结构的兴奋增强了心理上的警觉性和敏感性；骨骼肌系统的兴奋导致躯体张力增强；交感神经的激活，引起一系列内脏生理变化，如心率、心肌收缩力和心输出量增加，血压升高、瞳孔扩大、汗腺分泌，胃肠运动减弱，脑电图去同步，血液重新分布，促进分解代谢加速，肝糖原分解、血糖升高，血中游离脂肪酸增多，血小板分泌与释放功能改变等，使机体处于积极的觉醒或警戒状态，以应付刺激。有限的应激有助于提高机体功能，为机体适应和应对应激源提供充足的功能和能量准备。持续而强烈的生理反应，可导致某些系统和器官的耗损而致病。如果应激源刺激过强或持续过长，也可造成副交感神经活动相对增强或紊乱，从而表现心率减慢、心输出量和血压下降、血糖降低、胃肠活动和分泌增加，促进合成代谢及有关激素（5-HT、ACh、胰岛素、性激素等）的分泌、使能量蓄积、耗损的系统（器官）得以修复。

应激时不同的器官系统都会产生反应，如①在心血管系统，应激时主要出现交感-肾上腺髓质系统兴奋所引起的心率加快、心收缩力加强、外周总阻力增高及血液的重分布等变化，可提高心输出量，升高血压，保证重要器官如心、脑、骨骼肌的血液供应，因而有十分重要的防御代偿意义。同时也会引起不利影响，如皮肤、腹腔脏器缺血缺氧，心肌耗氧量增加，易引起酸中毒；心肌耗氧量增多引发心室颤动、心律失常，持续血管收缩诱发高血压等。②在消化系统，应激时引起的消化系统影响常多见。应激状态下，交感神经过度兴奋，造成血中儿茶酚胺水平增加，使得胃黏膜毛细血管痉挛，胃黏膜动静脉短路开放，血液分流，导致胃黏膜缺血。常见的病变为由应激引起消化道溃疡，称为应激性溃疡(stress ulcer)。③在呼吸系统，应激状态时，呼吸频率增加，呼吸变快引起过度通气，进而呼吸费力，进一步引起人的恐慌。④在泌尿系统，应激时交感-肾上腺髓质兴奋，肾素-血管紧张素-醛固酮系统激活，肾小球小动脉明显收缩，肾血流量减少，肾小球滤过率减少；醛固酮分泌增多，肾小管钠、水排除减少；抗利尿激素分泌增多，肾远曲小管和集合管对水的通透性增加，水重吸收增加。表现为尿少，尿比重高、钠水排出减少。⑤在生殖系统，应激可引起月经失调、闭经、功能失调性子宫出血、不孕、性功能障碍、高雄激素血症，应激时生殖内分泌紊乱，性激素功能低下或紊乱。慢性应激时乳腺细胞和子宫内膜细胞增生。⑥应激时引起免疫功能的变化，患者主要表现为免疫功能的减弱，这主要是由于神经内分泌激素对免疫的调节作用（如与糖皮质激素、生长激素、盐皮质激素分泌增加有一定的关系），当然免疫系统也参与神经内分泌的反向调节。⑦同时应激也引起中枢神经系统的变化，如出现抑郁、厌食甚至自杀倾向等。

（二）中枢神经系统

我们都能意识到在面临紧张的挑战时产生的身体变化。伴随最初的刺痛感，然后出汗，意识提高，脉搏加快，血压升高并产生恐惧的感觉。这些变化的发生是因为血管收缩，血压上升，并且在胸腔中产生称为心悸的冲击感。在皮肤中还能感觉到汗毛直立（鸡皮疙瘩）及肠道中产生令人不安的腹部收缩。这些变化有助于我们准备战斗或逃跑，并集中血液流到重要的肌肉、器官和大脑。

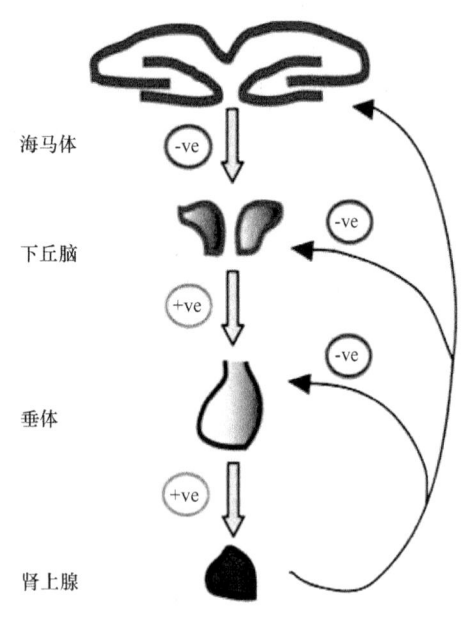

图 6-3 HPA 轴

在应激条件下，中枢神经系统的大脑皮质，特别是前额皮质，边缘系统及下丘脑积极参与了应激生理反应。应激源的传入信息在大脑联合皮质中形成抽象观念，与既往经验进行比较以形成决策观念，并进一步进入边缘系统唤起情绪反应，包括情绪体验、内脏活动和外显行为。应激源作用于大脑不仅可引起不同形式与应激相关的各种中枢神经活动，同时也能引起各种去甲肾上腺素和肾上腺素（位于肾上方）的释放（图 6-3）。

产生压力的神经内分泌反应的 HPA 轴，通过携带专门激素，将下丘脑、垂体腺、肾上腺皮质和海马连接在一起，发挥着连接身体和脑的通路的作用。其中，下丘脑是调节许多激素的关键脑区。它接受来自处理情感信息的大脑区域（包括杏仁核）和来自控制交感神经反应的脑干区域的输入。它集成了这些信息，协调荷尔蒙的输出，刺激下一通路中重要部位垂体腺。反过来，一种称为肾上腺皮质激素（adrenocorticotrophin，ACTH）的激素也被释放进入血液，并刺激肾上腺的一部分以分泌皮质醇。皮质醇是一种类固醇激素，在应激反应中扮演关键角色。它提高血糖和其他代谢物质浓度如脂肪酸，这通常发生在需要立即分解蛋白质成燃料的情况下——类似于立即用于肌肉和大脑的"巧克力棒"。皮质醇还会关闭生长，消化炎症，甚至伤口愈合，以储备能量应对当前困境。

皮质醇也作用到大脑。皮质醇最高密度的受体是在海马。海马是负责学习和记忆功能的关键脑区。海马具有两种高水平的皮质醇受体，包括盐皮质激素受体（MR）和糖皮质激素受体（GR），我们称之为低 MR 和高 GR 受体。低 MR 受体通过 HPA 轴的血管中正常循环水平的皮质醇激活。这使我们能很好地进行新陈代谢和大脑处理各种活动。然而，随着皮质醇水平开始升高，特别是在早晨，高 GR 受体会变得更多。当我们遭受压力时，皮质醇水平变得非常高，这种受体的激活将一直持续，同时通过控制程序关闭海马体功能，影响个体学习和记忆能力。这也是我们常说的压力的钟形曲线（图 6-4），在中等水平的压力下个体可有较好的学习效果，然而压力过大将损害个体的认知学习能力。

同时皮质醇也作用于加工恐惧和焦虑情绪的杏仁核。面对压力源，这一区域的激活是非常重要的，这一区域的活动可以提取并分析所有存储在大脑与恐惧行为或压力有关的信息。皮质醇作用于杏仁核激活这一区域学习恐惧相关信息，并阻止海马体激活以确保资源不会浪费在更加复杂但不必要的学习方面。

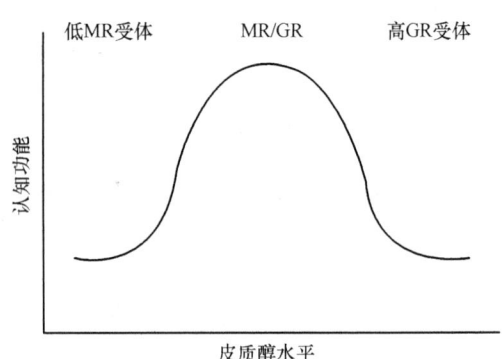

图 6-4 压力的钟形曲线

(三)神经内分泌免疫系统

神经内分泌免疫系统在维护机体内稳态及机体适应环境中起着重要作用,包括人体内分泌腺及某些脏器内分泌组织形成一个体液系统,在不同外界刺激下,维持个体内环境的稳定性。各种应激激素,主要通过肾上腺素和皮质醇,刺激其他激素的释放以影响生理过程,如身体的代谢率和性功能。内分泌系统应激的神经内分泌反应包括蓝斑-去甲肾上腺素能神经元(LC-NE)、下丘脑-垂体-肾上腺皮质(HPA)轴及其他激素反应。

蓝斑-去甲肾上腺素能神经元的中枢整合部位主要位于脑桥蓝斑,蓝斑是应激时最敏感的脑区,其主要作用是引起与应激相关的情绪反应,如引起兴奋、警觉及紧张、焦虑等。这些与上述脑区中去甲肾上腺素的释放有关。NE能神经元具有广泛的上、下行纤维联系。其上行纤维投射到新皮质、边缘系统和杏仁核,与应激时情绪反应有关;下行纤维投射到脊髓侧角,引起交感-肾上腺髓质反应和儿茶酚胺的分泌;另外,LC-NE部分上行纤维投射到下丘脑室旁核,引起促肾上腺皮质激素释放激素(CRH)和肾上腺皮质激素释放激素(ACTH)释放,从而可启动HPA轴应激反应。应激时LC-NE的外周效应主要表现为血浆肾上腺素、去甲肾上腺素和多巴胺浓度迅速增高,引起一系列心血管和代谢变化,如心功能增强、血液重分布、血糖升高。外周系统的强烈兴奋主要参与调控机体对应激的急性反应。有利于其动员全身,投入战斗。对于人来说,有利于其集中精力来应付突发的事件。

HPA轴是由下丘脑的室旁核(PVN)、腺垂体和肾上腺皮质组成,上行至杏仁核、边缘系统、海马结构,下行主要通过激素调控腺垂体和肾上腺皮质的功能。应激时HPA轴的兴奋状态释放促肾上腺皮质激素释放因子(corticotropin releasing factor, CRF),CRF刺激ACTH的分泌增加,进而使血浆糖皮质激素(glucocorticoid, GC)浓度升高。GC浓度增加是HPA轴激活的关键环节。应激时GC分泌增多,将促进蛋白质分解和糖异生的作用,从而可以补充肝糖原的储备;GC还能抑制外周组织对葡萄糖的利用,从而提高血糖水平,保证重要器官的葡萄糖供应。另外,GC可提高心血管对儿茶酚胺的敏感性,维持血压,抑制多种炎性介质和细胞因子的生成、释放和激活,具有稳定溶酶体膜和减轻有害因素对细胞的损伤作用。GC的分泌反过来又抑制CRF和ACTH的释放,即负反馈调节机制。上述过程是应激时最核心的神经内分泌反应。适量CRF释放增加可促进适应,使机体兴奋或愉快感;但过量促肾上腺皮质激素释放增加会造成适应障碍,出现焦虑、抑郁和食欲不振等。

上述内分泌系统之间存在相互调节的关系,通过腺体分泌与中枢神经系统的正负反馈的机制,调节释放激素及促激素的抑制或兴奋作用,以维持体内平衡。另外,心理因素可以影响激素分泌,而激素分泌反过来也可引起心理上的改变,如甲状腺功能亢进患者易于出现激惹与焦虑。可见,应激的神经内分泌免疫调节是一种整体反应。一种探讨心理社会因素、神经内分泌系统和免疫系统三者关系的学科也被称为心理神经免疫学(psychoneuroimmunology, PNI),表明心理、神经内分泌、免疫三个系统之间是一种多重双向相互调节的关系,共同构成人体的神经-内分泌-免疫网络(neuro-endocrine-immunonetwork),阐明心理社会因素的影响可以导致躯体疾病的发生。

二、应激的心理反应

应激的心理反应可以涉及心理活动的各个方面,如急性应激可使个体出现认识偏差、情绪激动、行动刻板,慢性应激甚至可以涉及人格的深层部分,如影响到自信心等。

(一)情绪性应激反应

个体在应激时产生什么样的情绪反应及其强度如何,受很多因素的影响,差异很大。应激时常见的情绪反应有焦虑、恐惧、抑郁、愤怒。

1. 焦虑(anxiety) 是最常出现的情绪性应激反应。焦虑是个体预期将要发生危险或不良后果的事物时所表现的紧张、恐惧和担心等情绪状态。它是一种无明确对象、持续或发作性、强度多变,伴有紧张、害怕及心悸、多汗、肢体颤抖等的交感神经激活表现。在心理应激条件下,适度的焦虑可提高人的警觉水平,伴随焦虑产生的交感神经系统的被激活,可提高人对环境的适应和应对能力,是一种保护性反应。但焦虑过度,就是有害的心理反应,过度的焦虑会干扰认知功能活动,妨碍个体做出适宜的判断,削弱应对能力,如学生在考场上有"一紧张就什么都记不起来"的情况。这里指的是状态焦虑(state anxiety),由应激刺激所引起。还有一种特质焦虑(trait anxiety),是指无明确原因的焦虑,这与焦虑性人格特质有关,即使日常微小的事情也可使个体表现出焦虑。

2. 恐惧(fear) 是一种企图摆脱有特定危险、会受到伤害或生命受威胁的情景时的情绪状态,伴有交感神经兴奋、肾上腺髓质分泌增加,全身动员,但没有信心和能力战胜危险,往往只有回避或逃跑。轻度的恐惧具有一定的积极意义,适度的危机感有助于促进积极的应对行为,例如,驶入危险地段的司机,由于害怕发生意外,才能更加注意行车安全。严重的恐惧能造成习得性失助(毫无行为反应,坐以待毙)或情绪释放(哭、喊、唱、跳、闹)等失控行为。过度或持久的恐惧会对人产生严重不利影响。

3. 抑郁(depression) 表现为悲哀、寂寞、孤独、丧失感和厌世感等消极情绪状态,表现为悲观失望、无动力、无活力、无精力、无兴趣、自我评价降低、自责、失眠、食欲障碍、绝望,伴有失眠、食欲减退、性欲降低等,常由亲人丧亡、失恋、失学、失业,遭受重大挫折和长期病痛等原因引起,这里指的是外源性抑郁。还有一种内源性抑郁,与人的内在生理素质有关。抑郁有时还能导致自杀,故对有这种情绪反应的人应该深入了解有无消极厌世情绪,并采取适当的防范措施。

4. 愤怒(anger) 与挫折和威胁有关的情绪状态,由于目标受到阻碍,自尊心受到打击,为排除阻碍或恢复自尊,常可激起愤怒,此时交感神经兴奋,肾上腺分泌增加,因而心率加快,心输出量增加,血液重新分配,支气管扩张,肝糖原分解,并多伴有攻击性行为。患者的愤怒情绪往往成为医患关系紧张的一种原因。

上述应激负性情绪反应除了直接通过情绪生理机制影响健康外,还对个体其他心理功能如认知能力和行为活动产生交互影响。

(二)认知性应激反应

应激时的认知反应依大脑皮质的唤醒程度而异,适度的皮质唤醒水平和情绪唤起产生积极的心理反应,如面临考试,可以使人适度唤起(arousal)、集中注意力、积极的思维并调动和调整动机行为。这种反应有利于机体对传入信息进行正性认知评价和应对策略的抉择,个体的应对能力也能得到更好的发挥,以适应和应对外界环境的变化。强烈的应激刺激由于唤起过度,可使个体产生负面的认知性应激反应,表现为意识障碍如意识模糊、意识范围狭小;注意力受损如注意集中困难、注意范围变窄;记忆、思维、想象力减退等。这些负面的认知性应激反应,会使人在应激现场或者灾难之后表现的种种令人难以理解的行为,如:

1. 偏执(paranoia) 当事人表现认识上的狭窄、偏激和认死理,平时理智的人,此时可能变得固执、钻牛角尖、蛮不讲理(其实有他自己偏执的"理")。也可表现为过分自我关注,即注意自身的感受、想法、信念等内部世界,而不是外部世界。

2. 灾难化(catastrophizing) 是一种常见的认知性应激反应,表现为当事人过度强调应激事件的潜在和消极的后果,必然导致整日的不良情绪反应。

3. 反复沉思(rumination) 即对应激事件不由自主地反复思考,从而影响适应性应对策略如宽恕、否认等机制的出现,导致适应受阻。值得注意的是,这种反复思考往往具有强迫症状特性。显然这与某些人格因素有关。

4. 闪回(flashback)与闯入(intrusive)性思维 是指遭遇严重灾难性应激事件之后,在生活里经常不由自主闪回灾难的影子,或者脑海中突然闯入既往的一些灾难性痛苦情景或思维内容,表现为挥之不去的特点。这些也是创伤后应激障碍(PTSD)的重要症状之一。

三、应激的行为反应

伴随应激的心理反应,个体的行为也可有相应改变。

1. 逃避(escape)与回避(avoidance) 逃避是指已经接触到应激源后而远离应激源的行为;回避是指率先知道应激源将要出现,在未接触应激源之前就远离应激源。

2. 退化(regression)与依赖(dependence) 退化是个体受到挫折或遭遇应激时,表现出幼儿时期的行为。退化行为必然会伴有依赖心理和行为,即事事处处依靠别人关心照顾。临床上,退化与依赖行为可见于病情危重经抢救脱险后的患者及慢性患者。

3. 敌对(hostility)与攻击(attack) 其共同的心理基础是愤怒。敌对是对相关人员的不友好、谩骂、憎恨或羞辱别人。攻击是在应激刺激下个体以攻击方式做出反应,攻击对象可以是人或物,可以针对别人也可以针对自己。例如,临床上某些患者表现不肯服药或拒绝接受治疗,表现为自损自伤行为,包括自己拔掉引流管、输液管等。

4. 无助(helplessness)与自怜(self-pity) 无助或称失助,是一种无能为力、无所适从、听天由命、被动挨打的行为状态,通常是在经过反复应对不能奏效,对应激情境无法控制时的行为反应,其心理基础包含了一定的抑郁成分。无助使人不能主动摆脱不利的情境,从而对个体造成伤害性影响,故必须加以引导和矫正。自怜即自己可怜自己,对自己怜悯惋惜,其心理基础包含对自身的焦虑和愤怒等成分。自怜多见于独居、对外界环境缺乏兴趣者,当他们遭遇应激时常独自哀叹、缺乏安全感和自尊心。倾听他们的申诉并提供适当的社会支持可改善自怜行为。

5. 物质滥用(substance abuse) 有些人在心理冲突或应激情况下会以习惯性的饮酒、吸烟或服用某些药物的行为方式来转换自己对应激的行为反应方式。这些不良行为能通过负强化机制成为习惯。临床上,可在调动其行为改造动机的基础上,给予行为矫正方法上的指导。

6. 固着与僵化(fixation rigidity) 固着是指反复进行并无成效的动作和尝试。僵化是指一种以不变应万变，无意义的、刻板的、盲目的重复行为，如搓手、挠头、来回走动及强迫性行为。由于应激反应过度，呈现肌肉运动的不协调致使行为技能变形。

应激的心理行为反应可以分阶段。进入每一阶段顺序及在临床上的表现和持续时间都有所不同。个人特质、经历、压力持续时间、强度及个体对应激预期等因素都会影响到各阶段的表现。典型的急性应激阶段顺序：惊叫、否认、侵入、不断修正、结束。

惊叫常发生于未曾预料的事件信息的突然冲击时，可表现为哭泣、尖叫或昏倒。否认则是情绪麻木、概念回避及行为束缚相结合的阶段。在这个阶段中，个体可能缺乏对刺激做出正常反应的感觉即情绪麻木表现。概念回避是指有意不涉及应激情境的概念。行为束缚是个体活动范围变窄，表现为专心致志地从事一般的重复动作而不顾周围。侵入是应激性事件的直接或信号性行为及自发的观念性或情感性折磨再现，包括有关应激事件的梦魇、反复自发，或由其他事件而派生的吃惊反应。不断修正是机体动员应对机制适应的过程，若应对成功就进入结束，如受阻或未获成功则可能转入病态。通常来讲仅仅只是对反应过度时才属病理性的，其他情况均可以考虑为正常状态。临床上最常见的是否认与侵入两个阶段，其余阶段可以不出现或不明显。压力各阶段顺序也可以变换。在慢性应激时因人而异，阶段表现并不明显。

心理应激反应在健康和疾病中具有重要的理论和实际意义。

首先，应激反应是个体对变化着的内外环境所做出的一种适应，这种适应是生物界赖以发展的原始动力。对于一个成长中的个体来说，一定的应激反应不但可以看成是其调整与环境契合关系的能力，而且这种应激性锻炼有利于人格和体格的健全，从而为将来的环境适应提供素质条件。可见，应激反应并不总是对人体是有害的。

其次，应激反应毕竟涉及个体的心身功能的整体平衡问题。临床医学中的许多问题实际上就是平衡与不平衡的关系，如生理与病理、健康与疾病。研究证明，应激反应与一些功能性疾病症状或心身障碍常常有直接的关联。有许多证据显示，目前严重影响人类健康的疾病当中，多数与心理应激因素的长期作用有关，这些疾病即心身疾病。

四、有关应激反应的研究

早期研究如塞利（Selye）主要专注在应激的生理反应，认为存在压力反应三个阶段，警觉、阻抗和衰竭。衰竭这种状态经常指身体应对压力的防御能力的耗尽，会导致广泛身体健康损害，如高血压。当代大多数社会心理学研究更多关注情绪或心理的反应，如抑郁症状、焦虑、药物滥用等。另外，一些大样本被试调查的研究开始探讨一些心理疾病的标记（或者称为生理标记）。这些研究者认为，对压力的反应很可能是一些生理或心理疾病的标记。

大多数研究者一致认为，研究应该考虑多个而不是一个单一的压力结果，尤其是跨社会群体来比较压力效应时。部分社会群体即使是在缺少压力源的情况下，对一些健康威胁也是非常敏感的，因此，仅用单一测量指标可能会误导研究。例如，面对压力时，女性更容易变得抑郁，男性更容易使用酒精来麻痹自己。因此，一项调查离婚对抑郁症状影响的研究，很容易得到一个结论是离婚对女性影响更大，而隐藏了男性更多使用酒精而不是表现抑郁这一事实。类似地老年人被认为对压力有更小反应，因为他们更有能力去管理或调节他们的情绪，他们倾向于显示对压力更少的情绪反应。例如，面对丧亲，老年人不会像年轻人那样表现出过分悲痛情绪，但因此忽略亲人丧失对老年人生理影响，而直接下结论丧亲对年轻人影响大过老年人是不妥的。

压力影响健康，如在一些慢性脑疾病常可以观察到血液中有过量的皮质醇。压力与抑郁也有密切联系，在严重抑郁症中也能观察到皮质醇产生过度。最近的研究表明，海马在严重抑郁症患者中存在萎缩。这些发现使精神科医生认为严重抑郁症是因为长期的严重应激作用的结果。当然，现在还不能确定是否增加的皮质醇是这种疾病的主要原因，或者增加的皮质醇仅仅是因为严重心理不适及随之而来的生理反应结果。然而，通过阻断皮质醇的产生或作用，可以显著地帮助患者，特别是那些经典的抗抑郁药物治疗不起作用的患者。抗抑郁药常常能够帮助使过度活动的HPA轴正常化。

应激源的量化研究始于1967年，霍尔姆斯（T.H.Holmes）和雷赫（R.H.Rahe）在美国对5000余人进行了关于生活事件（指造成人们生活上的变化并要求其适应和应付的社会生活情境和事件）对健康影响的调查研究。他们将当时美国人生活中常见的43项生活事件列成表格，把每一项生活事件引起生活变化的程度或达到社会再适应所需努力的大小，称为生活变化单位（life change unit，LCU），以此反应心理应激的强度。研究者认为，配偶死亡引起当事人生活变化的程度最大，所以规定配偶死亡的生活变化计量单位为100，其他生活事件的计量单位由每一位被调查者与前述标准对比参照自评，最后获得了被调查总体对43项生活事件自评的"生活变化单位平均值"，并由大到小按次序进行排列，编制了社会再适应评定量表（SRRS）如表6-1。

表6-1 社会再适应评定量表（SRRS）

顺序	生活事件	压力指数	顺序	生活事件	压力指数
1	配偶死亡	100	23	子女离家	9
2	离婚	73	24	司法纠纷	9
3	分居	65	25	个人取得突出成就	8
4	入狱	63	26	配偶开始或停止工作	6
5	亲密的家人去世	63	27	升学或辍学	6
6	自己受伤或生病	53	28	生活条件变化	5
7	结婚	50	29	生活习惯改变	24
8	解雇	47	30	与上级有矛盾	3
9	复婚	45	31	工作时间或条件改变	0
10	退休	45	32	搬家	20
11	家人患病	44	33	转学	0
12	怀孕	40	34	娱乐改变	19
13	性生活问题	39	35	宗教活动改变	9
14	家庭添员	39	36	社会活动改变	8
15	调换工作	39	37	小量贷款	7
16	经济状况改变	38	38	睡眠习惯改变	6
17	好友去世	37	39	家庭成员变化	5
18	职业性质改变	36	40	饮食习惯改变	5
19	夫妻不睦	35	41	假期	3
20	大量借贷	31	42	圣诞节	2
21	抵押或贷款到期	30	43	轻度违法	1
22	职位的改变	29			

霍尔姆斯对经历了不同事件的人进行多年的追踪观察，认为生活事件与 10 年内的重大健康变化有关。如果在一年中，LCU 超过 200 单位，则发生疾病的概率增高；如果 LCU 超过 300 单位，第二年生病的可能性达 70%。

SSRS 是对生活事件在整个人群中影响程度的反映，反映了常见生活事件对整个人群影响的平均水平。但量表忽略了生活事件对个体的意义、个体的认知评价、事件本身对当事人情绪变化的影响及年龄、个体特异性等方面的问题。

> **知识拓展：应激的脑成像研究**
>
> 随着电磁技术和磁共振成像（神经成像）的进步，科学家能够执行大量的脑功能研究，并确定大脑的哪些方面在各类精神状态和思维过程中是发挥作用的。Bruce McEwen 是应激研究领域的一个研究者。如下是他研究的一些结果，显示应激确定会影响人类的大脑：
> - 海马和杏仁核是形成情感事件的有意识的记忆的神经基础。
> - 海马对应激激素皮质醇高度敏感的，这有助于应激的记忆形成。
> - 海马区域富含糖皮质激素的受体位点。
> - 杏仁核负责记忆的情感内容，特别是恐惧。
> - 重复过度暴露皮质醇中会加速海马的老化过程，并且事实上可能损伤或收缩脑细胞。此外，慢性压力可能影响记忆和学习过程。例如，在创伤后应激综合征（PTSD）患者中，大脑的这一区域比没有创伤后应激综合征的同伴小 26%。
> - 研究也揭示，因为慢性应激而对脑细胞（如动物）的损伤似乎是不可逆的。

第四节　应激反应的影响因素

应激反应的大小与应激源的强弱、个体的易感性和中介因素有关，一般来说，应激源刺激越强反应越强。个体的易感性主要与先天的遗传基质、个体的高级神经活动类型等因素有关。中介因素是可以影响应激反应的重要因素，应激源作用于个体后，进入中介系统，中介系统有两种功能：一是增益功能，使事件的强度相对增加；二是消解功能，使事件的相对强度减弱，从而达到改变事件相对强度和性质的作用。与应激有关的中介因素主要有个体的认知评价、人格特征、社会支持和应对方式。

一、认 知 评 价

（一）认知评价的概念

认知评价（evaluation or appraisal）是指个体对遇到的生活事件的性质、程度和可能的危害情况的认知估计。

客观上已经发生的事件，并不是都可以成为压力源，只有被个体察觉、与个体生活相关并引起相应的事件，才构成应激源。所以人们接触到应激源首先在觉察、理解的基础上，评估压力源的性质和评估压力源对自己的利弊及程度，进而评估自己的实力，确定自己能否应对及确定应对方式。Folkman S 和 Lazarus RS 将个体对生活事件的认知评价过程分为初级评价和次级评价。初级评价（primary appraisal）是指个体在某一事件发生时立即通过认知活动判断其是否与自己有利害关系。这里所谓的"利害关系",不是完全指物质需要方面的关系如对方夺走自己的财务,而更多的是精神需要方面的关系,如看到街路上有人倚强凌弱,自己作为第三者由于道德感被侵犯致使该事件变得与己有利害关系。如果初级评级与己无关,则个体进入适应状态;如果初级评价与己有关,则进入次级评价。

次级评价(secondary appraisal)是指一旦初级评价得到事件与己有利害关系的判断,个体立即会对事件是否可以改变及对个人的能力做出估计。伴随着次级评价,个体会同时进行相应的应对活动:如果次级评价事件是可以改变的,采用的往往是问题关注应对;如果次级评价为不可改变,则往往采用情绪关注应对(图6-5)。

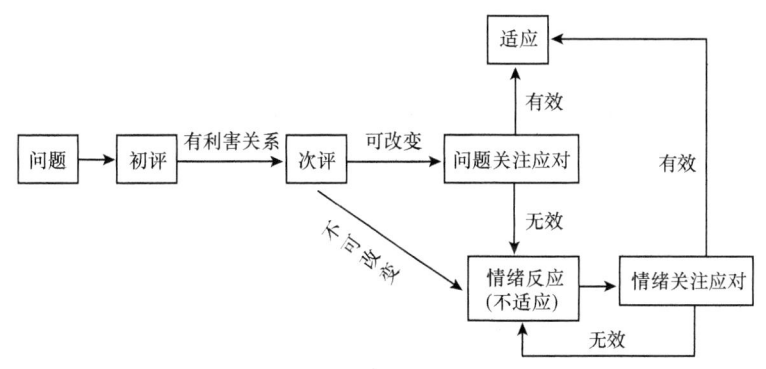

图 6-5 认知评价模型

(二)认知在应激中的重要作用

认知评价在生活事件到应激反应的过程中起重要的中介作用,这是 20 世纪 70 年代以后 Lazarus RS 和 Folkmans 等提出的应激交互作用理论的核心因素。Lazarus RS 早期从认知理论的角度,曾认为应激发生于个体察觉或评估一种有威胁的情景之时,具体地说是关于对需求及处理需求的能力的察觉和评估,甚至认为应激不决定于具体的刺激和反应。随着应对方式研究的进展,Folkmans 和 Lazarus RS 将认知评价与应对方式一起,作为应激的重要中介因素。

1. 认知评价的作用 认知影响压力相对强度的方式有三种。

(1)认知的结果有两种可能。认知事件是可能的应激源,要求自己去适应;也可能认为对自己不构成威胁,无须去应对它,评价结果则因人而异。

(2)对事件严重性的评估。这类评估可以影响压力的体验,过高评估客观事件的严重性,可能增强焦虑情绪的程度,评估强度的高低,则因人而异。

(3)对自己能力的评估,影响压力的相对强度。自我能力评估过低,可以增强焦虑情绪,即增强对压力体验的强度;自我评价结果的高低,则因人而异。

2. 调节控制作用 认知对应激中介作用的另一条途径,即当事人是否认为自己能够控制局面,是否能够自主地控制或调节压力的出现与发展,是否能够自由地调整自己的适应行为。对客观事件的认知不足,是增强相对压力的重要因素,对压力的控制则因人而异。

二、人格特征

人格可以直接或间接影响其他各种应激因素，人格因素在其他各种应激事件中起核心的影响作用。与应激有关的人格因素涉及整个人格含义，包括人格倾向性（如需要、兴趣、态度、价值观、信念）、人格特征（如气质、性格或习惯）和自我意识的差异。以婚姻问题为例，北方人的粗线条性格和南方人的细腻性格，双方自幼形成的生活习惯上的差异；农村背景与城市背景在各种观念上的差异等等。其中双方在观念或信念上的差异又尤其重要，如婚姻观念、家庭观念、道德观念、经济观念、价值观念、平等观念等的差异，往往更隐蔽，也更难以被当事人所察觉。

（一）人格与应激

人格（个性）是最早被重视的心身相关因素之一。早期精神分析论者认为，不同的人格类型与几种经典的心身疾病如溃疡病、溃疡性结肠炎、原发性高血压、支气管哮喘等之间存在内在联系。近几十年大量的人格调查研究证明，某些人格因素确与多种疾病的发生发展有关，但其特异性并不高。

关于是否存在某些特定的应激或疾病易感性人格或个性，一般认为确实存在某种所谓的"脆弱性"人格特点，如医学心理咨询门诊的来访者多数表现为"求全、完美主义和标准化倾向"的人格特点。心理学文献上也有不少与"应激易感"人格相关的特征描写，如A型行为类型（type A behavior pattern，TABP）、坚韧人格（hardy personality）等。

（二）人格在应激中的作用

由于人格是个人各种心理特征的总和，不同人格特征的人对同一事物会有不同的认知、不同的情绪和行为反应，人格可以通过人格-情绪（应激）-疾病存在联系。许多资料证明，特定的人格的确容易导致特定的负性情绪反应，进而与精神症状和躯体症状发生联系。

概括起来，在应激和心身疾病发病过程中，人格特征可通过下述途径起作用。

1. 人格决定个体的行为类型、生活方式和生活习惯。其有易感应激人格特征的A型行为、C型行为及吸烟、酗酒、缺乏运动、摄食习惯等不良行为与心脏血管疾病、癌症的发生发展关系密切。

2. 人格影响对各种社会、心理、生物刺激物的认知评价，甚至决定生活事件的形成。应激易感人格特征者的主观事件的频度和负性事件的自评分明显增高。

3. 人格影响一个人对外环境刺激、挑战、竞争的应对方式、适应能力及其效果。不同人格类型的个体在面临应激时表现出不同的应对策略。

4. 人格影响个人同他人的人际关系，从而决定社会支持的数量和质量。个性特征间接影响客观社会支持的形成，也直接影响主观社会支持和社会支持利用度的水平。人际关系是相互作用的过程。表现为孤僻不合群、敌意倾向、敏感多疑、消极逃避的应激易感人格的人很难得到和充分利用社会支持。

5. 人格与应激反应的形成和程度相关。不同人格对同样的生活事件可以出现程度不同的心身反应。人格特征对心身疾病发生起到特殊作用，并作为重要条件而引起某种疾病的发生与发展。例如，C型行为的人肿瘤发病率较非C型行为的人高达3倍。C型行为者通常免疫功能低下，器官代谢紊乱，DNA自然修复能力偏弱甚至障碍，若原有器官有易感性基础，则更易发生各种肿瘤。

6. 人格影响对事件的归因，外控型人格的人，认为个人生活中的主导力量是外力，对自己如何生活是无能为力的。内控型人格者，认为在生活中发生的事件根源在自身，成功是个人努力的结果，失败是自己的失误。

三、社 会 支 持

社会支持（social support）是指个体与社会各方面包括亲属、朋友、同事、伙伴等社会人及家庭、单位、党团、工会等组织所产生的精神上和物质上的联系程度。

社会支持所包含的内容相当广泛，常见的分类有：①客观支持、主观支持和支持的利用度；②家庭内支持和家庭外支持；③社会支持的数量和质量（个人领悟的支持水平）等。

客观支持是指一个人与社会所发生的客观的或实际的联系程度，包括得到的物质上的直接援助和社会网络关系。这里的社会网络是指稳定的（如家庭、婚姻、朋友、同事等）或不稳定的（非正式团体、暂时性的交际等）社会联系的大小和获得程度。

主观支持是指个体体验到在社会中被尊重、被支持和被理解的满意程度。许多研究证明，个体感知到的支持程度与社会支持的效果是一致的。但客观支持高的未必主观支持也高。

应激研究认为社会支持具有减轻应激的作用，是应激作用过程中个体"可利用的外部资源"，即社会支持越高，个体抗应激能力越强，应激反应越低，健康保持越好。个体在面临重大压力时，有向周围群体获取社会支持的天性。例如，当人们处在山顶峰时，由于身处高处所产生的压力感（有点紧张、有点兴奋和恐惧），人与人之间的距离感会自然地缩小，互相之间会显得亲切、友善和乐助，此时向陌生人的一句问话，可能会引来许多人的回答。但如果同样是这些人，处在平常的市区街道上，则人与人之间的这种亲近感会大大降低，甚至有点冷漠。

社会支持对应激的缓冲和保护作用机制有两种理论：

1. 冲作用假说 一些研究结果显示，社会支持本身对健康无直接影响，而是通过提高个体对现实刺激的应对能力和顺应性，从而缓冲生活事件对健康的损害。

社会支持能够消减日常生活中应激刺激所引起的伤害性生理作用。Nuckolls KB 等研究妊娠期妇女的生活事件量、社会支持水平与妊娠并发症的关系，结果显示生活事件高、社会支持水平亦高的妇女并发症的发生机会仅为社会支持分低、生活事件分高的妇女的1/3。他们认为社会支持缓冲了生活事件对健康的损害作用。

Blumenthal JA 也证明，社会支持能改善 A 型行为者的冠心病临床过程，然而却对 B 型行为者无意义。因为 A 型行为者在同样的事件挑战下，更容易出现应激反应，此时社会支持起到了应激的缓冲作用。

2. 独立作用假说 该假说认为社会支持不一定要在心理应激存在下才发挥作用，而是通过社会支持本身的作用以维持个体良好的情绪进而促进健康。

Berkman LF 等发现，与世隔绝的老年人比与社会有密切联系（指有充分信任的个人关系）的老年人相对死亡率高。这一结果支持密切联系社会能防护各种病理后果的假说。从常识的和现象学的角度也能说明，社会支持低下本身可能导致个体产生不良心理体验，如孤独感、无助感,从而使心理健康水平降低。

四、应对方式

应对(coping)又称应付,由于应对可以被直接理解成个体解决生活事件和减轻事件对自身影响的各种策略,故又称为应对策略(coping strategies)。Folkman(1986)的定义是个体在处理来自内外部超过自身资源负担的生活事件时所做出的认知和行为努力。

应对是多维度的概念,如果从应对的主体角度看,应对活动涉及个体的心理活动应对(如再评价)、行为操作应对(如回避)和躯体变化应对(如叹气放松)。从应对的指向性看,有的应对策略是针对事件或问题的,称为针对问题应对;有的则是针对个体的情绪反应,称为针对情绪应对。近年来对这两种应对方式的研究有所拓展,如 Matud MP 调查发现,女性在应对风格方面比男性更多采用针对情绪应对。从应对是否有利于缓冲应激的作用,从而对健康产生有利或者不利的影响来看,可能存在积极应对和消极应对。实证研究显示,这些应对方式往往在对抗或者缓冲应激的作用方面具有相对稳定的积极或者消极作用。从应对策略与人格的关系来看,一些与人格特质有关的、相对稳定的和习惯化了的应对风格(coping styles),称为特质应对(trait coping)。例如,日常生活中某些人习惯于幽默,而有些人习惯于回避(借酒消愁)。国外的一些研究工作也证明,遗传因素通过人格特质影响个体的许多应对风格。

有关应对在心理应激过程中的作用的研究,往往延伸为研究应对在心理病因学中的意义。这已成为目前心理应激研究中很活跃的一个领域。大量研究证明,应对是健康和疾病的重要影响和调节因素,应对方式与多种健康状态和各种疾病有关。例如,癌症的发生、发展明显受到包括应对因素在内的心理社会应激因素的影响;由于癌症本身作为一种严重的生活事件,对患者又起着心理应激源的作用,使癌症患者往往采用更多的应对策略,使得癌症的转归、预后及患者的睡眠问题、生活质量、康复等(可看作应激结果)明显受患者各种应对策略的影响。

第五节 压力应对

一、压力反应

个体面对压力事件时通常会出现情绪和身体两方面的反应:一般来说,面对危险时的情绪反应是恐惧,面对胁迫事件的反应是焦虑,面对分离或失落的情绪反应则是忧郁;而面对危险或胁迫所产生的身体反应是心跳变快、血压升高、肌肉张力增加及出现口干等现象;而面对分离或失落时,身体的反应是感到疲倦和身体活动的减少。

压力可以通过自主神经系统转化为任何器官的心身反应。神经心理学的研究告诉我们,从外界的应激性刺激到心理压力的转化都要经过精神-神经-内分泌系统的工作机制的过程。在人体调节所有内脏活动的神经结构总称为自主神经系统。这一系统分为交感神经系统与副交感神经系统两部分。前者起兴奋作用,后者起抑制作用,两者相互协调一起工作。自主神经末梢通过释放神经递质乙酰胆碱(也称为迷走物质)而改变内脏活动,如使心率减慢、呼吸加深变长、血压升高、基础代谢降低;或释放去甲肾上腺素(也称为交感素）使心率加快、呼吸短促、代谢增高。

认知行为主义心理学认为，对于人类来说，任何压力都会经过主体的认知这个中介环节，才转化为某种行为反应，因此，压力反应模式可以概括为：S-O-R 模型，其中 S 代表刺激，O 代表主体因素（包括个体的信念、价值观、态度、经验、性格、性别、应对方式等），R 代表反应（包括生理、心理和社会行为反应等）。根据这一模型，同样的应激刺激，但压力反应因人而异，关键在于主体因素（O）的不同。同样的刺激或危机，心理健康、抗压能力强的人，将产生适应性反应；而心理素质差的人，则可能产生不适应性的病理反应。其中，患病可能成为个体逃避压力的一种方式。

二、应对方式

面对压力，个体都会自觉或不自觉地采取一些策略和方式来加以应对或者说减压。肖计划根据 Gentry 提出的应对理论，编制了应对方式问卷，认为可以将个体的应对方式从消极的到积极的六种应对方式可以依序按退避、幻想、自责、求助、合理化、解决问题进行排列。不同类型的应对行为可以作为反映个体的心理发展成熟程度的指标。实际上，个体在面临应激和心理危机时所采取的应对方式大多是几种方式的混合。

（一）解决问题-求助的成熟型

这类个体在面对应激事件或心理危机时，常能采取理智地应付困境、善于从失败中吸取经验，制订出一些计划去克服困难，专心于工作或学习以忘却不快等解决问题的积极方法；或采取找人聊天、寻求别人的理解与同情、请求亲戚朋友和别人帮忙、寻找新的寄托等求助的应对方式。这类人表现出一种成熟稳定的人格特征和行为方式。

（二）退避-自责的不成熟型

这类个体在面对应激刺激和心理危机时，常感叹生活的艰难，不愿思考影响自己情绪的问题，或以无所谓的态度掩饰自己内心的感受，或采用睡觉逃避痛苦，或借抽烟酗酒来消愁，对困难采取忍耐的态度等退避的方式；或采取自暴自弃、自我责备、自卑自怜，责怪自己没出息、无能等自责的方式；或采取幻想自己有解决困难的超人本领、幻想一些令自己高兴的事来安慰自己、不相信那些对自己不利的事情等幻想的应对方式。这类人具有一种神经质的人格特点，其情绪和行为缺乏稳定性。

（三）合理化-幻想的混合型

这类人持"生死有命，富贵在天"的人生观，对自己的失败常持外归因观，常责怪他人，用看破红尘、顺其自然的心态看待自己的不幸遭遇。合理化应对方式，既与"解决问题""求助"等成熟应对因子呈正相关，也与"退避""幻想"等不成熟应对因子呈正相关，反映出这类个体的应对行为集成熟与不成熟的应对方式于一体，在应对行为上表现出一种矛盾的心态和两面性的人格特点。

三、压力调节

为了减少压力，人们可以学习意识到压力反应的初步迹象，并发展基本的压力管理技能。一些压力管理技能包括放松，如深呼吸技术、冥想和生物反馈等，以及认知技术，如重构思维、设定目标和使用积极认识等。以下介绍几种常用方法。

（一）自我观察

以类似写日记的方式将每天认为最特殊的生活压力与情绪事件记录下来。例如，与配偶或同事争吵，生理压力如慢性疼痛，甚至天灾等依照事件发生先后顺序、行为和结果方式进行纪录。自我观察的方式是压力管理最有功效的模式之一，优点很明显，如让个体了解平时未注意到的行为。例如，一个人总是用逃避的行为如拒绝受邀、迟到、早退，安排独自工作等方式来处理他的社会焦虑，这可能导致个体失去面对及克服恐惧的机会。同时可以让个体理解到他的认知行为模式并思考如何改变行为。

（二）认知重构

认知在整个压力管理及克服过程当中扮演着核心角色。可以帮助个体理解到他们不恰当的思考，并将一些不良或不恰当的思考模式加以重构。个体需要理解过多或长时间负面情绪反应常常是因为潜在的认知扭曲或认知功能不良所造成的结果。学习监测并分析不当的思考所造成的负面情绪，如害怕、失望、罪恶感、忧郁、生气等是否在逻辑上有盲点或错误。当进行认知重构时，个体可以思考如下 5 个重要的问题：①是否有其他的解释？②什么证据能证明这想法是真实的？③若继续持相同的想法会得到什么后果？④什么是最真实的结果，最坏的结果，最好的结果？⑤什么是最可能发生的事？

回答上述问题可帮助个体确认思考内容里潜在的逻辑问题。厘清问题之后，应能发展出一套精确、实用、合理的认知反应，并克服挑战。

（三）放松训练

放松训练在压力管理也是很重要的一部分，它可重构扭曲的认知，并发展出合理的反应模式，减少不适当的行为。与其他适度的休闲与体育活动结合在一起，使之成为日常生活习惯的一部分，就会有更好的效果。可尝试简易的放松过程，大约只需 30 秒，其方法为深呼吸、吐气时让自己从头到脚的肌肉放松，每天重复练习，久而久之就会变成一种习惯反应。

（四）时间管理

时间管理的目的是让个体感到日常生活能处于一种平衡状态。管理技巧包括四个步骤：①清楚记录目前实际时间的使用状况。一般实际所用的时间与自认为重要的事所用的时间会有差异。②设定优先顺序，并区分出那些应用在急迫与重要的部分，个体常会发现，日常生活常把时间用在紧急但不重要或不急亦不重要的事情上，且主观上会认为没有时间去处理不急但重要的事，如运动、休息、想做的事。③设定目标：一般应排出较长期的优先级，如每周、每月、每年甚至更长时间的目标。④再确认与回顾：若依计划完成目标对自己来说是一种鼓励；但延误或无法达成目标则应检讨原因，并思考是否重新安排。

（五）解决问题

解决问题属于压力管理的最终步骤。目的在于避免不成熟的判断与漏掉可能的最佳解决方案。技巧包含：①确认问题所在，根据行为、情绪、想法或生理反应的问题类别，并设计适当合理的处理策略。②产生改变：脑力激荡后产生最佳与最合理、富创造性的几个解决方案。③选出及评估最后决定的方案。

第六节 创伤后应激障碍

一、概　　述

创伤后应激障碍（post traumatic stress disorder，PTSD），又称延迟性心因性反应，是指对创伤等严重应激因素的一种异常的精神反应。它是一种延迟性、持续性的心身疾病。其是由于受到异乎寻常的威胁性、灾难性心理创伤，导致延迟出现和长期持续的心理障碍。简而言之，PTSD是一种创伤后心理失平衡状态。许多人经历了创伤性和应激性事件后，会在接下来几天或几周内表现出一些PTSD的症状。数据显示8%的男性和20%的女性会持续发展PTSD，大约有30%的这些个体会表现出持续整个后半生的慢性症状。

二、病因及发病机制

（一）病因

1. 直接病因　异乎寻常的创伤性事件（如自然灾害和人为灾害：战争、严重事故、性侵害、目睹他人惨死、身受酷刑等）是本病发生的直接原因。这些应激源常引起患者的极度恐惧、紧张害怕、无助感等。创伤性事件（traumatic event）是指创伤幸存者遭遇真正的或者被威胁的事件：其一，对生命产生极大的威胁；其二，对躯体产生极大的伤害；其三，遭遇性暴力。创伤性事件是PTSD诊断的必要条件，但不是PTSD发生的充分条件，虽然大多数人在经历创伤性事件后都会出现程度不等的症状，研究表明只有部分人最终成为PTSD患者。

2. 危险因素　许多变量影响到PTSD的发生，有关危险因素有：存在精神障碍的家族史与既往史、童年时代的心理创伤（如遭受性侵害、10岁前父母离异）、性格内向及有神经类型不稳定、创伤事件前后有其他负性生活事件、家境不好、躯体健康状态欠佳等。一般认为，应激源的严重程度、暴露在精神创伤情境中的时间长短，威胁生命的密切程度及人格特点、个人经历、社会干预与支持、躯体素质等是影响PTSD发病及病程的重要因素。

（二）发病机制

PTSD发生的脑病理学机制是近年来国际研究的热点，目前研究比较多的主要集中在3个方面：PTSD的神经影像学研究、脑电生理学研究与神经内分泌研究。

1. 脑神经影像学特征　研究结果主要发现患者的海马与海马旁回、杏仁核、内侧前额叶有某些异常，有学者提出PTSD的前额叶-杏仁核-海马环路。前额叶功能减弱时，对杏仁核的调节和控制作用减弱，导致杏仁核对恐惧性反应的过度增强，而海马本身的损害及与前额叶、杏仁核之间联系的失调主要参与了PTSD患者的陈述性记忆的损害过程。

2. 脑事件相关电位特征　PTSD研究较多的是P300波，研究结果提示与PTSD情境依赖性的信息加工分离，对中性刺激的信号加工减少，但对创伤相关刺激或创伤相关线索情境下，对中性刺激的信息加工是加强的。

3. 神经内分泌特征　应激状态下的神经内分泌变化错综复杂，目前比较肯定的有兴奋性氨基酸系统、GABA能抑制系统、胆碱能系统、多巴胺系统、神经甾体系统及其他神经调质、神经肽Y、胆囊收缩素、物质P的参与，但主要是肾素-血管紧张素系统和HPA轴的激活，俗称应激系统。

近年来，也有学者从神经营养因子、免疫系统、遗传学等方面来总结PTSD发生的生物学机制。神经营养因子方面，其产生与分泌的异常增加或减少可能是PTSD产生的重要机制；免疫系统方面，PTSD可能与免疫系统相关的蛋白质细胞的数量和功能变化有关。整合神经生物学与分子生物学表观遗传学蛋白质组学及分子影像学的成果将对PTSD的研究产生推动作用。

三、临床表现

PTSD表现为在重大创伤性事件后出现一系列特征性症状，主要为四大核心症状群。

（一）重新体验症状群

PTSD最具特征性的表现是在重大创伤性事件发生后，患者有各种形式的反复发生的闯入性创伤性体验重现（病理性重现）。患者常常以非常清晰的、极端痛苦的方式进行着这种"重复体验"，包括反复出现以错觉、幻觉（幻想）构成的创伤性事件的重新体验（flashback，症状闪回，闯入性症状）。此时，患者仿佛又完全身临创伤性事件发生时的情景，重新表现出事件发生时所伴发的各种情感。例如，曾有过直接经历四川"5·12"大地震的一位幸存者，某天当感觉到住房似乎有些震动时，他立刻匍匐在地，认为地震又出现了，惊恐万状地寻找掩身之处。

患者在创伤性事件后，频频出现内容非常清晰的、与创伤性事件明确关联的梦境（梦魇）。在梦境中，患者也会反复出现与创伤性事件密切相关的场景，并产生与当时相似的情感体验。患者常常从梦境中惊醒，并在醒后继续主动"延续"被"中断"的场景，并产生强烈的情感体验。

患者面临、接触与创伤事件相关联或类似的事件、情景或其他线索时，通常出现强烈的心理痛苦和生理反应。事件发生的周年纪念日、相近的天气及各种场景因素都可能促发患者的心理与生理反应。

（二）持续性回避症状群

在创伤性事件后，患者对与创伤有关的事物采取持续回避的态度。回避的内容不仅包括具体的时间、地点、对话、活动、物体、情景，还包括有关的想法、感受和话题。多数患者往往不愿提及有关事件，避免相关交谈，甚至出现相关的"选择性失忆"。例如，一位直接参与青海玉树"4·14"大地震救援的特警，在确诊为PTSD患者后，在心理医生访谈时，对救援的细节无法清楚地表达。

在创伤性事件后的媒体访谈及涉及法律程序的取证过程往往给当事人带来极大的痛苦。曾有在四川"5·12"大地震中的伤员，对媒体的多次采访表现出极度的厌烦。对创伤性事件的某些重要方面失去记忆也被视为回避的表现之一。患者似乎希望把这些"创伤性事件"从自己的记忆中"抹去"。

（三）认知和心境方面的消极改变症状群

在遭遇创伤性事件后，许多患者出现与创伤事件有关的认知和心境方面的消极改变，存在着"情感麻痹"的现象。从外观上看，患者给人以木然、淡漠的感觉，与人疏远、不亲切、害怕、罪恶感或不愿意和别人有情感的交流。患者自己也感觉到似乎难以对任何事物产生兴趣，过去热衷的活动也无法激起患者的情绪，患者感到与外界疏远、隔离甚至格格不入，难以接受或者表达细腻的情感，对未来感到心灰意冷，听天由命，甚至觉得万念俱灰、生不如死，严重的则采取自杀行为。

（四）警觉性增高（易激惹）或反应性明显改变症状群

不少患者则出现睡眠障碍（难以入睡、易惊醒）、易激惹或易发怒、容易受惊吓，难以集中注意力等警觉性增高的症状，并常有自主神经症状，如心慌、气短等。一些患者甚至出现莽撞、对他人或物体的言语或身体攻击或自我伤害行为。

四、诊 断 标 准

PSTD中国诊断标准是由中华精神科学会于2000年颁布的《中国精神障碍分类与诊断标准第3版》（CCMD-3）。在PSTD的诊断标准中，2008年7月由卫生部修改了病程。其诊断标准如下。

1. 主要表现 PSTD是由异乎寻常的威胁性或灾难性心理创伤，导致延迟出现和长期持续的精神障碍。主要表现为：

（1）反复发生闯入性的创伤性体验重现（病理性重现）、梦境，或因面临与刺激相似或有关的境遇，而感到痛苦和不由自主地反复回想。

（2）持续的警觉性增高。

（3）持续的回避。

（4）对创伤性经历的选择性遗忘。

（5）对未来失去信心。

少数患者可有人格改变或有神经症病史等附加因素，从而降低了对应激源的应对能力或加重疾病过程。精神障碍延迟发生，在遭受创伤后数日甚至数月后才出现，病程可长达数年。

2. 症状标准

（1）遭受对每个人来说都是异乎寻常的创伤性事件或处境（如天灾人祸）。

（2）反复重现创伤性体验（病理性重现），并至少有下列1项：①不由自主地回想受打击的经历；②反复出现有创伤性内容的噩梦；③反复发生错觉、幻觉；④反复发生触景生情的精神痛苦，如目睹死者遗物、旧地重游，或周年日等情况下会感到异常痛苦和产生明显的生理反应，如心悸、出汗、面色苍白等。

（3）持续的警觉性增高，至少有下列1项：①入睡困难或睡眠不深；②易激惹；③集中注意困难；④过分地担惊受怕。

（4）对与刺激相似或有关的情境的回避，至少有下列2项：①极力不想有关创伤性经历的人与事；②避免参加能引起痛苦回忆的活动，或避免到会引起痛苦回忆的地方；③不愿与人交往、对亲人变得冷淡；④兴趣爱好范围变窄，但对与创伤经历无关的某些活动仍有兴趣；⑤选择性遗忘；⑥对未来失去希望和信心。

3. 严重标准 社会功能受损。

4. 病程标准 精神障碍延迟发生（即在遭受创伤后数日至数月后，罕见延迟半年以上才发生），符合症状标准至少已1个月（2008年6月修订此条）。

5. 排除标准 排除情感性精神障碍、其他应激障碍、神经症、躯体形式障碍等。

五、治 疗

1. 心理治疗 对于 PTSD 初期，主要采用危机干预的原则和技术，侧重提供支持，帮助患者提高心理应对技能，表达和宣泄相关的情感。及时治疗对良好的预后具有重要意义。慢性和迟发性 PTSD 的心理治疗中，除了特殊的心理治疗技术外，为患者争取最大的社会和心理支持是非常重要的；家属和同事的理解，可以为患者获得最大的心理空间。

2. 药物治疗 抗抑郁药物是治疗各个时期 PTSD 最常见的选择，并且能够取得比较好的效果。其他药物则可包括抗焦虑药物、镇静剂、锂盐等。

3. 心理治疗合并药物 治疗心理治疗结合药物治疗的方法比两种方法单用的效果更佳。根据有关经验，前期应采用支持和解释心理治疗，建立良好的医患关系，主要是获得患者对于服用药物的理解和接受。在药物取得一定疗效的基础上，进行认知心理治疗，可能会取得更好的效果。

（刘文华 石丹丹 龙 建）

思 考 题

1. 皮质醇水平在应激反应中扮演什么角色？
2. 如何减少应激的负面影响？
3. 课后实践

分小组讨论，以了解更多引起生理应激症状的身体机制，如心跳加快、手冷和口干，甚至更持久的症状，如头痛和失眠。此外，讨论他们自己应对反应，并且理解许多生理应激反应是身体正常功能的一部分。学生还将寻找应对压力的方法。

通过这种实践，学生应该能够分析在应激下他们自己的身体会发生什么，描述何为应激时"战斗或逃跑反应"，理解正常压力反应和严重的应激反应。

第七章 心身疾病

> **案例 7-1**
> 　　刘某，男，45岁，企业家，性格比较内向。遇到不如意的事情时，即使觉得烦恼或愤怒，通常也不会表现在脸上，也不会找人倾诉。他的信念是：能不求人就不求人。
> 　　最近一段时间他心情比较烦躁，因为年近七旬的父亲突然生病住院；22岁的女儿大学毕业还未找到称心的工作；他的销售商最近频频拖欠他的货款，他只好拖欠原料供应商的货款，而原料商又频频找他催款，还拒绝给他供应原料，生产被迫中止，使他感到心力交瘁。4年前他就有糖尿病，通过服药，血糖控制一直还算稳定。这段时间却明显感到全身乏力。到医院复查，空腹血糖已达到14.7mmol/L。医生提醒他要尽快控制血糖，否则有发生严重并发症的危险。

　　医学心理学工作者通过参与心身疾病的预防、治疗与康复的全过程，把生物-心理-社会医学模式具体应用到临床各个学科，从而体现出医学心理学的特殊价值。本章将系统介绍心身疾病的概念、发病机制及诊断原则，重点讲解心理社会因素是如何影响躯体疾病的发生、发展，以及心与身如何相互作用，从而进一步加深对心身关系的理解。

第一节　心身疾病的概述

一、心身疾病的概念

（一）心身疾病的定义

　　心身疾病（psychosomatic diseases），又称心理生理疾病（psychophysiological diseases），是指在发生、发展、转归与防治方面是以心理、社会因素为主要原因所致的一组综合征或躯体疾病。

　　心身疾病有狭义和广义两种含义。狭义的心身疾病是指心理社会因素在发病、发展过程中起重要作用的躯体器质性疾病，如冠心病、原发性高血压和肠易激综合征等。广义的心身疾病指心理社会因素在疾病发生、发展和转归过程中起重要作用的躯体器质性疾病和躯体功能性障碍。通常将这种心理社会因素在发病、发展和转归过程中起重要作用的躯体功能性障碍称为心身障碍（psychosomatic disorders），如偏头痛、神经性呕吐等。因此，广义的心身疾病包括狭义的心身疾病和心身障碍（图7-1）。可见，心身疾病的位置，介于躯体疾病和精神疾病之间，因此在病因上既有引起躯体疾病的生理因素，也有引起精神疾病的心理因素；在治疗上既要用治疗躯体疾病的药物或手术治疗，也要用治疗精神疾病的心理治疗。

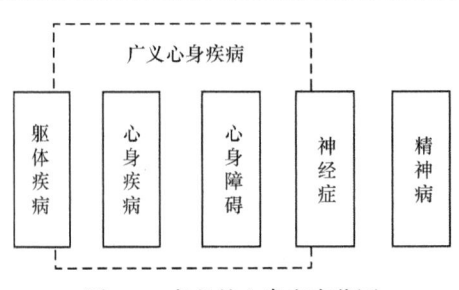

图 7-1 广义的心身疾病范围

(二) 临床心身疾病概念的演变

随着心身相关研究的深入,人们对心身疾病的认识逐步深化。1952 年美国《精神疾病诊断与统计手册》第一版(Diagnostic and Statistical Manual of Mental Disorders, DSM-Ⅰ)中,将"心身疾病"设为单独的一类疾病。而 DSM-Ⅱ则将心身疾病更名为"心理生理性自主神经与内脏反应",定义为"由情绪因素引起的单一器官系统的躯体症状",并按累及器官进行分类。DSM-Ⅲ及 DSM-Ⅲ-R 将心身疾病修正为"心理因素影响的躯体状况",直到 1994 年 DSM-Ⅳ将心身疾病相关内容列入"不良影响的心理或行为因素造成的医学疾患",这些因素会引起或加重疾病,干扰治疗和康复,或促使发病率和死亡率增高,心理因素本身可能构成疾病的危险因素,或者产生放大非危险因素的效应。

在世界卫生组织制订的《疾病和有关健康问题的国际统计分类》第十版(ICD-10)中,将传统的心身疾病分别纳入不同分类,归为"神经症性、应激相关及躯体形式障碍",还有一些内容分散在"伴有生理紊乱及躯体因素的行为综合征"及其他分类中。

1981 年《中华医学会精神病分类》将心身疾病列为第十三类,1995 年《中国精神疾病分类与诊断标准》第二版修订版(CCMD-Ⅱ-R)取消了心身疾病分类,把相关内容分别纳入"与心理因素有关的生理障碍"和"神经症及心理因素有关的精神障碍"中,另有一些内容列入"儿童少年期精神障碍",目前 CCMD-Ⅲ沿用了这种界定情况。

总之,心身疾病的概念在目前的权威性心理障碍分类体系中已经消失,被其他概念取代,然而,心身疾病的精髓却已融入整个临床医学。人们开始从更广泛的角度来理解心与身的关系,心身疾病涵盖的范围日益扩大,已不再拘泥于传统心身疾病的理解,而是扩展到心理社会因素与各种躯体疾病发生发展过程中的相互作用问题和心理社会因素与临床各种疾病的相关性问题。

(三) 身心反应——特殊医学障碍中的心理因素

心身疾病的研究比较注重"心-身"的联系,实际上,躯体疾病本身作为应激源同样能导致心理反应,即所谓的身心反应问题。有些心身障碍是由躯体疾病通过认知、行为或生理反应引起,也就是继发性心身障碍或身心反应。这些心理反应不但影响患者的社会生活功能,还可以成为继发性躯体障碍的原因。要关注的心理反应如下:

1. 躯体疾病引起患者的心理反应

(1) 自我意识转变。

(2) 对疾病的认知反应。

(3) 情绪反应。

2. 躯体疾病对患者生活质量的影响

（1）原发性心理障碍：是指功能障碍引起的心理后果，如视力、听力或运动功能的丧失，任何功能障碍都可能对个体心理产生限制。

（2）继发性社会后果：是指患病后社会关系改变引起的后果，如患病后与家人的关系、学习、工作受到的影响等。

3. 其他 不同的躯体疾病可以通过对神经系统的直接、间接作用而影响心理活动，如脑血管意外或心脏病引起的脑缺氧；电解质代谢紊乱导致的精神障碍，如高血钾可致意识障碍和知觉异常，高钙血症可致淡漠、幻觉等。

二、心身疾病的分类

关于心身疾病早期仅指为数不多的几种疾病，即由美国精神分析学家 Alexander 提出的 7 种经典的心身疾病，包括消化性溃疡、溃疡性结肠炎、甲状腺功能亢进、局限性肠炎、类风湿关节炎、原发性高血压及支气管哮喘，俗称"神圣七病"。近年来，随着人们对心身疾病认识的不断深入，心身疾病所涉及的范围越来越广，在全身各系统、临床各科室几乎都能见到，中华医学会心身医学分会根据系统或器官进行划分，将心身疾病分为 14 类（表 7-1）。

表 7-1 心身疾病分类及各类主要疾病

分类	各类主要疾病
循环系统	冠心病、原发性高血压、原发性低血压、心律不齐、阵发性心动过速、原发性心动过缓、雷诺病、心脏神经症、神经性心绞痛等
呼吸系统	支气管哮喘、心因性呼吸困难、过敏性鼻炎、过度换气综合征、花粉症、喉头痉挛、神经性咳嗽等
消化系统	消化性溃疡、溃疡性结肠炎、结肠过敏、肠道易激惹综合征、神经性厌食、神经性呕吐、神经性嗳气、食管贲门或幽门痉挛、神经性贪食、肥胖症等
泌尿生殖系统	神经性多尿症、阳痿、早泄、勃起障碍、性欲低下、夜尿症、过敏性膀胱炎、慢性前列腺炎等
内分泌代谢系统	肥胖症、消瘦、低血糖、糖尿病、甲状腺功能亢进等
神经系统	血管神经性头痛、眩晕症、慢性疲劳症、睡眠障碍、偏头痛、紧张性头痛、痉挛性疾病、自主神经功能紊乱等
肌肉骨骼系统	类风湿关节炎、面肌痉挛、书写痉挛、痉挛性斜颈、腰背部肌肉疼痛等
皮肤科	神经性皮炎、慢性荨麻疹、过敏性皮炎、白癜风、酒糟鼻、湿疹、银屑病、斑秃、痛痒症、多汗症
妇科	原发性痛经、月经紊乱、经前期紧张综合征、更年期综合征、功能性不孕症、功能性子宫出血、阴道痉挛、性功能障碍、妊娠毒血症、乳腺小叶增生症等
外科	手术后神经症、整形术后综合征、肠粘连症、器官移植后综合征等
儿科	遗尿症、夜惊症、多动症、口吃等
耳鼻喉科	突发性耳聋、梅尼埃症、神经性耳鸣、咽喉异感症、慢性鼻（窦）炎、慢性咽喉炎、失音等
眼科	原发性青光眼、弱视、白内障、中心性视网膜病、眼睑痉挛、眼肌疲劳症、癔症性失明等
口腔科	复发性口腔溃疡、口腔炎、慢性神经性牙疼、口腔干燥症、特发性舌痛症、颞颌关节紊乱综合征等
其他	恶性肿瘤

以上各类疾病，均可在心理应激后起病、情绪影响下恶化。心理治疗有助于病情的康复，这种对疾病认识的整体观念有助于正确评价疾病的生物、心理和社会因素之间的联系，并已成为临床上认识和处理疾病的方向。

三、心身疾病的特点

心身疾病一般具有以下一些特点：

1. 发病前存在明显的心理社会应激因素，并贯穿疾病的演变过程，但患者本人不一定能意识到。

2. 以躯体症状为主，有器质性病理改变或已知的病理生理过程。

3. 物理检查可发现有躯体症状和体征，部分有实验室指征。

4. 不属于躯体形式的精神障碍。

5. 某种个性特征是疾病发生的易患素质。

6. 疾病的发生和发展与心理社会应激（如生活事件等）和情绪反应有关。

7. 生物或躯体因素是某些心身疾病的发病基础，心理社会因素往往起"扳机"作用。

8. 心身疾病通常发生在自主神经、内分泌系统支配的系统或某一器官。

9. 心身疾病导致的生理变化比正常情绪状态下的相同变化更为激烈和持久。

10. 心身综合治疗比单用生物学治疗效果好。

四、心身疾病的流行病学特征

心身疾病的流行病学研究目前尚缺乏大样本的流行病学调查资料。非精神科、心理科的医生很少关注这些患者的心理因素，也很少把这些他们认为是内科的疾病而是看成与心理因素相关的疾病。关于心身疾病有下列一些相关的研究数据和结果。

1. 患病率 国内外有关心身疾病的流行病学资料显示，当前心身疾病已成为威胁人类健康的首要因素。心身疾病遍布临床各科，临床门诊就诊患者中，心身疾病患者约占1/3，其中，心血管科、呼吸科、内分泌科的门诊患者中，心身疾病患者人数可高达50%～70%。可见，心身疾病是影响现代人健康的常见病和多发病。

2. 年龄特征 以青壮年多见，发病高峰在更年期，15岁以下及65岁以上者较少。

3. 性别特征 总体而言，心身疾病中女性多于男性，其比例接近3∶1。但在冠心病、消化性溃疡、支气管哮喘等疾病中，男性的患病率高于女性。

4. 职业特征 一般而言，脑力劳动者患病率高于体力劳动者；从事高压力、高风险的职业者高于一般职业者，如医生、警察、教师心身疾病的发生率高于其他职业者。

5. 地区分布特征 心身疾病的患病率在城市高于农村，工业化水平高的国家高于工业化水平低的国家。以冠心病为例，有研究显示，美国和芬兰的发病率较高，而尼日利亚的发病率最低。

第二节 心身疾病的发病机制

早在2000多年前，心身统一的思想就显现在古代医学著作中。我国经典医学著作《黄帝内经》中关于"形神合一"的记载和论述，表明古人对于心理因素与疾病之间关系的重视。"悲哀忧愁则心动，心动则五脏六腑皆摇。""法于阴阳，和于术数，食欲有节，起居有常，不妄作劳，故能形与神俱，而尽终其天年，度百岁乃去。"《黄帝内经》的这种论述不仅把有害的情绪因素和不健康的行为视作致病原因，而且还认为这些因素可以影响疾病的整个过程及预后的好坏。而如果能做到生理卫生和心理卫生并重，便能"形与神俱"，保持身心健康，得以延年益寿。可以说传统的中医学早就有了一个相当完整的心身统一观。

《素问·调经论》中提出，人的生理活动与心理活动是相互作用的，即所谓"形盛则神旺，形衰则神惫"。生理活动与心理活动是相互影响的，即"形伤神，神伤形"。中医学十分强调情绪与疾病的关系，提出"怒伤肝、喜伤心、思伤脾、忧伤肺、恐伤肾"和"以情胜情"等观点。

西方医学之父希波克拉底认为医生医治的不仅是病而且是病人，主张在治疗上必须注意人的性格特征、环境因素和生活方式对疾病的影响。这些观点是对心身疾病最早的认识。

一、心身疾病的致病因素

大量医学研究表明，心身疾病的病因与发病过程的病理基础相当复杂，心身疾病是生理、心理、社会等多种因素共同作用的结果。

（一）心身疾病发病的心理因素

心身疾病发病的心理因素是极为复杂的，它与个人的认知、情绪、意志、行为模式、人格等心理特征有关，尤其是消极情绪和不良人格因素对心身疾病的发病有极其重要的影响。

1. 情绪的致病作用　人类在社会生活中总有一定的情绪体验，而情绪活动总伴有体内的生理生化反应，特别是自主神经系统的功能改变。良好的刺激产生愉快的情绪体验，适度的愉快情绪对身心健康有利。不良的刺激产生消极的情绪体验，如果这种不良刺激只是短暂的，机体通过自我调节可很快恢复正常。如果消极的情绪体验过强或持续时间过长，超过机体的适应能力，则会造成生理功能紊乱，导致心身疾病。如愤怒、焦虑、恐惧等消极情绪持续作用会导致心血管系统功能紊乱，出现心律不齐、高血压、冠心病等，而长期处在严重的忧愁、悲伤等情绪状态下，会影响胃肠功能，从而引起胃、十二指肠溃疡和癌症的发生。另外，愤怒、抑郁、惊恐等消极情绪与荨麻疹、神经性皮炎等皮肤病有密切关系。

恩格尔对170例猝死患者资料的研究发现，猝死的诱因与情绪活动有关，其中不仅有由于失败而极度悲伤，也有由于得胜、亲友团聚高兴过度而死亡的。中医有七情致病之说，临床上不同的情志刺激，可影响不同的脏腑。《素问·阴阳应象大论说》中道："怒伤肝，喜伤心，思伤脾，忧伤肺，恐伤肾"。古代阿拉伯医学家阿维森纳曾把一胎所生的两只羊羔置于不同的外界环境中生活：一只小羊羔随羊群在水草地快乐地生活；而在另一只羊羔旁拴了一只狼，它总是看到自己面前那只野兽的威胁，在极度惊恐的状态下，根本吃不下东西，不久就因恐慌而死去。

后来，有人用显微镜观察受惊致死的动物和人的心脏，发现这些心脏都有严重的心肌细胞坏死现象。这些病理变化将导致心脏功能的紊乱，甚至心力衰竭而猝死。1958年，布雷迪进行了一项名为"执行猴"的实验（图7-2），他把一对猴子同时绑在两个并排的椅子上。一只猴子称作"执行猴"，它可以按一杠杆来避免电击，如果间隔20秒按一次杠杆，它就永远不会受到电击。如果到了20秒的间隔时间它没有按杠杆，就要被电击，另一只猴子同时也受到一次电击；"执行猴"避开电击时，另一只猴也不受电击。也就是说，另

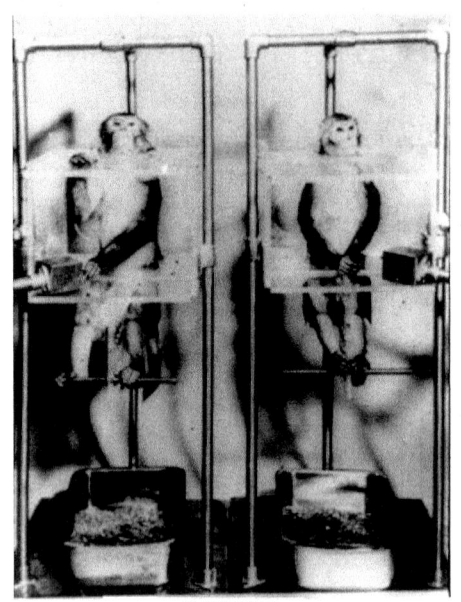

图 7-2 布雷迪实验中的执行猴

一只猴子和"执行猴"所受的电击次数是相等的,所不同的是它无事可做,只有把命运交给"执行猴"。在这个实验过程中,背负着责任感而紧张焦虑的"执行猴"患了胃溃疡,而无能为力的猴子却没有患胃溃疡。

Cannon 研究认为胃是最能表现情绪的器官之一;并发现焦虑、抑郁、愤怒等情绪都可使消化活动受到抑制,同时情绪对心血管、肌肉、呼吸、内分泌等功能也存在类似的影响;而情绪的改善则有利于胃溃疡等心身疾病的康复。因此情绪反应是心身疾病的重要中介过程。

2. 人格特征与心身疾病 具有不同人格特征的人,可导致不同的生理生化改变,引起不同的心身疾病。人格特征之所以能对心身疾病的发病产生影响,是因为患者的人格特征既可以作为许多疾病的发病基础,又可以影响许多疾病的发展过程。同样的疾病发生在具有不同人格特征的人身上,其症状表现、病程长短和转归可能不同。

近年来,关于疾病和个性有大量的研究,已成为该领域的一个重要研究课题。1959 年美国心脏病学家 Friedman 和 Rosenman 在对冠心病的前瞻性研究和回顾性研究基础上提出了"A 型行为模式",这类人的人格特点为雄心勃勃、争强好胜、苛求自己、充满成功欲望、进取心强、缺乏耐心、充满敌意、时间紧迫感强。B 型行为模式的人则属较松散、与世无争,容易满足,随遇而安。他们认为 A 型行为模式的人格类型与冠心病的发病有密切联系,故称为"冠心病易患模式"。1978 年世界心肺及血液研究协会确认 A 型行为是引发冠心病的一个重要危险因素,与高血压、高血脂和吸烟等危险因素具有同等重要的意义。目前研究认为,A 型行为中的敌意和匆忙两个因子,与冠心病有关(秦子玉,2016)。英国学者 Career 等经过大量研究,提出"C 型行为类型"为癌症易患人格,这种人格类型主要表现为过分的压抑、经常克制自己的情绪,有不安全感,过分合作,长期处于孤独、矛盾、抑郁和失望的情绪状态中,C 型行为的人癌症发生率比非 C 型行为的人高 3 倍以上。

此外,很多学者也研究了其他心身疾病与人格特征的关系,见表 7-2。

表 7-2 人格特征与心身疾病

疾病	人格特征
哮喘	过分依赖、幼稚、希望被照顾
结肠炎	听话、带有强迫性、抑郁、心情矛盾、吝啬
心脏病	忙碌、好胜、好竞争、急躁、善于把握环境
荨麻疹	渴望得到情感上的抚慰、烦恼、抑郁
高血压	好强、愤怒被压抑、听话
偏头痛	追求尽善尽美、死板、好竞争、嫉妒
溃疡病	依赖、敌意,被压抑、感情受挫、有雄心

(二)心身疾病发病的社会因素

社会文化因素对个体的健康和疾病有着重要的影响。人们总是根据从社会获得的信息不断调整自己的心理和生理功能,调节自己的行为,以便适应社会的要求。然而,适应性行为一旦失败,必然造成人们心理上的冲突和困扰,进而引发机体的应激反应,破坏机体的稳态平衡,最终导致疾病的发生。

流行病学调查结果显示,不同的社会文化环境,心身疾病的患病率有很大的差异。以冠心病为例,竞争激烈的美国其冠心病患病率全球最高,且每年死于冠心病的人数占总人口的2.5%;而生活在相对简单、安定的尼日利亚人患病率很低,仅为0.75%。

流行病学调查还发现,即使同一社会不同时期心身疾病的患病率也不尽相同。20世纪50年代以前,溃疡病和原发性高血压患病率男女比例约为4:1。然而,近年男女之比已逐渐接近,溃疡病约为3:2,原发性高血压已无明显性别差异。研究者认为,这是因为大多数妇女参加工作和社会活动,承受了较之以前更多的心理社会刺激的结果。另外,移民也是研究社会文化因素影响的理想群体,因为移民到一个完全不同的社会文化环境,将遭遇很多困难,产生许多心理冲突。研究证实,移民患心身疾病的比例高于当地居民,而他们在当地出生的后代,其心身疾病的患病率则与当地居民相仿。我国学者王斌等在2007~2008年对四川彝族人群的流行病学调查显示,彝族农民移居城镇后,生活环境发生变化,原发性高血压患病率明显上升。

Schmale研究了亲人分离和忧郁与各种疾病的关系。他发现在住院的大部分患者中都有失落感的诉述(真实的或者是想象的),并在疾病的症状出现以前,就已感到失去希望和失去帮助。与此相似的报告,有配偶死亡后,存活一方的死亡率和冠心病患病率都有增高。国内学者康文娥的研究揭示,在一组95例老年高血压患者中生活事件发生的频率和强度要明显高于对照组。由此说明应激生活事件对心身疾病的影响。

经历各种生活事件的刺激,可造成机体的急性应激反应或使机体处于慢性的应激状态中,而这些应激可以导致或加重高血压、冠心病、消化性溃疡、皮肤病等心身疾病。应激事件之所以能致病,实际上是以情绪反应作为中介来实现的。情绪分为正性情绪(即愉快、积极的情绪)和负性情绪(即不愉快、消极的情绪)。正性情绪有益身心。负性情绪一方面是个体适应环境的一种必然反应,对机体有保护作用;另一方面如果强度过大或持续时间过久,则可能导致机体功能失调而致病。

(三)心身疾病发病的生理因素

在心身疾病的病因学和发病过程的研究中,生理因素的研究主要集中于生理始基和生理中介机制两个方面。

1. 生理始基 是指某些心身疾病患者发病前的生理特点,它决定个体对疾病及种类的易患性。人们早已发现,经历同样的心理社会刺激后只有一部分人患心身疾病,且心身疾病的类型不同。这是因为他们原先的生理特点(生理始基)各不相同,即他们对不同心身疾病的易患性不同。例如,在溃疡病的发病中,胃蛋白酶原的增高(生理始基)起重要作用。Mirsky曾对加拿大伞兵进行了一项前瞻性的溃疡病发病研究,探讨情绪、个体易感性与溃疡病的关系,发现紧张的训练课程增加了溃疡病的发病率;另外发现,63例具有高蛋白酶原者中有5人患溃疡病,而低蛋白酶原者则无一人患溃疡病。因此认为高蛋白酶原是消化性溃疡的易感因素之一。

研究发现，社会生活事件在心身疾病的发病中起"扳机"的作用。只有胃蛋白酶原的增高，没有心理社会刺激，一般不会发生溃疡病；而只有心理社会刺激，没有胃蛋白酶原的增高这一生理始基，也不会导致溃疡病；另外，如果心理社会刺激和生理始基都俱备，但缺乏特异的心理学特征，即个体对各种刺激有较强的"心理免疫"能力，同样不会发生溃疡病。因此，心理社会刺激、生理始基、心理学特征在心身疾病发病过程中都起着不可忽视的作用。

2. 生理中介机制　心理社会因素及各种信息影响大脑皮质的功能，而大脑皮质则是通过生理中介机制如自主神经系统、内分泌系统、神经递质系统和免疫系统等影响内环境平衡，使各靶器官产生病变的。目前的研究提出如下的可能机制。

（1）自主神经系统的中介机制：自主神经系统（交感、副交感神经系统）与内脏有密切联系。剧烈、持久的自主神经功能改变，可引起相应脏器产生不可逆的器质性改变。

（2）内分泌系统的中介机制：当大脑皮质受到内外刺激时，可通过大脑皮质-下丘脑-垂体-靶腺轴神经内分泌机制，影响各靶器官的功能，内分泌系统的中介机制在心身疾病的形成中起着重要的作用。

（3）神经递质系统的中介机制：心理社会应激通过神经递质作为媒介来影响大脑皮质功能，中枢神经递质改变，可继发性导致自主神经功能及内分泌功能改变，这在心身疾病的发生中起着一定的作用。

（4）免疫系统的中介机制：动物实验证明，在回避性学习中，动物的被动免疫功能下降。在拥挤环境中生长的动物，对感染的免疫反应降低。强烈情绪变化可导致机体免疫功能损伤，极度抑郁易感染疾病。在癌症患者中，乐观豁达者免疫功能可得到加强。

总之，心身疾病的产生是多种因素相互作用的结果，心理因素、社会因素、生理因素交织在一起，共同影响机体内环境的稳定，从而影响机体健康。

二、心身疾病的发病理论

心身疾病的发病机制比较复杂，生物-心理-社会医学模式认为，疾病是多种因素复合形成的，心身疾病也不例外。不同的心身疾病及其不同阶段，各种因素所起的作用不同。虽然许多研究已证明心理社会因素与心身疾病的发病有着密切的联系，但其发病机制仍是目前医学心理学亟待深入研究的中心课题之一。关于心身疾病的发病机制，目前主要有以下几种理论观点。

（一）心理动力学理论

心理动力学理论主要是以精神分析学说为基础的，代表人物有亚历山大和 Dunbar。心理动力学理论强调潜意识心理冲突在心身疾病发生中的作用，认为个体特异性的潜意识特征决定了心理冲突引发特定的心身疾病。心身疾病发病有三个要素。

1. 未解决的心理冲突。
2. 身体器官的脆弱易感倾向。
3. 自主神经系统过度活动性。

心理冲突多出现于童年时代，常常被压抑到潜意识之中，在个体成长过程中，受到许多生活变故或社会因素的刺激，这种冲突会重新出现。如果这些重新出现的心理冲突找不到恰当的途径疏泄，就会通过过度活动的自主神经系统引起相应的功能障碍，造成所支配的脆弱器官的损伤。

早期亚历山大认为个体特异的潜意识动力特征，决定了心理冲突引起特定的心身疾病（冲突特异理论）。他把心身疾病的产生解释为潜意识冲突导致精神紧张，改变交感或副交感神经系统的功能，扰乱神经内分泌系统从而出现器官症状。例如，哮喘的发作被解释成试图消除被压抑的矛盾情绪（如与母亲隔离引起的焦虑）或避开危险物，此时患者不是以有意识的行为，而是以躯体症状——哮喘来表达；溃疡病被解释成患者企图得到他人喂食与款待的潜意识欲望被压抑；原发性高血压是由于患者攻击性决断的潜意识被压抑等（图7-3）。因而，亚历山大认为根据一个人的心理冲突性质，可以预言他将会患何种心身疾病。

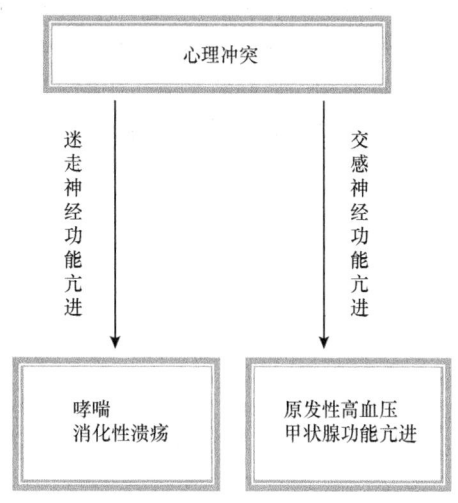

图 7-3 心理动力学理论示意图

目前认为，潜意识心理冲突是通过自主性神经系统功能活动的改变，造成某些脆弱器官病变的结果。例如，心理冲突在交感神经亢进基础上可造成原发性高血压；在迷走神经功能亢进的基础上则可造成哮喘、溃疡病等。因而，只要查明致病的潜意识心理冲突即可弄清发病机制。心理动力学理论对于心身疾病发病机制认识上的缺陷在于夸大了潜意识的作用，且这种作用尚未能得到实验的证实。

（二）心理生理学理论

心理生理学研究是目前心身相关研究中的前沿研究，也是今后医学心理学研究的重要方向之一。心理生理学研究侧重于说明哪些心理社会因素，通过何种生理学机制，作用于何种状态的个体，导致何种躯体疾病的发生。该理论的主要代表人物有沃尔夫、马森、恩格尔。心理生理学理论以坎农的生理学、塞里的应激学说及巴甫洛夫的条件反射学说为基础（图7-4）。

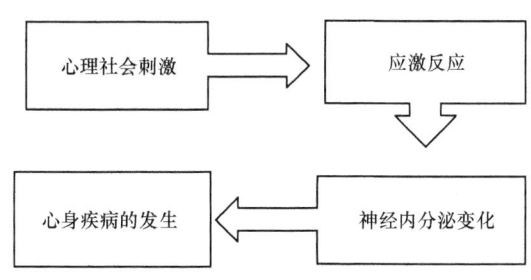

图 7-4 心理生理学理论示意图

心理社会因素通过免疫系统影响健康可能涉及三条途径。

1. 下丘脑-垂体-肾上腺皮质轴 应激造成暂时性皮质醇水平升高，后者损伤细胞免疫功能，但持久应激与短期应激对免疫系统的影响效果不同，有时可使细胞免疫功能增强。

2. 通过自主神经系统的递质 交感神经系统通过释放儿茶酚胺类物质，与淋巴细胞膜上的β受体结合，影响淋巴细胞功能改变。

3. 中枢神经系统与免疫系统的直接联系 免疫机制可形成条件反射，改变免疫功能。

研究发现免疫后的大鼠下丘脑内侧核电活动增加,由此推测刺激与下丘脑功能之间存在着传入联系,实验性破坏下丘脑可以阻止变态反应。国内外对心身疾病机制的心理生理学方面的研究相当活跃,积累了丰富的资料,但是由于心身疾病机制的复杂性,至今尚无法将每一种心身疾病的详细心理生理学发病机制阐述清楚。不过,心理生理学理论已被认为是心身疾病发病机制的研究代表。

(三)行为学习理论

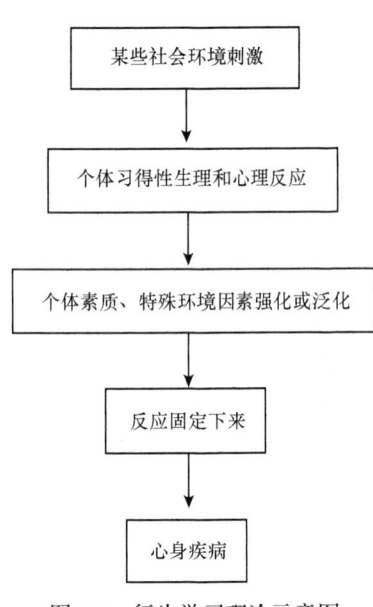

图 7-5　行为学习理论示意图

行为学习理论的基础是条件反射学说或学习理论,主要代表人物有米勒(Miller NE)等心理学家。行为学习理论认为,某些社会环境刺激引发个体习得性心理和生理反应,表现为情绪紧张、呼吸加快、血压升高等。由于个体素质上的问题,或特殊环境因素的强化,或通过泛化作用,使得这些习得性心理和生理反应可被固定下来,继而演变成为症状和疾病,如紧张性头痛、过度换气综合征、原发性高血压等(图7-5)。

传统的学习理论,仅指条件反射学习,不论是巴甫洛夫的经典条件反射,还是斯金纳的操作条件反射,都将强化作为学习过程的一个要素来说明。心身疾病中的一部分可以用条件反射学习加以解释,如儿童哮喘的发作可因获得父母的额外照顾而被强化。1967年,美国心理学家米勒(Miller NE)关于"自主性反应的操作条件反射性控制"的实验,也称为内脏学习实验,是根据操作式条件反射学习理论,首先在动物身上进行内脏反应训练的实验研究。他在排除了任何随意肌反应的条件下,用刺激大脑"愉快中枢"作为奖赏的办法,使动物的心率和肠收缩发生了预期的变化。这说明人类的某些具有方向性改变的疾病可以通过学习而获得,如血压升高或降低、腺体分泌能力的增强或减弱、肌肉的舒缩等,基于此原理提出的生物反馈疗法和其他行为治疗技术,被广泛地应用于心身疾病的治疗中。然而,人类心身疾病的形成并非能用条件反射进行解释。以班杜拉为代表的社会学习理论学派提出,在人类心身疾病中,观察学习及模仿可能起着重要的作用,如儿童的有些习惯可能是对大人习惯的模仿,因为这些习惯的养成中并无强化的影响。

(四)综合的心身疾病发病机制

目前对心身疾病的研究不再拘泥于某一学派,而是综合心理动力学、心理生理学和行为学等理论,相互补充,形成综合的心身疾病发病机制。如 Mirsky 的研究是将人格特异性理论与心理生理学说相结合;Ader 采用条件反射方法建立动物模型,研究心理神经与免疫机制之间的关系。尽管心身疾病发病机制的研究已取得一定的进展,但很多问题亟待深入研究。心身疾病发病机制研究成果概括如下(图7-6)。

1. 心理社会刺激物传入大脑　心理社会刺激因素通过认知评价、人格特征、社会支持、应对资源等中介因素的作用,传到大脑皮质被接受,并得到加工处理和储存,使现实刺激加工转换成抽象观念。

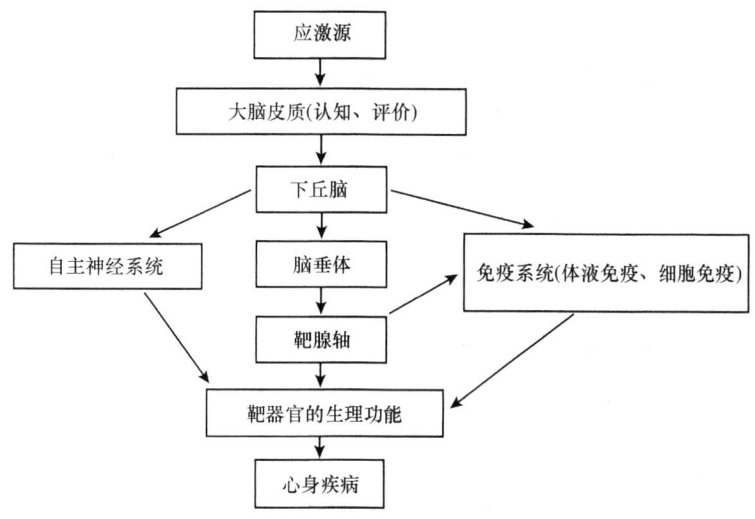

图 7-6 综合的心身疾病的发病机制

2. 大脑皮质联合区的信息加工 大脑皮质联合区将传入信息通过与边缘系统的联络，转化成受对应情绪影响的内脏活动，通过与运动前区的联络，构成随意行动的传出。

3. 传出信息促发应激系统引起生理反应 包括皮质激素释放激素的释放、蓝斑-去甲肾上腺素使自主神经系统变化，进而影响垂体-肾上腺皮质轴及自主神经支配的组织，表现为神经-内分泌-免疫的整体变化。

4. 心身疾病的发生 过于强烈的、持久的心理社会因素作用下导致靶器官生理功能的紊乱，进而发展到器质性病损，导致心身疾病的发生。何种器官、组织上出现病损同时还取决于遗传因素和环境因素。

第三节 心身疾病的防治原则

按照生物-心理-社会医学模式，人类任何疾病的发生，都受生物、心理和社会因素影响。因此，心身疾病的诊断和防治也必须兼顾个体的生理、心理和社会三个方面。

一、心身疾病的诊断

心身疾病与单纯的躯体或精神疾病有较大区别，其诊断要综合考虑生理、心理、社会等方面因素，因此，在做一般临床诊断的同时，必须对患者的心理健康状态进行全面的评定。在心身疾病的诊断过程中，应特别注意与疾病有关的心理和生理特征的观察和认定。这不仅有利于将一些目前临床诊断还不明确的病症确定为心身疾病，而且也有利于在预防和治疗工作中，对各种心身疾病采取相应的心理学干预，配合生物学治疗手段以达到最佳效果。

（一）心身疾病的诊断方式

心身疾病的诊断方式主要有两种。

1. 临床躯体诊断加心理诊断 当病理性心理状态能够被明确地归纳在精神医学诊断的某一类中，并且又有明确的临床诊断时，采用两个名称并记的方式，如以内科心身疾病为例：高血压伴焦虑状态，胃溃疡伴抑郁状态等。

2. 临床与心理状态一体诊断 当病理性心理状态很难归纳到精神医学的某一类诊断中时，采用临床诊断前加上"心因性"或"神经性"之类的形容词，将两个系统包括在一个诊断之中，如神经性厌食症、心因性咳嗽等。

(二) 心身疾病的诊断要点

1. 疾病的发生包括心理社会因素，其与躯体症状有明确的时间关系。

可以发现患者存在某些特定的个性特征和对疾病易感的心理因素，这些心理社会因素与疾病的发生和发展在时间上有密切的联系。

2. 躯体症状有明确的器质性病理改变，或存在已知的病理生理学变化。

躯体症状有明确的病理生理过程或器质性病变基础，即使一时难以发现具体的损害或确定的病理生理过程，但一定存在相对固定而局限的躯体症状。躯体症状的主诉游移不定或反复无常者，往往提示不是心身疾病，而可能是精神疾病或其他心身反应。

3. 排除神经症或精神病。

心身疾病应区别于焦虑症、疑病症等神经症。神经症患者往往有明确的精神创伤和心理矛盾，无躯体疾病的病理基础，心理因素消除后症状可以缓解。心身疾病与精神病易于鉴别：精神病患者往往有幻觉、妄想等精神病的特征性症状，患者对自己的精神病状态缺乏认知能力，无躯体疾病的病理学基础。

(三) 心身疾病的诊断程序

心身疾病的诊断，包括躯体诊断和心理诊断，躯体诊断的方法、原则与医学诊断相同，下面仅介绍心理诊断所涉及的内容。

1. 病史采集 对疑有心身疾病的患者，在采集临床病史的同时，还应特别注意收集患者心理社会方面的有关资料，如个体心理发展情况、个性或行为特点、社会生活事件及人际关系、家庭或社会支持资源、个体的认知评价模式等，分析这些心理社会因素与心身疾病发生发展的相互关系。

2. 实验室检查 心身疾病的体检和临床各科体检相同，但需要特别注意可以通过现代技术手段进行脑影像学检查，如通过CT、MRI可以了解大脑结构的改变，通过fMRI（功能性磁共振成像）、SPECT（单光子发射计算机断层成像）、PET（正电子发射断层成像）可以对脑组织的功能水平进行定性甚至定量分析。体检时应注意观察患者的心理行为反应方式和情绪状态，有时可以从患者对待体检的特殊反应方式中找出其心理素质上的某些特点，如是否过分敏感、拘谨等。

3. 心理评估 对于初步怀疑为心身疾病者，应结合病史材料，在行为观察和晤谈基础上进一步做心理测验或必要的心理生物学检查，对患者的情绪、人格、应对能力、社会支持等做出全面的评估，以确定心理社会因素的性质、内容和其在疾病发生、发展中所起的作用。

4. 综合分析 根据以上程序中收集的资料，结合心身疾病的基本理论，对是否有心身疾病、何种心身疾病、有哪些心理社会因素，它们在心身疾病中所起的作用及可能的作用机制等问题进行多层次、多维度分析，做出躯体方面和心理社会方面的双向诊断。

二、心身疾病的治疗原则

心身疾病的治疗，要兼顾患者的生物学和心理社会因素等方面。一方面要采用有效的生物医学手段，在躯体水平上处理实在的病理过程；另一方面必须在心理和社会水平上加以干预或治疗。

（一）心理干预的目标

1. 消除生物学症状 这主要是通过药物或心理学技术直接改变患者的生物学过程，提高身体素质，促进疾病的康复。例如，采取长期松弛训练或生物反馈疗法治疗高血压患者，能改善其循环系统的功能，降低血压。

2. 消除心理社会刺激因素 主要通过改变情绪和消除心理社会刺激因素。例如，因某一事件引起焦虑继而紧张性头痛发作，医生通过分析和具体指导，帮助来访者解决、缓冲或者回避生活事件；通过心理支持、认知治疗、松弛训练或催眠疗法等，使患者对这一事件的认识发生改变，减轻焦虑反应，进而在药物的共同作用下，缓解这一疾病的发作。

3. 消除心理学病因 主要在于完善人格和矫正行为，提高患者的适应和应对能力。例如，对于冠心病患者的治疗，在其病情基本稳定以后，医生应针对其A型行为和其他冠心病危险因素进行综合指导和行为矫正，帮助其改变认知模式，改变生活环境以减少或消除应激源，从而从根本上消除心理病因学因素，逆转心身疾病的病理心理过程，使之向健康方面发展。

（二）心身疾病的治疗原则

对心身疾病实施的心理治疗以消除生物学症状为目标，消除心理社会刺激因素，矫正不良行为为本，心身兼治即为标本兼治。急治标，对于急性发病而又躯体症状严重的患者，应治疗躯体症状，辅助给予心理治疗。例如，急性心肌梗死患者，综合的生物性救助措施是解决问题的关键，同时可给予一定的抗焦虑药物缓解患者紧张情绪和改善睡眠；也可以给予支持疗法、行为疗法等心理治疗缓解患者的紧张焦虑情绪。缓治本，对于以心理症状为主、躯体症状为次，或虽然以躯体症状为主，但已呈慢性病程的心身疾病，则可在实施常规躯体治疗的同时，重点安排好心理治疗工作，个体与家庭治疗相结合。如慢性消化性溃疡病患者，除了给予适当的药物治疗，应重点做好心理和行为指导等各项工作，利用心理治疗方法矫正其人格和不良行为。

三、心身疾病的预防措施

心身疾病是多种心理、社会和生物学因素相互作用的产物。心身疾病的预防不能单纯着眼于生物学因素，要同时兼顾心、身两方面进行综合预防。心理社会因素一般需要作用相当长时间才会引起心身疾病，所以心身疾病的心理学预防应从早抓起。培养健全的人格、锻炼应对能力和建立良好的人际关系是心身疾病的预防应遵循的三项基本原则。

具体的预防工作：对具有明显心理问题的人，如有暴怒、抑郁、孤僻及多疑倾向者，应及早通过心理指导健全其人格；对于有明显行为问题者，如吸烟、酗酒、多食、缺少运动及A型行为等，用心理行为技术予以指导矫正；对于工作和生活环境里存在明显应激源的人,要及时进行适当的调整,减少或消除心理刺激;对出现情绪危机的正常人,应及时进行心理疏导。至于某些具有心身疾病遗传倾向的患者(如高血压家族史)或已经有心身疾病先兆征象(如血压偏高)的患者,则更应注意加强心理预防工作。总之,心身疾病的心理社会方面的预防工作是多层面、多侧面的。

第四节 常见心身问题

心身疾病的范围可涉及躯体各系统及临床各科。本节重点介绍几种目前公认的、常见的、典型的心身疾病,如原发性高血压、冠状动脉粥样硬化性心脏病、糖尿病、支气管哮喘、消化性溃疡和功能性胃肠病、肿瘤等。

一、原发性高血压

原发性高血压又称高血压病,是以慢性血压升高为特征的临床综合征。患者除了可引起高血压本身有关的症状以外,长期高血压还可成为多种心血管疾病的重要危险因素,并影响重要器官如心、脑、肾的功能,最终可导致这些器官的功能衰竭。原发性高血压是最早被确认的心身疾病之一,也是危害人类健康最为严重的心身疾病之一。据统计,全世界成人中约有10%的人患有此病,美国为17.5%,日本为15.2%,新加坡为14.1%。不同地区、不同文化背景发病率有所不同,一般来说,工业化国家高于发展中国家,城市高于农村,男性高于女性,脑力劳动者高于体力劳动者,患病率随年龄增长呈增高的趋势。我国因经济的迅速发展,竞争日趋激烈及生活方式的明显转变,原发性高血压发病率总体趋势已与发达国家相似。原发性高血压的特点是"三高"(患病率高、死亡率高、致残率高)和"三低"(知晓率低、控制率低、治疗率低)。原发性高血压由综合因素所致,心理社会因素与其发生有密切关系,患原发性高血压的个体易出现心理反应,对高血压患者尤其是早期高血压患者进行心理社会干预,效果较好。

(一)原发性高血压的心理社会危险因素

1. 社会环境与文化因素 战争、社会动荡、自然灾害与持续性高血压及疾病的转归密切相关。第二次世界大战期间,被围困在彼得格勒达3年之久的居民,原发性高血压患病率从战前的4%上升到了64%;即使在战争结束以后,大多数人的血压仍不能恢复正常,造成了许多人的过早死亡。

早期跨文化研究表明,原发性高血压多见于应激和冲突明显的社会。在城市高应激区及低应激区(按社会经济状况、犯罪率、暴力行为的发生、人口密度、迁居率、离婚率等因素来区分)做流行病学调查发现,高应激区的居民原发性高血压发病率高;而血压较低的人群多半保持着较为稳定的传统的社会生活。移民带来的不安全感、再适应困难也会促进原发性高血压的发生。

Eliot研究了人体对应激源的不同反应。对应激源的高反应者产生与经典的"一般适应综合征"有关的强烈的生理反应,并有血压明显上升,最危险的是高反应者每天可有20~40次血压升高。这种结果可使血压持续处于高位,而且血压越高,持续越长,则发展为慢性原发性高血压及心脏病的危险性越大。

工作环境、工作性质和工作压力与原发性高血压亦有关,精神紧张、责任重大的职业群体有较高的发病率。空中交通管制人员所承受的压力要远远高于其他空勤人员,科布(Cobb)和罗斯(Ross)发现,由于空中交通管制人员工作异常繁忙、紧张,责任重大,很容易引起严重、持久的应激反应,他们的原发性高血压患病率比其他空勤人员高4倍,平均发病年龄从48岁降至41岁,提前了7岁。大城市电话局长途交换台的话务员(单位时间内接线频率高)患原发性高血压者多,说明精神紧张、责任过重与原发性高血压有关。

2. 情绪与心理冲突 人们很早就认识到情绪与血压之间的关系。各种引起心理紧张的情绪因素,特别是愤怒、恐惧、焦虑均可使血压升高。

早期黑尔斯(Hales)的相关研究发现,将动脉套管插入马的股动脉时,动物因为害怕而有明显的升压反应,待动物平静时,血压又回落。在人类身上也存在同样的现象,如在医院里测量患者的血压往往要比在家里测得的数值高,原因就是患者心情紧张造成血压的异常变化,这就是所谓的"白大衣综合征"现象,这是情绪因素对血压的短暂影响,并不能说明心理社会因素在原发性高血压中的作用,为此,人们做了进一步研究。

亨利(Henry)等用大鼠完成了压力情绪与高血压关系的研究。他们把出生不久的鼠随机地分成两组,实验鼠在隔离中成长,对照组在通常条件下群养。待它们长大后,将它们置入相互交往箱中饲养。结果发现,实验鼠普遍地发生了慢性高血压,而对照组仍保持正常血压。组织学检查表明,实验鼠还出现了间质性肾炎、主动脉硬化、冠状动脉硬化和心肌纤维变形等改变。Hokanson研究了愤怒状态下高血压的发生,给研究对象同等强度的诱发愤怒情绪的刺激,一组允许他们发泄愤怒,另一组不允许发泄愤怒,结果发现后一组易发生高血压。

3. 人格特征 对于是否存在"高血压人格"的问题尚存在争议。Dunbar于1938年提出"人格特异理论",认为原发性高血压的人格特征是怕羞、完善、沉默和能自我控制,但当与权威发生冲突时,会出现"火山爆发式"的情绪。1987年,科蒂尔(Cottier)等提出,敌意、A型行为、神经质、焦虑、抑郁及缺乏应付能力与原发性高血压的发病有关,但尚不能证实存在因果关系。国内孙丽娟对原发性高血压患者进行卡特尔16种人格因素量表测试并与正常人对照比较,结果显示原发性高血压组的稳定性、恃强性、紧张性三因素偏离正常,表明原发性高血压患者反应性、应激性高于正常人,情绪多不稳定,缺乏耐心,易激动。但这些也是冠心病患者人格因素的特征,换言之,原发性高血压患者的人格特征不是特异的。但多数学者认为,经常焦虑和容易发生心理冲突的人易发生原发性高血压。

(二)原发性高血压的心理生物学机制

遗传的生物学素质、心理素质是发生原发性高血压的基础。在应激心理因素的刺激下,通过全身的生理反应,发生原发性高血压。

从图7-7可看出,高血压是复杂性疾病。目前的研究主要集中在:
1. 压抑和表达情感与血压的关系。
2. 心理社会因素与抗高血压药物的选择关系。
3. 明确与心理社会因素相关的高血压临床表型。

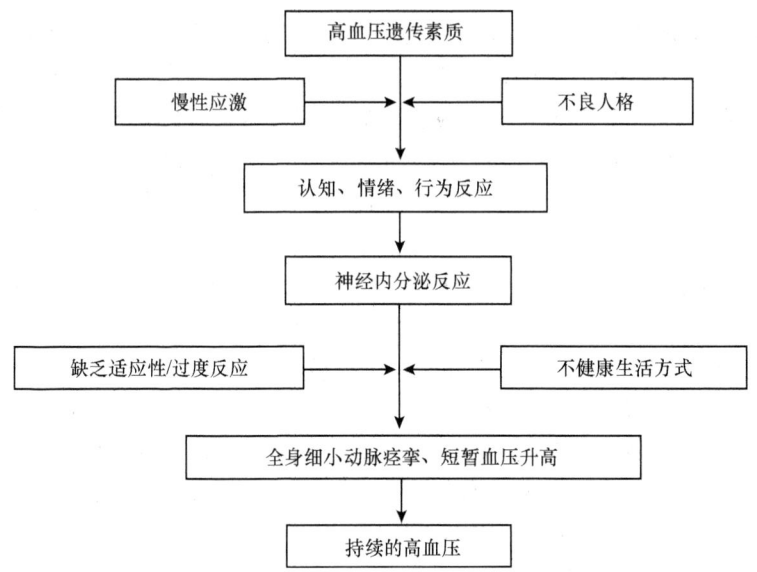

图 7-7　原发性高血压的心理生物学机制示意图

在高血压临床表型的研究中,从心身医学的角度更多关注高血压患者同时共患交感神经系统兴奋相关疾病;临床无法解释的严重血压升高;对利尿药、钙通道阻滞药、作用于肾素-血管紧张素-醛固酮系统的抗高血压治疗抵抗;发作性和不稳定高血压,对α和β受体拮抗剂有效者。

(三)高血压患者的心理反应

由于原发性高血压常常隐匿起病,病程较长,早期血压可波动在正常与异常之间,患者在刚发现高血压时常紧张焦虑,随后常见的反应则是忽视疾病。这是因为人们对疾病的认识不足,早期原发性高血压的症状较轻,对患者社会功能影响较小,加之身体对高血压状态的代偿性适应,导致患者对所患疾病不够重视。但随着疾病的发展,机体代偿能力逐渐下降,原发性高血压症状渐渐突出,患者会再度出现紧张焦虑。

(四)原发性高血压的心理干预

对原发性高血压的治疗,主张在使用各种降压药物治疗的同时,积极采用心理疗法、运动疗法及改变生活习惯等多种方法相结合的综合性干预措施。

在心理干预方面,放松训练和生物反馈治疗最为常用。运动疗法较适用于轻型高血压患者,尤其是耐力性运动训练或有氧训练均有较好的降压作用,其中快走、跑步、骑自行车、游泳等运动训练,在我国已广泛开展。运动训练结合生活行为习惯改变,如戒烟、控制饮酒、放慢工作、生活的节奏等,均会产生一定的降压效果。

二、冠状动脉粥样硬化性心脏病

冠状动脉粥样硬化性心脏病是指冠状动脉粥样硬化使血管腔狭窄或阻塞,或因冠状动脉痉挛导致心肌缺血、缺氧或坏死而引起的心脏病,简称冠心病,或称缺血性心脏病。

冠心病是一种常见的心身疾病,其发生发展与生物、心理和社会多种因素有关。该病多发生于 40~50 岁及以后,男性多于女性,城市居民高于农村居民,脑力劳动者高于体力劳动者，工业发达国家发病率较高，是现代社会中危害人类健康最常见的疾病之一，在许多国家是造成死亡的主要原因。目前冠心病在我国的发病率和死亡率有逐年增多的趋势。研究显示，1998~2008年，中国男性冠心病发病率较以往同期增加了26.1%，女性增加19.0%，冠心病的死亡率极高，目前已成为我国成年人的第一大死因。

（一）冠心病的心理社会危险因素

1. A型行为 1950年，美国心脏病学家弗里德曼（Friedman）与罗森曼（Rosenman）发现冠心病患者的行为特征与正常健康人有很大差异，冠心病患者多具有雄心勃勃、竞争性强、易于激动、好争执、不耐烦、有时间紧迫感等，弗里德曼称之为A型行为类型，相对缺乏这些特点的行为被称为B型行为，表现有耐心的、谦虚的、放松的、有安全感的、有适当自尊的心理特征。为了证实A型行为与冠心病之间的关系，学者随后进行了大量的流行病学研究。

1960年"西部协作研究组"（Western Collaborative Group Study，WCGS）对3524名年龄在36~59岁的健康男性长达八年半（1960~1969年）的追踪观察发现，A型行为者患冠心病的危险性约为B型行为的2倍（1.9:1）。这一结果提示，A型行为确实是冠心病的致病危险因素。随后的许多流行病学研究，进一步证实了这种危险关系的存在。1978年，世界心肺和血液研究学会对A型作为与冠心病有关的结论给予了确认，结论是：A型行为类型与美国中年雇员冠心病的发病危险有关，这种危险比年龄、收缩压升高、血清胆固醇或吸烟等因素的危害还要大，相当于后面三者相加的强度级别。

自20世纪80年代以来，A型行为与冠心病关系的结论受到质疑。由于在有些研究中，人们并没有发现A型行为与冠心病之间的关系，因而对二者的相关性提出了异议。这种矛盾的结果可能与研究中人们对A型行为概念尚未形成统一的看法，以及研究中使用的心理测验工具差异有关。目前的研究转向分析A型行为概念下的具体的行为特点与冠心病的关系，并取得了一定的进展。构成A型行为的某些成分可能与冠心病的发生有一定关系，其中过度敌意和时间紧迫感可能与冠心病的发生、发展有关。有研究结果提示，对环境和其他人保持敌视态度的A型行为者发生冠心病的危险性增加，而适应并享受生活的A型行为者，危险性并不增加。

2. 社会生活事件 生活应激事件，如亲人死亡、环境变化等被认为是冠心病的重要病因之一。有报道指出，丧妻的男性冠心病发病率高达40%以上。我国学者使用社会再适应量表调查40例心肌梗死的患者，发现病前6个月内患者经受的生活事件明显偏高。一般认为，经历的事件越多，冠心病的发生和复发及死亡率越高。Theorell对一组心肌梗死患者进行了3个月的跟踪研究，证明了生活事件变化单位与尿中儿茶酚胺代谢产物含量变化的趋势是一致的，这意味着生活事件与心肌梗死的病情变化密切相关。近来研究表明，心理刺激导致的情绪反应可影响中枢神经系统，激发儿茶酚胺的释放增加，导致心肌内的钾离子减少，局部心肌缺氧，从而使有冠心病素质或原有心肌供血不足的个体产生冠心病症状。

虽然社会生活事件对冠心病的促发作用已为大量的研究所证实，但社会生活事件并非冠心病发病的决定因素，冠心病是社会生活事件与其他因素，如家庭遗传、饮食习惯、器官病理改变、生活方式等共同作用的结果。

3. 生活行为 吸烟、缺乏运动、过食与肥胖、对社会压力的适应不良等是冠心病重要的危险因素。这些危险因素往往是在特定社会环境和心理环境条件下形成的，如特定的工作条件和技术的进步常造成运动的缺乏；一定的经济条件、饮食习惯、文化背景易造成肥胖，从而通过一系列病理生理作用促进冠心病的形成。饮食与冠心病的关系，主要集中在脂肪这个关键连接点上，它决定了血液中胆固醇的水平，后者是冠心病发生的重要危险因素。由7个国家参加的国际性冠心病前瞻性研究观察了12 529例男性，证实血液胆固醇水平可能是冠心病的重要预测指标，血液胆固醇水平在4.64mmol/L以上者患冠心病的危险性明显增加。

（二）冠心病患者的心理反应

1. 患病后的心理反应 大多数患者常常是在不知不觉中患上冠心病，一旦被确诊为冠心病后，患者的反应与其病前的人格特征和对疾病的认识及有关事件的影响有关。倾向于悲观归因思维的患者常常紧张、焦虑不安，尤其是患者近期获悉某人因冠心病死亡事件发生时会加重此种焦虑情绪；有些患者出现继发性抑郁，整个生活方式发生重大改变，疾病行为成为其生活中的主要行为，以致加重冠心病，诱发心肌梗死。部分患者采用"否认"的心理防御机制，导致就诊的延误。

2. 急性期心肌梗死患者的心理反应 国外对冠心病监护病房的研究发现，至少80%的患者有不同程度的焦虑，58%出现抑郁情绪，22%产生敌对情绪，16%表现不安。在冠心病病房中约33%的患者请到临床心理科或精神科会诊，其原因有焦虑、抑郁、敌意、谵妄、家庭干扰、睡眠障碍、征求用药意见等，这些心理问题影响着疾病的发展和进程。

（三）冠心病的心理干预

对于冠心病的治疗应采取综合措施，在给予躯体治疗的同时，辅助以心理干预。冠心病的心理干预可采用：

1. 心理咨询 针对患者不良的生活行为习惯，给予咨询帮助，矫正其A型行为，使其学会自我调整和控制情绪。

2. 生物反馈治疗 主要用松弛训练消除患者过度紧张和焦虑的情绪，降低患者骨骼肌紧张程度，利于血管扩张，降低血压，改善心肌缺血状况。

3. 运动治疗 鼓励患者进行适度的运动，如气功、书画等，降低血黏度，改善病情。

三、糖　尿　病

糖尿病是由多种病因引起以慢性高血糖为特征的代谢性疾病。高血糖是由于胰岛素分泌障碍或作用缺陷，或者两者同时存在而引起，晚期常因伴有感染和酮症酸中毒昏迷而危及生命。世界卫生组织1997年报告，全世界约有1.35亿糖尿病患者，并预测到2025年将上升到3亿。尽管糖尿病的发生和遗传因素密切相关，但肥胖、都市化的生活方式、应激性生活事件也与糖尿病的发生、发展和预后关系密切。由于糖尿病患者的心理随着病情的变化而不断发生改变，因此，心理干预是糖尿病重要的治疗手段之一。

（一）糖尿病的心理社会危险因素

1. 情绪 人们很早就已经观察到，情绪因素与糖尿病发病和加剧有关，抑郁、紧张等情绪可导致病情加剧或恶化。Hirsch研究提示糖尿病患者抑郁症状最常见，特别是反应性负性情绪体验最突出。北京医科大学1996年对糖尿病患者的对照研究也发现糖尿病组有明显的焦虑、抑郁情绪，女性比男性更明显。因此，有不少学者建议应在药物治疗的同时加强对糖尿病患者的心理社会调节。国内学者张利新等的前瞻性研究表明，职业紧张与工作条件在影响男性警察糖尿病发病过程中起着重要作用，其中经常处于室外作业高度紧张环境的交警糖尿病发病风险明显高于其他警种，相对于适度紧张反应组，具有中度紧张反应、高度紧张反应的警察糖尿病发病风险更高。

2. 负性生活事件　糖尿病的发生与应激性生活事件有一定关系，生活环境的突然改变、亲人患病或亡故、无辜的冤枉等各种原因，可造成全身处于心理应激状态，通过内分泌途径介导，致使血糖升高诱发糖尿病。了解糖尿病患者的病史，常常能发现糖尿病发作前有灾难性生活事件发生。回顾性和前瞻性研究发现，在一定时间内累计的生活变化单位与糖尿病的发作和严重程度有关，并得到进一步的证实。大量临床资料表明，生活事件与糖尿病的代谢控制有密切关系，一些糖尿病患者在饮食和药物治疗不变的情况下，由于突发的生活事件，病情迅速恶化甚至出现严重并发症。

3. 人格特征　Dunbar 曾将糖尿病看作一种经典的心身疾病，认为大多数糖尿病患者性格不成熟、具有被动依赖、做事优柔寡断、缺乏自信、常有不安全感等特点，这些人格特点被称为"糖尿病人格"。黄列军用艾森克人格问卷对 2 型糖尿病患者的调查发现，糖尿病患者多表现为内向、情绪不稳定和掩饰性人格特征。梁瑞琼研究认为 2 型糖尿病患者具有 C 型人格、情绪反应和行为模式。但目前缺乏前瞻性研究来证实糖尿病患者是否有特异性人格。

（二）糖尿病患者的心理反应

糖尿病是一种慢性疾病，长期的治疗任务有赖于患者的密切配合，患者常被要求改变多年来养成的生活习惯和行为方式。糖尿病发病者心理反应的性质、强度和持久性取决于多种因素，如病情的严重程度、既往的健康状况、生活经历、社会支持、对疾病的认识和对预后的评估及应对能力和性格等。由于糖尿病的病情易于发生波动，患者的应对努力和预防措施并非总能奏效，一旦发生这种情况，患者就可能会感到失望、无所适从、悲哀、苦闷，对生活和未来失去信心，从而导致对付外界挑战和适应性生活的能力下降，甚至产生自杀的意念和行为。

（三）糖尿病的心理干预

药物、运动、饮食、心理与健康教育的"五套马车"的综合治疗已成为当前糖尿病治疗的重要发展趋势。心理干预主要是改善患者情绪和提高患者对糖尿病治疗计划的依从性，常用的心理治疗主要采用认知行为治疗的基本模式，合理情绪疗法为主的集体治疗和个别的心理辅导均有很好的疗效。

四、支气管哮喘

支气管哮喘是一种变态反应性疾病，也是一种对患者及其家庭和社会都有明显影响的慢性疾病，心理因素可以诱发和加重哮喘发作。

（一）支气管哮喘的心理社会因素

1. 亲子关系　支气管哮喘通常起病于幼儿或儿童早期，进入青少年后逐渐缓解；成年后的哮喘常常合并慢性阻塞性肺疾病。以往认为哮喘是一种典型的心身疾病，1940 年，

Franz Alexander 将哮喘患者的哮鸣音和气道分泌物解释为"对母亲压抑的哭声",认为特定的人格特征和特殊的潜意识冲突是导致哮喘的主要原因。虽然部分支气管哮喘患者表现出依赖、强烈需求别人照顾和关心的特点,但一直未发现有特异性人格类型特征。精神分析学家发现约 1/3 哮喘患者具有强烈地乞求母亲或替代者保护的潜意识愿望,这种愿望使患者对母子分离特别敏感,患者的母亲常表现出过分牵挂的、审美的、统治的、助人的人格特征,因此,认为患者的乞求保护的愿望是由母亲人格特点所引起,一旦患者的需求得不到及时满足时,就有可能出现哮喘发作。但这一观点未被研究证实。

长期反复发作的哮喘会引起患者的焦虑、抑郁、沮丧,加之过分注意自己疾病的行为模式,家长如果过分关注,给患儿过多的照顾,不知不觉地运用了操作性条件反射的方法,促使哮喘症状延续下去,发作更加频繁。

2. 应激性生活事件　目前认为哮喘的发生与免疫、感染、内分泌、自主神经、生物化学和心理因素有关,单独的心理因素虽不能引起发病,但构成重要的促发因素,5%~20%的哮喘发作是由心理因素促发,常见的有母子关系冲突、亲人死亡、弟妹出生、家庭不和、意外事件、心爱的玩具被破坏、进入幼儿园时突然的环境改变引起的不愉快情绪等;美国纽约遭遇 "9·11" 恐怖袭击后,哮喘患者的症状严重程度增加27%。

3. 负性情绪　流行病学调查结果显示,情绪紧张或激动是诱发支气管哮喘发作的危险因素。情绪波动可导致过度通气,进而引发低碳酸血症,诱发气道收缩与痉挛(冯晓凯,2014)。合并焦虑或惊恐障碍可能恶化哮喘,有30%哮喘患者符合惊恐障碍和广场恐惧的诊断标准,其高于普通人群,但常被内科医师认为是严重的哮喘发作而被忽视,对呼吸困难的恐惧可能直接诱发哮喘,并导致住院率和哮喘相关的死亡率增加;哮喘患者若伴有强烈恐惧、情感不稳定、对拒绝过分反应、对待困境缺乏耐心等人格特征时可能过度使用糖皮质激素和支气管扩张剂,或过长时间的住院,而皮质激素、$β_2$受体激动药、氨茶碱等可能加重焦虑。

在慢性哮喘患者中常伴有羞耻、低自尊和抑郁,并且是导致病程加重的危险因素,抑郁伴随的睡眠障碍可能降低患者识别气道阻力增加的能力,而副交感神经的优势可能增加患者的气道反应性和阻力。

(二)哮喘患者的心理反应

由于哮喘患者对呼吸困难本身和对死亡的恐惧,表现出过分紧张、忧虑、敏感,常有濒死感,并出现心悸、多汗、震颤等交感神经兴奋的表现。而反复发作的哮喘,患者受到病痛的折磨,逐渐对疾病丧失信心,产生抑郁悲观情绪,社会功能下降,甚至出现自杀观念。有些患者长期患病,容易产生对激素、对他人的依赖心理,使哮喘更不容易控制。

(三)心理干预

对哮喘儿童应给予有条件的积极关注,创造一个和谐的家庭关系,避免对儿童的过度保护,鼓励患儿参加外部活动,帮助患儿成长。促进患者行为方式的改变,如加强锻炼非常重要。应注意长期使用氨茶碱或皮质激素等对患者带来的不良反应,包括体重增加、情绪不稳定等,这些需在多学科合作下解决。

五、消化性溃疡和功能性胃肠病

（一）消化性溃疡的心理社会因素

William Beaumont 最早观察到情绪影响到人的胃的外观和功能，Ivan Pavlov 用狗建立的条件刺激和条件反应使人们理解了胃肠道和脑的联系，George Engel 通过胃瘘在一个女患者身上发现成长因素、人际关系和情绪状态均影响胃肠功能。消化性溃疡和溃疡性结肠炎是最早被归为心身疾病的，早期的理论认为消化性溃疡的病因与胃酸分泌过多，重大生活事件、长期慢性应激、不良的情绪和人格有关（图7-8）。现代研究证实95%~99%的十二指肠溃疡和70%~90%的胃溃疡与幽门螺杆菌感染有关；但大量研究也证实经历灾难、职业和家庭问题也会增加消化性溃疡的发病率；我国学者郭醉元研究发现，东北战区军人消化性溃疡患病率较高，用药史、情绪易怒、精神紧张为其发病的主要危险因素。目前认为应激可能导致免疫力降低，增加了个体对幽门螺杆菌的易感性。

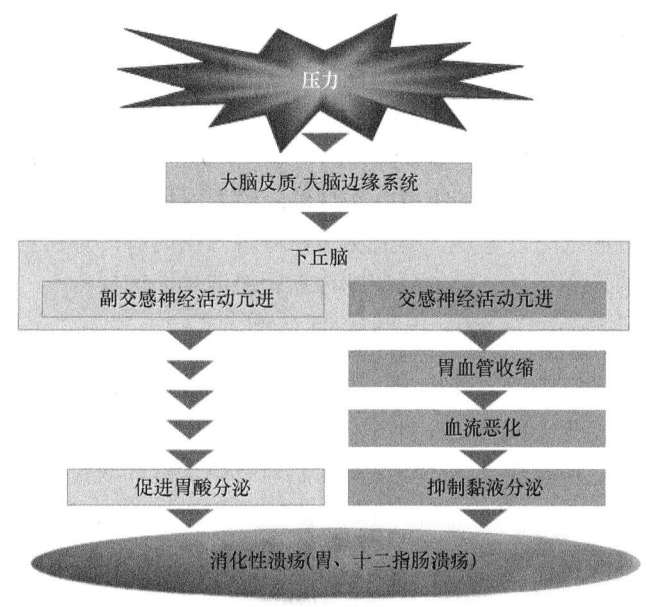

图7-8　消化性溃疡发生示意图

（二）功能性胃肠病的心理社会因素

目前与消化系统相关的心身疾病研究聚焦于神经内分泌、神经递质是如何在脑与胃肠道间交互作用的。功能性胃肠病是一组胃肠道功能紊乱综合征，具有腹痛、腹胀、腹泻等消化系统症状，常常伴有头痛、头昏、失眠、焦虑、抑郁等神经精神症状，常常反复发作并慢性化，临床上无法找到可解释症状的阳性发现，涉及的部位包括咽、食管、胃、胆道、Oddi 括约肌、小肠、大肠和肛门等。2006年 *Gastroentarology* 发表了新的功能性胃肠病Ⅲ型诊断标准，对28个成人功能性胃肠病分6大类：食管（A类）；胃十二指肠（B类）；肠道（C类）；功能性腹痛综合征（D类）；胆道（E类）和肛门直肠（F类），将诊断标准减少至诊断前症状出现至少6个月，近3个月症状符合诊断标准，淡化了疾病功能性和器质性的界限，更阐明胃肠功能动力与内脏感知、中枢神经系统与脑-肠轴关系皆受大脑皮质调控。

Drossman 在美国社区中调查发现 69% 的人群有 20 个功能性胃肠功能病相关症状中的某些症状，其中功能性胃灼热感、功能性腹胀气和吞气症超过了 20%。女性更多倾向报告癔球症、功能性吞咽困难、激惹结肠综合征、功能性便秘、功能性腹痛、排便困难等，男性则较多报告吞气症和功能性腹胀。

（三）消化性溃疡和功能性胃肠病的心理反应

焦虑、抑郁等情绪障碍是否消化性溃疡的病因仍然缺乏直接证据，情绪障碍可能通过危害健康的行为如吸烟、酗酒、缺乏饮食规律等影响消化性溃疡的形成和病程。尽管如此，抗菌治疗和生活行为改变已经治愈了大部分消化性溃疡。

功能性胃肠病与精神障碍有较高的共病率，大量研究证实了应激、焦虑可影响胃肠功能。例如，急性应激导致食管上段静息态肌张力增加和下段肌收缩的幅度，而产生癔球症或食管痉挛综合征；还可降低胃窦的活动，导致功能性的恶心和呕吐；也可导致小肠运动减弱而大肠运动增加，这与结肠激惹综合征的形成有关。焦虑症患者出现癔球症、吞咽困难、胸痛、胃管反流等症状均与食管平滑肌收缩异常有关，提示焦虑导致了食管的生理改变而出现症状，而功能性食管动力障碍中 84% 的患者至少符合一种精神病学的诊断，包括抑郁症、焦虑障碍、躯体化障碍和恐怖症。

肠激惹综合征常与精神疾病共病。流行病学研究发现社区中有腹痛、腹泻、胃肠胀气、便秘、恶心和呕吐等消化道症状的患者共病抑郁障碍、惊恐障碍、广场恐惧的比例高出正常人群，而且消化道症状的数量多，则上述精神障碍的比例高；研究发现腹泻型肠激惹综合征患者存在肾上腺素能异常，而便秘型则存在胆碱能功能的异常。

（四）消化性溃疡和功能性胃肠病的心理干预

大多数功能性胃肠病病程持续数年，但大多数预后良好；对患者的积极关注和发展建设性的人际关系有助于改善预后。

使用精神药物治疗功能性胃肠病应注意药物对胃肠功能的双重影响，如三环类抗抑郁药（tricyclic antidepressant，TCA）可以减少胃肠蠕动，减轻腹泻，但可能导致便秘。因此，基础治疗是改善饮食的种类和结构，辅以对症治疗，精神药物常常适用于病情较重的患者，可选择 TCA 或 SSRI 等抗抑郁药进行治疗，但剂量常常小于抗抑郁治疗。

六、肿　　瘤

（一）肿瘤的社会心理因素

迄今为止，各种肿瘤的发病原因尚不清楚。长期以来，人们对人格、抑郁、应激和应激性生活事件与不同的恶性肿瘤的发生进行了研究，但目前缺乏明确的证据证明这些因素与肿瘤的发生有直接关系，或是研究方法受到质疑，如样本量、心理的测量方法、随访时间、数据的标准化等。一项对 2018 名中年男性追踪 20 年的研究表明人格与肿瘤的发生没有联系；一项哥本哈根的研究发现感知应激水平高的妇女，与其雌激素相关的癌症如乳腺癌、子宫内膜癌、卵巢癌的患病率有下降的趋势。某些人格特质与一些行为和生活方式相关，这些不健康的行为可能增加了患肿瘤的危险性，但由心理学变量改变免疫和内分泌的假说还未得到证实。尽管如此，慢性应激可能通过影响神经内分泌如下丘脑-垂体-肾上腺皮质（HPA）轴和交感-肾上腺髓质从而影响人类复杂性疾病包括恶性肿瘤的患病率，一些研究间接证实慢性应激和抑郁发作可能影响免疫系统而增加了某些肿瘤的患病率,如降低了 T 细胞和 NK 细胞的活性而影响了机体对肿瘤细胞的免疫监测过程、体细胞突变的累积和遗传的不稳定性。

(二)肿瘤患者的心理反应

恶性肿瘤对于患者及其家属来说是一系列的应激性事件,他们要经历生命的再生和生命的维持,应对治疗及相关的不良反应,处理情感的打击,往往使肿瘤患者产生否认、抑郁、失望、妥协的心理反应。而他们对于调节生活来适应长久丧失和改变这些挑战的复杂和严峻性,取决于恶性肿瘤的复杂性和严重程度、治疗、患者的社会支持系统和其既往与肿瘤抗争的经历,这些都会严重影响患者的病情发展及其生存时间和质量。

(三)肿瘤患者的心理干预

肿瘤的发生发展除与理化生物因素有关外,还与心理社会因素有关,同时,心理社会因素也极大地影响肿瘤治疗和康复的不同阶段的效果。

在患恶性肿瘤后,患者可能会出现以下问题需要精神科医师、心理学家或心理治疗师的共同治疗。

1. 诊断恶性肿瘤后对患者的应激反应。

2. 抑郁、焦虑和精神病性症状。

3. 人际关系矛盾。

4. 酒精和药物滥用。

5. 躯体症状,如疼痛、乏力、日常功能障碍、淋巴水肿导致的痛苦。

6. 特殊治疗导致的痛苦。

肿瘤患者的心理干预以支持性心理干预为主,还可采用认知治疗、放松训练等方法,参见第九章"心理干预"。

(廖婉莹　张桂青)

思 考 题

1. 什么是心身疾病?如何预防?
2. 举例说明心身疾病的致病因素。
3. 试比较心理动力学理论、心理生理学理论、行为学习理论的心身疾病发病机制。

第八章

心 理 评 估

案例 8-1
　　李某，男性，20 岁，大学二年级学生。父母是大学教授，从小对他要求严格，非常重视他的学习成绩，希望他能考上名牌大学将来继承他们的事业。李某从小学到高中，一直学习努力，成绩名列前茅，是多年的三好学生和班干部，经常得到父母和老师的表扬。高考时以优异成绩考入某名牌大学，班里同学都是各地来的尖子生，他的成绩只排在中下等水平，心里很失落，暗下决心要把名次提上来。但事与愿违，在第一学期的期末考试中他的名次没升反而下降了，甚至还出现了不及格。为此父母极为严厉地批评了他，他也觉得自己很没用，感到很没面子，老师不重视他，同学们也都看不起他。因此情绪低落，内心苦恼、焦虑。他觉得父母不再像以前那样爱他、关心他了。班长是一位女同学，对他学习、生活等很关心。他也愿意和班长讲讲自己的心里话，自己感觉喜欢上了班长，于是鼓足勇气，表达了爱慕之情，但班长明确告诉他自己有男友，不能接受他的感情。初次恋爱就失败，他感受到了失恋的痛苦。兴趣明显下降，慢慢地不愿与人交往，整日没精打采、闷闷不乐。近半年随着课程难度加大，他的压力也越来越大，经常头昏、头痛，晚上入睡困难，全身疲惫不堪。记忆力大不如前，上课注意力不集中，学习效率下降，现在学习成绩已排到班里的倒数几名。他觉得很无助，自己觉得没什么希望，这学期已无法上学。家长实在没办法，把孩子送到了医院看心理医生。
　　问题：心理医生在帮助李某前应进行哪项工作？

第一节　心理评估概述

一、心理评估的概念及作用

（一）心理评估的概念

　　心理评估（psychological assessment）：是依据心理学的理论，使用一定的操作程序，综合运用观察、访谈、测验的方法，对个体或团体的心理现象进行全面、系统、客观描述及诊断、评价、鉴定的过程。所谓心理现象，包括心理过程和人格特征等内容，如情绪状态、记忆、智力、性格等。心理和行为密不可分，广义的心理评估可包括心理测量及行为评估两个方面。狭义的心理评估也称临床评估，是指在心理临床与咨询领域，运用专业的心理学方法和技术对来访者的心理状况、人格特征和心理健康做出相应的判断。

（二）心理评估的作用

　　凡是人与人的交往就有评估活动的产生，医生与患者一开始接触时，就对其精神状态、行为特点、面部表情等进行观察，此称为非正式的评估活动。而按照既定的计划，遵循规范的模式进行的评估则称为正式评估。心理评估在医学心理学中主要有以下几个方面的作用。

1. 了解个别差异 这是心理评估的最基本功能，了解一个人的心理状况，尤其是学龄儿童及青少年，根据其特点给予最恰当的指导和援助。

2. 诊断、预测和评价 临床上对各种智能缺陷、精神疾病和脑功能障碍的诊断仍是心理测验的主要用途，还可用来发现学生的适应不良和学习困难的原因，以明确这种困难是因为知识掌握的缺陷还是由于其他的心理因素造成的，从而采取适当的干预措施。智力测验、能力倾向测验常常被用于推测某人在某方面未来成功的可能性，也可用来评价一个人在能力和性格上的相对长处和短处，评价儿童已经达到的发展阶段等。

3. 甄选、分类和安置 根据心理评估的结果而不是个人的经验，可在众多的候选人中确定最有可能的成功者，以此选拔和培养人才，可以节省人力资源，也可将人"才"加以分门别类，筛选出最适当的人员安排至最适当的位置。

二、心理评估的过程

心理评估的基本过程包括确定评估目的、根据评估的目的收集资料、对资料和信息进行加工处理，最后做出判断。

（一）确定评估目的与方法

根据被试的要求或疾病的需要，确定评估目的，与申请人协商选择心理评估的类型和方法。如了解学习困难的原因时，需要决定是进行智力测验，还是人格测验；评估方法是采用观察法、问卷法，还是评定量表；如果选用评定量表，则需决定选择哪一种量表等。

（二）建立评估关系

建立评估关系是进行科学心理评估的首要条件，只有在相互信任、融洽、和谐的关系之下，才能保证评估的顺利进行。理想评估关系的建立和维持，需要评估环境，评估者的形象礼仪、职业道德、专业知识及技能，心理行为评估行业规范，保证评估者和被评估者的权利与义务的制度、法律等的完善。

（三）获取评估资料

依照已经确定的心理评估方法，了解被评估者当前的心理状况和存在的问题；异常心理行为问题的发生、发展的过程及可能的影响因素；通过晤谈、调查等了解和收集被评估者早年的生活经历、家庭背景及当前的工作学习情况、人际关系等；借助心理测验的方法，获得被评估者的情绪、个性、精神状况等心理指标信息。在一些特殊问题、重点问题上，应更加深入地了解和评估。

（四）资料分析和评估诊断

将收集到的各种资料、信息进行统计、分析、处理，并结合被评估者的具体情况和其他临床表现做出结论，写出评估报告。

三、心理评估的方法

（一）行为观察法

行为观察法是通过对被评估者的行为表现直接或间接（通过摄录像设备等）的观察或观测而进行心理评估的一种方法。行为观察可分为自然观察和模拟观察。自然观察是在自然情境中、不加以控制的情境下对个体的行为表现进行观察。由于该法在现实情境中进行，所以有很强的真实性。模拟观察是指观察者设置一定的情境、控制被观察者的条件，在这样的情境中对被观察者的行为改变进行观察。此种方法用得较多，如对儿童行为的观察，以及对一些特定人群的行为观察，如入院的精神障碍者、需要司法鉴定的犯罪嫌疑人等。

（二）临床访谈法

临床访谈是通过咨询者与来访者之间面对面的双向互动来评估来访者心理功能的各个方面，并进行相关的治疗计划。在心理评估的中，临床访谈对于获取信息、了解并分析来访者的故事、建立咨询关系非常重要。通过主试者与被评估者面对面的语言和非语言沟通，了解其心理信息，同时可以观察其在交谈时的行为反应，以补充和验证所获得资料的可靠性。这种方法的特殊之处在于谈话时有很强的目的性，评估者在特定情景下对谈话内容、气氛等的驾驭，故它不同于一般的交谈，而是一种专门的技术。晤谈法分自由式会谈和结构式（定式）会谈两类。自由式会谈时咨询师主要凭经验、技巧，即兴发挥；结构式会谈时咨询师则往往有一定的目的性和针对性，按事先编制好的方案和内容，有层次、按程序进行交谈。

（三）调查法

调查法是指通过书面或口头回答问题的方式，了解被测试者的心理活动的方法。

调查的含义是当有些资料不可能从当事人那里获得时，就要从相关的人或材料那里得到。调查是一种间接的、迂回的方式，有些资料即便可以从当事人那里获得，但可信度不够时，也需要再进行调查以便印证资料的可信程度。根据调查的取向可分为历史调查和现状调查两类。历史调查主要是了解被评估者过去的一些情况，如各种经历、表现、所获得的成绩或惩处、以往的个性、人际关系等。调查的方式一般侧重于档案、书信、日记、各种证书、履历表及与当事人有关的人和事等。现状调查主要围绕与当前问题有关的内容进行，如在现实生活中的表现如何、适应能力的水平等，以与当事人关系密切的人（如同学、同事、父母、亲友、老师、领导、兄弟姐妹等）为调查重点。尽管从周围的人那里获得信息是十分必要的，但有时忽视了信息提供者与被评估人之间的关系也会使调查的结果有很大偏差，影响最后的结论。如信息提供者与被评估人之间的个人感情很好，或者有个人利益的关系，他就会倾向于提供对被评估人有利的资料；相反的话，他也会提供不利的资料。因此在向周围人进行调查时特别要注意这一点，间接的旁证也并不总是客观的。

（四）自我报告法

自我报告法又称为自述法，即被评估者通过口述、书面形式报告既往健康状况、生活经历和心理行为发展情况、社会功能情况等。学生心理行为评估中应用的日记、周记、作文、自传、内心独白也是自我报告法的具体形式。自我报告可分为结构式自我报告和非结构式自我报告。前者的内容框架事先已经设计好，被评估者填写规定的内容；后者则为开放式的标书，可搜集不能预知的重要兼职的资料。两者可结合使用，许多自陈量表、问卷调查中的资料收集均采用自我报告的方式。

（五）心理测验法

在心理评估中，心理测验（psychological test）占有十分重要的地位。因为测验可对心理现象的某些特定方面进行系统评定，并且测验一般采用标准化、数量化的原则，所得到的结果可以参照常模进行比较，避免了一些主观因素的影响，使结果更为客观。心理测验的应用范围很广，种类也繁多。在医学领域内所涉及的心理测验内容主要包括器质和功能性疾病的诊断中与心理学有关的各方面问题，如智力、人格、特殊能力、症状评定等。观察法、晤谈法已在医学心理学研究方法中详细描述，后面主要对心理测验进行详细介绍。

（六）实验法

实验法（experimental method）是对某一生物性或者心理行为变量进行实际的客观的直接的测量，有时把实验法也归在心理测验中，如神经心理测验。心理测验和实验法是进行心理评估的重要手段，特别是把集中使用的测验有机组合运用，对于迅速了解被评估者的心理状态十分有用，而且对于非专业人员来说，这类评估最令人信服。测验法和实验法可按目的分为认知能力、情绪情感、意志品质及个性、产品分析、特定神经功能测定等方法。

四、心理评估发展

《孟子》一书中写道"权，然后知轻重；度，然后知长短。物皆然，心为甚"，孔子的"因材施教"等均从朴素的唯物主义角度指出了人的心理特征的可知性及差异性。我国民间的习俗"周岁试儿"（又称"抓周"），将一些常用的物品如纸、笔、刀、钱或针线、剪尺之类摆放在刚满周岁的儿童面前，观察儿童的兴趣所在，借以推断孩子的智愚、职业选择乃至贪廉等心理品质。这些也具有一些"心理测验"的味道。隋朝时期开始的科举考试制度被美国的心理学家詹森（A.R.Jensen）评价为"世界上最早使用的正规测验"。南北朝时期著名文学家刘勰《新论专学篇》论述的"使左手画方，右手画圆，无一时具成"则是最早的注意分心测验。可见古代中国对心理评估学的贡献是多方面的。

严格意义上的心理测验是伴随着科学心理学的诞生，特别是借鉴了实验心理学的方法和手段才出现的。德国心理学家冯特1879年在莱比锡大学建立了第一个心理学实验室，研究人的感知觉和反应时。英国心理学家高尔顿（Galton）1884年在英国国际博览会上建立了一个人类学测量实验室，测量了近一万人的各种生理、心理特质，为人的个别差异研究积累了大量资料。1890年美国心理学家卡特尔发表了"心理测验程序"一文，首先使用了"心理测验"这个概念，并指出心理测验应当建立在统计学与实验室的基础上。1905年法国心理学家比奈（Binet）和助手西蒙（Simon）为甄别儿童的智力，编制了一个包括30个项目的智力测验，即著名的比奈-西蒙量表（Binet-Simon scale）。这一量表的出现标志着人们对智力的鉴别进入了数量化阶段。比奈-西蒙量表引起了全世界的注意，很快被转译成多种文字出版。1916年美国斯坦福大学Terman在其修订本中提出了"智商"的概念，使不同年龄的受试者智力衡量有了统一的尺度。

比奈-西蒙量表是一种个体的心理测验。第一次世界大战期间，为了筛选大批入伍的应征者，欧提斯（A.S.Otis）提出了"团体测验"。到了第二次世界大战时，美国心理学家韦克斯勒（Wechsler）进一步提出了"离差智商"的概念。离差智商不是以一个人的年龄为标准，而是以其所在团体平均水平为标准来衡量他的智商高低。后来许多心理测验的评分方法都是根据这一原理设计的。近半个世纪以来，在注意、记忆、能力和人格等心理其他方面的测验也有很大发展。如20世纪20年代出现了墨迹测验，40年代后出现了明尼苏达多人格调查表（MMPI）等。此外，临床中还出现了许多评定量表等。到目前为止，国际上大约有上千种心理测验在应用。

五、心理评估的类型

心理评估根据其功能、目的、对象评估的情景、测量方法及测验材料的性质等可以有不同的分类。

（一）根据功能分类

1. 智力测验（intelligence test） 是有关人的普通心智功能的各种测验的总称，又称普通能力测验。编制这类测验的目的是综合评定人的智力水平。目前国际上常用的个别智力测验主要有斯坦福-比奈智力量表和韦氏智力量表。现在常用测验包括比奈-西蒙智力量表、韦氏智力量表、斯坦福-比奈智力量表、瑞文标准智力测验、军队甲种团体智力测验和军队乙种团体智力测验。临床上智力测验主要应用于儿童智力发育的鉴定及作为脑器质性损害及退行性病变的参考指标，此外也可作为特殊教育或职业选择时的咨询参考。

2. 人格测验（personality test） 也称个性测验。测量个体行为独特性和倾向性等特征，最常用的方法有问卷和投射技术，常用的量表有明尼苏达多人格调查表（MMPI）、洛夏墨迹测验、主题统觉测验（TAT）及艾森克人格问卷（EPQ）等。这些测验目前在临床上多用于某些心理障碍患者的诊断和病情预后的参考，也可用于科研或心理咨询时对人格的评价等。

3. 成就测验（achievement test） 就是我们通常所说的考试。成就测验主要是针对特定领域为检测应试者对有关知识和技能的掌握程度而设计的测量个人（或团体）经过某种正式的教育和训练之后对知识和技能掌握的程度。最常见的成就测验是学校中的学科测验。

4. 神经心理学测验 是在现代心理测验基础上发展起来的用于脑功能评估的一类心理测验方法，是神经心理学研究脑与行为关系的一种重要方法，心理测验评估的心理或行为的范围很广，包括感觉、知觉、运动、言语、注意、记忆和思维，涉及脑功能的各个方面。主要包括一些个别能力测验，如感知运动测验、记忆测验、联想思维测验等，还有一些成套测验，主要以H-R神经心理学测验为代表。这些测验可用于脑器质性损害的辅助诊断和脑与行为关系的研究。

5. 评定量表 通过观察对某个人的某种行为或特质确定一个分数的方法，用来表达评定结果的标准化程序。目前在临床和心理卫生工作中，还应用一些评价精神症状及其他方面的评定量表，如抑郁量表、焦虑量表、生活事件量表、认知功能量表、生活质量综合评定量表、心身健康调查表等，这些量表对临床工作及科研等具有特殊的意义和应用价值。

(二)根据测验方法分类

1. 问卷法 问卷多采用结构式问题的方式,让受试者对问题出现后的几种选择做出回答。使用这种方法,结果评分容易,易于统一处理。一些人格测验如MMPI、EPQ及评定量表等都是采用问卷法的形式进行的。

2. 作业法 测验形式是非文字的,让受试者进行实际操作。多用于测量感知和运动等操作能力。对于婴幼儿及受文化教育因素限制的受试者(如文盲、语言不通的人或有语言残障的人等),心理测验中也主要采用这种形式。

3. 投射法 测验材料无严谨的结构如一些意义不明的图像、一片模糊的墨迹或一句不完整的句子,要求受试者根据自己的理解随意做出回答,借以诱导出受试者的经验、情绪或内心冲突。投射测验比较少,具有代表性的有洛夏墨迹测验、TAT、自由联想测验、填词测验。

(三)其他分类

根据一次测验的人数,可分为个别测验和团体测验。根据沟通方式,可以分为言语测验和非言语(或称操作)测验等。按照测验目的可分为描述性、诊断性及预测性测验,按照测验解释可分常模参照、标准参照测验,按照应用领域可分为教育、职业、临床测验等。

六、心理测验的特征及基本原则

(一)心理测验的特征

1. 间接性 心理测验的对象是人的心理品质或状态,它们都是内在的,必须通过测验对象的既往行为记录、现时外在行为或言语反应等来间接反映。由于利益或观念等原因,测验对象可能故意掩饰甚至刻意扭曲自己的外在行为或言语,进而增加了测验的难度。

2. 相对性 由于心理现象的复杂性和不稳定性,心理测验分数等评估结果受到来自测验对象、主试者、测验工具、测验过程等诸多方面的偶然因素影响。因此测验人员只能力求精确,无法确保绝对正确。事实上,任何测验都具有一定程度上的误差和主观性,准确性和客观性是相对的。

3. 客观性 测量的量具必须客观和标准,这是对一切测量的共同要求。首先,在编制方法上依据科学技术,在实施程序上有一定标准化操作;其次,在评分标准上,尽管客观性随测验种类和项目类型而异,但仍有一套科学标准(常模)和统一原则,最后在分数解释上也有统一规范,而且要求对测验信度、效度、难度与区分度等检测指标进行检验和说明。心理测验的客观性虽不能让人完全满意,但它毕竟是根据被评估人的心理特性的测量后获得的较为客观、较为科学的结果推断出来的,是心理诊断中常用且主要的评估方法。

(二)心理测量的基本原则

1. 标准化原则 因为心理测验是一种数量化手段,因此标准化原则必须坚持。测量应采用公认的标准化的工具,施测方法要严格根据测验指导手册的规定执行,这是提高测验结果的信度和效度的可靠保证。

2. 保密原则 保密主要有两个方面:一是关于测验的内容、工具、答案及计分方法,只有做此项工作的有关人员才能掌握，不允许随意扩散，更不允许在出版物上公开发表，否则必然会影响测验结果的真实性。二是对受试者测验结果的保密，这涉及个人的隐私权，有关工作人员应尊重受试者的利益，不能随意让无关人员了解，如有特殊需要，应向有关方面提供对测验结果的恰当解释。

3. 客观性原则　每一个标准化的心理测验量表，一般是用分数来表示其结果的，而测验所得的分数只是一个相对的数值。这个数值的真实意义是什么，必须进行具体的分析，并给予适当客观的解释。如两个被试智力测验的结果，智商都是85，一个受试者是长期生活在偏远山区，小学文化程度的农民，结合他所受教育程度和生活环境等条件，可考虑他的智力水平基本上是正常的；而另一个是长期生活在城市，大学文化程度的高级知识分子，结合其他表现则考虑到该人的大脑有退行性改变的可能。另外，还要注意不要以一两次心理测验的结果来下结论，尤其是对于年龄小的儿童作智能发育障碍的诊断时。因此在作结果评价时应结合受试者的生活经历、家庭、社会环境及通过会谈、观察法所获得的各种资料全面考虑。

七、标准化心理测验的基本条件

心理测验标准化（standardization）是为了控制测量误差所做的统一要求，以保证测验的正确性。所谓测量误差（error）是指与测验目的无关的因素所引起的测验结果不稳定或不准确的效应。心理测验的误差来源主要有三个方面：施测条件、主试者因素和受试者因素。

（一）施测条件

测量环境的好坏及各种条件是否一致会给测量结果带来很大的影响，如在一个嘈杂、过冷（或过热）的环境中测量，会使受试者的注意力不能集中，感到不适和厌烦。如果测量的标准不一致，有时限制时间、有时又不限制时间或者随意调换测验程序等都会使结果出现较大偏差。

（二）主试者因素

主试者是测验的主持人，测验要靠主试者来掌握，测量的准确与否与主试者有很大关系。主试者的主观因素也会影响到测验误差。如主试者对受试者的偏好态度、对结果的预期等，主试者情绪的好坏、疲劳与否及前后对比效应等都会影响到受试者的反应，也会影响到对评分标准的掌握。因此主试者需要经过标准化的训练以避免这些干扰因素。

（三）受试者因素

1. 应试动机　受试者应试动机会直接影响测验成绩。一般在做心理测验之前，让受试者明确测验的意义，激发其应试动机，以保证测验顺利完成并得到真实结果。如果一个受试者对测验毫无兴趣，只是被动做出反应，甚至消极对抗，其结果可想而知。

2. 测验焦虑　是受试者在测验前或测验中的一种紧张体验。这种紧张体验在一定强度下有助于测验成绩的提高，但过强则使注意力不能集中而影响测验结果。

3. 生理状态　受试者在施测过程中的机体状况，如疲劳与否、有无其他不适等也会影响测验成绩，带来误差。所以测量应选在受试者身体健康、精力充沛时进行，每次测量时间也不应过长。

(四)信度、效度及常模

标准化心理测验的技术指标主要有信度、效度及常模等。

1. 信度(reliability) 又称稳定性,是指一个测验工具在对同一对象的多次测量中所得结果的一致程度,它反映工具的可靠性和稳定性。在相同情况下,同一受试者在几次测量中所得结果变化不大,便说明该测量工具性能稳定、信度高。

2. 效度(validity) 又称准确度,指一个测量工具能够测量到其所要测东西的真实程度,它反映工具的有效性、准确性。

信度和效度是一个测量工具好坏的两项最基本指标。信度、效度很低或只有高信度而无效度的测验都会使测量结果严重失真,不能反映所测内容的本来特点。因此,每个心理测验工具编制出来后都要进行信度和效度检验(一般以相关系数来衡量),只有这两项指标都达到一定标准后才能使用。

3. 常模 是一种供比较的标准量数,由标准化样本测试结果计算而来,它是比较和解释测验结果时的参照分数标准。测验分数必须与某种标准比较,才能显示出它所代表的意义,目前大多数标准化测验采用的标准分常模,有了常模,一个人的测验成绩才能通过比较而得出是优是劣,是正常还是异常。如正常人的体温一般不超过 37℃,血压在 120/80mmHg 左右,这些参数可以称作生理常模。由于人的心理现象较生理活动更为复杂,所受影响因素更多,所以每一种心理测验工具都要建立自己的常模,甚至同一量表在不同国家、地区应用或随着时代的变迁,都要重新修订,建立新的常模。

(杨文翰)

第二节 常用的心理测验及评定量表

一、智 力 测 验

智力测验(intelligence test)是根据有关智力的理论或智力概念经标准化过程编制而成的评定个人一般能力的方法。智力测验不仅能够对人的智力水平的高低作出评估,而且在某种程度上反映出与患者有关的其他精神病理状况。因此,智力测验是心理测验中应用最广、影响较大的工具和技术。

各种智力测验的量表都是有一定数量的经过进行加工及挑选的测量项目或者作业组成,并通过标准化的程序建立常模。被测者的成绩按照项目或作业完成数量及质量评分计算,然后把这种以分数计算的成绩与常模比较,便可对被测者的智力水平做出评估。

(一)智商

智力测验结果的量化单位是智力商数,是用于衡量个体智力发展水平的一个指标,根据计算方法的不同可将智商分为两种。

1. 比率智商(ratio IQ) 又称年龄智商,表示被试者的智力发展水平。其公式如下:

$$IQ = (MA/CA) \times 100$$

公式中,MA 为心理年龄(mental age),指智力所达到的年龄水平,即在智力测验中取得的成绩;CA 为实际年龄(chronological age),指测验时的实际年龄。如某儿童智力测验的 MA 为 10,而他的 CA 为 8,那么他的 IQ 为 125,但儿童智力发展较快,故实龄应精确到月,不足15天者略去,超过15天者按月计。智力发展到一定年龄便停止发展,呈平台状态,随着年龄的增大,智力还会下降,与年龄不成正比增加。因此,比率智商有一定的局限性,适用的最高实际年龄为16岁。为了克服比率智商的这一缺陷,于是提出了离差智商的计算。

2. 离差智商(deviation IQ) 是指一个人的智力测验成绩和同年龄组被试平均成绩比较后而得出的相对分数,由美国心理学家韦克斯勒(Wechsler D)在编制智力量表时提出,它以标准差为单位表示被试成绩偏离同年龄组平均成绩的距离。其公式如下:

$$IQ = 100+15(x-m)/s$$

公式中,m 为该年龄阶段样本在智力测验的平均成绩;x 为某受试者在智力测验的成绩;s 为样本成绩的标准差。在该公式中 $x-m/s$ 是标准分(z)公式,如果 $x-m=0$,为了不使 IQ 为 0,故升值为 100;同时使每个 z 都升值 15 倍。离差智商计算方法克服了比率智商计算方法受年龄限制的缺点,成为目前通用的 IQ 计算方法。

(二)常用智力测验

1. 韦氏智力量表 韦氏智力量表是美国心理学家韦克斯勒编制的适用于学龄前儿童(4~6岁)、学龄期儿童(6~16岁)和成人(16岁以上)的一系列智力量表的统称。最早是在1939年出版的 W-B,先后几次发展和修订,现在称为"韦氏成人智力量表"(Wechsler adult intelligence scale,WAIS)、"韦氏儿童智力量表"(WISC)和"韦氏学前和初级小学儿童量表"(WPPSI)。在此以"中国修订韦氏成人智力量表"(WAIS-RC)为例作介绍,如图 8-1,全量表(full scale,FS)共含 11 个分测验,其中 6 个分测验组成言语量表(verbal scale,VS),5 个分测验组成操作量表(performance scale,PS)。根据测验结果,按常模换算出三个智商,即全量表智商(FIQ)、言语智商(VIQ)和操作智商(PIQ)。WISC 及 WPPSI 的结构除分量表所包括的分测验有数目不同外,其余均相同。

图 8-1 韦氏智力量表工具

(1)言语量表的分测验及其主要功能

1)知识:由一些常识所组成,测量人的知识广度、一般学习及接受能力、对材料的记忆及对日常事务的认识能力。

2）领悟：由一些社会价值、社会习俗和法规伦理的问题所组成，测量判断能力、运用实际知识解决新问题的能力以及一般知识。

3）算术：心算。测量数学计算的推理能力及主动注意的能力。

4）相似性：找出两物（名词）的共同性。测量逻辑思维能力、抽象思维能力和概括能力。

5）数字广度：分顺背和倒背两式。即听到一读数后立即照样背出来（顺背）和听到读数后，按原来数字顺序的相反顺序背出来（倒背）。测量人的注意力与短时记忆能力。

6）词汇：给一些词下定义，测量词语的理解和表达能力。

（2）操作量表的分测验及其主要功能

1）数字符号：9个数字，每个数字下面有一个规定的符号。要求按规定填一些数字下面所缺的符号。测量人的一般学习能力、知觉辨别能力以及灵活性。

2）图画填充：一系列图片，每图缺一个不可少的部件，要求说明所缺部件名称和指出所缺部位。测量人的视觉辨认能力、视觉记忆与视觉理解能力，如图8-2。

图8-2 填图分测验示例

3）积木图案：用红白两色的立方体复制图案。测量空间知觉、视觉分析综合能力。

4）图片排列：调整原秩序的图片成有意义的系列。测量受试者的分析综合能力、观察因果关系的能力，如图8-3。

5）图片拼凑：将一物的碎片复原。测量处理局部与整体关系的能力、概括思维能力、知觉组织能力以及辨别能力。

图 8-3 图片排列分测验示例

（3）智力水平的分级：大量的测验统计资料表明，人们的智商是按正态曲线分布的，大多数人的智商分数落在中间部分，高低两个极端人数很少。智力按一定标准可以进行分类和划分等级。现代心理测量学依据统计学的方法分出智力的各种因素，并以此来分类，如言语智力和操作智力；从智力理论上又分为流体智力和晶体智力；也有学者将智力分为抽象智力、具体智力和社会智力等。目前国际常用的分级方法为智商分级法，将智商平均值（IQ 为 100）和其上、下一个标准差（15）的范围定位为"平常智力"，其余依据高于或低于平常智力水平依次分级，其分级如表 8-1。

表 8-1 韦氏智力水平分级

智力水平	IQ 值	百分比（%）
极优秀	130 以上	2.2
优秀	120～129	6.7
中上	110～119	16.1
中等	90～109	50
中下	80～89	16.1
边缘智力	70～79	6.7
智力低下	<70	2.2

2. 斯坦福-比奈量表 比奈-西蒙量表是世界上第一个正式的智力量表，法国比奈（Binet，1857—1911）和西蒙（Simon，1873—1961）在 1905 年编制，分别于 1908 年和 1911 年作了修改。1916 年美国 Terman 在斯坦福大学对 B-S 做了很大修订，突出的贡献是 IQ 及其计算法（比率智商计算法），此量表被称为斯坦福-比奈量表（Stanford Binet Scale，S-B）。此量表一直在教育上用得多。我国的陆志韦于 1937 年修订过 S-B 的 1916 年版本，吴天敏根据陆氏修订本再作修改（1986）。该量表中的测验项目仍沿用比奈量表的方法，按难度依年龄组排列。

3. 考夫曼儿童能力成套测验（K-ABC） Kaufman 夫妇采用了信息处理方法、大脑特异性功能理论及 PASS 理论为依据编制了 K-ABC，主要用于评估 2.5～12.5 岁正常儿童及特殊儿童的智力和学业成就水平，在临床、教育评估及心理学基础研究方面均有很好的应用价值。其编制的主要目的：①从认知心理学及神经心理学理论与研究基础上测量智力；②区分既得事实知识与解决新问题的能力；③转换所得分数，以指导教育上的特殊安排。K-ABC 共有 16

个分测验,按被试的年龄选用7~13个分测验施测,每一被试最多只需要接受13个分测验,所需时间为35~80分钟,全量表由智力量表(同时性加工及继时性加工)及成就量表组成。

4. 瑞文测验 由英国心理学家瑞文(J.C.Reven)于1938年编制的一种非文字智力测验,开始时适用于5岁以上智力发展正常的人,后又编制了瑞文彩色推理能力测验,适用于5~11岁儿童和心理有障碍的成人,之后还有瑞文高级推理能力测验,适用于智力水平高于平均水平的人。原来的瑞文测验则被称为瑞文标准推理能力测验,以示区别。我国张厚粲对瑞文标准推理能力测验进行了修订,李丹修订出版了"联合型瑞文测验"。瑞文测验的优点在于题目全部是图形,测验对象不受文化、种族与语言等条件的限制,适用范围广,既可个别施测,也可团体实施。

二、人 格 测 验

人格是指一个人的思维、情绪和行为的特征模式,是每个人身上都存在的一些持久、稳定的特征,人格测验是系统地按照某些明确的规则对人的行为中起稳定调节作用的心理特质和行为倾向进行定量分析。

测验人格有观察、晤谈、行为评定量表、问卷、投射测验等方法,最常用的方法是问卷法(即自陈量表)和投射测验,前者如明尼苏达多项人格调查表、艾森克人格问卷、卡特尔16项人格因素问卷等;后者如洛夏墨迹测验、主题统觉测验、句子完成测验及绘画测验等。

(一)自陈量表

自陈量表(self-report inventories)是一种自我报告式问卷,即对拟测量的人格特征编制多项测题,要求受测者依序对测题做出是否符合自己情况的问答,依据其答案来衡量这项特征,多用客观测验的形式,自陈量表在临床中因其操作标准化,简便易行,运用十分广泛。

1. 明尼苏达多项人格调查表(Minnesota multiphasic personality inventory, MMPI)是由明尼苏达大学教授哈瑟韦(S. R. Hathaway)和麦金力(J. C. Mckinley)于40年代制定的自我报告式的个性量表。自问世以来,该量表应用非常广泛,为美国出版的《心理测验年鉴》第9版(1985年)中最常用的人格量表,是迄今应用极广、颇富权威的一种纸-笔式人格测验。该问卷的制定方法是分别对正常人和精神病患者进行预测,以确定在哪些条目上不同人有显著不同的反应模式,因此该测验最常用于鉴别精神疾病。MMPI主要用于病理心理研究,协助临床诊断并确定病情的轻重,对于疗效判断及预后也有很好的参考价值,因此在精神医学、心身医学、行为医学、司法鉴定等领域应用十分广泛。

MMPI适用于16岁以上具有小学以上文化水平,没有影响测试结果的生理缺陷的人群。也有一些研究者认为,如果被试合作并能读懂测验表上的每个问题,13~16岁的少年也可以完成此测验。1980年初我国宋维真等完成了MMPI中文版修订工作,并制定了全国常模。1989年Butcher等完成了MMPI的修订工作,称MMPI-2。MMPI-2提供了成人和青少年常模,可用于13岁以上青少年和成人,最近也已引入我国。该量表既可个别施测,也可团体测查。

MMPI共有566个自我陈述形式的题目,其中1~399题是与临床有关的,其他属于一些研究量表,题目内容范围很广,包括身体各方面的情况、精神状态及家庭、婚姻、宗教、政治、法律、社会等方面的态度和看法。被试根据自己的实际情况对每个题目做"是"与"否"的回答,若的确不能判定则不作答。问卷要求受测者应有适当的阅读理解能力,对于不会阅读者,可使用录音机或者他人代读。根据被试的回答情况进行量化分析,或做人格剖面图，现在除手工分析方法外，还出现多种计算机辅助分析和解释系统。

MMPI常用4个效度量表和10个临床量表，其中各临床量表亦可单独和联合使用。

（1）效度量表

1）疑问量表（question，Q）：被试不能回答的题目数，没有回答的题数和对"是"和"否"都做反应的题数。如果在前面399题中原始分超过22分，566题原始分超过30分，则说明被试对问卷的回答不可信。高得分者表示逃避现实。

2）说谎量表（lie，L）：此量表中的题目，是测试被试的回答，很容易得到社会公认的行为倾向，题目的内容都是社会上常见的小问题，所谓小毛小病。该分数高，说明过分掩饰自己所存在的问题，心理防御过度。原始分超过10分，结果不可信。

3）诈病量表（validity，F）：测量任意回答倾向。此量表由一些不经常遇到的问题组成。分数提高表示被试回答问题不认真或者理解错误，表现出一组相互无关的症状，或在伪装疾病。高分表示任意回答、诈病或存在偏执。

4）校正量表（correction，K）：测量过分防御或不现实倾向。高分表示被试对测验持防卫效度。可以用来一是判断被试对测验的态度是否隐瞒或防卫；二是修正临床量表的得分。

（2）临床量表

1）疑病量表（hypochondriasis，Hs）：测量被试疑病倾向及对身体健康的不正常关心。高分表示被试有许多身体上的不适、不愉快、自我中心、敌意、需求、寻求注意等。条目举例：我会恶心、呕吐。

2）抑郁量表（depression，D）：测量情绪低落、焦虑问题。高分表示情绪低落，缺乏自信，自杀观念，有轻度焦虑和激动。条目举例：我常有很多心事。

3）癔症量表（hysteria，Hy）：此量表原来是为了区别对紧张状况产生歇斯底里反应的患者而制定的。癔症的特征是心因性的不随意肌体功能丧失和功能障碍。测量被试对心身症状的关注和敏感、以自我为中心等特点。高分反映以自我为中心、自大、自私、期待更多的注意和爱抚，与人的关系肤浅、幼稚。条目举例：每星期至少有一两次，我会无缘无故地觉得周身发热。

4）精神病态量表（psychopathic deviation，Pd）：测量被试的社会行为偏离特点。高分反映被试脱离一般社会道德规范，无视社会习俗，社会适应差，冲动敌意，攻击性倾向。条目举例：我童年时期中，有一段时间偷过人家的东西。

5）男子气或女子气量表（masculinity-femininity，Mf）：测量男子女性化、女子男性化倾向。男性高分反映敏感、爱美、被动等女性倾向，女性高分则反映粗鲁、好攻击、自信、缺乏情感、不敏感等男性化倾向。极端高分考虑同性恋倾向和同性恋行为。条目举例：和我性别相同的人最容易喜欢我。

6）妄想量表（paranoia，Pa）：测量被试是否具有病理性思维。高分提示多疑、过分敏感，甚至有妄想存在，平时思维方式为容易指责别人而很少内疚，有时可表现强词夺理、敌意、愤怒甚至侵犯他人。条目举例：有人想害我。

7）精神衰弱量表（psychasthenia，Pt）：测量精神衰弱、强迫、恐怖或焦虑等神经症特点。高分提示强迫观念、严重焦虑、高度紧张、恐怖等反应。条目举例：我似乎比别人更难于集中注意力。

8）精神分裂症量表（schizophrenia，Sc）：测量思维异常和行为古怪等精神分裂症的一些临床特点。高分提示思维古怪，行为退缩，可能存在幻觉妄想，情感不稳。条目举例：

有时我会哭一阵、笑一阵，连自己也不能控制。

9）躁狂症量表（mania, Ma）：测量情绪紧张、过度兴奋、夸大、易激惹等轻躁狂症的特点。高分反映联想过多过快，情绪激昂，夸大，易激惹，活动过多，精力过分充沛，乐观，无拘束等特点。条目举例：我是个重要人物。

10）社会内向量表（social introversion, Si）：此量表是为了鉴别对社会性接触和社会责任有退缩回避倾向者。高分提示性格内向，胆小退缩，不善社交活动，过分自我控制等；低分反映外向。条目举例：但愿我不要太害羞。

各量表结果采用 T 分形式，可在 MMPI 剖析图上标出，如图 8-4。一般某量表 T 分高于 70，则认为存在该量表所反映的精神病理症状，如抑郁量表≥70 分认为存在抑郁症状。但具体分析时应综合各量表 T 分高低情况解释。

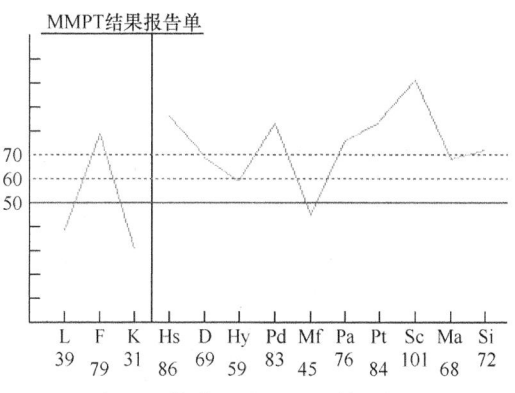

图 8-4 某学生的 MMPI 结果报告

2. 艾森克人格问卷（Eysenck personality questionnaire，EPQ） 是由英国心理学家 Eysenck HJ 根据其人格三个维度的理论，于 1975 年在其 1952 年和 1964 年两个版本的基础上增加而成，在国际上被广为应用。EPQ 成人问卷适用于测查 16 岁以上的成人，儿童问卷适用于 7~15 岁儿童。国外 EPQ 儿童本有 97 项，成人 101 项。我国龚耀先的修订本成人和儿童均为 88 项；陈仲庚修订本成人有 85 项。

EPQ 由三个人格维度量表和一个效度量表组成。

（1）精神质（psychoticism，P）维度：测查一些与精神病理有关的人格特征。高分可能具有孤独、缺乏同情心、不关心他人、难以适应外部环境、好攻击、与别人不友好等特征；也可能具有极其与众不同的人格特征。

（2）内-外向（introversion-extroversion，E）维度：测查内向和外向人格特征。高分反映个性外向，具有好交际、热情、冲动等特征，低分则反映个性内向，具有好静、稳重、不善言谈等特征。

（3）神经质（neuroticism，N）维度：测查情绪稳定性。高分反映易焦虑、抑郁和较强烈的情绪反应倾向等特征。

（4）掩饰（lie，L）量表：测查朴实、遵从社会习俗及道德规范等特征。在国外，高分表明掩饰、隐瞒，但在我国 L 分高的意义仍未十分明了。

EPQ 结果采用标准分 T 分表示，根据各维度 T 分高低判断人格倾向和特征。还可以将 N 维度和 E 维度组合，进一步分出外向稳定（多血质）、外向不稳定（胆汁质）、内向稳定（黏液质）、内向不稳定（抑郁质）四种人格特征，各型之间还有移行型，见图 8-5。

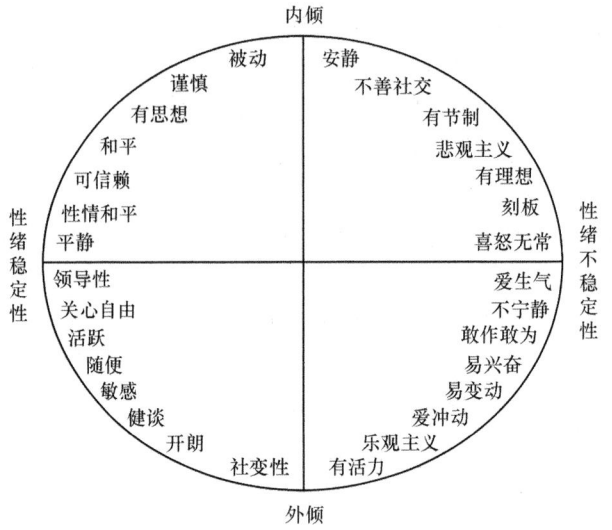

图 8-5 艾森克的人格维度图

EPQ 为自陈量表，实施方便，有时也可以做团体测验，是我国临床应用最为广泛的人格测验。但其条目较少，反映的信息量也相对较少，故反映的人格特征类型有限。

3. 卡特尔 16 项人格因素问卷（16 personality factor questionnaire，16PF） 是美国伊利诺州立大学人格及能力测验研究所卡特尔教授编制，简称 16PF。我国现在通用的是美籍华人刘永和博士在卡特尔的赞助下，与伊利诺伊大学人格及能力研究所的研究员梅瑞狄斯博士合作，于 1970 年发表的中文修订本。卡特尔是人格特质理论的主要代表人物，对人格理论的发展做出了很大的贡献，卡特尔将人格特质区分为表面特质和根源特质，表面特质是指外部行为能直接观察到的特质，表面特质不会随时间的改变而改变。根源特质是内在的、决定表面特质的最基本的人格特质，是那些稳定的、作为人格结构的基本因素的特质。根源特质需要通过严格的科学方法才能获得。卡特尔认为 16 个根源特质是构成人格的内在基础因素，测量这些特质即可知道个体的人格特征。16PF 用来测量以下特质：A 乐群性，B 聪慧性，C 稳定性，E 恃强性，F 兴奋性，G 有恒性，H 敢为性，I 敏感性，L 怀疑性，M 幻想性，N 世故性，O 忧虑性，Q1 激进性，Q2 独立性，Q3 自律性，Q4 紧张性（图 8-6）。

因素	粗始分	标准分	低分者特征	标　　准　　分 0 1 2 3 4 5 6 7 8 9 10	高分者特征
A	10	5	缄默孤独		乐群外向
B	9	6	迟钝，学识浅薄		聪慧，富有才识
C	16	6	情绪激动		情绪稳定
E	13	6	谦虚顺从		好强固执
F	10	5	严肃谨慎		轻松兴奋
G	11	4	权宜敷衍		有恒负责
H	8	5	畏缩退却		冒险敢为
I	14	7	理智，着重实际		敏感，感情用事
L	12	6	信赖随和		怀疑刚愎
M	11	6	现实，合乎成规		幻想，狂放不羁
N	6	3	坦白直率，天真		精明能干，世故
O	13	6	安祥沉着，有自信心		忧虑抑郁，烦恼多端
Q1	9	5	保守，服从传统		自由，激进
Q2	15	8	信赖，随群附众		自主，当机立断
Q3	13	6	矛盾冲突，不明大体		知己知彼，自律谨严
Q4	9	4	心平气和		紧张困扰

图 8-6 某学生的 16PF 结果报告

该测验结构明确,每一题都备有三个可能的答案,被试可任选其一。在两个相反的选择答案之间有一个折中的或中性的答案,使被试有折中的选择(例如,我喜欢看球赛:a. 是的,b. 偶然的,c. 不是的;或如,我所喜欢的人大都是:a. 拘谨缄默的,b. 介于a与c之间的,c. 善于交际的),避免了在是否之间必选其一的强迫性,所以被试答题的自发性和自由性较好。

(二)投射测验

投射测验(projective test)是指采用某种方法绕过受访者的心理防御,在他们不防备的情况下探测其真实想法。在投射测验中,给受测者一系列的模糊刺激,要求对这些模糊刺激做出反应,投射测验的原理与精神分析理论有密切的联系。精神分析理论强调人格结构中的无意识范畴,这种理论主张:人的一些潜意识的内驱力受到压抑,虽然不易觉察,但是却影响着人们的行为,认为个人无法凭其意识说明自己,因而自陈量表无法有效地了解人格,必须借助某种无确定意义的刺激情景为引导,使个体隐藏在潜意识中的欲望、要求、动机冲突等泄露出来,或者说不自觉地投射出来。与其他人格测验相比,投射测验有几个鲜明的特点:其一,使用非结构性任务,这种任务允许被试有各种各样不都限制的反应;其二,测量目标具有掩蔽性;其三,解释的整体性,它关注的是人格的总体评价而不是单个特质的测量。投射测验也存在明显的不足,主要表现:多数投射测验的评分客观性难以量化,往往缺乏常模资料,解释时需要很高的专业水平,信效度的建立不易,原理深奥复杂,非经过专门训练的人员不能使用。

1. 洛夏墨迹测验(Rorschach inkblot test,RIT) 是现代心理测验中最主要的投射测验,也是研究人格的一种重要方法,由瑞士精神医学家洛夏于1921年设计,目的是用于临床诊断、鉴别精神分裂症与其他精神病,也用于研究感知觉和想象能力。洛夏墨迹测验的材料由10张结构模棱两可的墨迹图组成(图8-7),这些测验图片以一定顺序排列,其中5张为黑白图片(1、4、5、6、7),墨迹深浅不一,2张(2、3)主要是黑白图片,加了红色斑点,3张(8、9、10)为彩色图片。这10张图片都是相对对称图形,且特殊意义。测验前准备:将刺激卡按照顺序、反面向下依次放好,每次按顺序给被试呈现一张,同时问被试:"你看到了什么?""这可能是什么东西?"或"你想到了什么?"等问题。被试可以从不同角度看图片,做出自由回答。主试记录被试的语言反应,并注意其情绪表现和伴随的动作。

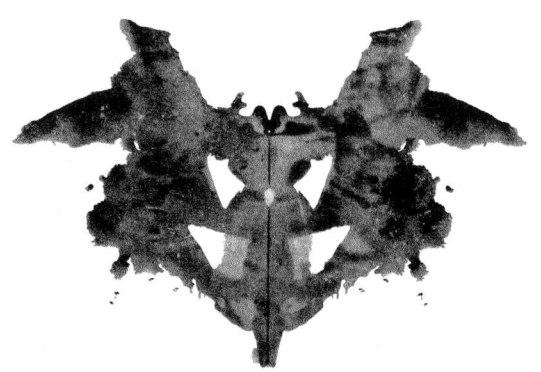

图8-7 洛夏墨迹测验图例

2. 主题统觉测验(thematic apperception test,TAT) 由美国哈佛大学默里(Murray HA)和摩尔根(Morgan CD)等于20世纪30年代编制而成。后经多次修订,成为一种重要的技射测验。该测验把图片作为刺激材料，通过被试对各画面的现象及心理投射所编辑的故事，来反映他们潜在的人格结构和人格内容。TAT 适用于各种年龄、不同种类的个体。

TAT 由 30 张模棱两可的黑白图片和一张空白图片组成。图片内容多为人物，也有部分风景，但每张图片都至少有一个物。图片内容多为一个人或数个人物处于某种模糊的场景中，要求被试者根据图片讲故事。每次给被试呈现一张图片，让被试根据看到的内容编故事。故事的叙述应该包含三个基本方面：图片描述了一个怎样的情境、图片中的情境是怎样发生的、结局会怎样（图 8-8）。

图 8-8　主题统觉测验图例

3. 房树人测验（tree-house-person）　又称屋树人测验，它开始于 John Buck 的"画树测验"。John Buck 于 1948 年发明此方法，受测者只需在三张白纸上分别画屋、树及人就完成测试（图 8-9）。而动态屋、树、人分析学则由 RobertC.Burn 在 1970 年发明，受测者会在同一张纸上画屋、树及人。这三者有互动作用，如从屋及人的位置与距离都可看出受测者与家庭的关系，所以这两种分析学多数会结合使用。

图 8-9　房树人测验

三、神经心理测验

神经心理测验是在现代心理测验基础上发展起来的用于脑功能评估的一类心理测验

方法，神经心理测验是神经心理学研究的重要方法之一，用于人类脑功能的评估，包括感知觉、运动、言语、注意、记忆、思维等。虽然其评价的目的和内容有类同，但是比一般的神经病学及心理学的检查和测评更为精确，范围也更为扩大。它可用于正常人，更常用于脑损伤患者的临床诊断和严重程度评估。当怀疑患者有脑功能的损害及认知障碍时，成套的神经心理检查有助于确定原因，明确损害的神经心理过程及机制，更有针对性地提出干预的重点和建议。

（一）神经心理筛选测验

该类测验用于筛查患者有无神经学问题，并初步判断是器质性还是功能性问题，以决定患者是否进行更全面的神经心理功能和神经病学检查。

1. Bender 格式塔测验（Bender-Gestalt test） 为 1938 年 Bender L 编制，主要测查空间能力。

2. 威斯康星卡片分类测验（Wisconsin card sorting test，WCST） 对于额叶功能损伤的患者十分敏感，是经典的执行功能测查手段之一。它所测查的是抽象思维能力，即根据以往经验进行分类、概括、工作记忆和认知转移的能力。

3. Benton 视觉保持测验（Benton vision retention test，BVRT） 为 Benton AL 于 1955 年所编制，适用年龄为 5 岁以上。本测验有三种不同形式的测验图（C、D、E 式）。我国唐秋萍、龚耀先于 1991 年修订了该测验。此测验主要用于脑损伤后视知觉、视觉记忆、视觉空间结构能力的评估。

4. 快速神经学甄别实验（quick neurological screening test，QNST） 为 Mutti M 等所编，主要用于测量与学习有关的综合神经功能。主要测量运动发展，控制粗大与精细肌肉运动的技巧，运动和计划的顺序性，速度和节奏感，空间组织，视知觉和听觉技巧，平衡和小脑前庭功能，学习相关功能等。

5. 皮肤电反应（galvanic skin response，GSR） 测量的是全身最大的器官——皮肤的电阻。GSR 是衡量个体内部状态的较可信参数，从生理角度而言，它能反映汗腺活动及交感神经系统的变化。交感兴奋导致汗腺活动增加，进而引起电阻的增加，电阻的微弱变化，都能通过手掌或指尖的电极反映出来。由于交感神经活动和情绪唤醒之间存在着联系，因此 GSR 也被用于许多有趣的领域，如 1967 年 Fenz 和 Epstein 将它用于焦虑和紧张水平的研究，而 1973 年 Raskin 把它用作测谎仪的一部分。

（二）成套神经心理测验

成套神经心理测验一般含有多个分测验，各分测验形式不同，分别测量一种或多种神经心理功能，从而可以对神经心理功能做较全面的评估。

H-R 成套神经心理测验（Halsted-Reitan neuropsychological battery，HRB）为 Halsted 编制，Reitan 加以发展而成。用于测查多方面的心理功能或能力状况，包括感知觉、运动、注意力、记忆力、抽象思维能力和言语功能等。此测验有成人、儿童、幼儿三式，我国龚耀先等分别于 1986 年、1988 年及 1991 年进行了修订。这里介绍我国修订的 HRB 成人式。成人 HRB 包括 6 个重要的分测验。

1. 范畴测验（the category test） 要求被试通过尝试、错误，发现一系列图片（156 张）中隐含的数字规律，并在反应仪上做出应答，测查被试分析、概括、推理等能力。此测验有助于反映额叶功能。

2. 触摸操作测验（the tactual performance test） 要求被试在蒙着双眼的情况下，凭感知觉将不同形状的形块放入相应的木槽中。分利手、非利手、双手三次操作，最后使之回忆这些形块的形状和位置。此测验测查被试触知觉、运动觉、记忆能力，手的协同与灵活性，而左右侧操作成绩比较有助于反映左右半球功能差异。

3. 节律测验（the rhythm test） 要求被试听 30 对音乐节律录音，辨别每对节律是否相同，测查注意力、瞬间记忆力和节律辨别能力。此测验有助于了解右半球功能。

4. 手指敲击测验（the finger tapping test） 要求被试分别用左右手示指快速敲击计算器的按键，测查精细运动能力。比较左右手敲击快慢的差异有助于反映左右半球粗细运动控制功能差异。

5. 语声知觉测验（the speech-sounds perception test） 要求被试在听到一个单词或一对单词的发音（录音）后，从 4 个被选词中找出相应的词，共测 30 个（对）词，测查被试者注意力和语音知觉能力。

6. 连线测验（trail making test） 此测验分甲乙两式，甲式要求被试将一张 16 开纸上散在的 25 个阿拉伯数字按顺序连接；乙式除数字系列外，还有英文字母系列，要求被试按顺序交替连接阿拉伯数字和英文字母。测查空间知觉、眼手协调、思维灵活性等能力。

四、评定量表

（一）自评量表

所谓自评量表是指受试者根据量表的题目和内容自行选择答案做出判断的评定量表。这里仅介绍一些医学心理学常用的自评量表。

1. 症状自评量表（symptom check list 90，SCL-90） 由德若加提斯（L.R.Derogatis）于 1975 年编制，共有 90 个项目，包括 10 个因子：躯体化、强迫症状、人际关系敏感、抑郁、焦虑、敌意、恐怖、偏执和精神质及其他。采用"没有、很轻、中等、偏重、严重"等级以 1~5 五级评分，由被试者根据自己最近一个星期的情况和感受对各项目选择恰当的评分。SCL-90 可进行追踪性测查，以观察病情发展或评估治疗效果。

SCL-90 统计指标有①总分：将所有项目评分相加，即得到的总分；②阳性项目数：单项分≥2 的项目数；③因子分：将各因子的项目评分相加得因子粗分，再将因子粗分除以因子项目数，即得到因子分。按全国常模结果，总分超过 160 分，或阳性项目数超过 2 分，可考虑筛选阳性，需进一步检查。

10 个因子的定义、项目数及其含义：

躯体化：包括 1、4、12、27、40、42、48、49、52、53、56、58 共 12 项，主要反映主观的身体不舒适感。

强迫症状：包括 3、9、10、28、38、45、46、51、55、65 共 10 项，主要反映强迫症状。

人际关系敏感：包括 6、21、34、36、37、41、61、69、73 共 9 项，主要反映个人的不自在感和自感。

抑郁：包括 5、14、15、20、22、26、29、30、31、32、54、71、79 共 13 项，主要反映抑郁症状。

焦虑：包括2、17、23、33、39、57、72、78、80、86共10项，主要反映焦虑症状。

敌意：包括11、24、63、67、74、81共6项，主要反映敌对表现。

恐怖：包括13、25、47、50、70、75、82共7项，主要反映恐怖症状。

偏执：包括8、18、43、68、76、83共6项，主要反映猜疑和关系妄想等精神症状。

精神质：包括7、16、35、62、77、84、85、87、88、90共10项，主要反映幻听、被控制感等分裂症症状。

其他：包括19、44、59、60、64、66、89共7项，主要反映睡眠和饮食情况。

2. 抑郁自评量表（self-rating depression scale，SDS） 由Zung于1965年编制。量表包含20个项目，采用四级评分方式。①1分：很少有该项症状；②2分：有时有该项症状；③3分：大部分时间有该项症状；④4分：绝大部分时间有该项症状，有反向计分题目。该量表使用方法简便，由被试按照量表说明进行自我评定，依次回答每个条目。该评定量表能相当直观地反映患者抑郁的主观感受及严重程度。使用者也不需经特殊训练。目前多用于门诊患者的粗筛、情绪状态评定及调查、科研等。

3. 焦虑自评量表（self-rating anxiety scale，SAS） 由Zung于1971年编制，含有20个反应焦虑主观感受的项目。用于评定焦虑症状的严重程度。适用于具有焦虑症状的成年人。主要用于疗效评估，不能用于诊断。

评分：采用1～4四级评分选择。①1分：很少有该项症状；②2分：有时有该项症状；③3分：大部分时间有该项症状；④4分：绝大部分时间有该项症状。项目5、9、13、17、19为反向评分题。由被试按量表说明进行自我评定，依次回答每个条目。

（二）他评量表

所谓他评量表是由评估者根据对被评估者的行为观察或访谈所进行的量化进行评估。一般对使用者的专科知识及量表使用经验等要求较高。他评量表方式在情绪和外显行为定量评估中广泛应用，如汉密尔顿抑郁量表（Hamilton depression scale，HAMD）等。

（廖 媚 龙 建）

思 考 题

1. 如何选择及实施心理测验？
2. 标准化心理测验应具备什么基本特征？
3. 如何看待心理测验的结果？

第九章

心 理 干 预

> **案例 9-1**
> 王先生，35 岁，某建筑公司工头，长期以来饱受肠胃问题困扰，可是内科门诊的检查却找不出相应的器质性病变，主治医生认为是情绪原因引起的，因此被转介来心理咨询中心。在与咨询师谈话过程中说到与妻子吵架时会胃痛，并称结了婚的人都会吵架，他（对咨询师）没什么好说的。
> 问题：如果你是咨询师，应该怎么与来访者沟通？

第一节 心理干预的概念和性质

一、基本概念

心理干预（psychological intervention）是指在心理学理论指导下，有计划、分步骤对一定对象的心理活动、个性特征或行为问题施加影响，使之发生朝向预期目标变化的过程。心理干预的范围很广，方式也多种多样，一般认为心理干预的主要方法是心理治疗与心理咨询。

在临床工作中，以下几个概念都涉及一对一的心理工作，需要与之进行区分。

心理咨询（psychological counseling）又称咨询心理学，是临床心理学的一个分支，是心理咨询师运用心理咨询学的理论与方法，对来访者在心理适应方面出现问题并企求解决而提供心理帮助的过程。心理咨询强调，咨访双方是一种促进来访者学习和成长的特殊的人际关系过程，而不是简单地交朋友、给予安慰同情、进行思想教育或者帮助做出选择。

心理治疗（psychotherapy）是经过专业训练的心理治疗师通过建立具有治疗意义的特殊人际关系，运用心理治疗的有关理论、方法和技术，采用语言和非语言的方法，对来访者或患者进行心理帮助的过程。目的是促使来访者的心理、行为、社会关系及生理功能的积极变化，从而缓解和消除症状，促进其心理健康和人格发展。它有五个基本要素：心理治疗师、来访者、治疗理论和方法技术、治疗方式、治疗目标。

心理咨询与心理治疗的关系非常密切，都是心理干预的重要组成部分，但是它们在对象、时程、问题类型及工作目标方面都存在差异，具体如表 9-1 所示。

表 9-1 心理咨询与心理治疗的区别

项目	心理咨询	心理治疗
对象	面临心理困扰的正常人	已经形成的心理障碍、心理疾病甚至是身心疾病的患者
时间	相对次数少，一般 1~6 次	相对次数多，从十余次至数百次不等
问题类型	人际关系、就业、婚姻等一般心理问题	人格障碍、行为障碍、心身疾病、性变态等
目标	强调教育和发展	强调人格的改造和行为的矫正

心理咨询侧重于对来访者的理解、启发和教育，侧重支持性指导，而心理治疗则更贴近生物-心理-社会医疗模式，侧重于分析与矫正，消除症状，重建人格。

我国老一辈医学心理学家提出"医学心理治疗"，面对的对象是患者或者寻求医学帮助的人，着重处理医学领域的心理问题。因此，医学心理治疗是医学实践的重要组成部分，它贯彻并体现了生物-心理-社会的医学模式在临床实践中的应用。参加医学心理治疗工作的专业人员，除需要具备专业化医学知识和技能外，还需要具有相应的心理学、心理治疗学及社会学知识，才能承担起医学心理治疗的任务。

二、基 本 要 素

心理治疗的对象主要是那些已经发生了心理障碍的患者，与精神药物治疗的目的一样，心理治疗的目标是帮助缓解或者消除来访者的问题或障碍，促进其人格向健康和平衡的方向发展，所不同的是，心理治疗的主要工具不是药物而是语言。因此心理治疗应包括以下基本要素：

（一）心理治疗专业人员

心理治疗专业人员必须经过正规系统的培训，掌握了一定的专业理论和技能，具有医学背景和医疗机构工作经验，通过国家卫生部相关标准认证的心理治疗师。心理治疗活动应当在医疗机构内开展。专门从事心理治疗的人员不得从事精神障碍的诊断，不得为精神障碍患者开具处方或者提供外科治疗。心理治疗的技术规范由国务院卫生行政部门制定。

（二）规范的心理治疗程序

规范的心理治疗程序是指心理治疗专业人员对来访者进行帮助过程的具体安排要求，它包括专门的工作场所，预约及分诊制度，签订治疗协议，双方明确的治疗次数、付费方式、治疗师与来访者的权利义务等。与临床其他治疗手段运用一样，治疗师需要向来访者解释心理治疗的过程及基本原理，并告知相应风险及后果，来访者有权利对治疗方式进行选择。而且，对于来访者而言，了解心理治疗的规范程序有利于建立对治疗师的信任，并充分发挥心理治疗的积极作用。

（三）心理治疗中的咨访关系

心理治疗中的咨访关系是心理治疗过程中的一种特殊的人际关系。心理治疗师与来访者之间为了达到共同的治疗目的，建立的一种密切、亲近、信任的特殊人际关系，是心理治疗能顺利进行的首要保证。从某种程度来说，心理治疗中的这种特殊人际关系，对治疗效果的影响大于治疗技术本身。因此心理治疗师必须具备温暖、尊重、共情、善于理解等人格特点，才能有利于这种人际关系的建立与深入发展。

（四）心理治疗中的科学理论与技术基础

心理治疗是一类技术性很强的治疗方法，因此，心理治疗必须建立在科学的心理学理论与技术的基础上。心理治疗不是仅仅依赖常识和经验对来访者进行劝告和引导，而是要以科学的心理学理论作为指导，以规范的治疗程序作为指南，激发来访者的求助动机，通过治疗师与来访者的信任及亲密合作，才能达到来访者的目标，完成系统的治疗过程。

三、适用范围

心理治疗的临床应用范围主要包括以下几个方面。

(一) 综合医院临床各科的心理问题

1. 急性疾病患者 此类患者起病急,而且病情往往比较严重,多数存在严重的焦虑、抑郁的情绪,或者出现急性应激的心理反应。如果此时进行心理治疗,以缓解情绪为主要目标,可以采用支持性心理治疗或放松治疗。

2. 慢性疾病患者 此类患者的病程一般较长,病情迁延反复,由于无法全面康复,以及长期患者角色的影响,他们往往存在较多的心理问题,因而进一步影响了机体的康复过程,此时对他们进行心理治疗往往有很大帮助。

3. 心身疾病患者 此类患者在发病过程中,有明显的心理社会因素参与,心理治疗是必不可少的。一般要完成两方面的工作,首先是针对致病的心理因素进行工作,帮助患者消除或缓解心理应激反应,减轻疾病症状,缓解病程,促进康复,如通过支持性治疗,缓解胃溃疡患者的紧张情绪。其次是针对疾病的病理生理过程,采取心理矫正措施,如对瘫痪患者进行行为康复训练。

(二) 精神心理科及相关患者

精神心理科及相关患者,是心理治疗在临床工作中,最早运用和最广泛运用的患者群体。最常见的是各类神经症障碍患者,如焦虑症、强迫症、恐怖症、疑病症等,各类心理治疗手段都可以应用。此外,重性精神疾病患者在临床康复阶段时,如精神分裂症、双相情绪情感障碍患者,也可以采用心理治疗的方法帮助他们提高社会适应能力。

(三) 各类行为问题

心理治疗被广泛用于矫正各类不良行为,包括饮食障碍、肥胖、酒精成瘾、儿童行为障碍和性心理行为障碍等,常用的方法主要是采用行为治疗流派的认知行为治疗、正强化治疗、催眠治疗等。

(四) 社会适应问题

正常人在日常生活中也会偶尔遇到难以应对的心理社会压力,导致出现适应困难,包括出现抑郁、焦虑、愤怒、自责、退缩或失眠等心理行为问题及躯体症状,对此,可以采取适合的心理治疗手段,帮助来访者发展出更好的应对能力,消除压力引发的不良影响。

四、治疗原则

心理治疗是一种特殊的临床治疗手段,要达到理想的心理治疗目标,必须遵循以下心理治疗原则。

(一) 良好的医患关系原则

良好的医患关系原则,也称为信赖原则,是心理治疗的重要条件。来访者对治疗师必须有信任感,才有机会接受治疗师的影响。因此,治疗师需要表现出真诚、无条件积极关注和共情等咨询素质,与来访者建立彼此接纳、相互信任的工作联盟,以确保咨询或治疗顺利进行。

信赖原则具体表现为，治疗之初，治疗师要以实诚的态度，让来访者充分了解心理治疗的原理、程序、方法、要求、费用等信息，还要对来访者说明心理治疗产生的正面影响与负面影响，并充分尊重来访者的选择。对超出治疗师能力和范围的患者，治疗师应负责任地将其转介给更合适的治疗师。在转介时，治疗师应该向来访者诚恳地说明理由，并向接转者如实介绍所转介的来访者的情况并提供相关的资料。

（二）保密原则

这是心理治疗最重要的伦理原则。每位临床心理工作者，都有责任保护来访者的隐私权。由于心理治疗的特殊性，加上来访者对治疗师的高度信任，来访者常常把自己从不被人所知的隐私暴露出来，这些隐私可能涉及个人在社会中的名誉和前途，或牵扯到与其他人的矛盾和冲突，若得不到保护和尊重，会造成恶劣影响。

治疗师只有在得到来访者知情和同意的情况下，才能对咨询过程进行录音、录像、演示或在专业书刊上发表来访者的案例。来访者的所有资料都应在严格保密的情况下进行规范保存。即使需要对案例进行学习和讨论，治疗师也必须隐去那些可辨认出来访者的信息。

（三）中立原则

治疗师应公正对待所有来访者，提供不带偏见的帮助，尊重来访者的价值观念，对谈话中涉及的道德问题保持中立，不作评判。心理治疗的最终目的是帮助来访者实现自我成长及人格完善，在此过程中，治疗师不能替来访者做出任何选择或决定。

（四）整体性原则

在心理治疗中，治疗师要有整体观念，来访者的任何一种心理和行为都不是孤立的，而是和身心活动联系在一起。因此，治疗师应全面了解来访者的各种信息后，再进行诊断，不仅要考虑来访者的机体水平，还要联系来访者的成长经历，理解他的心理状态，在诊断和制订治疗计划过程中，尽可能全面考察来访者的求助问题。

特别是那些患有精神疾病的来访者，治疗师在排除器质性疾病基础上，结合药物治疗的效果，心理治疗才能发挥更显著的效果。临床上曾发生过由于心理治疗师缺乏整体治疗意识，只进行心理治疗而忽略药物治疗，导致严重抑郁症患者跳楼自杀的案例。

（五）个性化原则

临床上有很多种心理咨询和治疗方法，治疗师应根据来访者存在的问题，治疗师本身擅长的方法、设备条件等，有选择性地为来访者制订个性化咨询或治疗方案，并且根据来访者身心变化过程和动态调整方案。

（六）来访者主动自愿原则

治疗师要严格遵守《精神卫生法》明确规定"自愿治疗"原则，不得以任何方式强迫来访者接受心理治疗。作为来访者有权利知道心理咨询或治疗服务的理论取向、基本原理、基本过程和服务收费，治疗师不能接受来访者额外提供的，除治疗费以外的物品和金钱，不能发生治疗以外的关系。来访者没有治疗意愿或想中止治疗时，治疗师应尊重来访者决定，必要时让来访者决定是否需要转介。治疗师要考虑来访者的最佳利益，不能替来访者作重大决定。

(七)其他原则

1. 心理治疗过程中应以辩证唯物主义的观点为指导 既要承认求助者的生物属性,又要关注求助者的社会属性。不仅要治疗求助者心身的障碍,还要帮助求助者发展社会功能,改善其与家庭及社会的关系,使之适应环境的能力得到提升。

2. 心理治疗过程要遵循整合模式进行 心理治疗不可拘泥于某一学派的固定模式,僵化模仿,而应该根据不同个体、不同疾病和病程的不同发展阶段,灵活选择不同的治疗方法。实践证明,心理治疗并没有单一的最好的疗法。

3. 心理治疗必须充分调动来访者的积极性 与传统医学治疗手段不同,心理治疗主要依据谈话手段,因此,来访者的参与程度将显著影响他们如何接受治疗师的影响,只有来访者从思想上和感情上都参与到治疗过程中来,发挥主观能动作用,才能真正改变自身的疾病状态,对异常行为有意识地加以控制和调节,才能收到预期的效果。否则,来访者完全依赖治疗室改变自己的问题,是无法实现治疗目标的。

(陈 洁)

第二节 心理治疗的基本方法

心理治疗有各种各样的技术与方法,本节将介绍目前临床常用的心理治疗技术与方法。

一、精神分析疗法

案例 9-2

小汉斯是 5 岁男孩,父亲带他到弗洛伊德这里来的。这位父亲想要在汉斯恐惧马匹的问题上寻求帮助。考虑到他只有 5 岁,家住在一个忙碌的马车客栈旁边,再想到汉斯曾和马儿发生过不愉快的经历,他害怕它们并不令人吃惊。它们很大,并且很吓人。尤其是拉马车的马更令他惊恐,在很大程度上是因为他曾经看见过一匹(被强迫拉动满载着人的)马儿倒在他面前的街道上死掉。然而弗洛伊德认为小汉斯之所以怕马不仅是与创伤性死亡的马有关,更是因为马象征着父亲。据弗洛伊德的说法,小汉斯特别害怕黑鼻子的马,并且认为这和他父亲的胡子有联系。小汉斯也不喜欢戴着眼罩的马,弗洛伊德觉得这和他父亲的眼镜有关。小汉斯的俄狄浦斯情结(恋母情结),使他对父亲既爱又怕,小汉斯处在对母亲带有性意识的热恋中,并将父亲视作竞争对手,显然这时候父亲比他强大得多。他害怕自己想与母亲睡觉的乱伦念头被父亲察觉,被父亲处罚,正是因为这样的焦虑情绪,使他从害怕父亲延伸到了害怕马。

由于多数时候小汉斯的父亲是受弗洛伊德指导对小汉斯进行心理疏导,小汉斯被迫面对自己害怕的人,所以弗洛伊德认为他的病没有那么快好起来,在弗洛伊德与小汉斯的谈话过程中也印证了恋母情结的推论。最后小汉斯不仅正常长大,随访的时候也表示不记得当年弗洛伊德对他的推论。

问题: 什么是俄狄浦斯情结?

(一)概述

精神分析治疗是建立在精神分析理论上的心理治疗方法,这一方法以精神分析学派为代表。精神分析学派为奥地利精神病学家西格蒙特·弗洛伊德(S.Freud,1856—1939)所创立，这个学派把人的心理结构分为意识、前意识和潜意识（无意识）三个层次，认为人类个体常常由无法意识到的因素决定或者影响着他们的情感和行为。这些无意识因素可能是造成他们痛苦与不幸的来源，这些痛苦可能表现为我们可以看到的症状，也可以表现为困扰自己的人格特点，或者表现为工作、人际、亲密关系上的困难，情绪的不稳定及自尊的受损。由于这些因素都是无意识的，家人朋友的忠告、阅读自助心理书籍甚至依靠再坚强的意志力也无法缓解这些痛苦。

精神分析治疗强调潜意识中早年的心理冲突在神经症的发病过程中起着重要作用。治疗的原理是根据精神动力学的观点，存在于潜意识中的早年心理冲突在一定条件下可转化为多种精神症状和躯体症状（心身症状），通过精神分析治疗（psychoanalytic psychotherapy）的方法和技术，帮助来访者将早年压抑在潜意识中的心理冲突挖掘出来，在意识层面加以分析与澄清，从而使来访者重新认识，并改变原有的心理行为模式，达到消除症状的目的。所以精神分析治疗是聚焦于对来访者的无意识心理过程进行分析，探讨这些无意识因素是如何影响来访者目前的关系、行为模式和心理状态的。

精神分析治疗过程：开始接受治疗的来访者在安静的环境里，斜躺在舒适的沙发椅上，将身体放松，自由随意地联想、回忆。治疗师在来访者的侧边，时刻观察来访者的表情变化。医生在这个过程中以倾听为主，偶尔提些问题或作必要的解释，当患者无话可谈时，医生适当地引导来访者继续下去，直到治疗时间结束。治疗深入这一阶段以移情和阻抗出现为特点，心理治疗师要耐心地听来访者的故事，和来访者一起走进他的无意识世界，把握来访者体验和感受，识别阻抗及其意义。观察和体验来自来访者的移情反应，对来访者的移情采取接纳、共情的态度，从大量的自由联想和梦的分析中形成精神分析的诊断。治疗结束通过上述的步骤，进一步对移情进行修通和解释，正确处理移情及把握解释的技巧和时机十分重要。使来访者能从现实的态度，接受自己的过去和现在，重新认识自己，恢复安全感，消除症状，完善人格（图9-1）。

图9-1 精神分析治疗情景

（二）精神分析疗法的基本技术

1. 自由联想（free association） 是弗洛伊德1895年创造的精神分析的基本技术，治疗室的情景是让来访者舒适地躺着，治疗师要求来访者不加掩饰地把自己想到的（进入头脑中的）一切都讲出来，包括童年回忆、随想、家庭、工作、对事物的态度、个人成就、困扰、思绪和感受等，甚至自认为荒谬或奇怪的想法。在弗洛伊德看来，浮现在脑海中的任何东西都不是无缘无故的，都是有一定因果关系的，借此可发掘出无意识之中的症结所在。自由联想需要患者放松自己对思考流程习惯性的控制，说出脑中的想法，治疗师从其谈话中分析其心理意义，从而揭示其潜意识冲突，自由联想可以把潜意识中存在的心理冲突带入意识领域，使来访者对此有所领悟，从而重新创建现实的、健康的心理，自由联想是来访者和治疗师沟通的主要模式，几乎贯穿于精神分析全过程。

2. 阻抗（resistance） 在自由联想过程中，来访者无意识的压抑或抵抗某些思想或情感，不让其进入意识层，因为他们害怕这些内容会带来威胁和屈辱。这种潜意识的冲突，以行为而不是以语言的形式表现出来。阻抗的表现形式多样，可以表现为谈到关键问题时所表现出来的联想困难，可以是迟到、早退、失约，减少治疗时间；可以是限制谈话的范围，回避或拒绝某些话题；将治疗和现实隔离开，否认或减少治疗对生活的影响，突然中止谈话，或顾左右而言他、反复陈述一件事情，甚至不配合治疗、动作化、突然离开、冲动行为等。阻抗在本质上来自于来访者内部不愿将压抑在潜意识中的素材，带有意识层的力量，阻抗是有意义的，治疗师必须在整体治疗过程中不断辨认、揭示和分析阻抗，帮助来访者得以克服。

3. 移情（transference） 是指来访者把早年生活经历中的重要人际关系带到治疗过程中，把其对早年人物的情绪转移到治疗师身上，从而对治疗师产生强烈的情绪反应。由于做精神分析治疗所用的时间很长，在治疗过程中，来访者可能将治疗师看成过去与其心理冲突有关的某一人物，将自己的情感活动转移到治疗师身上，从而有机会重新"经历"往日的情感。移情可以表现为来访者把对自己的重要关系中的人物，如父母、亲人等的感情转移到治疗者身上，即把他当成自己的父母、亲人等，这样治疗师可能成为来访者喜欢的对象，这种移情是正性的、友爱的，称为正移情（positive transference）；有的来访者把自己讨厌的人物情感转移到治疗者身上，治疗师可能成为来访者憎恨的对象，从而对治疗师产生负性的、敌对的感情，称为负移情（negative transference）。需要注意的是移情不是对治疗师的真实感情，而是来访者过去对其他人情感的重现，在治疗中来访者把治疗师当作自己生活中的主要人物，把对别人的情感发泄到治疗师身上。移情是精神分析治疗中很重要的内容，具有重要的价值，移情是患者无意识阻抗的一种特殊形式。治疗者通过移情可以了解到来访者对其亲人或他人的情绪反应，了解来访者心理上某些本质问题，引导来访者讲述出痛苦的经历，提示移情的意义，使移情成为治疗的动力。

4. 释梦（dream analysis） 精神分析学派认为梦是潜意识冲突或欲望的象征，梦是愿望的达成，是一种受到压抑的愿望经过改装的达成，所以对梦的分析是探寻无意识领域的重要手段。梦分为显性的梦和隐性的梦，睡眠时自我的控制减弱，无意识中的欲望乘机向外表现。但因精神仍处于一定的自我防御状态，所以这些欲望必须通过化妆变形才可进入意识成为梦象，因此梦是有意义的心理现象，梦是人愿望的迂回的满足。梦的工作通过凝缩、置换、视像化和再修饰才把原本杂乱无章的东西加工整合为梦境，这就是梦者能回忆起来的显梦。隐梦是显梦背后的意义，隐梦的思想，梦者是不知道的，要经过精神分析家的分析和解释才能了解。对梦的解释和分析就是要把显梦的重重化妆层层揭开，由显相寻求其隐义。为了得到梦的潜隐内容，治疗者仍需采用自由联想技术，要求来访者对其梦中内容进行自由联想。通过联想，治疗者分析了解梦的外显内容之下的内隐内容以获得梦的真实意义,并对梦的内容的象征进行诠释,有助于来访者进一步了解自己的无意识内容。

5. 解释(interpretation) 是一种解释性的说明,治疗师将来访者的感受、想法和行为,与其无意识意义或者根源连接起来。重点往往在移情、来访者过往及当下的处境,或者是来访者的阻抗或幻想等方面。一般而言,只有在无意识题材将浮现在意识层面,且因此得以被来访者察觉时,治疗师才会给予解释。通过对来访者所说的话的无意识含义进行解释或引导,使无意识的冲突上升到意识层面加以理解,用来访者可以接受和理解的语言让他识别其心理症结所在,认识自己及与他人的关系,使无意识的内容暴露出来,从而达到治疗疾病的目的。

(三) 适应证

精神分析通过自由联想、阻抗、移情、释梦和解释等技术,找到来访者习惯用的防御行为,通过治疗师对现象行为的解释,帮助来访者理解他的潜意识冲突,来访者可以获得机会宣泄自己的情绪及面对他长期不敢面对的不安,消除由于性冲动积累所造成的焦虑,放弃效率不高又妨碍适应的防御行为,发展建立成熟的人格,因此,来访者至少要有"转变"的条件,即其自我功能相对的完整。精神分析的适应证一般包括各种神经症、心境障碍、心身疾病及某些人格障碍等。精神分析的目的在于使患者的人格趋向成熟。

二、行 为 疗 法

> **案例 9-3**
> 小王,17 岁,有一天回到家中看见姐姐的将黑丝袜放在沙发上就去洗澡了,他脑海中闪过之前网络上看过的图片,小心翼翼将黑丝袜拿在手中把玩,然后带回房间将丝袜套在腿上开始手淫,并且感到非常兴奋。此后虽然他也觉得手淫很羞耻,但是控制不住自己,开始只是藏家里的黑丝袜,后来慢慢变成偷别人家的丝袜进行手淫。被家长发现后带来心理治疗室。治疗师安抚了小王的情绪,在黑丝袜上套一个橡皮圈,当手淫的时候就拉起橡皮圈弹一下,于是大腿会感到疼痛,手淫的快感也渐渐消失。经过几次训练,小王的症状消失了。
> 问题:橡皮圈为什么能有治疗作用?

(一) 概念

行为治疗(behavior therapy)是指以行为学习理论为依据的一组心理治疗方法。行为学习理论认为人的正常或异常行为(包括外显的不良行为和异常的心理和躯体反应)是学习的结果,因此,行为治疗通过一种新的学习过程,或通过改变或消除原有的学习过程来对异常行为加以矫正。

(二) 基本方法

1. 系统脱敏法(systematic desensitization) 由南非精神病学沃尔普(Wolpe)于20世纪50年代创立和发展起来的一种重要的行为治疗方法,由交互抑制发展起来的一种心理治疗法,所以又称交互抑制法。系统脱敏法的原理,首先在于建立与不良行为反应相对抗的松弛条件反射;当来访者面前出现焦虑和恐惧刺激的同时,施加与焦虑和恐惧相对立的松弛刺激,从而使来访者逐渐消除焦虑与恐惧,不再对有害的刺激发生敏感而产生病理性反应。最后使不良行为在与引起这种行为的条件刺激接触中逐渐消退(脱敏),最终使不良行为得到矫正。系统脱敏法主要用于治疗各种恐怖症，也适应于其他以焦虑为主的行为障碍，用于治疗医学中的情景性焦虑或躯体症状，还用于矫正某些工作、学习、生活环境下的紧张或恐惧反应，如特定工作环境所引起的头痛、比赛时的现场紧张、考试焦虑等。

系统脱敏法的主要建立在经典条件反射和操作条件反射的基础上，它的治疗原理是对抗条件反射，如恐怖症是由外界刺激而引起的情绪紧张，这种刺激与紧张情绪形成条件反射，因而患者一想到这种刺激情境就会产生焦虑。所以沃尔普认为去除焦虑的积极方法就是解除恐怖对象、消除焦虑：当引起焦虑的刺激存在时，造成一个与焦虑不相符的反应，则能引起焦虑的部分或者全部抑制，从而削弱刺激与焦虑之间的联系。也就是采用放松的方式，鼓励患者逐渐接近所恐惧的事物，直到消除对该刺激的恐惧感。

系统脱敏法的三个步骤。

（1）学会放松训练：放松训练是系统脱敏法的重点之一，是行为疗法中使用最广泛的技术之一，既能单独使用，也可以结合到系统脱敏中使用，以克服焦虑症状，帮助患者学会放松，产生与焦虑相反的生理和心理效果。

（2）建立恐怖或焦虑的等级层次：与患者一起讨论，将引起患者不良行为反应（如焦虑、恐惧）的情景刺激作详细的等级划分，并由弱到强按顺序排列成"阶梯"性焦虑恐惧等级层次表。

（3）脱敏训练：逐步按等级顺序从弱到强进行脱敏训练，首先让患者想象或现实接触最低等级当中的情景并自我放松。当患者经过反复训练已经不再出现焦虑，或者焦虑程度大大降低时，就可进入下一等级，同样进行松弛训练。每一场景一般需要重复多次并可以在失败时重新进行。

2. 满灌疗法（flooding therapy） 也称暴露疗法，是一种骤进型的行为疗法，它与系统脱敏疗法正好相反。满灌疗法不需要进行任何放松训练，在一定心理辅导的基础上，一下子呈现最强烈的恐怖、焦虑刺激（冲击），或一下子呈现大量的恐怖、焦虑刺激（满灌），以迅速校正患者对恐怖、焦虑刺激的错误认识，并消除由这种刺激引发的习惯性恐怖、焦虑反应。故也称为冲击疗法。

满灌疗法的原理：恐惧行为是一种条件反应。某一事物或情境在一个人身上所引起的恐惧体验会激发他产生逃避行为，无论此事物或情境是否真的构成对他的威胁。这种逃避行为会导致恐惧体验增强，从而起着负性强化作用，反过来增强其逃避行为。因此让患者面对恐惧的刺激，使其认识到灾难性后果都是自己想出来的。

治疗开始前告诉患者，这里有各种急救设备，医护人员皆在身旁，绝对保证他的生命安全。治疗一开始就让患者进入最使他恐惧的情境中。一般采用想象的方式，鼓励患者想象最使他恐惧的场面，或者心理医生在旁边反复地甚至不厌其烦地讲述他最感害怕的情景中的细节，或者用录像、幻灯放映最使患者恐惧的情景，以加深患者的焦虑程度，同时不允许患者采取堵耳朵、闭眼睛、哭喊等逃避措施。通过立即想象、聆听或观看使他最害怕的情景，在反复的恐惧刺激下，即使患者因焦虑紧张而出现心跳加剧、呼吸困难、面色发白、四肢冰冷等自主神经系统反应，但患者最担心的可怕灾难并没有发生，其焦虑反应就会相应地消退。还可以采用直接把患者带入他最害怕的情境，经过重新实际体验，让其觉得也没有什么了不起，慢慢减轻恐惧。

3. 正强化法 根据操作条件反射理论，如果在行为之后得到奖赏，这种行为在同样的条件下就会持续出现，即正强化。通过正强化过程可以塑造新的、适应性的行为模式，从而矫正原有的不良行为。正强化法（positive reinforcement procedures）主要用于建立良好的行为模式，以矫正某些社会行为障碍，如孤独症、慢性精神病人社会适应问题、某些慢性躯体疾病患者的习惯性病卧等。

正强化法的步骤：

（1）选择和确定目标行为：一种不良行为往往涉及多方面的不良行为要素，必须通过分析确定其中的主要不良行为要素，作为要矫正的目标行为。

（2）测量目标行为：量化目标行为，作为疗效评定的指标。

（3）选择强化物：可使用"代币"，如小红旗、筹码、代用券等在团体内被接受的替代奖品。

（4）强化训练：首先针对目标行为，逐渐进行良好行为的强化训练。最初出现目标行为小的改进之后应立即给予强化。

4. 厌恶疗法 又称对抗性反射疗法，是应用具有惩罚的厌恶刺激，来矫正和消除某些适应不良行为的方法。厌恶疗法的基本原理是利用回避学习的原理，根据操作条件反射的惩罚原理，一个行为发生后若带来一种消极刺激，则该行为会减少直至消失。因此，如果当一种不良行为出现时立即给予一定的消极刺激，经过长期结合训练，这种行为可被矫正。厌恶疗法把需要戒除的目标行为与不愉快的或者惩罚性的刺激结合起来，如把令人厌恶的刺激（电击、催吐、疼痛、想象等）与求治者的不良行为相结合，形成一种新的厌恶性条件反射，以消退目标行为对患者的吸引力，使症状消退，达到治疗不良行为的目的。

操作步骤：

（1）确定靶症状：厌恶疗法具有极强的针对性，必须首先确定打算弃除的是什么行为，即确定靶症状。需要注意的是求助者或许有不止一种不良行为或习惯，但是只能选择一个最主要的或是求助者迫切要求弃除的不良行为作为靶症状。

（2）选用厌恶刺激：厌恶刺激必须是强烈的。通过刺激确能使求治者产生痛苦或厌恶反应，因为不适行为常常可以给求助者带来某种满足和快意，如窥阴后的快感、饮酒后的惬意、吸毒后飘飘欲仙的体验。这些满足和快意不断地强化着这些不适行为。厌恶刺激必须强烈到足够的强度，使其产生的不快要远远压倒原有的种种快感，才有可能取而代之，从而削弱和消除不良行为。常用的厌恶刺激有电刺激、药刺激、橡皮圈刺激和想象刺激。

（3）把握时机进行治疗：要想尽快地形成条件反射，必须将厌恶体验与不适行为紧密联系起来。厌恶体验与不良行为应该是同步的。但不是每种刺激都能立即产生厌恶体验的，时间要控制准确。

5. 生物反馈疗法 生物反馈是利用现代生理科学仪器（图9-2），将体内的生理或病理生物电信息，转换为可见的视觉、听觉信息，并反馈给人自身，使人在经过特殊训练后，进行有意识的"意念"控制和心理训练，从而消除病理过程、恢复身心健康的心理治疗方法。具体来说就是人借助仪器，将自身在一般情况下不能被感知的生（病）理的微弱信息变化，用现代电子仪器予以描记，转变为可以感知的声、光等信号反馈给个体，使患者根据反馈信号，学习调节自己体内不随意的内脏功能及其他躯体功能，达到防治心身疾病的目的。

生物反馈法的运用一般包括两方面的内容：一是让来访者学习放松训练；二通过生物

反馈仪，使其了解并掌握自己身体内生理功能改变的信息，对于因焦虑紧张引起的生理变化，进行放松训练，如果放松有效，体内生理变化通过可感知的生物信号变化反馈给来访者，让其明了放松可以解除影响正常生理活动或病理过程的紧张状态，以恢复正常的生理功能，所以生物反馈疗法主要依靠自我训练来控制体内功能。让人们能够有意识地控制自己的心理活动，以达到调整机体功能、防病治病的目的。生物反馈的种类主要有脑电反馈、肌电反馈、皮肤电反馈、心率反馈、血压反馈等。

生物反馈作为一种心理生理的自我协调技术，已得到广泛的应用，这种疗法对多种与心理社会应激有关的心身疾病都有比较好的疗效，如高血压、紧张性头痛、支气管哮喘及焦虑症、神经症、失眠、腰背痛等。

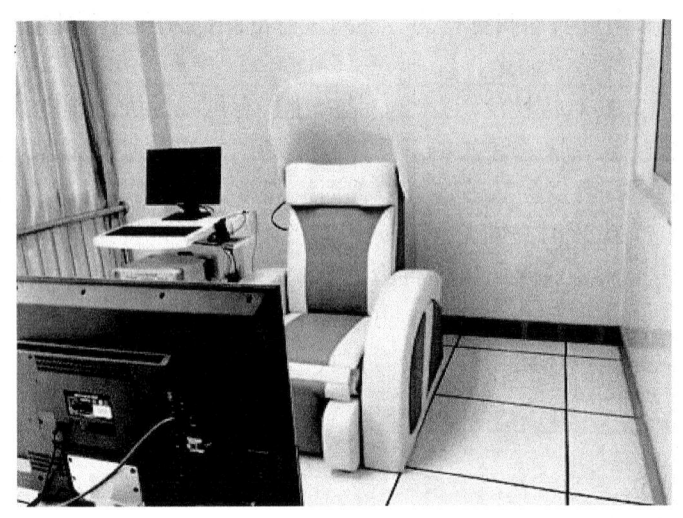

图 9-2　智能生物反馈治疗仪

三、以人为中心疗法

> **案例 9-4**
>
> 　　有一个刚从监狱出来的少年犯来到心理咨询室，当然，并不是他自己想来的，他来后坐在椅子上沉默了 20 分钟。这时，咨询师说了一句话："你，感到很委屈吧？"少年："哈哈哈哈哈……"笑了，又沉默了剩下的 20 分钟。因为到了咨询结束的时间了，咨询师和少年道了别。
>
> 　　过了一段时间，少年的母亲专门前来向咨询师道谢："不知道您说了些什么好话，我的儿子就变好了……"为什么如此简单的咨询就能使少年改变呢？
>
> 　　**问题：** 上述案例中体现了咨询师什么样的咨询态度？

（一）概况

以人为中心疗法是人本主义心理治疗的主要流派之一，由美国心理学家卡尔·罗杰斯（C.R. Rogers）创立。

以人为中心疗法的治疗观与罗杰斯的人本主义心理学思想紧密相连。罗杰斯认为人基本上是生活在自己的主观世界中的，人有一种与生俱来的自我成长倾向。在适宜的环境下，人具有积极的成长的潜能，能自我探索，发现自己自我概念中的问题，有能力指导、调整和控制自己。他认为个体的心理问题是因为成长受阻造成的。在个体成长过程中，由于他人（如父母）对个体施加了种种价值条件，导致自我概念与自我经验不一致，迫使其歪曲了自我的真实感觉，行为和真实的情感之间日趋分离，焦虑、抑郁等问题就此发生，自我的需要未能实现，自我成长受到阻碍，成长过程也就停止。

理论的基本假设是人在本质上是可信赖的，人具有了解及解决自己困扰的极大潜能；只要能投入咨询关系中，人们就能朝向自我引导的方向成长。如果给来访者提供一种最佳的心理环境或心理氛围，他们就会动员自身的大量资源去进行自我理解，改变他们对自我和对他人的看法，产生自我指导行为，并最终达到心理健康的水平。

因此，治疗要以来访者为中心，创造一个使来访者自我发现、自我成长的环境和氛围，向来访者提供重新开始成长的机会和自由表达的空间，帮助来访者认识、理解、正视自己真实的情绪和需求，启发其潜能的释放，使之从否定自己的情绪或需求的状态转而接受自己，并依靠自身的成长、成熟战胜不良的情绪、行为。罗杰斯认为，心理治疗是一种过程而不是一套技术，只要治疗师营造一个真诚、积极关注和共情的氛围，形成来访者产生变化的"必要条件和充分条件"，就能使其认识、理解自己的问题并开始自我成长和改变。

罗杰斯认为来访者生积极的变化，需要注意以下五点。

1. 面对一个问题 首先是来访者遇到了他视之为严重而又有意义的问题情景。

2. 真诚透明 如果咨询要真正开始，那么处于咨询关系中的咨询师必须成为一个统一整合的即真诚透明的人。"真诚透明"（congruence）这个词用来表示意识与经验的准确匹配。

3. 无条件积极关注 这意味着要把来访者作为一个独立自主的人予以接纳和关注，允许他拥有自己的情感和体验，并允许他从中发现属于他自己的意义。在罗杰斯看来，我们之所以尊重地帮助来访者，是因为相信来访者具有成长的潜力，相信他们具有自我指导的能力，支持他们去发展自己的潜力，支持他们发展其独特的自我。因此，在治疗的每一刻，治疗师都有乐于接受来访者可能出现的各种各样的情感。

4. 共情理解 感受来访者的私人世界就好像感受你自己的世界，但这绝没失去"好像"这一特点——这就是共情，这对咨询来说似乎是基本的条件。治疗师应设身处地为来访者考虑，不仅能感受到来访者的情绪，并能将这种情绪转换成深层的情感表现出来，让来访者注意到。

5. 来访者应能体验到或感受到咨询师的真诚透明、接纳与共情。

（二）治疗方法

1. 真诚 在治疗过程中没有虚假的表达，治疗师始终如一，并让来访者知道，对自己不加以伪装，以"真正的我"出现，真诚、真实、真情、不伪装、不掩饰自己的不足，外在的表达和内部的经验完全一致。

2. 无条件的积极关注 对来访者的任何行为和情绪，治疗师都应当给予无条件积极关注，不作评价、无条件地接纳，要求咨询师能在来访者身上及时发现问题，"障碍"背后的积极面，并且通过自己的语言、表情把来访者积极的因素反映出来，给来访者一种尊重、安全、自由的氛围，促进和鼓励来访者的自我表达和自我探索。

3. 共情 治疗师对来访者的各种体验要能够做到感同身受，并且能够恰当地将自己的这种感受准确地反馈给来访者，让来访者感到被理解、被接纳，愿意深入地探讨自己的问题。这同时也有利于来访者了解自我的真实情感,更深入地剖析自我,从而能够触及真正的自我。

以上三种技术都是围绕着与来访者建立开放、信任的相互关系而进行的,目的是帮助来访者达到自我了解和促进自我成长。

在案例 9-4 中,咨询师对于少年的情绪、需要等有充分的理解,同时也表达了对他的尊重,敏锐地把握了少年此时此刻的感受,将焦点放在少年的现实内容上。因此少年可能会想到"原来世界上还有人可以理解我的心情,原来世界上还有好人的",这次简单的咨询便成为他改变自己的一个契机了。

(三)适应证

以人为中心疗法主要针对正常人群或轻度心理障碍患者的普通心理咨询,如人际关系问题、个人成长发展问题、社会适应不良、某些神经症患者。实际上,人本主义思想又贯穿了各个流派的治疗过程,共情、真诚、无条件积极接纳,都是心理治疗的基本技能。

以人为中心疗法相信来访者具有自我指导能力和自我负责能力,只要治疗师怀有这样的信念去对待来访者,这种氛围就会创造一种推动的力量,推动来访者发生改变。以人为本中心疗法特别强调治疗师本人的人格和态度的作用,而不是方法技巧的作用。

四、认 知 疗 法

> **案例 9-5**
> 某男生,23 岁,大学四年级学生。一个多月以来一直焦虑、烦恼、入睡困难,经常做噩梦。自诉:我就要毕业了,去了几家单位应聘都未被录取。为什么我不被录用,因为不是名牌大学的学生,不是名牌大学的学生就被人看成垃圾学校的学生。我现在心情很不好,找不到工作,这四年大学白念了!
> 问题:面对该来访者,咨询师可以用什么方法进行心理治疗?

(一)概况

认知治疗(cognitive therapy),是 20 世纪 70 年代发展起来的一种心理治疗技术,是以改变患者对事物的认识为主要目标的一类心理治疗的总称,认知治疗的基本观点强调认知过程是心理行为的决定因素,认为情绪和行为的产生依赖于个体对环境与事件的认知和评价,如果个体的认知存在不合理信念,就会导致不适应行为和不良情绪。认知治疗就是通过认知过程的矫正,从而纠正个体不适应行为和不良情绪的治疗技术。

理性情绪疗法(rational-emotive therapy,RET)是 20 世纪 50 年代由艾利斯创立的。该疗法旨在通过理性分析和逻辑思辨的途径,改变造成治疗者情绪困扰的非理性观念,以帮助他解决情绪和行为问题。艾利斯认为,人们把童年时期习得的不现实和非逻辑的准则、价值观及生活中的创伤事件"创造性"地加工成教条式的、严格的"必须"和"应该",这是造成他们情绪困扰的主要原因。因此,理性情绪疗法以绝对化的"必须"为线索,帮助他们寻找并识别关键问题,对其质疑,与其辩论,使来访者最终放弃不合理信念,建立合理的、现实的信念体系和人生哲学。

(二)方法及适应证

理性情绪疗法的过程可以用 ABCDE 模式来表明:A(activating event),诱发性事件;

B（belief），由 A 引起的信念（对 A 的评价、解释等）；C（consequence），情绪和行为的后果；D（disputing），对不合理的信念进行质疑和辩论；E（effect），通过治疗达到新的情绪及行为的治疗效果。常用的合理情绪治疗的方法主要有与不合理信念辩论、合理情绪想象、家庭作业及行动的方法等。

1. 与不合理信念辩论 艾利斯认为来访者从不把自己的症状与自己的思维、信念联系，因此治疗师要积极主动地、不断地向来访者发问，对其不合理信念提出挑战和质疑。提问方式有质疑式和夸张式两种。质疑式是治疗师直接向来访者的不合理信念发问，如"你怎么证明你的观点？"；夸张式的提问是针对来访者信念的不合理之处故意提一些夸张的问题，把对方不合理、不合逻辑、不现实之处以夸张的方式放大给来访者看。

在案例 9-5 中，事件（A）是快毕业了却找不到工作。信念（B）有两个：①不是名牌大学的学生，就会被人看成垃圾学校的学生，所以才找不到工作（绝对化）；②找不到工作大学四年就白念了（过分概括化）。行为结果（C）是焦虑、烦躁、入睡困难、做噩梦。

治疗：与不合理信念辩论（D）："是不是所有名牌大学的学生都能找到工作呢？所有的非名牌大学生就全部都找不到工作吗？""大学学的知识和技能除了对找工作有利外，除此一点用都没有了吗？""是不是非名牌大学都被人看成垃圾学校？你问过所有人了吗？"……

通过多次辩论治疗，该生的信念逐渐改变，焦虑、烦躁心理状况明显好转，睡眠状况明显改善。

2. 合理情绪想象 来访者的情绪困扰有时就是自己给自己传播不合理信念导致的，在头脑中夸张想象各种失败或不好的情境，从而产生不适应的情绪和行为反应。合理情绪想象技术就是运用想象技术，让来访者说出想到什么的时候就会使自己有情绪变化，此时强化新的合理信念，巩固新的信念，帮助来访者停止不合理信念传播的方法。

3. 家庭作业 是辩论与治疗时间以外的延伸，在完成作业的过程中，来访者可以与自己的不合理信念进行辩论，并通过自助量表和理性自我分析向治疗师报告。

理性情绪疗法适应证为抑郁症、焦虑症、恐怖症，特别是社交恐怖症。

五、其他疗法

（一）森田疗法

森田疗法是 20 世纪 20 年代由日本森田正马教授创立的治疗神经症（厌食症、强迫症、神经衰弱等）的一种心理治疗方法，这种方法超越了言语和理性，其独特的理论基础体现着东方特色的道家思想，治疗原理是"顺应自然、为所当为"，一方面要对症状采取顺其自然的态度，接受症状的存在，对症状及相伴随的苦恼焦虑情绪不抵抗、不压制、不回避；另一方面要进行正常的工作和学习活动，该做什么就做什么。森田疗法的主要特点是服从精神的自然状态，不问患者的过去，只重视目前的现实生活，对它不加以排除和压抑，这样就解除了精神交互作用，症状也因此减轻以至消失。森田疗法主要用于神经症的治疗，可采用门诊或住院的方式进行。例如，住院式的治疗要经过绝对卧床期、轻作业期、重作业期、恢复期。而门诊治疗可能会让来访者写日记描述每天的生活，治疗师进行生活指导，强调无论病情如何都要像健康人一样工作、学习。接受森田疗法的来访者顺应自然的工作一般比较原始，如种地。

(二) 暗示和催眠疗法

1. 暗示疗法

（1）概况：暗示疗法（suggestion therapy）是指治疗师有意识地使用暗示去影响或改变个体的行为，以消除或减轻疾病症状的方法。暗示是用含蓄、间接的方式使他人的心理、行为受到影响，心理暗示是指人接受外界或他人的愿望、观念、情绪、判断、态度影响的心理特点，一个人会在自己的意念支配下发生生理变化。暗示治疗是最古老的助人方法之一，宗教仪式、念咒语从某种意义上说也属于暗示治疗。因为它们通过情景氛围或言语让人们不加批判地接受它们所要传递的信息，从而对自己的观念、行为产生影响。许多研究表明，暗示的确可引起人的生理和心理变化，但暗示治疗对疾病产生治疗作用的机制尚不完全清楚。每个人都具有一定的可暗示性。受暗示性是人的心理特性，它是人在漫长的进化过程中，形成的一种无意识的自我保护能力和学习能力：当人处于陌生、危险的境地时，人会根据以往形成的经验，捕捉环境中的蛛丝马迹来迅速做出判断。人们接受暗示的能力有所不同，它取决于发出暗示和接受暗示双方各自的智力、体力、职业能力的条件：一是来访者对暗示的敏感性；二是治疗师的权威性。暗示的敏感性可因个体高级神经活动的特点和人格特征而异。治疗师的权威性则由于其知识、能力、地位等对来访者来说是天然的。暗示的敏感性和权威性是相互影响的，它们使暗示在人们不知不觉中产生作用。

合理运用暗示疗法对癔症、失眠、恐怖症、疑病症等都有显著疗效。治疗师的威望、对病情的了解、来访者角色的持续时间及暗示疗法的时机掌握等因素对暗示疗法的效果都有影响，掌握暗示疗法的适应证，并合理运用，可以减轻来访者不必要的痛苦和经济负担。

（2）方法：暗示治疗可利用的方法很多，有随意性暗示（"你可以"）和命令性暗示（"你必须"）；肯定暗示（"感觉良好"）和否定暗示（"不会头痛"）；直接暗示和间接暗示；言语暗示和非言语暗示等。暗示治疗既可在催眠状态进行，也可在觉醒状态进行。觉醒状态的暗示又可分为自我暗示和他人暗示。临床上多用言语暗示、操作暗示和药物暗示，然而不管采用什么暗示治疗，都要依据暗示心理原理实施。暗示治疗应注意以下几条原理。

1）建立和谐与合作的关系：这是暗示有效的重要前提。以温暖、理解、关心和尊重的方式与来访者相处会减弱防御并产生暗示所需的信任气氛。治疗师行为举止要自信，慎用"也许""可能""大概"等让来访者感觉你缺乏自信的词。

2）重复暗示：多次重复是暗示的经典原理。反复集中注意于一个目标或想法，它就趋于实现。

3）反作用定律：主要针对暗示产生的生理效应，指个人越是有意识地努力做某件事就越难获得成功。因此，暗示应强调想象而不是求助意志来引起治疗变化。

4）支配效应定律：强烈的情绪倾向往往比微弱的情绪有优先权。因此，把暗示与优势情绪相联系会更有效。治疗师通过讨论来访者期望的目标激发来访者接受暗示的动机，采用"苏格拉底法"诱导来访者形成心理上的接受定势或紧张和期望状态，将来访者产生强烈的情绪与暗示联系起来。

5）个体化原理：暗示治疗要考虑来访者的自我概念、人格、价值观、兴趣和爱好等因素，灵活运用暗示。例如，暗示时，把来访者的语言融入暗示中，让来访者感觉这些观念更相容、更适宜，产生深刻持久的印象。灵活运用表示完全接受患者所发生的一切，然后使用、替换并改造这些事情的重要性。例如，来访者以疲倦的方式打哈欠，治疗师可以说"你是否注意到,哈欠过后你的全身如何更放松?"

2. 催眠疗法

(1) 概况:催眠疗法(hypnosis therapy)是运用暗示的方法使来访者进入一种特殊的意识状态,控制来访者的心身活动,从而解除和治疗来访者心身问题的心理疗法。处于催眠状态的人暗示性会明显提高,此时,来访者与治疗师保持密切的感应关系,会不加批判地接受治疗师的暗示指令,从而达到治疗的目的。催眠是心理暗示的一种方法或技术。但是催眠和心理暗示有本质的区别:催眠必须让人完全失去显意识,也就是将潜意识暴露出来,这种技术只在心理医生那里才可以实现。

催眠疗法现在广泛地运用于医疗和心理治疗。实验室和临床研究证明它在控制疼痛、消除恐慌和改变不利健康的生活习惯等方面有不同凡响的疗效。催眠之所以能够成为一种治疗技术,总而言之:第一,催眠与自然睡眠一样,是大脑的保护性抑制,是神经系统得到休息并恢复其张力的一种重要方法。第二,催眠通过激活或关闭特定的脑区,大脑始终保持清醒,对整合信息进行筛选和解释,精神高度集中,注意力有高度选择性,使机体接受催眠师提供的信息,从而达到改变认知和消除疾病的目的。

(2) 方法及适应证:一般说,催眠疗效很大程度上取决于来访者的催眠感受性。催眠感受性是指接受者对催眠暗示性刺激量的敏感程度或者进入催眠状态的难易程度。容易进入催眠状态者,其催眠感受性强;反之则低。人们对于催眠的反应具有差异性,这种差异性是稳定的,属于人格特质的一部分。治疗师掌握接受者的催眠感受性和人格特质是催眠成功的主要秘诀,也只有在施术前了解影响催眠感受性的各种因素,才能因人施治。治疗师在会谈期与来访者建立良好的咨访关系,收集来访者的相关资料,分析来访者的心理问题是否适合催眠疗法,接着对来访者的感受性或受暗示性进行测试。暗示性测试的方法很多,例如:摆钟测试、前后倒测验、上臂悬浮法、躯体摇动法、手指勾扣法、合掌测验、嗅觉测验等,以及标准化测试方法,如斯坦福催眠感受性量表等。

催眠师了解被催眠者的催眠感受性后,按照标准的催眠指导语,引导被催眠者进入相应的催眠状态,催眠师使用预设的,具有针对性的指令,或以坚决、果断,或以温暖、关切的语气暗示被催眠者,帮助其解决或缓解心理问题或障碍。例如:你的脑海里反复出现的负面念头刹那间消失了,永远不会再浮现;淤积在你胸口的烦闷,会被"上帝的手"带走,永远的消失,不再困扰你。此刻,你感觉到非常舒适、非常愉快。经过催眠师的引导,被催眠者逐渐加深对自我内在的观察,按照指令"回溯或寻找催眠的议题",催眠师通过具体指导语引导被催眠者在想象的情境中,寻找并揭示与病情相关或引起不良情绪的事件,随后进行情绪的暴露、宣泄或去除。最后"设置催眠后暗示",使催眠效果得到长久保障。

被催眠者恢复到清醒状态前,必须将所有在催眠过程中下达的指令解除。让被催眠者在良好的状态逐渐苏醒,回到当下。唤醒后,催眠师有必要针对被催眠者在催眠状态下的具体问题,再次进行分析和解读,证实收集到的信息。根据催眠者的实际情况给予指导或帮助,布置家庭作业,并对下阶段的工作进行安排。

催眠治疗主要应用范围:①神经症,抑郁、焦虑、强迫、疑病等,可消除或者减轻症状;②转换型癔症(失语、瘫痪),催眠治疗减轻或者消除症状;③青少年儿童行为不良、考试问题;④心因性遗忘;⑤情绪反应状态,催眠可以控制和稳定过激的情绪及宣泄情感;⑥睡眠障碍,特别是紧张焦虑而导致的失眠等;⑦性功能和性心理障碍,如阳痿、早泄、性冷淡;⑧其他,如戒烟、戒酒、改善人际关系、完善自我、功能性疼痛等。研究也表明,服用抗抑郁药与催眠疗法的疗效相当,均可有效改善患者的抑郁、焦虑情绪等。

(三)支持疗法

1. 概述 支持疗法(supportive psychotherapy),又称精神支持疗法、支持性心理疗法、一般性心理治疗法,是一种以"支持"为主的特殊性心理治疗方法。支持性心理治疗有狭义和广义的定义,狭义的定义为是一种基于心理动力学理论,利用如建议、劝告和鼓励等方式来对心理严重受损的患者进行治疗,治疗师的目标是维护或提升来访者的自尊感,尽可能减少或者放置症状的反复,以及最大限度地提高来访者的适应能力。来访者的目标则是在其先天的人格、天赋与生活环境基础上保持或重建有可能达到的最高水平。其广义定义是一种有广泛适用性的治疗方法,是最常用的一种个别心理治疗。此疗法创于1950年,是由Thorne首先提出的,是临床应用最广的方法,也是比较容易掌握的方法。

2. 支持疗法的原理 人体有自我平衡调节的系统,人们在遭受挫折或接受环境所加予的严重压力或灾难后,会产生紧张状态。这是一种特殊的心理生理状态,它不仅表现为焦虑、紧张、感知觉过敏、表情不自然、小动作增多、注意力难集中、思维不灵活等心理改变,还可有一系列的生理表现,如尿意频频、心跳、手颤、食欲不振、血压增高、头痛头昏、月经不调等。在心理紧张状态下,人们常通过心理平衡调节系统,采取一系列的摆脱方法。这些方法有的是正确的,有的可能是病理性的、不正确的。有时心理紧张状态特别严重,超出了心理调节平衡系统调整的能力,就会产生疾病。产生疾病后患者毫无例外地一面方焦虑、抑郁、恐惧、悲哀,一方面又希望疾病能很快治好。这时,治疗师利用来访者求治欲望强烈的一面,应用心理学知识和方法,采取劝导、启发、鼓励、支持、同情、说服、消除疑虑、保证等方式,来帮助和指导来访者分析认识当前所面临的问题,使其发挥自己最大的潜在能力和自身的优势,增强心理平衡调节系统的功能,提高对心理紧张状态的承受力,支持他们采取正确的摆脱心理紧张状态的方法,以克服病理性的、不正确的方法。治疗师支持来访者要求迅速治好疾病的心理,指导他去克服那些悲观、焦虑、恐惧、失望的心理,从而使来访者与治疗师能密切配合,取得更好的疗效。

支持性心理治疗,在临床上是医生应用语言作为治疗的手段。语言是人类最重要的交际工具,也是重要的思维工具,医生的角色决定了其语言的特殊性。医生的语言往往对患者具有权威性,医生语言除了具备一般语言所具备的属性(即可以沟通患者的思想和感情)外,还可以成为获得患者信任、减轻患者精神负担、预防和治疗疾病的重要手段。古希腊名医希波克拉底曾说:"医生有两件东西能治病,一是药物,一是语言。"现代医学心理学证实:医生的语言能够影响患者的生理活动。患者的大脑皮质可依据不同语言的刺激做出不同反应,促使病情好转或恶化。医生恰当地使用语言,不仅可以给患者温暖、信心和力量,使患者"精神不倒",产生信任感和安全感,而且能调动机体的积极性,增强抵抗力,使机体处于接受治疗的最佳状态。所以当医生用深入浅出的语言说明他所产生的心理紧张状态的前因后果,或疾病的来龙去脉、治疗的方法等时,往往能平复患者的心理紧张。医生再用语言支持他们内心所存在的正常的欲望、要求、思想与方法,就能促使他们克服那些错误的、有害的心理与行为,树立起正确的态度、对疾病治愈的信心,从而使支持性心理治疗达到治疗的目的。

3. 支持疗法的治疗原则 一方面直接改善症状;另一方面维持、重建自尊或提高自信、自我功能和适应技能。

（1）提供所需的适当的支持，包括共情、鼓励安慰、提供处理问题的方向等，以协助来访者度过困境，处理问题。

（2）协助来访者反省自己对困难或挫折的看法和感受，了解事件的背景和原因，以改变对困难的态度，从而用恰当的方式去面对困难，走出困境。

（3）善于利用各种"资源"对付面临的心理困难和挫折，协助来访者分析整合来自家庭、生活环境和社会可供给的支持条件，挖掘自身潜在的心理资本如乐观、希望、坚韧等。

（4）进行"适应"方法指导，治疗师与来访者一起分析，寻求应付困难或处理问题的恰当的方式方法，并指导来访者正确选用。例如，因害怕父母生气而不敢给父母看成绩平平或糟糕的成绩通知单，是躲避问题的适应方式，是不明智、不健康的处理方式。因此指导来访者只有面对自己功课不好的现实，请教父母，迎头赶上，才是积极的适应方法。支持疗法的重点可放在分析、指导来访者采用何种方式去处理心理上的困难，并考虑如何使用科学而有效的适应方法。

4. 支持疗法的内容　临床上施治支持疗法时，医生必须热情对待患者，对他们的痛苦寄予同情，即使他们的行为幼稚、冲动或不合情理，也要尊重他们，鼓励患者谈出自己的问题，听其诉述，然后提出建议、指导和劝告，帮助他们克服或度过危机。要想取得成效必须做到以下几点。

（1）耐心倾听：倾听是认真聆听患者的谈话，细读患者的非言语行为，并做出适当的反应。倾听是建立良好关系的基础，是了解问题的重要途径。医生在任何情况下都要善于倾听患者的诉说。善于倾听，不仅在听，还要参与，有适当的反应，所以不仅是用耳朵听，更要设身处地地感受，我们在倾听时，还要注意患者如何讲，如何反应。医生要用共情的心态，耐心充分地专心倾听患者诉述，需要注意的是听话过程中不要急于打断对方诉述，轻易下结论或转移话题；要善于引导，让患者觉得医生郑重其事地关心他们的疾苦，以便消除顾虑，增进信任感，从而树立起勇气和信心。此外，患者尽情倾吐，会感到轻松些，达到宣泄的作用。因此倾听过程的参与技巧是"可问可不问时，不问；可说可不说时，不说"。

倾听也是了解病情的重要方法，不论用什么方式给患者以支持，最根本的是了解。可以说，了解本身对患者就是一种强有力的支持。如果缺乏了解，保证、解释和鼓励等都可能归于无效。

（2）解释与鼓励：在医患之间建立起信任关系，医生对患者问题的来龙去脉及其实质、患者所具备的潜能和条件有了充分了解后，可利用自身的知识经验向患者提出切合实际的真诚的解释和劝告，纠正患者错误的想法。有时患者常常记不清那么多，医生要用通俗易懂的语言、深入浅出的道理，把解释多讲几次，必要时书写下来交给患者，谈话结束后仔细领会。需要注意的是解释过多不仅没有必要，甚至还有害处。有些患者医书看得愈多，网上查找的资料越多，顾虑也越多，而患者清楚地知道顾虑多端对健康不利却无法摆脱。可见，知识只是工具或手段而不能成为个人的动力。患者对医学知识的渴求，或者"打破砂锅问到底"，往往是对疾病过于担心害怕甚至是疑病症的一种表现。

在倾听时，用言语和非言语方式鼓励患者，如运用"嗯哼"等肯定性的短语简短回应、微笑点头等都是对来访者的鼓励，大多数慢性患者需要长期经常的鼓励，结合生活或疗养中的具体处境和实际问题给予鼓励最为有效。含糊笼统的鼓励作用不大。需要鼓励的情况主要有两种情况，一是在跟自卑做斗争的过程中，加强患者的自尊和自信。二是当患者犹豫不决时，敦促患者采取行动。

医生可以用自己的经验或患者过去成功的实例进行鼓励。需要注意的是不要鼓励患者去做他实际上办不到的事，这样的鼓励可以起相反的作用，即挫伤患者的积极性，降低患者的自信。鼓励患者所叙说的要有事实依据，不能信口开河、乱编一气，否则对方不会相信并接受的。

（3）指导和建议：医生在患者心目中一旦建立起权威，他的指导和提出的建议是强有力的。指导有两个方面，一方面是告诉患者如何对付疾病，如何安排休养生活；另一方面是帮助患者如何处理各种人际关系问题，特别是因患病而带来的若干新问题。但医生不能包办代替，要患者自己做出决定。医生的作用在于帮助患者分析问题，让患者了解问题的症结；医生提出意见和劝告，让患者自己找出解决问题的办法，并鼓励患者实施。需要注意的是医生提出的建议要谨慎，要有限度、有余地，否则，如果患者按建议尝试失败了，不仅对自己失去信心，而且也会对医生失去信心。另外，医生向患者提供建议可以满足依赖性的患者，但却可能会剥夺其自身成长的机会，所以建议应与来访者的需要相关，只有当来访者认为治疗师的建议与自己的需要相关时，建议才有意义。

（4）提供保证：在患者焦虑、苦恼时，尤其是处于危机时，给予保证是很有益的。但在对患者尚不够了解，过早的保证无法实施，患者会认为受了欺骗，可使治疗前功尽弃。所以，医生在做出保证前，一定要有足够的根据和把握，使患者深信不疑。这种信任感是取得疗效的重要保证。如患者问及疾病的预后，医生有把握的话，应尽量向好的方向回答，同时附上几条建议，指导患者从哪些方面去努力，才能实现其愿望。需要注意的是保证时态度应诚恳，同时必须让患者感到医生能够理解其特定的处境，并且要在自己的专业能力范围内做出保证。要注意的是，不论是保证还是解释都应该实事求是，不应言过其实。

（5）调整关系，改善环境：医生多次为患者提供支持后，患者容易对其产生依赖，什么问题都要医生做主。这时，需调整医患之间的关系，引导患者要信赖组织、亲人，信赖自己。

改善环境，指的是患者的社会环境，主要是人际关系问题。从人际关系中除去不利因素，在患者的生活天地里增添某些新的有利因素，这两个方面是同样重要的。帮助患者与家属或同事领导进行协商或展开谈判，调动患者家属的积极因素，鼓励患者学习某种技艺或社交技巧、参加适当的社会活动（如老人或残疾人俱乐部），都是可行的。需要注意的是过分牺牲家属的利益而迁就患者，对患者来说往往适得其反。

（四）艺术疗法

艺术疗法，是心理治疗的一种。一般心理治疗多以语言为沟通为治疗的主要媒介，艺术治疗主要是以提供艺术素材、活动经验等作为治疗的方式。治疗师采用艺术治疗，灵活运用不同的表现性技法，达到与来访者心灵上的沟通。艺术疗法在我国和西方国家都已经得到广泛应用，成为心理咨询和治疗的主要技术之一。艺术疗法具有两种取向，一种为心理分析导向的艺术治疗模式。此模式中，艺术成为非语言的沟通媒介，配合当事人对其创作的一些联想和诠释来抒发负面情绪，解开心结。另一种取向则倾向于艺术本质。通过艺术创作，缓和情感上的冲突，提高当事人对事物的洞察力或达到净化情绪的效果。这两种取向,都是把艺术当作表达个人内在和外在经验的桥梁,让当事人能透过创作释放不安情绪,澄清以往经验。在将意念转化为具体形象的过程中,传递出个人的需求与情绪,经过分享和讨论,使其人格获得调整,完善艺术治疗的作用。常用的艺术疗法有音乐治疗和绘画治疗。

1. 音乐治疗(music therapy) 音乐对人的心理产生影响,主要是通过音乐调动情绪而实现的,在音乐节律调节下,人的情绪内在的节律也会产生共鸣,唤起各种情绪反应。音乐疗法是以音乐的实用性功能为基础,按照系统的治疗程序,应用音乐或音乐相关体验作为治疗手段治疗疾病或促进身心健康的方法,如降低血压、治疗失眠、减轻疼痛及消除紧张等。音乐治疗主要用在与音乐有关的手段,如听、唱、演奏、创作、律动等形式使来访者产生相关体验,设计个性化的"音乐处方",达到治疗的目的。

2. 绘画疗法(drawing therapy,DT) 是通过绘画者、绘画作品和治疗师三者之间的互动,以绘画创作活动为中介的一种非言语性的心理治疗,目的是发展象征性的语言,触及内心潜意识,并创造性地整合到人格里,直至发生治疗性的改变。绘画心理治疗主要以心理投射理论和人类大脑半球分工功能理论为理论基础。心理投射技术是用非语言的象征性工具对自我潜意识的表达。通过颜色的选择、构图的大小、线条的长短及排列、笔触的急缓及轻重、用墨的浓淡等元素来反映患者内心的情感世界,作用是减轻焦虑压力,维持内在人格结构。当用语言去描述情绪的时候,在传递过程中会丢失很多的信息,在处理情绪冲突、创伤等心理问题上,控制语言的左半球显得无能为力,需要控制情绪和艺术的右半球来解决。目前常见的绘画治疗形式是树木-人格投射测试、曼陀罗绘画等。

(钟思倩 龙 建 吴 颢)

思 考 题

1. 谈谈行为治疗的原理。
2. 以人为中心疗法和精神分析疗法的治疗焦点有何不同?
3. 实施支持疗法时的注意事项。

第十章

病人心理与医患沟通

> **案例 10-1**
> 李某,女性,43周岁,是国企一名工人,身高约1.60m,体态发育正常,高中文化,再婚家庭,有一养女,无生育史。工作一丝不苟,很要强,性格内向,少言寡语,朋友不多。曾感觉不适、咳嗽,但没有重视。2年前一次单位体检,X线片提示肺部阴影,怀疑肺癌,她紧张不安、失眠焦虑、寝食难眠,同时还怕家人知道自己得了重病,不想让家人一起担忧,把得病一事告诉了要好的朋友,朋友安慰她并陪伴她去医院进一步检查,检查结果证实是肺癌,丈夫得知妻子得了肺癌非常着急,劝说妻子住院手术治疗,妻子极度痛苦,拒绝任何治疗。后经家人、朋友及医生对其做思想工作,最终李某同意治疗。手术顺利,术后病情稳定,阶段性做放化疗,但病人情绪低落,不愿与人交往,对任何事情都不感兴趣。
> 问题:该病人有哪些心理特征?

第一节 病人心理概述

一、病　　人

病人即"患者"。患病包括机体组织器官的器质性病变和生理功能的损害、个体主观体验的病感及心理和社会功能异常几个方面。传统的生物医学模式认为只有生物学病变并有求医行为或处在医疗中的人才称为病人。随着社会的发展,健康和疾病的概念也发生了转变。当代的生物-心理-社会医学模式认为健康不仅是没有躯体疾病,而且是在身体、心理和社会功能三个方面的完善和谐状态。无论是躯体病变还是心理痛苦都会影响一个人的情绪、思维和社会活动,发展到一定程度,都会影响病人的社会功能。也就是说,那些生理或心理功能处于不正常状态的人,具有求医行为、被社会认可及有特定社会文化背景的认同这三个基本条件时,即称为病人。

病感(illness)是患者个体的主观体验,往往表现为各种躯体或心理不适的临床症状,病感可以源于躯体疾病,也可以由心理与社会功能障碍引起。病感的程度与疾病的严重程度和个体的感觉能力有关,在疾病早期或病情轻微的情况下,可以没有病感,病人患病的主观体验与医生对疾病的实际判断在性质和程度上可能会有所不同。

病人通常会去寻求医疗帮助,但并非所有患病的个体都有求医行为;同时,有求医行为的人不一定都是病人。现实生活中,有些人患有某些躯体疾病,如龋齿、皮肤病,他们可能不认为自己有病,而和健康人一样照常工作,担负相应的社会责任,社会上也没有把他们列入"病人"行列。另外,有些人由于一些不良动机而诈病,如为了获得赔偿、休更长的病假、利用病人身份获取某些利益等,临床上也常将这些人误列为"病人"。

健康的实质是机体内环境的相对稳定、心身统一及人体与环境的和谐。因此，对"病人"概念的较全面理解应该是：患有各种生理功能障碍、心理障碍或精神性疾病的个体，不论其求医与否，均统称为病人。

二、病人的心理需要

人们在健康时往往能够自己去主动满足各种需要，而患病后往往无法按照通常的方式去满足需要，而且因社会角色的变化还会产生新的需要。因此，为了促进病人的康复，医护人员应充分了解病人的心理特征及需要，并尽量帮助病人满足其心理需要。

马斯洛把人的需要按其实现的迫切程度由低及高依次分为生理的需要、安全的需要、爱与归属的需要、尊重的需要和自我实现的需要。病人作为特殊的社会成员，与健康的社会成员相比，病人的生理需要受到影响、安全需要受到威胁、归属与爱的需要被部分或完全剥夺、尊重的需要可能受到伤害、自我实现的需要感到无望，正因为患病后难以满足这些需要，所以，这些心理需要会变得比平时更加强烈。病人的心理需要大致包括以下几个方面。

（一）患病期间生理的需要

人们在身体健康时对饮食、呼吸、排泄、睡眠及躯体舒适等生理需要很容易被满足，患病后这些基本生理需要的满足则受到阻碍或威胁。不同种类的疾病及病情严重程度对生理需要的影响程度不一样。例如，吞咽障碍病人对食物需要的满足受到影响，呼吸困难病人对吸入氧气和呼出二氧化碳的需要受到影响等，不仅直接影响生理功能，对情绪也有极大影响。病人最基本的生理需要还包括解除疾病痛苦和恢复身体健康。

（二）患病期间安全的需要

病人的生命安全受到疾病的威胁，日常生活秩序受到干扰，丧失安全感，病人常常害怕独处，唯恐发生意外。可以表现为原有的安全需要变得更加强烈，他们把自己的生命托付给医护人员，渴望得到救助并期望早日康复。因此，医护人员应该利用和蔼可亲的态度、体贴细微的服务、耐心细致的解释、准确轻柔的操作，使病人获得治疗的信心，产生安全感。

（三）患病期间归属和爱的需要

病人需要被关心、接纳、接受信息刺激。患病住院后与亲友分离，接触新异的检查与治疗，病人需要与家庭成员沟通、与同事和朋友保持联系和交往。病人入院后改变了原来的生活规律和习惯，进入到一个陌生环境，病人需要尽快地熟悉环境，被新的群体接纳；需要与病友沟通，在情感上被接纳，医护人员应主动自我介绍，尽可能地多接触新入院的病人，并把他及时介绍给同室的其他病友，努力营造温暖、接纳的氛围。

病人特别需要医护人员和亲人的关怀、同情和理解，需要了解关于自身疾病的信息。例如，自己得的是什么病、疾病会发生什么变化、应该采取什么治疗手段、治疗过程有没有危险、预后如何等。但这种需要经常得不到满足。Korsch 和 Negrete 对儿科病人的研究中发现，有20%的母亲未能得到孩子生什么病的信息，有50%的母亲不知道孩子的病程有多长。

其次，病人需要了解关于医院的信息，如医院对病人的基本要求、医院的作息制度、医院的查房制度等。再次，病人需要了解关于院外的信息，如家里情况、单位情况及社会的变化等，以减少与世隔绝的感觉。

（四）患病期间尊重的需要

病人作为"弱者"，在与医护人员及他人的交往过程中，处于劣势和被动的地位，由于心理防御机制的作用，尊重的需要会变得更加强烈。疾病可能干扰病人尊重需要的满足。病人常感到成为别人的负担或累赘，自信心降低，因而可能对尊重的需要会强于健康人。病人需要得到人格的尊重，需要保密隐私；他们对别人如何看待自己变得极为敏感，自尊心比平时更易受到伤害。因此，医护人员应当无条件地尊重病人，不管他们的社会身份如何、地位高低。这不仅是医学伦理道德对医护人员的要求，也是建立良好医患关系、使治疗过程顺利进行的需要。另外，向病人提供与疾病有关的诊治信息及病人的知情同意，也体现了对病人的尊重。病人入院后在适应新环境中需要得到有关信息，包括了解住院生活制度、自己疾病的诊断和预后、治疗计划、手术效果及如何配合治疗、主管的医生和护士的技术水平等。了解这些信息会增强病人战胜疾病的信心，与医护人员更为合作，从而有利于治疗和康复。

（五）患病期间自我实现的需要

自我实现的需要是最高层次的需要，在身体健康时其实现都比较难，患病时实现也很难。主要表现在表达个性和发展个人的能力方面感到力不从心，成就感下降，特别是有些意外事故致残者，其自我实现的需要受挫更严重。因此鼓励病人战胜病痛，对生活充满信心就显得尤为重要。

病人的心理需要会以各种方式表现出来，若得不到满足便会产生一些抵触行为。所以，医护人员应认识和了解病人的心理需要，根据具体病人的心身特点加以引导和解决。

第二节 病人的一般心理特征与基本干预方法

在患病状态下，病人会出现一些和健康时不同的心理反应。主要表现在以下几方面。

一、病人的一般心理特征

（一）病人的认知特征

1. 感知觉异常 患病后，病人社会活动大大减少，在感知方面，病人更关注自己的内部感受和体验。进入病人角色后，由于疾病的反应和角色的变化，病人的主观感觉异常、敏感性增强。大部分病人过于敏感，有疼痛、牵拉、挤压、肿胀等躯体不适感，其感受的程度常与躯体改变的程度不相符合。有的病人过分关注躯体，甚至能感受到心跳、胃肠蠕动等正常的内脏活动；病人对周围环境刺激也有感受性的变化。例如，对正常的声音、光线、温度等刺激过于敏感；有的病人出现时间知觉和空间知觉异常，感到度日如年；个别病人甚至还会出现幻觉、错觉，如截肢后病人出现的"幻肢痛"，感到已经不复存在的肢体有蚁行感、牵拉感、疼痛感等异常感觉。

2. 记忆力减退 许多病人有不同程度的记忆力减退，如不能准确回忆病史、难以记住医嘱甚至对刚刚做过的事也难以回忆。除脑器质病变所致的记忆力减退外，许多躯体疾病都可能伴发明显的记忆减退，如慢性进行性肾衰竭、糖尿病、慢性支气管炎、恶性肿瘤等。

3. 思维能力下降　表现为判断能力下降、疑心加重、遇事瞻前顾后、犹豫不决，常常影响病人对客观事物正确的判断。急重病人及久治不愈的病人容易盲目猜疑，对他人的表情、行为等特别敏感多疑。别人低声细语，认为可能在议论自己的病情；医生查房次数变化，可能被认为病情发生变化；亲人探视不及时或次数减少，可能被认为不关心自己、嫌弃自己等。

（二）病人的情绪特征

病人患病后常给人以脾气不好的感觉，变得好挑剔，易发怒，自罪自责。在病人的各种心理变化中，情绪变化是病人体验到的最常见、最重要的心理变化，临床上常见的情绪问题有焦虑、恐惧、抑郁、愤怒、无助感等。

1. 焦虑　是个体感受到威胁或预期要发生不良后果时所产生的负性情绪体验。其中包括着急、担心、紧张、不安和害怕等成分。焦虑时常伴有明显的生理反应，主要表现为交感神经系统兴奋的症状，如心率增快、血压升高、出汗、呼吸加速、失眠及头痛等。焦虑的这些心理生理反应容易和躯体疾病相混淆，在临床工作中应注意鉴别。焦虑伴随的生理反应有相应的焦虑体验，而且会随着焦虑情绪的缓解而消失，但有器质性损伤的躯体症状一般不具有这种特点。

产生焦虑的原因主要是病人对疾病的担心，对疾病的性质、转归和预后不明确；对带有一定危险性的检查和治疗怀疑其可靠性和安全性；对医院陌生环境或监护室的紧张氛围感到担心和害怕，尤其是目睹危重病人的抢救过程或死亡的情景。

2. 恐惧　是无力摆脱某种危险或不良后果时出现的负性情绪。这是患病初期普遍的情绪反应。恐惧的对象往往是已经发生的现实中的人、场所或危险事物。引起病人恐惧的因素主要是对疼痛感到恐惧，担心疾病使劳动能力下降，影响工作、生活等疾病带来的不良影响。生活经历不同的病人，恐惧的表现形式不同。患儿的恐惧多与黑暗、陌生、疼痛有关；成年病人的恐惧则多与损伤性检查、手术疼痛和手术后果相联系。恐惧情绪发生时往往伴随自主神经的兴奋，表现为紧张不安、心悸、呼吸加快、出汗，不思进食，夜不能寐，严重时病人出现肌肉紧张、血压升高、呼吸急促等情况，干扰诊治过程，甚至可能有逃避行为的出现。

3. 抑郁　是一组以情绪低落、兴趣缺乏等情感活动减退为主要特征的情绪表现。轻度的抑郁可能表现为心境不佳、悲观失望、活动减少、进食减少、自信心降低、兴趣减退等；严重的抑郁可能表现为睡眠障碍、无助、绝望、回避、兴趣丧失甚至轻生。病人的抑郁情绪，主要由治疗不顺利、治疗效果不理想、医疗信息缺乏所致。长期抑郁对病人极为不利，它会降低病人的免疫功能，从而增加对病人原有疾病的治疗难度或引发新的疾病。

4. 愤怒　是个体在实现目标的道路上一再受挫时产生的情绪反应。疾病作为一种严重阻碍因素会使当事人原有的追求、理想、抱负难以实现，所以，在疾病过程中的某一阶段，愤怒是在病人身上可以看到的十分普遍的情绪反应。严重的愤怒可以导致攻击行为，愤怒可指向外部，病人会向周围的人如亲友和医护人员失去理智地发泄不满和怨恨的情绪。愤怒还可能指向自身，表现为病人的自我惩罚和自我伤害，如拒绝正当的治疗，甚至破坏正在采取的措施和已经取得的疗效。

5. 无助感　当病人感到病势凶猛、治疗效果不好时，可能会对疾病完全失去信心，自我价值感丧失，对前途感到绝望，自认为已经无力回天，陷入深深的无助状态之中。这是一种无能为力、无所适从、听之任之、极端消极被动的情绪反应。因此，医务人员应多与病人交流，解释病情及治疗方案，增加病人的信心。

（三）病人的意志行为特征

病人意志行为的变化主要表现为行为退化、主动性降低而对他人的依赖性增加。依赖是进入病人角色后产生的一种退化或幼稚化的心理和行为模式。病人会胡思乱想，害怕亲人会离自己远去，患病后变得被动，更加依赖他人，希望他人能帮助自己做很多事情。病人的情感反应和行为表现往往显得幼稚，好似孩童，有时故意呻吟不止，以引起别人的注意，从而获得更多的关注与呵护。如果目的不能实现，则会产生被遗弃的焦虑，或因自认为已成为家庭、社会的累赘而产生自卑感，从而严重影响治疗效果。

（四）病人的个性变化

一般来说人的个性具有稳定性，通常不会随着时间和环境的变化而变化，但在个体患病时，部分病人的个性会发生改变。病人可表现为独立性降低而依赖性增强，被动、顺从、缺乏自尊等个性改变。尤其在一些慢性迁延疾病或疾病导致的体像改变。疾病对病人的生活影响很大，病人常常很难适应新的行为模式，以致改变了病人原有的一些思维模式和行为方式，使个性发生了改变。有些病人表现为孤独、寂寞，孤独感也称社会隔离。病人离开原来熟悉的环境来到陌生的医院，在忍受疾病折磨的同时还要与陌生的医护人员、病友沟通，单调、刻板的住院生活，日复一日，特别是长期住院的病人，常有度日如年的感觉。严重的孤独感会伴有凄凉、被遗弃之感，可能会使老年病人变得冷漠、退缩。有的病人表现为自我概念变化与混乱。人生的重大变故都会导致个体对自己的重新认识和评价，最终使自我概念发生改变。如恶性肿瘤、难以治愈的慢性病、严重的外伤等，可能要降低病人原有的学习、工作、生活能力，病人不得不放弃原来的许多活动计划，不得不对自我重新评价。所以，人在罹患严重疾病或受到重大身体伤害时，自我概念的变化甚至混乱是常见的心理变化。这是个体患病后发生人格改变的重要心理机制。

二、病人一般心理问题的基本干预方法

（一）影响病人心理反应的因素

1. 对疾病的认知评价　病人对疾病的认知评价结果直接影响其情绪反应的性质和强度。病人根据自己已有的关于疾病的知识和经验，对所患疾病进行认知评价，当被评价为危及生命的重病时，必然唤起严重的情绪反应；反之，被评价为轻病时，则可能引起轻度的情绪反应。

2. 心身障碍　是指由心理社会因素导致的躯体疾病或障碍，这类躯体疾病，在躯体症状出现之前，心理问题就已经存在，当躯体症状发展时，心理反应会变得更加严重。

3. 性格特征　不同性格的人对待疾病的态度和出现的心理反应也不相同。例如，性格开朗、乐观、抱有积极生活态度、意志坚强的人，患病后能正视现实，心理反应较轻，容易从消极的情绪状态中摆脱出来；反之，性格懦弱、意志薄弱、神经质性格的病人，患病后心理反应较重，并且持续时间很长。

4. 人际关系 医患关系、病友关系、亲友关系良好时，可能会减轻病人的心理反应；反之，将加重心理反应。

5. 强化因素 病人患病后得到了一系列平时难以得到的"好处"，如充分的休息、配偶的体贴、饮食上的改善、经济上的赔偿等，这些强化因素的存在，使病人长期陷入病人角色，难以自拔。

（二）病人心理问题干预的措施与方法

心理干预主要依据病人心理反应的影响因素，针对病人的认知活动特点、情绪问题及行为和个性改变；同时还要考虑不同疾病、不同年龄和性别病人的心理生理反应特点，采取综合性的干预措施。临床上主要采用以下几种方法。

1. 建立良好的医患关系 是一切心理治疗的前提，对病人心理问题的干预也不例外，它是有效实施心理问题干预的纽带和桥梁，因此，医护人员从与病人第一次接触开始，就应该注意良好医患关系的建立。科学严谨的工作作风、和蔼可亲的服务态度、周到细致的关怀体贴等，都是建立良好医患关系的有效方法。

2. 耐心倾听 医护人员在时间允许的情况下，要尽可能给病人表达的机会，要耐心倾听他们的陈述，这是与病人建立良好医患关系和了解病人真实感受的重要渠道，也是病人后期能够接受医护人员讲解说明的重要前提。另外，耐心倾听本身也是鼓励病人宣泄的重要途径，对于缓解其负性情绪具有积极的作用。

3. 提供必要的信息 对健康人来说，信息的缺失也会给个体带来恐慌和不安，因为没有信息，当事人就很难正确地调整自己的行为以适应自己所处的环境。处在疾病威胁之中的病人更是如此，当关于自身的医疗信息不足或缺失时，会引起病人的焦虑不安。很多心理问题、医患纠纷都与这种信息的不足和缺失有关，因此，在不同医疗阶段、医疗过程中，医护人员应该及时向病人提供有关信息，使他们能够有准备、积极主动地配合医护人员的治疗。如在入院时，应向病人提供医院的规章制度、作息时间、求助的方式、科室分布等基本信息；在做各种检查之前，手术前和手术后，化疗前和化疗后，应对检查和治疗的意义、程序、可能出现的问题、注意的事项、应付的方式等，要进行清晰说明。

4. 改变不合理的认知 患有严重疾病的病人对自己患病的事实都有一个难以接受的阶段，认为只有自己是世上最倒霉的人，怨天尤人，陷入消极的情绪状态难以自拔。对于这类病人，积极生死观的灌输是非常重要的。人固有一死，只是死的形式不同，有人死得早些，有人死的晚些；有的人病死，有的人老死，还有的人意外死亡。天灾人祸是我们每个人都不愿意碰到的，但有时却是不可避免的，如果遇上这样的事情，就要勇敢地面对，努力接受事实，以积极、乐观、向上、超然的心态同困难做斗争，赢得生命的尊严，提高生命的质量。

5. 进行简单的行为训练 对处于紧张焦虑状态的病人，可以交他们简便易行的放松技术；对于病人角色强化的病人，也可以在专业心理医生的指导下，使用行为治疗技术进行矫正。

6. 适当使用抗精神药物 对于严重焦虑、抑郁、恐惧的病人，也可以适当使用抗精神药物配合心理治疗。

（黄嘉健　徐　燕）

第三节 各类病人的心理特征及干预

临床各科疾病种类繁多、病因复杂、病情轻重不一，病程长短各异。有的疾病呈急性起病，病情危重；而有的则隐匿起病，病情呈慢性经过。不同病期的病人的心理变化有不同的特点，以下主要介绍临床上常见的几类病人的心理特征。

一、门诊病人的心理特征及干预

（一）门诊病人的心理特征

门诊病人是指在常规门诊时间前往就医的非急诊病人。由于门诊病人诊疗过程中与医护人员接触时间相对较短，病因、病种和预后差异较大，因此，门诊病人有一些独特的心理表现。

1. 希望能及时就医 到医院就诊的病人都希望能尽快得到诊治，面对长长的挂号、候诊、取药队伍，病人往往是茫然、不知所措的。到医院门诊初诊就医的病人对医院环境较为陌生，加之医院分科越来越细，究竟应该到哪个科去就诊，给病人带来了很多的困惑。

2. 期盼技术高超、经验丰富的医生为其诊治 由于病人缺乏医学知识，加之对疾病的恐惧，因此，总是希望经验丰富、技术高超的医生给自己诊治。

3. 期盼明确的诊断和妥善的治疗 病人患病后急切地想知道自己患了什么病、病程及预后如何，就诊时往往期盼医生对他的疾病给予全面而详细的检查，希望医生能将确切的检查结果和明确的诊断告知他，并给予妥善、有效的处置。

（二）门诊病人的心理干预

1. 热情接待病人 针对病人对医院环境陌生，门诊导医人员应热情接待病人，减轻病人的焦虑和紧张情绪，耐心指导病人如何挂号、到哪里就医、怎样检查，尽可能地解除病人的疑惑。

2. 灵活安排就诊 门诊病人的情况千差万别，医护人员应理解病人的求医心情，给予灵活的引导，对疑难病症或多次就诊未明确诊断者应尽可能引导到合适的医生处进行诊治。对于不同的情况要善于分析、区别对待、灵活安排，以便病人能得到及时的医治。

3. 加强信息交流 对于病人有关疾病方面的疑惑，医护人员应主动耐心地进行沟通和解释，如检查结果如何及意义，病人所患疾病是什么，有什么危害，应如何治疗，所开药物如何服用、服药过程中的注意事项、药物可能出现的毒副作用、何时来复诊等。

二、慢性病病人的心理特征及干预

慢性病是指病程达 3 个月以上，症状相对固定、常常缺乏特效药治疗的疾病。在我国，慢性病的发病率呈逐年上升的趋势，严重危害着人们的健康，给社会经济发展造成了巨大的损失。据 WHO 调查，各国患慢性病的人数在不断增加，一般人群中因患慢性病而造成一定程度的躯体或心理功能缺陷，影响社会适应者约占 8%。慢性病已经成为危害人类健康的主要疾病，由此带来了一系列慢性病人的心理问题。心理干预在慢性病的综合治疗中有着重要的意义。

（一）慢性病病人的心理特征

1. 主观感觉异常　慢性病病人对其他事物很少关心，常常将注意力转向自身，感觉异常敏锐，对自己身体的细微变化感受性明显增高，尤其对疾病的症状反应明显，病人常会诉说自己的各种不适。

2. 情绪反应

（1）抑郁：常见于慢性病，病人常会情绪低落、兴趣减退。由于慢性病病程长，难以治愈，对病人的工作和生活产生较大的影响，使得病人感到悲观、失望、沮丧失落。

（2）焦虑：也常见于慢性病，这是一种内在的紧张不安与痛苦。人们在等待检查结果、得知诊断、预知或正在经历治疗的副作用时，其焦虑程度会特别高。

（3）病人角色强化：慢性病病人因长期患病、休养、治疗，早已习惯了别人的关心和照顾，"继发性获益"强化了病人在心理上对疾病的适应，表现出有较强的依赖性，强烈需要他人关注；长期处于病人角色使病人心理变得脆弱和表现为社会退缩，回避复杂的现实问题。

（4）药物依赖和拒药心理：许多慢性病病人由于长期服用某种药物，有时因病情稳定需要停用或因病情需要换用其他药物，病人会变得非常紧张和担心，甚至出现一些躯体反应；有些慢性病病人则担心药物的副作用大，对药物产生恐惧心理，甚至干脆拒绝执行医嘱或偷偷地将药扔掉，导致治疗困难。

（二）慢性病病人的心理干预

慢性病病人的综合治疗是一个长期的过程，要有一个科学合理的治疗计划。慢性病病人多为长期或反复住院者，往往有多处求医的经历，对自身所患疾病有较多的了解。因此，医护人员要与病人建立相互参与型的医患关系，以调动病人的积极性。以下是处理慢性病病人心理的一些干预措施。

1. 支持性心理治疗　慢性病病程长、病情容易反复，因此，医护人员要多与慢性病人沟通，让其更了解自己的病情，给予他们心理情感支持，帮助病人建立完善的社会支持系统，增强其战胜疾病的信念。

2. 情绪管理　医护人员应帮助病人调节自己的心态，培养有利于机体康复的积极乐观的情绪。

3. 认知行为治疗　改变病人固有的不良的认知思维模式，更合理地评价自己的疾病、工作和生活，采用有效的应对策略来应付生活中的变化。

三、癌症病人的心理特征及干预

癌症的发病率和死亡率逐年上升，严重影响着人们的心身健康，已成为当前最主要的死因之一。

（一）癌症病人的心理特征

1. 恐惧心理　病人在得知诊断癌症后，就会谈癌色变，反应剧烈，产生恐惧感，表现出精神紧张、烦躁，同时还会出现一些躯体反应，如眩晕甚至木僵状态。

2. 否认、怀疑心理　当病人从恐惧紧张的情绪中冷静下来时，会开始怀疑医生的诊断是否正确，病人会到处求医，希望能找到一位能否定癌症诊断的医生，希望有奇迹发生。

3. 绝望心理 病人因得了癌症，长时间治疗症状却未见改善，随着病情的逐步加重，自觉生命已为时不远，会产生悲观和沮丧的情绪，终日悲观绝望、焦虑不安，对各种检查和治疗都丧失信心。

4. 愤怒心理 当病人受癌症折磨，自己努力治疗但癌症却医治不了时，情绪变得易激惹、愤怒，感到上帝对他不公平，有时还会出现攻击行为。

(二) 癌症病人的心理干预

1. 提高病人对疾病的认识 一旦病人的癌症诊断无误后，医生应在恰当的时机将诊断的和治疗的信息告诉病人，尤其是如何治疗、处理疾病的症状和不良反应，让病人很好地了解与自身疾病有关的资料，积极地接受、配合治疗。

2. 纠正病人对癌症的错误认知，消除其消极的心理 病人许多的消极心理反应均来自于"癌症等于死亡"的错误认知。帮助病人了解自己疾病的科学知识，医护人员利用自身的医学、心理学知识对病人做好心理疏导，有利于消除病人的消极心理，增强战胜癌症的信心。

3. 加强社会支持 癌症病人患病后常常觉得命运对自己不公，常问为什么是我患了此病，觉得自己是另类，可以开展沟通交流活动，如癌症病人相互交流，特别是癌症康复者现身说法，具有良好的心理干预效果。医患交流，让病人科学了解疾病。

四、手术病人的心理特征及干预

(一) 手术病人的心理特征

1. 手术前病人的心理特征 手术前，由于病人对手术过程缺乏了解，害怕手术麻醉，担心手术发生意外甚至死亡，因而焦虑、担忧和恐惧。具体表现有心慌、手抖、出汗、坐立不安、食欲减退、睡眠障碍等。病人产生极为矛盾的心理，既想接受手术又害怕手术，有的病人还会借口拖延手术日期或拒绝手术。

2. 手术中病人的心理特征 进入手术室病人会感到非常紧张，手术中病人的心理特征主要是对手术过程的恐惧和对生命的担忧。

3. 手术后病人的心理特征 术后由于疾病痛苦解除，病人会产生短暂的轻松感，但是术后 2~3 天，由于手术创伤引起疼痛和不适，加之担心切口裂开或出血，躯体不能自主活动，病人会感到痛苦难熬、躁动、心情低落。

(二) 手术病人的心理干预

1. 手术前病人的心理干预 医护人员应耐心听取病人的意见和要求，向病人及家属简述手术过程及相关注意事项，给予病人鼓励，减轻其恐惧与焦虑。

2. 手术中病人的心理干预 在手术的进行过程中，当病人在清醒状态下接受手术时，手术者及有关工作人员应谨言慎行，不使用有可能让病人担心和焦虑的语言，不讲与手术无关的话题，以免造成病人误解；发生意外时应保持镇定，切忌惊慌失措、大声喊叫，导致病人恐惧紧张。

3. 手术后病人的心理干预 麻醉清醒后，手术者应立即向病人反馈手术的有利信息，给予鼓励和支持；了解病人疼痛情况，及时给予镇痛药以减轻疼痛；通过心理疏导，帮助病人克服消极情绪。

五、康复期病人的心理特征及干预

病残使病人在上学、就业、婚姻和经济等方面遇到重重困难和障碍，同时还面临周围人态度的改变，由此导致一系列心理行为问题。

(一) 康复期病人的心理特征

1. 错误认知 ①否认：主要表现为病人很难接受自己患病的事实。②认同延迟：病残的发生使病人陷入一种应激状态，病人会回避或拒绝康复治疗。③失能评价：疾病和躯体残疾会使病人丧失机体的某些功能，如行走能力、性功能或女性第二性征等，有些病人终生需要他人照顾。

2. 不良情绪 躯体病残的病人普遍存在焦虑、抑郁、愤怒等不良情绪，严重影响康复。

3. 不健全人格 伤残病人比较普遍的性格特点是孤僻和自卑。对残疾的反应强度及自我评价的高低，都与不同的人格特点有一定的关系。具有疑病倾向的病人敏感、多疑，对不适和病痛的耐受性低下，往往夸大疾病伤残的严重程度，对治疗和康复缺乏信心；癔症性人格的病人感情脆弱，在挫折和不幸面前，情绪极不稳定，拘泥于程序和治疗常规，治疗程序略有变动，就对康复怀疑、信心动摇；偏执性人格的病人多疑、固执和心胸狭窄，在病残时容易责怪别人，在康复过程中常会视别人的好意为动机不良，甚至会怀疑医生的治疗，从而严重阻碍康复进程；强迫性人格的病人小心谨慎，力求完善，常对病情过分担心，对医护人员的要求也过分严格，常抱怨医护水平太差、医生对其关心不够等；依赖性人格的病人要求医务人员及亲属给予自己更多的关心，害怕自己被忽视或抛弃，在治疗和康复过程中不重视自我调节和自我训练，对康复计划缺乏动机，阻碍了主观能动性的发挥，导致康复过程缓慢。

(二) 康复期病人的心理干预

1. 培养积极的情绪状态 通过心理情感支持与社会支持系统，帮助病人培养积极乐观的情绪，提高机体的抗病能力和发挥器官的代偿功能，使病人积极顽强地生存下去。

2. 纠正错误的认知 通过各种认知治疗技术，如艾利斯理性情绪疗法和贝克认知治疗技术等，纠正病人的不良认知，将科学、客观和正确的康复知识介绍给病人，促进其不良认知的改变。

3. 康复运动锻炼的心理效应 运动锻炼是常用的一种积极康复手段，合理地使用运动锻炼程序，对残疾人和病人有良好的心身康复作用。研究表明，参加运动锻炼能减轻紧张焦虑状态。

六、临终病人的心理特征及干预

(一) 临终病人的心理特征

临终病人由于受到疾病的折磨，对生活的依恋、对死亡的恐惧等，使得其心理活动极为复杂。美国精神病学家罗斯于1964年在其著作《死亡与垂危》中提出了临终病人心理发展大致经历的五个阶段。

1. 否认期 多数病人在得知自己的疾病已进入晚期时，表现为震惊和恐惧，并极力否认突如其来的"噩耗"，不承认、不接受自己患有无法逆转的疾病的事实。他们会怀疑是诊断出了差错,遂怀着侥幸心理,四处求医,希望证实先前的诊断有误。

2. 愤怒期 随着病情日渐严重,否认难以维持。强烈的求生愿望无法实现,极大的病痛折磨,加之对死亡的极度恐惧,导致病人出现不满、愤怒的心理反应。通常愤怒的对象是家人、亲友和医护人员,对周围一切挑剔不满,充满敌意,不配合或拒绝接受治疗,甚至出现攻击行为。

3. 协议期 当意识到愤怒怨恨于事无补,反而可能加速病程时,病人开始接受和逐步适应痛苦的现实。试图用合作的态度和良好的表现来换取延续生命或其他愿望的实现。此时,病人积极配合治疗和护理,希望通过医护人员及时有效的救助,疾病能够得到控制和好转,期望医学奇迹般地出现。

4. 抑郁期 虽然病人积极地配合治疗,但病情仍日益恶化,病人逐渐意识到现代医疗技术已回天乏力、死之将至,病人存有的希望彻底破灭,此时,万念俱灰,加之频繁的检查和治疗、经济负担的压力和病痛的折磨,病人悲伤、沮丧、绝望,终日沉默寡言,对周围的事情漠不关心。但病人害怕孤独,希望得到家人和亲友的同情和安抚。

5. 接受期 面对即将来临的死亡,病人无可奈何地接受了这一残酷的现实,已不再焦虑和恐惧,表现出安宁、平静和理智,对一切漠然超脱,等待着与亲人最后的分别,等待着生命的终结。此时,病人不希望外人来看望,但却非常希望亲人能在自己的身边陪伴自己度过生命的最后时刻。濒死的病人害怕死亡的痛苦过程,担心自己会孤独地死去。

(二)临终病人的心理干预

临终关怀以提高病人临终阶段的生命质量为宗旨,体现了对人的生命价值的尊重。首先,医护人员应有效地帮助病人解除各种不适的症状,最大限度地减轻病人的疼痛,以减轻病人的恐惧、焦虑和抑郁的情绪;其次,理解和同情临终病人的处境,重视他们的要求,了解病人及其家属的心理需要,用恰当有效的方法减轻他们消极的心理反应。

(黄嘉健 吴 颢)

思 考 题

1. 结合本章所学知识,请对案例进行分析。
2. 请联系实际生活,谈谈你对病人的心理特征及心理干预措施的看法。

第十一章

疼 痛

> **案例 11-1**
>
> 李女士是一名教师,爱好跳舞,1年半前感右足底的疼痛,当时家庭关系较紧张,学校对学生的升学要求高,她感到职业和家庭的负担过重,曾说:"早上一醒来就感到肚子里像有个皮球在滚动,一天都是很紧张,没有一点时间留给自己"。她一直在寻找较大的住房但无结果,后来在父母的居住地终于找到了一套并购买,她决定辞职搬回老家与父母邻近居住。搬到新地方后她觉得气氛沉闷,新找到的学校工作课时安排不合理,校长难处。不久疼痛变为双足、双踝痛,持续性疼痛1年以后,不得不休长假在家。终日困于家庭妇女角色,丧失朋友圈子,放弃喜爱的舞蹈运动,与父母空间上的接近及照料老人产生的压力明显加重疼痛,后来不能外出采购,不能与孩子散步,情绪低落,每天大多数时间躺在沙发上度过,家务则交给母亲料理。药物及物理治疗没有持续的疗效,甚至强止痛剂也不能缓解症状。她觉得康复无望,生活没有意义,常常暗自哭泣,遂在出院后数次出现自杀行为。
>
> 其母早年有类似的抑郁和疼痛病史。父、兄、妹均有心身性主诉和疼痛症状。
>
> 疼痛行为的描述:李女士报告的疼痛位于双侧足掌和踝关节。患者的自评疼痛程度量表评分波动于20~100。她描述的感觉性疼痛成分是"深在、刺痛、紧绷绷的",疼痛特征有强烈的情绪性成分。她使用的形容词是:折磨人、让人恼火、疼得要掉下来似的、顽固的、碍事的、连绵不绝、可恨的、像上刑样、让人害怕。她感到对此毫无办法。
>
> 患者与疼痛相关的典型认知特点是:"在疼痛的下面隐藏着一种严重的器质性疾病,带着这样的疼痛我再也不能应付家里的事了,但愿疼痛不要再加重。要是治不好,我得坐一辈子轮椅。"她显出躯体性功能受限的表现:在家中,大部分时间卧于长沙发上;住院期间,尽量避免穿鞋系鞋带、上楼梯、走长路甚至站立。走姿易受上述表现影响而改变,在走动需转身时不能很好地转动双足。疼痛症状与抑郁症状紧密相关。后者主要表现为心境恶劣、对自杀行为的自责感、社会性退缩、睡眠障碍、食欲和体重下降,对自己、对社会环境和未来的消极看法,例如:"疼痛把我搞成一个不称职的母亲、妻子和教师""周围的人厌倦我了,不再将我的痛苦当回事""我担心再也不能恢复健康"。
>
> **问题:** 如何对该患者的疼痛进行评估和干预?

疼痛是每个人一生中体验最早、最多的主观内在感觉,也是临床患者最常见的问题,被认为是继呼吸、心率、血压、体温后的"第五大生命指征"。很多病理性疼痛本身就是一种严重影响患者生活质量和工作质量的疾病,长期以来人们对疼痛的认识比较片面,认为疼痛只是疾病的症状,只要疾病治好,疼痛就会消失,所以至今还有很多患者正在遭受疼痛的折磨。本章从疼痛的心理生理机制、影响因素及心理行为干预等方面进行探讨。

第一节 疼痛概述

一、疼痛的概念与特点

(一) 疼痛的概念

疼痛的感知和情绪活动密不可分，Sherrington 指出，疼痛是由感觉和情绪两种成分组成。Melzack 认为，疼痛是一种包括感觉、情绪和认知的多维性体验。国际疼痛研究联合会（IASP）1979 年对疼痛的定义是：疼痛是一种以不愉快的感觉和情绪为主的心理感受，伴随着现存的或潜在的组织损伤。疼痛是机体遭受伤害性刺激所产生的一组不愉快的心理生理反应，包括痛觉和痛反应两个方面。痛觉是一种知觉样体验，即对疼痛的主观感受；痛反应是疼痛引起的一系列心理和生理反应及伴随的行为反应，如在心理上感受到的一种极不愉快的体验，同时伴随不安、紧张、烦躁、焦虑、恐惧、抑郁、忧伤、失望等反应；在行为上由于疼痛而出现的表情变化，如皱眉、咬牙、咧嘴、痛苦的面容，还有屈曲的躯干或肢体，肌肉紧张甚至强直等防卫的表现；在生理上疼痛可以反射性引起交感神经系统的一系列反应，如出汗、心跳加强加快、血压升高、呼吸急促、血糖增高、凝血系统与纤溶系统激活等内脏生理反应，与应激生理反应类似。剧烈疼痛可以导致中枢神经系统功能紊乱，出现血压下降、心律缓慢、呼吸紊乱等休克症状，甚至危及生命。

疼痛经常是主观的，每个人在生命的早期就通过损伤的经历学会了表达疼痛的方式。引起疼痛的伤害性刺激不仅包括各种机械、物理、化学、生物因素，还包括心理因素；疼痛的程度不仅与损害发生的缓急及损害的部位、程度等有关，还与面临或遭受伤害时的情景、受害人认知、情绪等心理因素等有关。常见的与心理因素有关的疼痛有：①心因性疼痛，机体没有受到器质性损害，即没有遭受任何理化或生物因素伤害时出现的疼痛体验；②明显的躯体损伤而不感到疼痛或只感到轻微的疼痛；③安慰剂效应，痛觉可以被一些无关的物质所减轻或消除。这些现象提示，疼痛是一种复杂的心理生理学过程。

(二) 疼痛的特征

从 19 世纪开始，一直将痛、温、触、压等感觉并列为原始感觉。疼痛通常是身体损伤的信号，又具有明显的感觉性质、情绪和动机成分。疼痛的程度往往不与损伤的程度成正比。目前认为疼痛虽是一种感觉，但也是一种知觉，又是一种情绪。痛觉有以下一些特征：

1. 没有特定的适宜刺激，也没有特定的感觉结构 视、听、触等感觉均有其自身的感受器，经过相应的神经通路到达特定的中枢，引起特定的感觉。但是疼痛则不然，它可由机械、温度、电或化学的刺激引起，只要组织出现潜在损伤时，就会产生痛觉。

2. 与其他感觉并存，构成复合的感觉 疼痛可以按照伴随的不同感受器受刺激而分为许多种，最主要的如刺痛、灼痛、酸痛等。

3. 刺激与痛觉之间不存在必然的关系 不同的个体接受相同的刺激，或同一个体在不同的状态，痛觉的程度、性质都可能存在悬殊的差别。

4. 痛觉不易适应 嗅、触、温、冷等感觉都很容易适应，唯独疼痛在致病因素去除之前很难缓解或消失，甚至持续的疼痛还有敏感性加强的趋势。这种特征显然和它所具有的生物学意义有关，这样可以避免机体仍在受侵害时，丧失必要警报作用。

5. 疼痛的不愉快感受 疼痛出现的时候，总是伴随着不愉快的情绪。

疼痛是一种复杂的心理生物学过程，既有不适的感知觉，又伴有不愉快的情绪活动和防卫反应。另外，疼痛不仅是生理学的防御反应，也是某些疾病的症状。

二、疼痛的分类

由于疼痛涉及临床各科，可发生于身体任何部位，其病因错综复杂，许多疼痛既是某些疾病的一组的典型症候群或综合征，又可随着疾病的发展而变化。因此，对于疼痛的分类至今尚无统一的标准，临床分类方法多种多样，以疼痛性质、部位或病因的分类较为常用。

（一）疼痛的性质分类

1. 刺痛（pricking） 又称锐痛（sharp pain），其特点是定位明确，痛觉迅速形成，在除去刺激后迅速消失。它几乎不引起明显的情绪反应，因而比较稳定，易于进行定量研究。由于它的迅速产生和消失，所以又称为快痛（fast pain）或第1痛（first pain），一般认为刺痛由外周神经中的δ纤维来传导。

2. 灼痛（burning pain） 又称慢痛（slow pain）或第2痛（second pain），其特点是定位不甚明确，往往难于忍受，痛觉的形成缓慢，常常在受刺激后0.5~1秒才出现，在去除刺激后，它还要持续几秒钟才能消失。灼痛时常常伴有心血管和呼吸系统的变化，同时还影响着人的情绪反应。一般认为灼痛是由外周神经中的C纤维来传导的。

3. 钝痛（dull pain） 这是由内脏和躯体深部组织受到伤害性刺激后所产生的疼痛，痛的性质很难描述，感觉定位差，实际上病源部位很难确定，并且，常常伴随内脏和躯体反应及较强的情绪反应。外周神经中δ纤维和C纤维与钝痛有关。

（二）疼痛的持续时间分类

1. 短暂性疼痛 一过性疼痛发作，由轻微损伤刺激引起，持续时间短暂。

2. 急性疼痛 指近期产生且持续时间较短的疼痛，一般来说，急性疼痛的时间不超过3个月。急性疼痛是一种复杂的令人不愉快的感觉、知觉及情绪上的感受，并伴有某些自主的、生理学的及情绪上的行为反应。急性疼痛均由皮肤、深部结构、内脏的损伤和（或）疾病、肌肉或内脏的功能异常产生的有害刺激而诱发。由于有效的治疗和（或）疾病、损伤的自限性结果，疼痛及其伴随反应通常在几天或几周内消失。但是，治疗不当会引起急性疼痛持久及其病理生理学改变增加，致使疼痛发展为慢性。

急性疼痛有重要的生物学功能，是机体处在危险或存在有害刺激时的信号，提醒人们采取必要的行为防止进一步损害。而且，与损伤或疾病有关的急性疼痛，往往伴有某些节段或节段上的反射反应，有助于维持内环境稳定，如增加通气、心输出量、血压及心肌、大脑、骨骼肌等"重要器官"的灌注，并伴发减少皮肤、胃肠道及生殖泌尿系统等"非重要器官"的血供。这些生理学改变具有重要的保护性功能。但值得强调的是，不是所有的急性疼痛都有保护性功能，甚或还有病理生理学效应。除此之外，剧烈的急性疼痛可引起长时间的严重情绪失调，损害人的精神健康，反过来影响患者与家庭及社会的关系。

3. 慢性疼痛 1986年国际疼痛研究会（IASP）规定疼痛持续或间歇性持续3个月以上称为慢性疼痛。现在规定慢性疼痛是指一种急性疾病过程或一次损伤的疼痛持续超过正常所需的治愈时间，或间隔几个月至几年复发持续1个月者。因为许多急性疾病或损伤治愈的时间为2~4周，最多6周，如果在治愈后1个月疼痛仍呈现，就应考虑是慢性疼痛。此种疼痛可能是一种持续存在的疼痛，也可能是一种反复、间歇性存在的疼痛；可能与组织疼痛有关，亦可能无关。与急性疼痛的比较见表11-1。

表11-1 急性疼痛和慢性疼痛症状比较

反应类型	急性疼痛	慢性疼痛
病期	<6个月	>12个月
主观反应	焦虑、害怕，对治愈有信心	痛成为核心问题，专注于痛体验和先兆症状，疑病、抑郁、焦虑、缺少兴趣，丧失信心，人格改变
行为反应	卧床休息，使用止痛药求医和合作，减少活动	不断变换医生、药物，求助于宗教或放弃，卧床时间多，社会生活中断，不工作，依靠资助，药物成瘾多见
生理反应	内脏生理觉醒（心率上升等），局部或全身肌张力上升	疲乏、嗜睡、失眠和自主神经反应症状，体质和耐力下降，失用性肌萎缩

（三）疼痛的程度分类

1. **微痛** 似痛非痛，常与其他感觉复合出现，如痒、酸麻、沉重、不适感等。
2. **轻痛** 疼痛局限，痛反应出现。
3. **甚痛** 疼痛较著，疼反应强烈。
4. **剧痛** 疼痛难忍，痛反应强烈。

（四）疼痛的心身分类

1. **器质性疼痛**（organic pain） 指机体组织受损伤而产生的疼痛，其严重程度常与组织损伤的程度成正比。这类疼痛定位明确，如炎症及体表损伤引起的疼痛。治疗方法是病因治疗；用镇痛药或局麻药阻断来自损伤部位的伤害性信息的传递，也能取得较明显的镇痛效应，有时也称为躯体疼痛（somatogenic pain）。

2. **功能性疼痛**（functional pain） 指没有器质性病变，而只是功能异常，如胃肠道痉挛、骨骼肌痉挛、非器质性的缺血等引起的疼痛。

3. **心因性疼痛**（psychogenic pain） 既无器质性改变，又无功能障碍的疼痛，是完全由心理因素所引起的，如癔症性疼痛、暗示性疼痛。

4. **抑郁性疼痛**（depressive pain） 抑郁常伴有慢性疼痛，但抑郁患者的疼痛与慢性痛患者的抑郁，孰前孰后是很难区分的。疼痛和抑郁的相互结合还受早期经验的影响，并形成一种条件反射，还可以相互诱发。

5. **幻觉性疼痛**（phantom pain） 已经被截除的肢体，在患者的主观感觉上依然存在，并伴有剧烈疼痛，这种现象又称为幻肢痛（phantom limb pain）。截肢后有90%~95%的患者可出现性质各异的幻觉，如烧灼感、刀割样可放射性疼痛，可以阵发性加重。情绪激动、天气变化或其他多种刺激均可诱发或加重。断端局部皮肤过敏，稍加触压即可引起幻肢痛。有时疼痛十分剧烈，不得不长期依赖镇痛药。但我国截肢后幻肢痛发生率远低于国外报道。幻觉性疼痛不仅见于截肢后，还可见于内脏切除手术后，称为内脏幻觉痛（visceral phantom pain）。

在其他领域还可以根据病因分类：外周性痛、中枢性痛、心因性痛；根据部位分类：皮肤痛、躯体深部痛、内脏痛、牵涉痛。

三、疼痛的生理基础

（一）痛觉信息传递系统

1. 伤害性感受器（nociceptor） 是游离神经末梢，由 Δ 或 C 纤维传导，可分为机械伤害性感受器、多觉伤害性感受器、寂静伤害性感受器。感受器受刺激后产生疼痛，重复刺激可使敏感性增加，并引起 C 伤害性感受器产生持久的、逐步的、增强的神经发放，称为 windup。心理物理学测定表明：感受器发放的冲动频率低于 0.3 次/秒，不引起疼痛感觉；到 0.4 次/秒时达到痛觉的阈值；一旦冲动频率达到或超过 1.5 次/秒时，产生持久的疼痛。

2. 脊髓的痛觉传导通路 伤害性感受器的传入纤维进入背角，Δ 纤维主要终止于第 Ⅰ、Ⅴ 层，C 纤维主要终止在第 Ⅱ 层。第 Ⅱ、Ⅲ 层也称胶质层，还接受大量粗的有髓鞘纤维传入。脊髓背角还有投射神经元，并接受来自大脑的下行纤维，起着对伤害性信息进行初级的整合作用。C 纤维在背角交换神经元交叉到对侧，组成前外侧系统上行，其中外侧脊丘束（新脊丘束）经丘脑腹后核投射到大脑皮质的体感 Ⅰ 区，司痛觉，有分辨功能。内侧的脊丘束、脊网束和脊中脑束，投射到边缘系统和丘脑的髓板内核群，经多突触转换，再广泛投射到大脑皮质，还接受网状结构传入，是痛觉情绪反应的神经基础，见图 11-1。有学者将这条种族发生上比较古老、与痛觉情绪反应有关的通路称为旁中央上行系统。近年来发现，摘除前额叶后，疼痛的情绪反应消失；摘除扣带回的前部，便完全失去痛觉。正电子发射断层扫描（PET）证实，这两个脑区积极参与疼痛的感受。

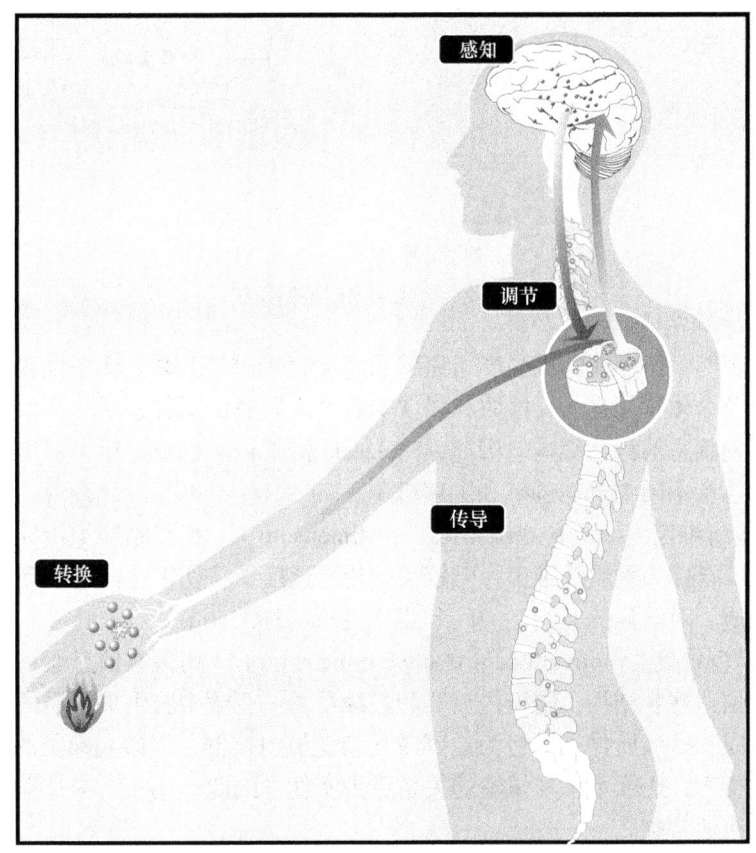

图 11-1 痛觉的传导通路

(二)闸门控制学说

电生理研究表明,刺激低阈值的粗传入纤维能减弱脊髓背角神经元的伤害性反应;相反,阻断粗纤维传入能增强背角神经元的伤害性反应。提示脊髓背角神经元的伤害性反应是细纤维传入信息和粗纤维传入信息之间的动态平衡。Wall 和 Melzack(1965 年)据此提出了闸门控制学说(gate control theory)。

学说的核心是脊髓对伤害性信息的节段性调制,背角胶质层起着关键的闸门作用。他们认为参与闸门控制的有四类神经元(图 11-2):①低阈粗纤维传入;②高阈细纤维传入;③投射(传递)神经元,由它激活作用系统引出复杂的痛觉体验和痛反应;④对投射神经元起抑制作用的胶质层中间神经元。粗、细两类纤维都直接激活投射神经元,同时也都有侧支支配胶质层的中间神经元。细纤维活动加强时抑制中间神经元,使闸门开放,易化投射神经元;粗纤维活动加强时兴奋中间神经元,使闸门关闭,投射神经元活动受抑制,减弱疼痛的感受。

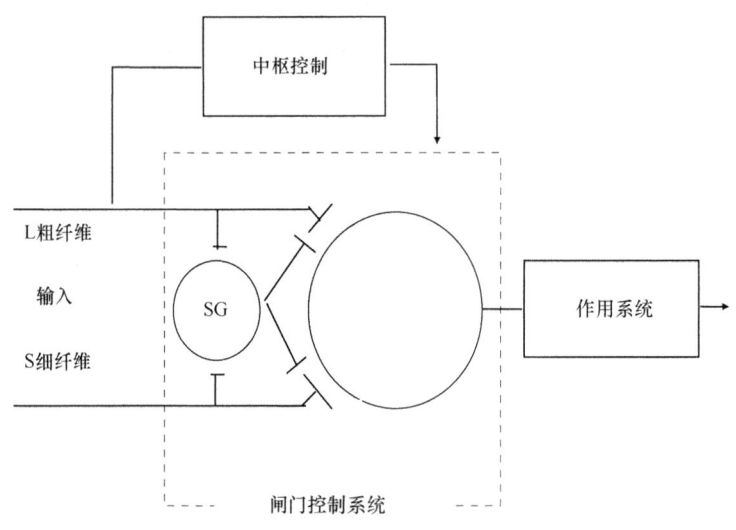

图 11-2 疼痛的闸门控制系统

临床资料表明,伤害性刺激强度与痛感强度无直接对等关系。伤害性刺激引起的疼痛效应具有情境及个体特异性,其性质和强度受着个人独特的既往经历、产生疼痛的境遇意义及当时的心理状态的深刻影响。因此,Melzeck 和 Casey(1968 年)提出,疼痛实际包含三个维度,各有不同的解剖基础和生理机制。

1. 感觉-分辨维度(sensory discriminative dimension) 在脊髓痛觉传导通路中的新脊丘束、脊颈束及脊柱突触后纤维束,以较快的传导速度,将伤害性信息传到丘脑的腹后核和体感Ⅰ区皮质。对疼痛的时间、空间和强度进行精细的调节。

2. 动机-情感维度(motivational-affective dimension) 伤害性信息通过脊丘束、脊网束和脊中脑束到达网状结构、髓板内核群和边缘系统。刺激中脑中央灰质的背侧,能引出明显的厌恶反应和疼痛所伴有的行为;刺激丘脑髓板内核群,可激起动物的恐惧样反应,并伴随有逃跑行为;边缘系统与情绪的关系更为密切。因此,这些结构是强大的行为内驱力和不愉快情绪的基础。

3. 认知-评价维度(cognitive-evaluative dimension) 临床资料表明,有关文化价值、

经验的记忆、焦虑、注意和暗示等认知活动，对疼痛的复杂体验产生深刻的影响。也有证据表明，感觉传入的鉴别和定位也涉及以往的经验。人在战斗中负伤，可能并不感到伤口的疼痛，但对静脉注射反而感到非常痛苦。电击或切割狗的皮肤时，立即喂以食物，如此反复多次后，狗会将这些伤害性刺激作为进食的信号而加以接受，没有任何疼痛的表现。但是当把这些刺激施加在躯体的其他部位，或不喂以食物，狗就会狂吠起来。认知评价活动以大脑皮质为基础。皮层内的联络纤维及皮质到边缘系统和网状结构的下行纤维，调制分辨系统和动机系统。因此，疼痛的心理过程是由大脑皮质管理的。

（三）疼痛的高位中枢调控

1. 脑内镇痛结构　20世纪60年代，我国学者邹冈将吗啡微量注射到家兔第三脑室周围和中脑中央灰质区，产生明显的镇痛效应。接着有人用弱电流刺激清醒大鼠的中脑中央灰质，也得到很强的镇痛效应。实验说明，脑内存在镇痛结构。后来发现，间脑（如下丘脑弓状核）和延髓（如中缝大核）也存在镇痛结构。

2. 脑内阿片受体和阿片肽　阿片止痛在民间已有很长的历史，20世纪70年代发现脑内存在阿片受体，吗啡类通过这些受体而镇痛。阿片受体的确立导致脑啡肽的发现。迄今已发现有脑啡肽、β-内啡肽和强啡肽三类阿片肽，分别由三种不同的前体降解生成，并已克隆出与镇痛有关的三种阿片受体亚型。还进一步证明，β受体的内源性配体是β-内啡肽和脑啡肽，κ受体的内源性配体是强啡肽，受体的内源性配体则为新近发现的内吗啡肽（endomorphine）。

3. 内源性镇痛系统　脑内镇痛结构和镇痛物质共同组成调制痛觉的内源性镇痛系统。研究最多、了解最清楚的是脑干到脊髓背角神经元的下行抑制系统。此系统主要由中脑和中央灰质、延髓的中缝大核及附近结构组成，经脊髓背外侧束下行对背角伤害性信息的传递进行调制，抑制躯干四肢的疼痛；也抑制三叉神经脊束核痛敏神经元的活动，对头面部的痛觉产生抑制作用。

中脑中央灰质接受来自额叶皮质、岛叶、杏仁、下丘脑等处的传入。因此，大多数更高级中枢的痛觉调制至少部分地通过这条通道来实现。例如，经验的记忆、情境的判断、焦虑、注意和暗示等心理因素，都可能对下行抑制系统产生正面或负面的影响，从而使人们对疼痛的体验有千变万化的差异。

（四）疼痛的神经化学基础

1. 外周损伤部位的致痛物质　伤害性刺激引起神经末梢兴奋是一个换能过程。伤害性感受器具有化学敏感性，组织受损释放许多致痛物质。这些物质有的直接从受损细胞释出，如组织胺、ACh、5-HT、ATP等；有的由受损组织释放出酶并在局部合成，如缓激肽、前列腺素和白三烯等；还有细纤维末梢释放的P物质。此外，皮肤受损后，巨噬细胞和肥大细胞释放的细胞因子，如1L-1、1L-6、TNF等，这些物质直接兴奋或敏化伤害性感受器。

2. 脊髓背角中参与痛觉调制的物质　脊髓背角有多种神经递质和神经肽，P物质和谷氨酸由细纤维末梢释放，参与伤害性信息的传递。目前已经明确，谷氨酸通过非NMDA受体介导短时程的快速反应，P物质通过NK-1受体、谷氨酸通过NMDA受体共同介导长时程的反应。胶质层中有许多抑制性中间神经元，含有GABA及脑啡肽，有许多GABA能末梢呈轴突-轴突型突触结构，提示对伤害性信息传递是突触前抑制。由于C纤维传入末梢和背角神经元突触后膜均存在阿片受体，说明阿片肽（脑啡肽）调节伤害性信息传递，兼有突触前及突触后机制。脑干下行纤维释放 5-HT 及 NE，参与下行抑制作用。椎管内注射 5-HT 或 NE 可出现镇痛效应。

3. 脑内的痛觉调制物质 近 30 年来，弓状核的 p-内啡肽能神经元；室旁核和视上核的加压素能和催产素能神经元；尾核的中脑中央灰质中的脑啡肽能神经元；脑干的中缝核群（中缝背核和中缝大核）的 5-HT 能神经元都与镇痛有关。蓝斑的 NE 能神经元作用较复杂，在脑内起致痛作用，投射到脊髓有镇痛作用。这些结构和物质组成了不同的内源性镇痛神经网络，说明内源性镇痛系统不是单一的。其中有阿片肽参与并能被阿片受体拮抗剂纳洛酮阻断的，称为阿片性镇痛系统；不能被纳洛酮阻断的，则为非阿片性镇痛系统。

四、疼痛的心理学基础

（一）疼痛的概念模式

人们对某一问题或事物的基本认识并据此定出相应措施，这称为概念模式（conceptual model）。对疼痛的基本认识也有不同的概念模式。

1. 感觉-生理模式（sensory physiologic model） 是传统生物医学模式在疼痛研究领域中的反映，将疼痛看成为组织损伤引起的一种感觉类型，疼痛程度决定于组织损伤的程度。于是出现了用外科手术将痛觉传导通路切断，并合成镇痛药物去阻断传导的疗法。但治疗疼痛的临床实践中存在着组织损伤程度与疼痛感受程度之间不相应的情况（表 11-2）。这些情况向感觉-生理模式提出了挑战，从而出现了心因性模式。

表 11-2 对感觉-生理模式的挑战

- 患者已有确证的组织病理改变，但关于疼痛严重性的主诉变化很大
- 没有疼痛的患者常常会发现结构异常的 X 线证据
- 患者躯体病理改变很轻，但常主诉剧烈疼痛
- 切断神经通路的手术不能缓解疼痛
- 用相同的方法治疗相同程度的组织损伤，但结果完全不一样
- 躯体障碍、躯体功能、疼痛主诉、劳动力丧失等方面对康复的反应相关不强

2. 心因性模式（psychogenic model） 若缺乏器质性病变疼痛主诉和组织损伤程度不成比例，则被认为是心理因素引起疼痛，往往由情绪、个性特征或精神紊乱所造成。临床上有病理改变相似，而疼痛反应不同。这种不同是由心理因素造成的。

由于目前诊断手段的灵敏度和特异性，还不可能完全揭示出确已存在的器质性病变。例如，用现代的诊断手段，对慢性腰背痛能做出肯定病因诊断的只占 20%，是不是说其余 80% 的患者疼痛都是心因性的呢？这显然不完全符合实际。

3. 动机模式（motivational model） 没有足够病理学资料的疼痛主诉是没有价值的，是夸大症状的结果，或者完全是没病装病，往往是受经济利益，即继发的获益（secondary gain）所驱动的。于是想出好多办法（包括暗中进行观察或用精密的生物技术手段）去找出装病者。但至今仍无因经济获益而疼痛立即缓解的研究报告。

4. 操作式条件反射模式（operant conditioning model） 这种模式将主观的疼痛体验（伤害性感受，痛苦）和客观的疼痛行为区别开来。疼痛行为是患者表达疼痛和痛苦的方式。急性疼痛时，疼痛行为基本是防御性的，目的在于躲避伤害性刺激，并让受损部位得以恢

复。操作式模式一般不注意原始的伤害性刺激，只注意疼痛行为，即使原发的躯体性原因早已不存在，但疼痛行为依然继续着。他们认为，疼痛行为是习得的，并且可以因亲人关怀、患者角色或经济补偿而强化。

5. 认知-行为模式（cognitive-behavioral model） 虽然疼痛最初由生物因素（对机体造成损伤性刺激）引起，但疼痛的持续存在多数是心理、社会和行为因素促进的。长时间的疼痛应该视为生物、心理、社会和行为诸多因素相互作用的结果。这就是慢性疼痛的认知-行为模式。

认知-行为模式除了注意感觉、情感、行为在疼痛感受中的作用外，特别注意患者的信念、评价和应对方法。这个模式认为，慢性疼痛时所出现的行为改变和情绪反应，还受到患者认知，即对这些行为改变和情绪反应的理解程度的影响，亦即患者的思维和应对方法能影响疼痛知觉、情绪改变，甚至可以直接加剧疼痛。

临床及生活实践表明，假若患者把疼痛看成为损伤的信号，那他就会尽量保持肢体于某一姿势以减少损伤刺激。这样患者会在长时间内只注意自己的身体和疼痛，久而久之，这种认知和注意的改变也会使疼痛的症状越加严重。慢性疼痛使患者产生悲观，怀疑自我控制疼痛的能力，特别是参加娱乐、工作和社会活动受限时，更感到挫折和沮丧，完全依赖他人帮助。这种态度对疼痛有害，如不及时纠正，会出现严重的悲剧性后果。另外，疼痛体验的认知误区，丧失应对的信心和自我控制能力，在慢性疼痛的发生发展中起重要作用。

（二）疼痛与情绪的关系

大量实验研究证明，下丘脑、丘脑、边缘系统与情绪的发生和变化有密切关系，一般认为它们是情绪中枢所在，痛觉的信息与这些部位也十分密切。临床研究发现，持久的疼痛会导致持续的应激状态，大多数疼痛患者往往同时伴有明显的情绪抑郁。即使不伴有疼痛障碍，许多抑郁症患者也会间歇性地出现疼痛症状，疼痛与情绪问题常常相互伴随。

有关心因性疼痛的起源目前尚存在着不少争论，临床上发现至少有50%的慢性疼痛障碍患者同时存在多项具有诊断意义的抑郁症症状。目前对此的假设主要有：

1. "先因假设" 认为抑郁先于疼痛发生，经过一段时间以后抑郁症状便主要以躯体疼痛形式表现存在。

2. "后果假设" 认为抑郁是慢性疼痛的结果，持续的疼痛导致患者各种抑郁症状发生。

3. "瘢痕假设" 认为疼痛发作会给患者的情绪留下创伤，使得患者易于发生抑郁。

4. "认知中介假设" 认为慢性疼痛与抑郁的相互关系是受某些心理因素的调节，如不良的应对方式等认知因素会影响两者的转化或共存。

5. "独立假设" 认为疼痛与抑郁是具有共同病理生理机制的两个相互独立的现象，互相不为因果关系。

下丘脑与边缘系统又是自主神经系统与内分泌系统的调整中枢。在产生痛觉及其情绪反应时，受自主神经和内分泌调节的影响而出现相应的改变，通过交感-肾上腺素系统、血管紧张素—醛固酮系统及下丘脑-腺垂体-内分泌系统影响生理活动。

(三)疼痛的心身相关

> **案例 11-2**
> 章某,女性,16岁。主诉腹痛,曾进行十多次手术,后来在一次轻微的头外伤后,诉说头痛难忍,做了颅内减压术;又说四肢和背部疼痛,卧床不起。她常取左侧卧位,令其仰卧即大叫,用手保护背部拒绝检查;轻击腰部就引起尖叫,并全身战栗。
> **问题**:章某为什么如此疼痛?

心因性疼痛是指疼痛的原发病因是心理因素,上面案例中患者的疼痛是心因性的,以此作为满足其手术癖的方式和手段。多数情况下心因性疼痛都有焦躁的情绪,还可出现个性(人格)的改变等;也可能是解决心理矛盾、缓解恐惧和宣泄焦虑以保持平衡的一种心理防御机制,具有心理修复性质,这种情况多见于男性。

DSM-III将心因性疼痛作为一个独立的疾病单元列出,DSM-III-R将其改为"特发性疼痛障碍",也规定了诊断标准。应该强调的是,除了疼痛强度与组织损伤之间不协调外,还要有情绪、动机和个性障碍,才能被诊断为心因性疼痛。最近,有人对单独列出"心因性疼痛"提出不同看法。首先,心因性疼痛是相对于躯体性疼痛的,把凡是找不到躯体方面原因的疼痛,便称为心因性疼痛。此说法过于简单,因为今天找不到原因不等于今后也找不到;过去一度把哮喘、消化不良归于"心因性疾病",也的确有人用心理社会的方法能减轻其症状;但现在由于这些疾病的发病机制日益清楚,完全可以用针对不同发病学环节进行有效的治疗。其次,躯体性和心因性分类是人为的,因为躯体性疼痛会继发引起心理改变,心因性疼痛的表现也可以躯体化(somatization),孰先孰后,正像所谓"鸡生蛋还是蛋生鸡"的难题一样。实际上单纯的躯体性或心因性疼痛是不存在的,往往是两方面结合在一起,所以称为心理生理性疼痛(psychophysiological pain)较合适。

五、疼痛的意义

疼痛对于人的身体健康具有积极和消极双重意义。一方面疼痛是由于机体在内外感受器受到较强刺激后所产生的一种临床症状,这种症状的生物学意义在于提示机体正在遭受损害或可能受到损害,因而能够促使机体迅速做出适应性防御性反应,达到保护机体免受伤害的目的。另一方面,疼痛经常伴随组织细胞的损伤。

疼痛反应可以是局部的也可以是全身性的。不同的疼痛感受往往提示存在着不同性质的病理变化,因而疼痛具有一定的警示作用。临床医师可以根据患者对疼痛体验的描述对某些疾病作出判断。

疼痛与情绪障碍有着密切的联系,焦虑、恐惧、抑郁状态均会出现疼痛体验,因而许多焦虑障碍或抑郁障碍常常伴有各种疼痛症状,如惊恐发作、广泛性焦虑、躯体化障碍及抑郁症患者中,疼痛症状相当多见。此时疼痛的意义已经超出了生理学的含义,而是表达不愉快情绪体验的一种信息。

疼痛以个体的主观体验为主,包括有感知、认知与经验、情绪及相应的行为反应。个体的心理活动状态对疼痛的感知和体验有很大的影响,并且与不同的环境、机体状态、心理活动状态有关。这既增加了临床对疼痛处理的复杂性,同时也可以利用改变个体的心理活动来达到缓解或减轻疼痛的目的。

第二节 疼痛的影响因素

疼痛虽然与机体损伤有关,但有时没有机体损伤也可以出现疼痛体验,严重的组织损伤可以没有疼痛反应。大量的事实证明,心理社会因素对疼痛有着重要的影响。

一、生 理 因 素

(一) 年龄

相同的伤害性刺激在不同年龄的人群中所引起的疼痛程度及其表现形式有所不同。例如,刀割损伤皮肤,在成年人经过包扎后继续从事工作,一般不在乎这种损伤。在儿童则不同,他们经常夸大疼痛,总想唤起父母及旁人的关注和同情,并对这种损伤过分注意和担心,甚至表现出忧虑和恐惧的情绪。在老人又有不同,大多数表现出对疼痛的木然,并能很好地耐受,在一些从事体力劳动的老年人表现得尤为突出。但是老年人易患慢性疾病,所以持续性疼痛是随着年龄的增大而增加的。

视听等其他感觉类型,是随着年龄的增长而减退,但痛觉并非如此。有人仔细测定了老年人的痛阈,发现有升高,有降低,也有不变的。经分析,其与刺激性质有关,电刺激痛阈降低或不变,但热刺激痛阈升高。老年人热痛阈升高是因为中枢神经系统对热刺激的反应性降低;老年人皮肤变薄,易于散热,最后导致热痛阈的提高。也有研究认为,老年人所表现出的痛阈提高,痛敏感性降低,是由于随着年龄的增长,介导分辨力强的精细疼痛的 Δ 纤维发生选择性障碍的结果。

(二) 性别

一般都认为男性比女性对疼痛有较高的承受力。但有的研究发现,在低强度的痛刺激时,男女之间的疼痛感觉没有什么大的区别。只是在使用强刺激时,女性报告得更痛。因而认为,痛阈在男女之间没有区别,而耐痛阈男性高于女性。总之,与男性相比较,女性有更强烈的痛体验,疼痛的持续时间更长,也有较多的情绪障碍,并且也较易于公开表达出来,有更多的患者出现明显的躯体化和抑郁,更多地去求医找药,也有更多的人因疼痛而丧失劳动力。女性对关节炎、偏头痛、面部肌肉神经痛及灼痛比较敏感,而男性对后背痛及心脏的疼痛比较敏感。造成痛觉和痛反应上男女差别的原因,一般认为与复杂的疼痛调节网络有关。疼痛调节网络是指从外周到中枢,涉及伤害性信息的加工、处理、整合、调节的神经结构,在长期的性发育过程中造成了男女差别。

二、社 会 因 素

(一) 社会文化

文化背景对伤害性刺激引起防御反射并没有明显的影响,但对疼痛的行为有着强烈的影响。在一项调查中,北欧和西欧的民族较南欧或拉丁民族在疼痛时表现出较少的情绪变化,关于疼痛的主诉也较少。有人认为中国人耐痛力较强,但加拿大有人对华人与欧美留学生做冰水致痛对比,结果说明华人学生耐痛力低于欧美学生。然而,华人慢性疼痛的门诊率为13%,晚期癌痛为24%,又低于西方的40%。同样,跨文化研究显示,人类分娩疼痛现象也包含了许多社会学习的成分。不同种族和文化的群体可以对不同形式的疼痛表现出极大的耐受性差异。

在一些民族的礼仪、习俗、信仰及宗教仪式等影响下，对疼痛产生明显不同的行为表现，更是屡见不鲜。例如，在一些印第安部落，至今还存在一种"钩-荡典礼"。人们选出本部落的权力人物，代表神，称为祭司。人们用铁钩穿过皮肤将其悬空挂在架子上，并自由摆动，沿途向儿童和农田祝福。在仪式中他们并没有疼痛的行为表现，反而显出得意的精神。我国佛教徒也有人将烛台、香炉等用钩子吊在手臂皮肤上，朝山进香，招摇过市。

（二）家庭教育环境

疼痛在某种意义上与家庭的教育环境有关。例如，一个家庭对外伤很重视，轻微的破损就表现出大惊小怪；另一个家庭对外伤很不在乎，甚至严重的外伤，流不少血也认为没有什么了不起。这两种截然不同的观点，必然会影响孩子对疼痛的认识、感受和反应。

儿童对疼痛的行为表现没有性别差异。但由于家庭的教育和社会环境的影响，男孩在疼痛时常表现顽强、勇敢、不怕痛和不爱哭；而女孩则允许较充分地表达情感和疼痛行为。

三、心 理 因 素

（一）人格特征

对疼痛的敏感性与表达方式涉及人格特征。一些较为脆弱或过于敏感的人，对弱的痛刺激，也能产生强烈的痛反应。Lynn R等对一组学生进行疼痛耐性测定，发现外向性格，忍受性比较强。Eysenck G对产妇进行研究，发现内向性格感受痛觉更早、更强。EPQ调查发现，具有神经质（N分高）的人情绪比较脆弱，对疼痛的主诉较多，而且也易于产生神经症的各种表现。这一分值与心理障碍呈正相关。外向（E分高）者对疼痛能很好地耐受，虽然患者夸大疼痛的症状，有很多主诉，情绪冲动，但心理障碍的程度较轻。以MMPI测量表明，癔症人格者常夸大对疼痛的感受，较多的医疗需求，易与医护人员冲突；疑病人格者过分担忧自己躯体的功能状况，对疼痛敏感；有强迫人格者，如发生疼痛显得格外焦虑，这种人经常会问及使医生难以回答的许多医疗细节。长而持续的、令人难以忍受的疼痛给肉体和精神带来的影响，这种折磨使人的性格发生了变态。温顺的人变得暴躁、坚强的人变得懦弱，就连最顽强的人也不比最歇斯底里的姑娘显得更安静。

（二）认知评价

对疼痛的信念、评价及应对策略都对疼痛的发生、发展及表现形式产生重大的影响。例如，孩子在游戏中，被人打了一下，他可以毫不介意，没有疼痛的感觉与反应。但是在另一个场合，因为做错了事，被父母同样打了一下，他会感到疼痛和哭泣，甚至逃跑。Beecher在第二次世界大战时曾对重伤兵进行观察，发现只有1/3诉说非常疼痛，要求使用吗啡。而类似伤势的平民有4/5的伤员感到有剧烈疼痛，要求注射吗啡，这完全是由于对疼痛的不同理解，即不同的认知性评价，造成的不同疼痛体验和疼痛反应。有报道，慢性腰背痛的患者，当听到医师们讨论腰背痛时，其腰背部肌张力明显提高；而对照组的正常健康人和腰背痛患者在平时都没有局部肌张力的提高。这说明，医师们的发言影响了患者对自身疼痛的认知性评价，进而影响疼痛的发展。再说，慢性疼痛患者常常产生一种负性期待（negative expectation），心理受到挫折，表现为对控制疼痛缺乏自信心，垂头丧气，这种适应不良的思维会长期地使患者不能从疼痛的苦恼中解脱出来。

幻肢痛也与认知评价有关，我国截肢后幻肢痛发生率低于国外，有人认为与医疗保障有关。美国在越战的伤员，由于丧失职业与保险的认知，幻肢痛发生率很高。我国也有因工伤纠纷而疼痛明显难以治愈者。

(三) 暗示

暗示是医生引导患者去注意某些事。当注意高度集中于某一点时，其他方面包括疼痛即会处于抑制状态，这时候疼痛会明显减轻或变得不明显。个人的注意力集中到疼痛，则痛感要比平时强烈；转移对疼痛的注意，能减轻或消除疼痛。例如，令人振奋的游戏、小说或电影，都可以分散患者对疼痛的注意力，而自觉疼痛有所减轻。一位杰出的女演员，有强烈的关节疼痛，当她听到舞台演出的音乐时，关节痛便顷刻间消失，但音乐一结束，关节又痛起来。运动员在激烈的比赛中，不同程度的碰擦伤，往往都不引起注意，不感到有痛和不适，但比赛一结束，疼痛就开始出现，有时甚至到使人无法忍受的地步。再如，脉管炎的患者和手术后的患者，他们的疼痛一般都是白天轻、夜间重，其主要原因是注意被分散或集中起来的结果。不少患者都诉说，缓解疼痛的有效方法是把自己的精力集中到工作上。有人已应用音乐作为分心（distraction）的一种策略，有效地控制镶牙和拔牙引起的疼痛。但是一般地说，用分心的方法缓解强烈或持久的疼痛，效果较差。如果对某一事物注意过久，也会产生疲劳而降低效果。

催眠是一种迷睡状态，在这种状态下，受试者的注意力高度集中于催眠师，而对其他刺激的注意便显著减弱。被催眠后，在适当的暗示下，受试者能耐受刀割和烧灼而不感到疼痛。印度有些和尚迈步走在火热的煤炭上或躺在带钉刺的床上而没有疼痛的表现。这种被神秘主义者称为"冥想状态"，实际上是长时间地将注意力高度集中到内在的情感、思维或意象上的结果，是一种自我催眠或自我暗示。在镇痛药物研究中的安慰剂效应，实际上也是暗示的结果。凡是指导过双盲试验的人都知道，试验者对于被测试新药的效力都抱有期望，他的热心或兴奋情绪也会传给患者。这就清楚地表明：除药物本身的效应外，心理因素，特别是医生和患者对新药的关注，对其缓解疼痛的期望，都能对疼痛的治疗产生影响。

(四) 情绪状态

疼痛一般都伴有情绪活动，由 C 纤维传导的深部钝痛、内脏痛和牙髓痛的情绪反应尤为明显。焦虑常引起痛阈降低，使疼痛更容易出现、更剧烈。相反，在兴奋、欢快的情况下，疼痛会被抑制，甚至没有痛反应表现。因为这种伤害性信息可以传到调节情绪活动的大脑边缘系统。反过来，情绪在疼痛中也起着重要的作用，这已由许多观察所证实。焦虑可以加剧疼痛，抑郁和焦虑也常伴随慢性疼痛。

慢性疼痛能强烈地影响患者的心理健康及社会功能。疼痛持续时间越长，患者越可能变得抑郁、恐惧、激惹。设法解除焦虑，会明显减弱相同条件下所引起的痛觉。但近来的研究表明，关键的问题是为什么而焦虑，与疼痛有关的焦虑增强疼痛，与其他事件有关的焦虑则抑制疼痛。据报道，慢性疼痛的抑郁发生率在 10%～80%；抑郁症有疼痛者占 56%～65%。对 80 例慢性疼痛（35 例伴抑郁，45 例无抑郁）患者做地塞米松抑制试验，伴抑郁者 40%呈阳性，无抑郁者无 1 例阳性。临床上用抗抑郁药（阿米替林）治疗慢性疼痛有效。

恐惧心理会增强对疼痛的反应。严重的情绪应激还常引起一些疼痛性病理改变，如偏头痛。甚至在没有病理性器官疾病存在的情况下，严重或持久的情绪应激也可以便旧的疼痛复发，还能引发新的疼痛。

近年来的观察表明，许多慢性痛患者都有愤怒的情绪反应，愤怒也是疼痛情绪改变的一种特征性表现。它对患者的躯体、心理的安宁和健康产生影响，还能影响患者的心理社会关系，会引起人际冲突，不配合治疗，出现对疼痛应激的适应不良，从而形成恶性循环。

第三节 疼痛的评估

疼痛的量化可以使患者在心理上增加积极效应，而且也可为疼痛治疗的有效性提供依据。临床疼痛评估主要考虑4个方面的目的：①疼痛的准确评估有利于明确诊断和选择适当的治疗措施。②监测治疗过程中疼痛的波动情况，免去患者做回顾性比较，减少结果的偏差。③评价治疗效果，区分出治疗的特异性作用。④经过对患者疼痛状况一段时间的仔细观察，有利于确定疼痛控制因素，也能证实治疗效果。临床常采用一些强度量表和问卷表进行疼痛强度评估。

理想的疼痛评估方法应该具有以下特点：

1. 提供较敏感的检测方法，不受各种检测方法的内在倾向性影响 倾向性影响主要来自实验者和被测者的主观感觉，可以采用双盲法克服。外来影响因素有药物副作用等。在疼痛评估时，应尽量鉴别这些倾向性因素以减少偏差。

2. 快速提供准确、可信的信息资料 在疼痛测试中，被测者的判断和执行能力可以直接影响测试的敏感性和可靠性。

3. 能将痛觉从整个痛苦感觉中区分出来 疼痛包括痛觉和疼痛引起的一系列不愉快的痛苦感受。为便于对疼痛机制和镇痛疗效分析，必须将痛觉和由此引起的不适感受区分开来。

4. 实验和临床采用相同的测痛方法，便于实验和临床结果的比较 采取相同的评价方法，能将实验研究结果评价临床疼痛机制、辅助临床疼痛的评估。

5. 提供绝对的而非相对的检测标准，利于进行群体间和群体内部比较 绝对评估法是指在感觉评价时与一个内在或外在标准比较，该评估法应该不受感觉的来源、在同一时间其他刺激诱发的感觉强度和频率的影响。相对检测法是根据与其他感受比较来判断一种感觉的大小，此种方法在检测不同刺激引起的不同感觉或测定影响疼痛因素介入后痛觉改变时，可以取得较为满意的结果。但在进行群体间疼痛测定比较时（如两种不同手术的术后疼痛进行评价时），必须采用绝对标准，因为此时没有一个基准或治疗前疼痛状况作比较。此外，纵向比较时，绝对评估法也具有非常重要的意义。

在疼痛的诊治过程中，不仅要了解患者有无疼痛，更重要的是了解患者疼痛强度的变化，从而评价其疾病的发展状况和治疗呈现的效果。临床常采用一些强度量表和问卷表进行疼痛强度的评估。

一、疼痛强度量表

疼痛强度的评价量表是目前临床使用最多的一类疼痛强度评价方法，包括视觉模拟量表（visual analog scales，VAS）、语言评价量表（Verbal rating scales，VRS）、数字评价量表（numeric rating scales，NRS）等。患者可以根据自己的疼痛感受按照不同的方法要求进行评定。这些方法设计简单且较为实用，各种方法的评价结果具有较高的相关性。这些强度评价量表的最大缺陷在于，只单一地用强度来对疼痛进行评定，而不考虑疼痛的性质、对人体的影响等诸多方面。正如强度相等的牙痛与腹痛、骨折痛是完全不同的。所以，单用强度对疼痛进行评价，就像只用光亮度来描述视觉而忽视其颜色、类型和空间立体感等一样，并不完善。

（一）视觉模拟量表 VAS

VAS 最早用于心理学中检查人的情绪（如焦虑、抑郁）的量的变化，以后引入疼痛测定，作为一种评价急性和慢性疼痛的方法。VAS 是一种简单、有效、疼痛强度最低限度地参与的测量方法；对能改变疼痛过程中的药理学和非药理学的处置敏感，它与疼痛测量的词语和数字定量表高度相关。作为一种测量疼痛感觉强度的方法，VAS 的主要优点是它的比率衡量性质，使它更适合于准确表达从多个时间点或从多个独立的个体样本获得的 VAS 测量间的百分率差异。主要缺点是它假定疼痛是一种单一方面的"强度"经历，而忽视了直观过程中的形式、颜色、质地和其他许多方面。应用结果显示，VAS 具有敏感、结果可靠和使用方便的特点。

国内临床上通常采用中华医学会疼痛学会监制的 VAS 卡。在卡中心刻有数字的 10cm 长线上有可滑动的游标，两端分别表示"无痛"（0）和"想象中最剧烈的疼痛"（10）。患者面对无刻度的一面，由其本人根据自身的痛感受程度，将游标放在当时最能代表疼痛程度的部位；医护人员面对有刻度的一面，并记录游标所示刻度（即疼痛程度）。VAS 的受试者必须具备抽象概念的理解能力，否则进行 VAS 是很费时的（图 11-3）。

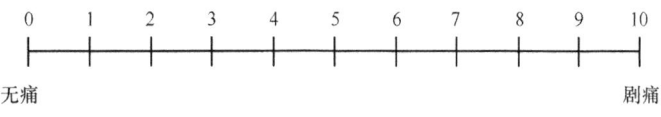

图 11-3　0~10 疼痛视觉模拟量表

VAS 方法目前在临床使用最多，是最常用的疼痛强度评价方法，被广泛用于评定一些药物和非药物疼痛治疗方法的疗效。应用 VAS 进行镇痛疗效评定时，最佳的方法是每次进行 VAS 的绝对值评分，应避免让患者用目前的疼痛强度占治疗前的百分比来表示，以减少主观倾向性。

（二）语言评价量表

此方法是加拿大 McGill 疼痛量表的一部分，采用 0~5 级评分，每个分级都有对疼痛程度简洁扼要的语词描述，容易被医务人员和患者理解和应用。0 级：无疼痛；1 级：轻度疼痛，可忍受，能正常生活睡眠；2 级：中度疼痛，轻度干扰睡眠，需用止痛药；3 级：重度疼痛，干扰睡眠，需用麻醉止痛剂；4 级：剧烈疼痛，干扰睡眠较重，伴有其他症状；5 级：无法忍受，严重干扰睡眠，伴有其他症状或被动体位。VRS 和 VAS 具有良好的相关性，与 VAS 比较，VRS 更易理解，更适用于文化程度低及抽象概念理解有困难的患者。但 VRS 的缺点是可靠性差。

（三）数字评价量表

NRS 是临床上更为简单的评分法。NRS 将疼痛程度用 0~10 这 11 个数字表示，见图 11-4。0 表示无痛，10 表示最痛。其程度分级标准为 0 为无痛，1~3 为轻度疼痛；4~6

为中度疼痛；7～10 为重度疼痛。被测者根据个人疼痛感受在其中一个数字标记。这种方法易于被患者理解，并且可以用口述或书写的方式来表示。VAS 与 NRS 相关性良好，但更多学者认为 VAS 比 NRS 敏感性高而且效果可靠。

图 11-4　0～10 疼痛数字评定量表（NRSl0）

数字评价量表还有另一形式，是采用 0～100 共 101 个点评定疼痛，简称 NRS101，见图 11-5。0 为无痛，100 为最痛。本量表对疼痛的表述更加精确，主要用于疼痛的临床研究和镇痛药研究领域。

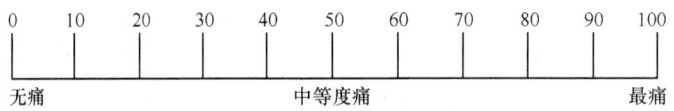

图 11-5　0～100 疼痛数字评定量表（NRS101）

（四）Prince-Henry 评分法

此方法主要用于胸腹部大手术后的患者，气管切开插管不能讲话者，术前训练患者用手势表达疼痛的程度，从 0～4 分，分为 5 级。评分方法：0 分表示咳嗽时无疼痛；1 分表示咳嗽时才有疼痛发生；2 分表示深度呼吸时即有疼痛发生，安静时无疼痛；3 分表示静息状态下即有疼痛，但较轻，可以忍受；4 分表示静息状态下即有剧烈疼痛，难以忍受。此方法简便可靠，易于临床应用。

（五）五指法

此方法分类形式与 Prince-Henry 评分法相似。评估时向患者展示五指，小指表示无痛，环指表示轻度疼痛，中指表示中度疼痛，示指表示重度痛；拇指表示为剧痛，让患者进行选择。

（六）面部表情量表

不同程度疼痛的面部表情（图 11-6）：面容 0 表示笑容全无疼痛；面容 1 表示极轻微疼痛；面容 2 表示疼痛稍明显；面容 3 表示疼痛显著；面容 4 表示重度疼痛；面容 5 表示最剧烈疼痛。

图 11-6　不同程度疼痛的面部表情

二、疼痛问卷

痛刺激经传入神经系统，通过脊髓、上传至大脑皮质的同时，经过多突触传递和侧支传递，将兴奋传至网状系统和边缘系统等中枢区域。因此，在形成痛觉的同时，还可以引起情感和认知等方面的心理变化。所以，临床疼痛是由生理感觉、情感因素和认识成分等多方面相互作用决定的个体感受总和,具有多向性。因此,对临床疼痛的评价不能撇开这些对痛觉密切相关的心理因素而单独进行。疼痛问卷就是基于这些原因而设计的对疼痛进行多向性评价的方法。

(一) McGill 问卷表

McGill 问卷表(the McGill pain questionnaire,MPQ)是 1971 年加拿大的 Melzack 和 Torgerson 首先建立的一种说明疼痛性质强度的评价方法。MPQ 是基于多种原因而设计的对疼痛进行多向性评价的方法,是多维因素自报测痛法,已被证实是一种可靠的、有效的、有一致性的测量手段,被广泛应用于临床。

该调查表起初是从生理及心理学角度,将疼痛的性质分为感觉、情绪与评价三维结构组成,各制成一个分量表,将描述疼痛的 102 个词分为 3 类 16 组。该 3 类分别是①感觉类:包括疼痛的时间、空间、压力、温度等特点。②情感类:包括描述与疼痛相关的紧张、自主感受和恐惧等。③评价类:包括一组评价疼痛强度的词。检测者根据患者的感觉程度,对每一个词的强度按照 1~5 级给予评定。

1975 年 Melzack 在上述工作的基础上提出了较完整、系统的 McGill 疼痛问卷表。从感觉、情感、评价和其他相关的四个方面因素及现时疼痛强度(present pain intensity,PPI)对疼痛强度进行较全面的评价。此时的 McGill 疼痛问卷表共含有 4 类 20 组疼痛描述词,每组词按疼痛的程度递增的顺序排列,其中 1~10 组为感觉类,11~15 组为情感类,16 组为评价类,17~20 组为其他相关类。被测者在每一组词中选一个与自己痛觉程度相同的词(没有合适的可以不选)。

MPQ 评分:①疼痛评定指数(pain rating index,PRI),根据被测者所选出词在组中的位置可以得出一个数值(序号数),所有这些选出词的数值之和即是疼痛评定指数(PRI)。PRI 可以求出四类的总和,也可以分类计算。②选出词的总数(NWC)。③现实疼痛强度(PPI),用 6 分 NRS 评定当时患者全身总的疼痛强度。自 1975 年引入 MPQ 以来,MPQ 已被应用于众多的急、慢性疼痛实验研究之中,还被翻译为法、德等多种语言,结果证实其方法具有实用性、可靠性、一致性和有效性,且适用广泛。由于 MPQ 从不同的角度进行疼痛评估,所以在疼痛的鉴别诊断中也起着一定的作用,已成为广泛使用的临床工具和研究工具。我国临床疼痛评价主要采用 VAS 等单纯强度评价法,虽然 MPQ 中有的描述方法不适合我国的语言习惯,但对于我们进行较全面的疼痛评价,还是具有借鉴意义的。

简化的 McGill 疼痛问卷表(short-form of McGill pain questionnaire,SF-MPQ)(表 11-3)是在 MPQ 基础上简化而来的。由于 MPQ 包括内容多,检测花时间长、较繁琐,Melzack 又提出内容简捷、花时间短的 SF-MPQ。SF-MPQ 仅由 11 个感觉类和 4 个情感类对疼痛的描述词及 PPI 和 VAS 组成。所有描述词均用 0~3 表示"无痛""轻度痛""中度痛"和"重度痛"。由此分类求出 PPI 或总的 PPI。PPI 仍用 6 分法评定。SF-MPQ 适用于检测时间有限而同时又要获得其他疼痛强度信息如 VAS 评分结果时。同典型的 MPQ 一样,SF-MPQ 也同样是一种敏感、可靠的疼痛评价方法,其评价结果与 MPQ 具有很高的相关性。SF-MPQ 也能对不同的疼痛综合征进行分辨鉴别。

Ⅰ. 疼痛评级指数（PRI）的评估：

表 11-3 简式的 McGill 疼痛问卷表

疼痛的性质	疼痛的程度			
	无	轻	中	重
A 感觉项				
跳痛	0	1	2	3
刺痛	0	1	2	3
刀割痛	0	1	2	3
锐痛	0	1	2	3
痉挛牵扯痛	0	1	2	3
绞痛	0	1	2	3
热灼痛	0	1	2	3
持续固定痛	0	1	2	3
胀痛	0	1	2	3
触痛撕裂痛	0	1	2	3
感觉项总分：				
B 情感项				
软弱无力	0	1	2	3
厌烦	0	1	2	3
害怕	0	1	2	3
受罪、惩罚感	0	1	2	3
情感项总分：				

Ⅱ. 视觉模拟评分法（VAS）：（见图 11-3）

Ⅲ. 现时疼痛强度（PPI）评分法：

0—无痛；1—轻度痛，2—中度痛；3—重度痛；4—剧烈痛；5—难以忍受的痛。

（二）简明疼痛问卷表

简明疼痛问卷表（brief pain questionnaire，BPQ）又称简明疼痛调查表（brief pain inventory，BPI），是将感觉、情感和评价这 3 个因素分别量化。此表包括了有关疼痛原因、疼痛性质、对生活的影响、疼痛的部位等描述词，以及上述 NRS（0～10 级）描述疼痛程度，从多方面进行评价。

BPQ 是一种快速多维的测痛与评价方法。与上述问卷不同，BPQ 不仅采用 NRS 表达患者的疼痛强度，还以 NRS 从疼痛对患者的情绪、行走、其他生理功能、工作、社会活动、与他人的关系和睡眠的影响等角度，对疼痛进行多方面的评价，还对疼痛的部位和性质进行全面的描述。所以，BPQ 是一较全面的疼痛评价方法，对肿瘤疼痛及其他一些慢性疼痛的评价结果显示其全面性和有效性。

三、心理生理测量法

评估疼痛的方法是测量一些生理指标，因为疼痛可以影响机体的功能。

1. 肌电图（EMG） 通过测量肌肉的电活动来反应它们的紧张性。因为肌紧张与多种疼痛状态（如头痛、腰痛）相关。

2. 自律性活动（如心率及皮肤导电力） 通过测量自律性活动来评估疼痛。John Dowling（1983）进行了一项研究，测量经历寒冷加压试验的大学生在试验前、中、后的自律性活动。实验前的值是在受试者等待将手放入冰水中的信号时测出的，实验后的值是在受试者知道不会再经历疼痛并且休息时测出的。结果显示：实验前及实验中的自律性活动与受试者的手臂在冰水中停留的时间长短有关。还发现对疼痛耐受会限制自律性活动，表现为没有感到疼痛时，自律性活动更活跃，易于发生变化。尽管对一些自律性活动的测量有助于评估疼痛的情感成分，但它们的作用也仅限于此。

3. 脑电图（EEG） 当人的感觉系统探测到了刺激，刺激信号传入大脑，使脑电图发生改变。刺激引起的电流改变称为诱发电位，并以尖锐的波峰表现在脑电图中。疼痛刺激产生的诱发电位可大可小，波幅随刺激的增强而增大，随疼痛的缓解而减小，并且与患者对疼痛的主观感受有关。

四、疼痛的综合评估

临床医护人员在对患者的疼痛进行评估过程中，应注意通过观察、访谈和检查等手段，详细了解患者的疾病发生、发展情况，在全面、系统问诊的基础上，有重点地采集疼痛病史，对疼痛注意综合评估，包括疼痛的病因、性质、程度、部位及对日常生活的影响等多个方面。

第四节 疼痛的心理行为干预

引起疼痛的原因往往错综复杂，治疗的首要任务是尽可能查明原因后进行妥善的处理。临床上相当多的不明原因的躯体疼痛往往是慢性迁延，同时伴随明显的功能缺损和精神痛苦。疼痛的干预包括：

1. 生物学干预 针对损伤的原因进行处理，服用阵痛药物，手术方法，关闭脊髓痛觉阀门，针刺止痛（传统医学）。

2. 心理干预 疼痛可以采用多种心理干预方法，如认知疗法、暗示和催眠疗法、行为疗法、生物反馈疗法、转移注意力、系统脱敏疗法。例如，暗示疗法：借助安慰剂进行暗示治疗，或者实施自我暗示训练。松弛训练：运用操作性条件反射技术，通过肌肉渐进松弛训练来控制焦虑，间接减轻疼痛反应，对紧张性疼痛效果更好。

3. 生物反馈疗法 借助生物反馈仪，通过神经肌肉松弛训练技术，控制疼痛的心理与生理反应。

4. 认知行为疗法（cognitive behavioral therapy） 通过改变对疼痛的认知评价，训练紧张应对技能，达到减轻和缓解疼痛的目的。应激接种训练：通过帮助患者建立从应对较低应激水平的能力开始，逐步提高应对技能，以适应对付比较痛苦的刺激，增强对应激的耐受能力。

行为学方法的基础是把疼痛放到社会背景中加以理解。慢性疼痛患者的行为不仅强化他人的行为，也被他人的行为所强化。疼痛行为，如龇牙咧嘴、防卫状态和服止痛药，提示患者自我感受的疼痛严重程度和功能残疾，并且这些行为可预测患者是否接受阿片治疗。在治疗中，锁定建设性行为予以强化，锁定疼痛行为予以消除。门控理论改变了很多临床工作者对疼痛的概念，明白了控制疼痛不仅可以通过生物化学途径直接改变感觉输入，还可以通过改变动机和认知活动来实现。这种对疼痛更复杂的认识为心理学方法介入疼痛治疗提供了合理性。心理医生可以帮助患者：①更有效地应对疼痛及其他压力源；②减轻患者对止痛剂的依赖性。行为和认知疗法是心理医生常用的方法，在这一部分中，我们将看到 3 种。第一种是通过条件反射的途径来改变患者疼痛行为的。

条件反射途径主要有两个目标：

1. 减少患者对止痛药物的依赖 在患者同意的情况下，采用 Wilbert Fordyce 的方法。此方法的一个特点就是固定给药时间，如每 4 小时一次，而不是按患者的需求给予。将药物的给予和需求分开，从而消除药物加强疼痛行为的可能。另外，药片被裹上了糖衣，患者尝不出药物的真实味道。过几周后，药片中药物的含量便开始逐渐减少，直至糖衣中只有很少的或没有了药物成分。

2. 减少与慢性疼痛相关的残障 通过改变行为的结果来加强正性行为，消除疼痛行为。此方法的主要内容是治疗师训练患者身边的人检测并记录患者的疼痛行为，试着减少这些负性行为、鼓励正性行为。能够强化行为的因素有很多，如关注、表扬、微笑、糖果、钱或者看电视的机会等，也可以通过合约使这些强化行为正式化。治疗时应定期察看关于疼痛行为的记录，以便及时调整治疗方案。

一、放松疗法和生物反馈疗法

许多人都经历过由生理改变引起的慢性疼痛的急性发作，而这些生理改变是由压力引起的。如果这些患者能够控制他们感到的压力或者导致疼痛的生理改变，则他们就能减少疼痛发作的频率和强度。偏头痛是脑部血管扩张所致，而紧张性头痛是头皮、颈部及肩部肌肉持续收缩所致，其他关于头痛的理论关注的是大脑的活动，但是对偏头痛和紧张性头痛的研究结果还是支持经典的观点。因为压力和生理活动在引起疼痛方面有关联，治疗师们便应用逐步的肌肉放松和生物反馈的方法来帮助人们控制疼痛。这些治疗通常是每周进行，持续 2~3 个月。逐步肌肉放松疗法也可以让患者将注意力集中在特定的肌群，交替地收缩和放松这些肌肉。受过上述训练的患者应立即应用这种方法来减轻压力，尤其是当他们觉得疼痛就要来临时。

在生物反馈的方法中人们学会通过监测仪器反馈的信息，尽量去主动控制一项身体功能（如心率）。在众多的生理活动中，有两项在控制疼痛中备受关注。一项是肌肉紧张性，用来治疗紧张性头痛。患者通过肌电图反馈的信息，学会控制特定肌群（额头及肩颈肌）的紧张性。另一项是动脉的收缩和扩张，用来治疗偏头痛。

放松疗法和生物反馈疗法真的可以有效减轻疼痛。而且这个结论是经过对检测这两种方法的研究作了回顾和推理后得出的。但是，关于这个结论还有几点需要澄清。

第一，尽管研究证明放松和生物反馈疗法可以缓解多种疼痛，如关节痛、幻肢痛及腰痛，但是大部分这方面的研究关注的还是头痛。对于偏头痛，将放松疗法及生物反馈疗法结合应用的效果和用药物控制血管扩张的效果差不多，如果将这两种方法与药物联合应用，效果更好。

第二，放松疗法和生物反馈疗法在缓解头痛方面的效果差不多。放松疗法对于偏头痛效果更好，而生物反馈疗法更适用于紧张性头痛，研究人员在治疗结束后回顾患者的每日疼痛记录，看看是否体现出头痛的减轻（频率、强度和持续时间），并且对比接受这两种方法训练的患者和对照组患者的头痛情况来证明这些方法是否成功。一个对照组的患者不接受训练，仅仅记录头痛日记；另一个对照组的患者记头痛日记，并且接受安慰治疗，如使用安慰剂或者在接受生物反馈治疗的过程中给予患者身体功能的假信息。大体来看，放松治疗或生物反馈治疗的效果是安慰治疗的2倍，安慰治疗的效果又比仅仅监测头痛好。

第三，生物反馈疗法比放松疗法对紧张性头痛的效果更好一点，而且如果两种方法联合使用效果更佳。这些发现对临床工作也许有指导意义，但是这些结果是很不可靠的，因为患者不同治疗效果的差异也很大。如仅仅应用放松疗法的患者中，疼痛改善的程度从17%~94%不等，两种方法联合应用的患者中，疼痛改善的程度从29%~88%，这些差异是很重要的：反映了许多患者，尤其是中年人和老年人应用这些方法的效果较差，因为生物反馈疗法相对较昂贵，所以治疗前对效果的预测是很重要的。一些证据表明：多数孩子及那些具有某些特定的心理生理模式（如疼痛和肌电图具有高度相关性）的患者更适和应用生物反馈疗法。

第四，尽管患者应用他们从放松疗法和生物反馈疗法中学到的控制生理活动的技巧可以缓解疼痛，但这个过程中心理因素似乎也起了一定的作用，如安慰疗法比单纯地监测头痛更能缓解疼痛。为什么会这样呢？患者的想法、信念、自然认知等因素可能是安慰剂成功的原因，同时也在放松和生物反馈疗法中起了一定的作用。

放松疗法和生物反馈疗法对缓解许多慢性疼痛患者的不适很有帮助，但是这些方法并不能彻底地缓解疼痛。因为慢性疼痛是一个感觉和心理社会因素互相作用的复杂过程。治疗师一般会将这些方法与其他方法联合应用，特别是认知疗法（关注患者在经历疼痛时的思维模式的疗法）。

二、认知疗法

为了帮助人们更有效地应对疼痛，医生需要评估及关注患者的思想。疼痛的认知疗法（包括积极应对技巧）的确能够有效地帮助患者应对疼痛。这些方法基本分为3类：分心、想象及再定义。下面我们来看看这些方法对急、慢性疼痛的作用。

（一）分心

如诊室里有丰富多彩的图画或能看到美景的大窗户，当躺在治疗椅上时会利用这些图画和窗外的景色来分散注意力。分心是一项通过关注非疼痛刺激，而使注意力从不适的体验上转移的方法，我们可以用很多方法来分散注意力，如欣赏图画、倾听某人的讲话、数天花板的瓷砖、玩电子游戏或做数学题。

分心的方法并不适用于所有疼痛，对急性疼痛的研究发现，它更适用于轻、中度疼痛，有3个因素影响分心的作用。

第一个因素是分散注意力的多少。一项实验对大学生应用寒冷加压法，用不同的活动使他们分心，这些活动是中性的（既非愉快的也非痛苦的），如观察仪表板或屏幕上的彩灯并做出规定的反应。分散注意力较多的活动需要对刺激做出频繁的及复杂的反应。研究结果表明，分散注意力的多少对疼痛感知的影响仅限于感到疼痛之前，一旦受试者已经感到疼痛，那么即使分散再多的注意力也无法减轻他的痛感。

第二个因素，使受试者分心的活动是否令人感兴趣。研究人员将接受免疫注射的10岁孩子分为三组：标准照顾组、局部麻醉组和分散注意力组。分散注意力的活动是让孩子们观看自己选的电影，并且回答护士的问题，如"电影里谁是好人啊"。这组的孩子出现的焦虑较其他两组少，对疼痛的应对也比其他两组良好。

第三个因素，使人分心的刺激是否真实形象。研究人员通过耳机给正在进行寒冷加压实验的大学生以听觉刺激，一组听到的是清楚的、引人注意的声音如音乐，并且他们可以自己调整声音的大小。研究人员发现声音越大越有助于减轻痛感。另一组听到的是低沉的模糊的嗡嗡声，尽管也能自己调节声音的大小，但这组的受试者将手浸在冰水中的时间要短于另一组。

受试者会怀疑这种方法的功效。因为患者对治疗的信心会影响到分心对疼痛感知的作用，所以在治疗前，治疗师应让患者明白这些方法确有功效。一位治疗师就这个问题进行了下面的描述：

分心的方法适用于急性疼痛，如一些创伤性的医疗介入。在某些情况下，也能缓解一些患者的慢性疼痛。唱歌或者盯住一件东西可以使患者短暂地分神，这是非常有用的，如关节炎患者在上楼时感到很痛，就可以采用。如果想让分心的方法长时间起作用，就需要进行一项非常引人入胜的活动，如看电影或读书。

（二）想象

有时，当孩子们在打针时，父母会让他们想象一些美好的事情，如刚才在公园里玩耍的情景。无痛想象，又称引导想象，是一种通过想象与疼痛无关的或相反的情景来减轻不适的方法，人们最常想象的往往是令他们感到愉快的场景，如在海边或乡间漫步。治疗师通常会鼓励或引导患者应用多种感觉，视觉、听觉、味觉、嗅觉及触觉。例如，在海边的场景应该包括海边的景色、海水的味道、海浪的声音和温暖的沙粒。想象也有不愉快的，如和某人争吵，或者转换疼痛的感觉为针刺感。想象应维持得越长越好。

想象和分心有许多类似之处。最主要的区别就是想象是虚幻的而不是基于环境中真实的物体或事件，所以应用想象的方法不需要环境中有合适的能分散注意力的刺激。他们可以任意发挥想象，找到缓解疼痛最有效的场景，然后在每次需要时，唤起这些场景。

当人们全身心投入想象时，这个方法的效果比较好。而且想象更适用于轻、中度疼痛，而非重度疼痛。尽管想象可以明显减轻急性疼痛，但是这种方法对于慢性疼痛的缓解程度仍未明了。因为想象力因人而异，所以用想象来缓解疼痛的方法不适用于那些缺乏想象力的人。

（三）再定义

疼痛再定义是第3种减轻疼痛的认知方法，是将疼痛唤起的威胁感和对损伤的恐惧替换为积极的、客观理智的看法。治疗师可以通过多种途径帮助患者对疼痛体验进行再定义。一种方法是让患者用积极的言语自我鼓励。这种言语大体分为两类：①应对性陈述，强调人们忍耐不适的能力，如"虽然很疼，但我还能自我控制"或"勇敢些，我坚持得住"；②重新解释性陈述，否定疼痛中不好的方面，如"这并不坏""这不是最糟的"或"虽然很疼，但想想疼痛过后的收益"，最后这句话特别适用于在进行致痛的医疗活动时使用。

还有两种方法可以帮助人们再定义疼痛体验。①治疗师可以事先向患者描述治疗时可能出现的感觉,从而减轻真正治疗时的疼痛。治疗师的描述也可以帮助患者在治疗后更准确地回忆治疗时疼痛程度及他们对疼痛的应对如何。因为许多患者在治疗前会夸大即将经历的不适,从而错误地记忆了疼痛的强度,所以事先给他们提供真实、客观的信息,能够帮助他们在疼痛发生前对它进行再定义。②治疗师应让患者明白他们的一些想法是不合理的,会加重他们的痛感。

研究发现,认知疗法可有效缓解急性疼痛,其中分心和想象对轻、中度疼痛效果较好,而再定义更适用于强烈的疼痛。对于慢性疼痛,认知疗法的疗效受很多因素影响,如疼痛的强度、原因及应用哪种方法。对于缓解慢性疼痛,再定义比分心更有效一些。一项研究对比了这两种方法在缓解慢性疼痛中的作用。研究对象是正在接受躯体康复治疗的患者(包括关节炎的患者、截肢和脊髓损伤后的患者)。尽管两种方法都是有效的,接受再定义训练的患者感觉到更少的疼痛,并表现出更少的疼痛行为。

因为每一种行为及认知疗法对控制疼痛都是有帮助的,所以在帮助慢性疼痛的患者缓解疼痛的方案中往往联合应用了多种方法。例如,一项以关节炎患者为对象的研究,对这些患者进行了一项为期 5 周,包括了分心、想象及再定义三种方法的治疗。这项研究的特别之处是让患者在一些能引起疼痛的活动中应用这些治疗方法,如搬杂货、爬楼梯、拖地,而对照组的患者仅仅得到一本讲述如何自我帮助的书。治疗前后的评估显示,这种方法是非常有效的。对照组的患者在治疗期间仅有轻微的或根本就没有进步;相反,治疗组患者感到的疼痛减少,独立性增强,情绪好转,睡眠改善。

另一项研究对慢性腰痛的患者进行想象、再定义及放松疗法。一些患者接受这种治疗方案,还有一些仅接受放松疗法,剩下的患者为对照。在治疗结束后,和对照组的患者相比,其他两组的患者都感到疼痛缓解了,情绪好转了,活动能力也增强了,而且两组患者的疗效差不多。在治疗后进行了为期 1 年半的随访,通过患者自己对疼痛的评价及医疗记录发现治疗的效果是持续的。但是,进行认知和放松疗法联合治疗的患者的工作状况得到了显著的改善,比单纯应用放松治疗的患者平均每周工作时间多 60%。

三、心理治疗案例示范

在案例 11-1 中我们看到了一个对其足部疼痛不见好转而产生绝望的李女士以此为例进行心理治疗。

(一)治疗目标

在行为分析和动机解释的基础上,制订出治疗目标。其中,症状相关的目标首先集中于减轻疼痛症状、改善疼痛控制,影响症状的目标则更多集中于与患者个性相关的行为缺陷和现实生活问题。

(二)治疗计划

为实现拟订的目标,选择了整合多种模式的综合性治疗。治疗小组由医师、心理治疗师(作者)、护士、体育治疗师组成。

(三)治疗过程

李女士因有自杀行为而首先在封闭式病房治疗 3 周,主要进行支持性抗抑郁药物治疗,转出封闭式病房后才开始行为治疗。

首要的任务是建立可靠的治疗关系。通过详细了解病史、作疼痛日记，李女士觉得其身体痛苦受到重视和理解。她原先的躯体疾病观念自此开始不断得到扩展，渐变为更加宽泛的行为医学模式。从记日记中她学着确认加重和缓解疼痛的内外因素，学着改善情绪。记法如下：每小时给疼痛强度评分（0~100），同时回答3个问题："我正在做什么？我的感觉（情绪）怎样？我脑海里有什么念头？"记日记持续3周，治疗师与患者在治疗会谈时讨论、评估其中内容。

第1阶段，进行疼痛控制训练，学习以下技术：转移内外向的注意力、重组与疼痛相关的负性认知、渐进性肌肉放松、阶梯式躯体活动训练、增加享受性活动。停止使用止痛剂已无问题。

第2阶段，处理或长或短或愉悦或痛苦的疼痛行为序列。李女士领悟到，她的主诉是有效果的。治疗中很明显地可看到，她几乎毫无例外地用疼痛来表达自己的不良情绪，疼痛体验与情绪状态之间有非常紧密的联系。此外，疼痛可使她对社交环境（家庭、病友、治疗小组）进行有效控制。我们因此在与之谈妥之后尝试分离疼痛行为与其操作性强化之间的联系。她应该尽量不用言语表达疼痛，但要直接用言语表达需要、愿望和负性情绪，主动设法解决冲突。治疗小组和病友努力不再对其疼痛行为进行强化。相反，对其"健康行为"和任何一点在主动克服问题与冲突方面的进步都给予一致的褒奖、承认，进行强化。参加早锻炼、治疗体操、创造小组和解决问题小组对于实现这些目标同样有帮助。

第3阶段，主要与患者讨论解决现实的生活问题。周末放假回家让她在家中尝试适应。

（四）过程与疗效控制

在第3阶段，患者每日在一份直观的模拟量表上评定当日情绪和疼痛强度的"平均值"。此两项过程参数在最后3~4周里几乎均处于好的水平。情绪变平稳，疼痛也明显减轻。只是出院前不久与回家有关，出现过一次反复。治疗12周后，李女士情况稳定，已有工作要求，因而出院。

对于案例11-1的李女士，诱发条件：

在宏观层面上，起病前存在以下几项：私人性和职业性负担过重、跳舞过度、搬迁、调动工作、社会交往减少、紧邻父母居所。

从微观层面看，患者的疼痛日记显示某种模式，即疼痛的加剧和减轻有规律地与一些内外刺激相联系。①情境性刺激：不喜欢做的事（如家务）、身体运动（早锻炼、上楼梯）、在室内独处、碰到不愉快的话题（有关自杀的电视节目）、争论和冲突情景；②情绪性刺激：悲伤、忧郁，对疼痛和负担过重的恐惧、担心、紧张、不安、愤怒、无兴趣、无望无助感；③认知性刺激：将躯体不适和疼痛感感知评价为危险和威胁；与疼痛相关的观念、期待与想象；对自己主观上的耐受力和应对力的消极估计："我再也应付不了日常的要求，我独自一人再也熬不过这种无法忍受的状态了。"

综上，疼痛是继心率、呼吸、血压、体温后的第五大生命体征。疼痛是机体遭受伤害性刺激所产生的一组不愉快的心理生理反应，包括痛觉和痛反应两个方面。痛反应包括心理反应、行为表现、生理反应。

依据疼痛的性质，分为刺痛、灼痛和钝痛3类。依据疼痛的持续时间，分为短暂性疼痛、急性疼痛、慢性疼痛。疼痛对于人的身体健康具有积极和消极双重意义。一方面疼痛是由于机体在内外感受器受到较强刺激后所产生的一种临床症状，能够促使机体迅速做出适应性防御性反应；另一方面，疼痛经常伴随组织细胞的损伤。心理社会因素对疼痛有着重要的的影响。文化背景对伤害性刺激引起防御反射并没有明显的影响，但对疼痛的行为有着强烈的影响；对疼痛的信念、评价及应对策略都对疼痛的发生、发展及表现形式产生重大的影响。暗示、情绪状态、人格特征、年龄、性别也是疼痛的重要影响因素。

疼痛的评估包括各种强度量表、疼痛问卷及心理生理测量法和疼痛的综合评估。治疗的首要任务是尽可能查明原因后进行妥善的处理。疼痛的干预包括生物学干预和心理干预。生物学干预针对损伤的原因进行处理，服用阵痛药物，手术方法，关闭脊髓痛觉阀门，针刺止痛（传统医学）。心理干预则是针对疼痛采用多种心理干预方法，如认知疗法、暗示和催眠疗法、行为疗法、生物反馈疗法、转移注意力、系统脱敏疗法。例如：暗示疗法，借助安慰剂进行暗示治疗，或者实施自我暗示训练。

（王立金）

思 考 题

1. 疼痛的概念和特点是什么？
2. 疼痛的影响因素有哪些？
3. 临床常用的疼痛强度量表有哪些？
4. 临床实施疼痛评估后，如何进行疼痛的心理行为干预？

附录 1

医学心理学实验指导

实验一　反　应　时

【实验目的】

测量个体的视觉反应时间。

【实验原理】

从刺激呈现到做出反应之间所经历的时间称为反应时。反应时的研究是心理学研究中的一个传统课题。自 19 世纪中叶以来，反应时作为一个心理指标在个体差异的研究中有着重要的作用，它在智力测验、人格测验中常被定为必测项目。反应时的测量为推测不能直接观察到的心理过程打开了一个窗口。

一个完整的反应时间由五个部分组成：①感受器将物理或化学刺激转化为神经冲动的时间；②神经冲动由感受器传到大脑皮质的时间；③大脑皮质对信息进行加工的时间；④神经冲动由大脑皮质传至效应器的时间；⑤效应器做出反应的时间。

【实验材料】

计算机，心理学实验教学系统。

【实验方法】

1. 简单反应时

（1）打开计算机，打开心理学实验教学系统，（注册/登录后）选择"简单反应时"实验，点击"开始实验"。主试把测定视觉简单反应时的电脑程序调试到工作状态，让被试阅读指导语并熟悉反应盒的使用方法。

（2）启动电脑程序开始实验，每次测试屏幕先出现"预备"提示被试做好准备，本实验程序测量视觉简单反应时。在测试中呈现的刺激和要求被试做出的反应都只有 1 个，且固定不变。刺激为红色的圆，被试按红色键作反应。每次准备信号后间隔 2 秒呈现一红色圆，被试立即按下红色键。间隔 2 秒后呈现一个红色的圆，被试立即按下红色的反应键。一共测 30 次，如果在测试中被试抢答，则电脑程序显示警告信息，该次测试结果无效。另外，以每 5 次为一组，随机加入空白的探测刺激 2 秒，如果被试抢答，则电脑程序显示警告信息，且本组测试将重新进行。

一共测 30 次。最后以有效的结果的均值为简单反应时。

（3）打开电脑后台记录的原始数据表，剔除无效数据之后计算平均值作为简单反应时。计算实验结果，并对各被试的结果进行分析讨论。

2. 选择反应时　本实验程序测量视觉选择反应时。在测试中呈现的刺激有 2 个（红色的圆和绿色的圆），要求被试对不同的刺激做出不同的反应。当呈现红色的圆时，被试按红色键；当呈现绿色的圆时，被试按绿色键。反应错时，该次测试无效。红色圆或绿色圆随机呈现，各 20 次，每次准备信号后间隔 2 秒呈现刺激，最后以有效地正确反应的反应时均值为选择反应时。

(1) 打开计算机，打开心理学实验教学系统，(注册/登录后)选择"选择反应时"实验，单击"开始实验"。

(2) 主试把测定视觉选择反应时的电脑程序调试到工作状态，让被试阅读指导语并熟悉反应盒的使用方法。

(3) 启动电脑程序开始实验，每次测试屏幕先出现"预备"提示被试做好准备，间隔 2 秒后随机呈现一个红色或绿色的圆。当出现红色的圆时，被试立即按下红色的反应键；当出现绿色的圆时，被试立即按下绿色反应键。红色圆和绿色圆各测 30 次，如果反应错误，则电脑程序显示警告信息，该次测试结果无效。

(4) 结果计算：打开电脑后台记录的原始数据表，剔除无效数据之后计算平均值作为选择反应时。

【结果与讨论】

1. 将个人的简单反应时与同小组成员进行比较，分析个体差异及其原因。
2. 将个人的选择反应时与同小组成员进行比较，分析个体差异及其原因。
3. 根据全体被试的实验结果检验简单反应时与选择反应时的差异是否显著。

实验二　注意广度

【实验目的】

了解注意广度的概念和测量方法，测定对随机分布的圆点的注意广度。

【实验原理】

注意广度通常指视觉注意的范围，即在同一时间内所觉察到的对象的数量。注意广度是一个阈限值，应按心理物理学方法来计算。以往的实验结果显示，成人对黑色圆点的注意广度为 8~9 个。

影响注意广度的因素很多。一般情况下，刺激呈现的时间越短，注意广度越小。通常将刺激呈现的时间控制得很短，使视觉来不及从一个客体转移到其他位置上的客体，此时可以被试觉察到的客体的数量作为他的注意广度。另外，实验材料的性质和组织方式也是重要的影响因素。

【实验材料】

计算机，心理学实验教学系统。

【实验方法】

1. 打开计算机，打开心理学实验教学系统，(注册/登录后)选择"注意广度"实验，单击"开始实验"。

2. 本实验测试被试对随机分布的红色圆点的注意广度值。随机呈现红色圆点(目标)，呈现时间为 250ms，数目从 5 个到 12 个，每种数量的红色圆点各出现 10 次，每次的位置随机排列，共 80 次。每次呈现时间为 0.25 秒，每次屏幕上随机呈现数量不等的红色圆点要求被试注意出现了多少个红色圆点(目标)，并在输入框内键入其看到的目标数目。目标的数目从 5 个到 12 个，每种数目的目标各呈现 10 次，共 80 次。

3. 结果计算。统计被试对不同圆点数的正确反应的百分数，从 5 个点开始算起，采用直线内插法求出第一个 50%次正确反应的圆点数作为被试的注意广度值。

（1）统计被试对不同数目目标的正确反应的百分比，如下表所示：

	目标数目							
	5	6	7	8	9	10	11	12
呈现次数	10	10	10	10	10	10	10	10
答对次数								
正确百分率								

（2）用直线内插法求出第一个 50%正确反应的目标数目，作为被试的注意广度值。

【结果与讨论】

1. 将个人的注意广度值与同小组成员进行比较，分析个体差异及其原因。

2. 谈谈注意广度在实践中的意义及如何扩大注意广度。

实验三　短时记忆广度

【实验目的】

了解短时记忆广度的测量方法，测定数字短时记忆广度。

【实验原理】

短时记忆广度，又称短时记忆容量，是指按固定顺序逐一呈现一系列刺激后，刚刚能够立刻再现的刺激系列的长度。所呈现的各个刺激之间的时间间隔相等，再现的结果必须符合原来呈现的顺序。一般地，短时记忆容量为（7±2）个，但会受主客观条件影响。数字短时记忆广度是测定短时记忆能力的一种简单易行的方法。

【实验材料】

计算机，心理学实验教学系统。

【实验方法】

1. 打开计算机，打开心理学实验教学系统，（注册/登录后）选择"短时记忆广度"实验，单击"开始实验"。

2. 被试认真阅读指导语。计算机屏幕上将依次呈现一系列数字，一次一个，每个数字呈现时间为 750 毫秒，数字与数字之间的时间间隔为 250 毫秒。当这一系列数字呈现完毕，被试按相应的数字键输入这一系列数字或写在纸上，必须按原来呈现的顺序输入。

3. 从 3 位数开始，3 位数的数字系列连续做 3 遍，然后到 4 位数、5 位数、6 位数……直到同一位数的数字系列 3 遍都错为止或达到 12 位数为止。

4. 结果计算　每通过一组为 1 分（从 1 位数算起），一组中的一串为 1/3 分。例如：某被试通过 6 位数的全部（3 串全通过），7 位数通过 1 串，8 位数通过 2 串，9 位数未通过，而 10 位数又通过 1 串，那么，记忆广度为 6+1/3（7 位数）+2/3（8 位数）=7。因 9 位数没有通过，则不记 10 位数的成绩。

【结果与讨论】

数据表列出每一水平（数字位数）做对的遍数，以 3 遍都做对的最高水平作为基数，其他水平的按 1/3 或 2/3 加在基数上，两者之和为数字短时记忆广度值。例如：3 遍都做对的最高水平为7位数,则基数为7;8位数的数字系列只做对2遍,9位数只做对1遍,10位数3遍都不对(此时实验结束),则数字短时记忆广度为:7+2/3+1/3=8。

计算实验结果,并对各被试的结果进行分析讨论。

实验四 问题解决——河内塔实验

【实验目的】

了解被试在解决河内塔实验时所用的思维策略。

【实验原理】

问题解决是一种重要的思维活动,它在人们的实际生活中占有特殊的地位,一直受到心理学家的重视和研究。认知心理学兴起后,信息加工观点在问题解决研究中占主导地位,将问题解决看作对问题空间的搜索,并用计算机来模拟人的问题解决过程。

河内塔实验是问题解决研究中的经典实验。给出柱子1、2、3,在柱子1上有一些列圆盘,自上而下圆盘的大小是递增的,构成金字塔状。要求被试将柱子1上的所有圆盘移动到柱子3上去,且在柱子3上仍构成金字塔排列。规则是每次只能移动1个圆盘,且大盘不可压在小盘之上,可以利用柱子2。完成河内塔实验的最少移动次数为2^n-1次,其中n为圆盘的数目。

解决河内塔问题有以下4中常用策略:

(1)循环子目标,又称目标递归策略:思路是要把最大的金字塔移到柱子3,就要先把次大的金字塔移到柱子2;而要把次大的金字塔移到柱子2,就要先把比它小一层的金字塔移到柱子3;依次类推,直到只需要移动最上面的圆盘为止。这种策略类似计算机的递归,它是内部指导的策略,被试不必看具体刺激,只要把内部目标记在脑中,然后一步步循环执行,直到解决问题。

(2)知觉策略:这种策略是刺激指导的策略,根据所看到的情境与目标的关系,排除当前最大的障碍,从而一步步达到目标。

(3)模式策略:这种策略也是内部指导策略,但不涉及目标,而是按一定对策来采取行动。解决河内塔的通用规则是,当圆盘总数为奇数时,最小的圆盘按1→3→2→1→3→2的顺序移动;当圆盘总数为偶数时,按1→2→3→1→2→3的顺序移动。

(4)机械记忆策略:是将做对的一系列步骤死记硬背下来,但无法创新,不可迁移。

【实验材料】

计算机,心理学实验教学系统。

【实验方法】

1. 打开计算机,打开心理学实验教学系统,(注册/登录后)选择"河内塔实验",单击"开始实验"。

2. 计算机屏幕上呈现河内塔。

练习:使用3个圆盘的河内塔进行练习,可用鼠标移动圆盘。可以重复练习,并有自动演示。

3. 正式任务是被试依次完成3~8个圆盘的河内塔问题。记录其移动次数、重复次数和所用时间。每一水平最多可以重复的次数为30次;每一水平最多可以移动的次数为800次。

【结果与讨论】

统计被试的结果，如下表所示。

解决河内塔问题的次数和时间

圆盘数目	三	四	五	六	七	八
重复次数						
移动次数						
移动时间						

注：移动次数和移动时间只是记录通过该水平实验的那一次。

依据上表，做出相应直观的图示。

1. 请被试报告是如何解决河内塔问题的，结合结果文件（其中有被试移动步骤的记录）分析判断被试采用的是何种策略。

2. 让被试分析自己犯了哪些错误，为什么会犯这些错误。

附录2

医学心理学实验报告格式

_____实验报告

专业：_____ 年级：_____ 班别：_____

姓名：_____ 学号：_____ 日期：_____

实验目的：

实验方法：

实验结果：

分析与讨论：

（林杰才）

附录 3

艾森克个性测验（成人）

以下一些问题要求你按自己的实际情况回答，不要去猜测怎样才是正确的回答，因为这里不存在正确或错误的问题，也没有捉弄人的问题，将问题的意思看懂了就立刻回答，不要花很多时间考虑。现在开始吧！

	是	否
1. 你是否有许多不同的业余爱好？	是	否
2. 你是否在做任何事情以前都要停下来仔细思考？	是	否
3. 你的心境是否常有起伏？	是	否
4. 你曾有过明知是别人的功劳而你去接受奖励的事吗？	是	否
5. 你是否健谈？	是	否
6. 欠债会使你不安吗？	是	否
7. 你曾无缘无故觉得"真是难受"吗？	是	否
8. 你曾经贪图过分外之物吗？	是	否
9. 你是否在晚上小心翼翼地关好门窗？	是	否
10. 你是否比较活跃？	是	否
11. 你在见到一小孩或一动物受折磨时是否会感到非常难过？	是	否
12. 你是否常常为自己不该做而做了的事，不该说而说了的话而紧张吗？	是	否
13. 你喜欢跳降落伞吗？	是	否
14. 通常你能在热闹联欢会中尽情地玩吗？	是	否
15. 你容易激动吗？	是	否
16. 你曾经将自己的过错推给别人吗？	是	否
17. 你喜欢会见陌生人吗？	是	否
18. 你是否相信保险制度是一种好办法？	是	否
19. 你是一个容易伤感情的人吗？	是	否
20. 你所有的习惯都是好的吗？	是	否
21. 在社交场合你是否总不愿露头角？	是	否
22. 你会服用有奇异或危险作用的药物吗？	是	否
23. 你常有"厌倦"之感吗？	是	否
24. 你曾拿过别人的东西（哪怕是一针一线）吗？	是	否
25. 你是否常爱外出？	是	否
26. 你是否从伤害你所宠爱的人而感到乐趣？	是	否
27. 你常为有罪恶之感所苦恼吗？	是	否

28. 你在谈论中是否有时不懂装懂?	是	否
29. 你是否宁愿去看些书而不愿去多见人?	是	否
30. 你有要伤害你的仇人吗?	是	否
31. 你觉得自己是一个神经过敏的人吗?	是	否
32. 对人有所失礼时你是否经常要表示歉意?	是	否
33. 你有许多朋友吗?	是	否
34. 你是否喜爱讲些有时确能伤害人的笑话?	是	否
35. 你是一个多忧多虑的人吗?	是	否
36. 你在童年是否按照吩咐要做什么便做什么,毫无怨言?	是	否
37. 你认为你是一个乐天派吗?	是	否
38. 你很讲究礼貌和整洁吗?	是	否
39. 你是否总在担心会发生可怕的事情?	是	否
40. 你曾损坏或遗失过别人的东西吗?	是	否
41. 交新朋友时一般是你采取主动吗?	是	否
42. 当别人向你诉苦时,你是否容易理解他们的苦衷?	是	否
43. 你认为自己很紧张,如同"拉紧的弦"一样吗?	是	否
44. 在没有废纸篓时,你是否将废纸扔在地板上?	是	否
45. 当你与别人在一起时,你是否言语很少?	是	否
46. 你是否认为结婚制度是过时了,应该废止?	是	否
47. 你是否有时感到自己可怜?	是	否
48. 你是否有时有点自夸?	是	否
49. 你是否很容易将一个沉寂的集会搞得活跃起来?	是	否
50. 你是否讨厌那种小心翼翼开车的人?	是	否
51. 你为你的健康担忧吗?	是	否
52. 你曾讲过什么人的坏话吗?	是	否
53. 你是否喜欢对朋友讲笑话和有趣的故事?	是	否
54. 你小时曾对父母粗暴无礼吗?	是	否
55. 你是否喜欢与人混在一起?	是	否
56. 你若知道自己工作有错误,这会使你感到难过吗?	是	否
57. 你失眠吗?	是	否
58. 你吃饭前必定洗手吗?	是	否
59. 你常无缘无故感到无精打采和倦怠吗?	是	否
60. 和别人玩游戏时,你有过欺骗行为吗?	是	否
61. 你是否喜欢从事一些动作迅速的工作?	是	否
62. 你的母亲是一位善良的妇人吗?	是	否
63. 你是否常常觉得人生非常无味?	是	否
64. 你曾利用过某人为自己取得好处吗?	是	否
65. 你是否常常参加许多活动,超过你的时间所允许?	是	否
66. 是否有几个人总在躲避你?	是	否
67. 你是否为你的容貌而非常烦恼?	是	否

68. 你是否觉得人们为了未来有保障而办理储蓄和保险所花的时间太多?	是	否
69. 你曾有过不如死了为好的愿望吗?	是	否
70. 如果有把握永远不会被人发现,你会逃税吗?	是	否
71. 你能使一个集会顺利进行吗?	是	否
72. 你能克制自己不对人无礼吗?	是	否
73. 遇到一次难堪的经历以后,你是否在一段长时间内还感到难受?	是	否
74. 你患有"神经过敏"吗?	是	否
75. 你曾经故意说些什么来伤害别人的感情吗?	是	否
76. 你与别人的友谊是否容易破裂,虽然不是你的过错?	是	否
77. 你常感到孤单吗?	是	否
78. 当人家寻你的差错,找你工作中的缺点时,你是否容易在精神上受挫伤?	是	否
79. 你赴约会或上班曾迟到过吗?	是	否
80. 你喜欢忙忙碌碌和热热闹闹过日子吗?	是	否
81. 你愿意别人怕你吗?	是	否
82. 你是否觉得有时浑身是劲,而有时又是懒洋洋的吗?	是	否
83. 你有时把今天应做的事拖到明天去做吗?	是	否
84. 别人认为你是生气勃勃的吗?	是	否
85. 别人是否对你说了许多谎话?	是	否
86. 你是否对某些事物容易冒火?	是	否
87. 当你犯了错误时,你是否常常愿意承认它?	是	否
88. 你会为一动物落入圈套被捉拿而感到很难过吗?	是	否

附录 4

症状自评量表（SCL-90）

指导语：下面是一些关于人可能会有的问题的陈述。请你仔细地阅读每个条目，然后根据最近一星期之内这些情况对你影响的实际感觉，在最符合的一项上划"√"。答案没有对、错之分。不要对每个陈述花太多的时间去考虑，但所给的回答应该最恰当地体现你现在的感觉。1 表示"没有"、2 表示"轻度"、3 表示"中度"、4 表示"偏重"、5 表示"严重"。

1. 头痛。　　　　　　　　　　　　　　　　　　　　1 2 3 4 5
2. 神经过敏，心中不踏实。　　　　　　　　　　　　1 2 3 4 5
3. 头脑中有不必要的想法或字句盘旋。　　　　　　　1 2 3 4 5
4. 头昏或昏倒。　　　　　　　　　　　　　　　　　1 2 3 4 5
5. 对异性的兴趣减退。　　　　　　　　　　　　　　1 2 3 4 5
6. 对旁人责备求全。　　　　　　　　　　　　　　　1 2 3 4 5
7. 感到别人能控制您的思想。　　　　　　　　　　　1 2 3 4 5
8. 责怪别人制造麻烦。　　　　　　　　　　　　　　1 2 3 4 5
9. 忘记性大。　　　　　　　　　　　　　　　　　　1 2 3 4 5
10. 担心自己的衣饰整齐及仪态的端正。　　　　　　1 2 3 4 5
11. 容易烦恼和激动。　　　　　　　　　　　　　　1 2 3 4 5
12. 胸痛。　　　　　　　　　　　　　　　　　　　1 2 3 4 5
13. 害怕空旷的场所或街道。　　　　　　　　　　　1 2 3 4 5
14. 感到自己的精力下降，活动减慢。　　　　　　　1 2 3 4 5
15. 想结束自己的生命。　　　　　　　　　　　　　1 2 3 4 5
16. 听到旁人听不到的声音。　　　　　　　　　　　1 2 3 4 5
17. 发抖。　　　　　　　　　　　　　　　　　　　1 2 3 4 5
18. 感到大多数人都不可信任。　　　　　　　　　　1 2 3 4 5
19. 胃口不好。　　　　　　　　　　　　　　　　　1 2 3 4 5
20. 容易哭泣。　　　　　　　　　　　　　　　　　1 2 3 4 5
21. 同异性相处时感到害羞不自在。　　　　　　　　1 2 3 4 5
22. 感到受骗，中了圈套或有人想抓住您。　　　　　1 2 3 4 5
23. 无缘无故地忽然感到害怕。　　　　　　　　　　1 2 3 4 5
24. 自己不能控制地大发脾气。　　　　　　　　　　1 2 3 4 5
25. 怕单独出门。　　　　　　　　　　　　　　　　1 2 3 4 5
26. 经常责怪自己。　　　　　　　　　　　　　　　1 2 3 4 5

27. 腰痛。	1	2	3	4	5
28. 感到难以完成任务。	1	2	3	4	5
29. 感到孤独。	1	2	3	4	5
30. 感到苦闷。	1	2	3	4	5
31. 过分担忧。	1	2	3	4	5
32. 对事物不干兴趣。	1	2	3	4	5
33. 感到害怕。	1	2	3	4	5
34. 您的感情容易受到伤害。	1	2	3	4	5
35. 旁人能知道您的私下想法。	1	2	3	4	5
36. 感到别人不理解您,不同情您。	1	2	3	4	5
37. 感到人们对您不友好,不喜欢人。	1	2	3	4	5
38. 做事必须做得很慢以保证做的正确。	1	2	3	4	5
39. 心跳得很厉害。	1	2	3	4	5
40. 恶心或胃部不舒服。	1	2	3	4	5
41. 感到比不上他人。	1	2	3	4	5
42. 肌肉酸痛。	1	2	3	4	5
43. 感到有人在监视您、谈论您。	1	2	3	4	5
44. 难以入睡。	1	2	3	4	5
45. 做事必须反复检查。	1	2	3	4	5
46. 难以做出决定。	1	2	3	4	5
47. 怕乘电车、公共汽车、地铁或火车。	1	2	3	4	5
48. 呼吸有困难。	1	2	3	4	5
49. 一阵阵发冷或发热。	1	2	3	4	5
50. 因为感到害怕而避开某些东西、场合或活动。	1	2	3	4	5
51. 脑子变空了。	1	2	3	4	5
52. 身体发麻或刺痛。	1	2	3	4	5
53. 喉咙有梗塞感。	1	2	3	4	5
54. 感到前途没有希望。	1	2	3	4	5
55. 不能集中注意。	1	2	3	4	5
56. 感到身体的某一部分软弱无力。	1	2	3	4	5
57. 感到紧张或容易紧张。	1	2	3	4	5
58. 感到手或脚发重。	1	2	3	4	5
59. 想到死亡的事。	1	2	3	4	5
60. 吃得太多。	1	2	3	4	5
61. 当别人看着您或谈论您时感到不自在。	1	2	3	4	5
62. 有一些不属于您自己的想法。	1	2	3	4	5
63. 有想打人或伤害他人的冲动。	1	2	3	4	5
64. 醒得太早。	1	2	3	4	5
65. 必须反复洗手、点数目或触摸某些东西。	1	2	3	4	5
66. 睡得不稳不深。	1	2	3	4	5

67. 有想摔坏或破坏东西的冲动。	1 2 3 4 5
68. 有一些别人没有的想法或念头。	1 2 3 4 5
69. 感到对别人神经过敏。	1 2 3 4 5
70. 在商店或电影院等人多的地方感到不自在。	1 2 3 4 5
71. 感到任何事情都很困难。	1 2 3 4 5
72. 一阵阵恐惧或惊恐。	1 2 3 4 5
73. 感到公共场合吃东西很不舒服。	1 2 3 4 5
74. 经常与人争论。	1 2 3 4 5
75. 单独一人时神经很紧张。	1 2 3 4 5
76. 别人对您的成绩没有做出恰当的评价。	1 2 3 4 5
77. 即使和别人在一起也感到孤单。	1 2 3 4 5
78. 感到坐立不安心神不定。	1 2 3 4 5
79. 感到自己没有什么价值。	1 2 3 4 5
80. 感到熟悉的东西变成陌生或不像是真的。	1 2 3 4 5
81. 大叫或摔东西。	1 2 3 4 5
82. 害怕会在公共场合昏倒。	1 2 3 4 5
83. 感到别人想占您的便宜。	1 2 3 4 5
84. 为一些有关性的想法而很苦恼。	1 2 3 4 5
85. 您认为应该因为自己的过错而受到惩罚。	1 2 3 4 5
86. 感到要很快把事情做完。	1 2 3 4 5
87. 感到自己的身体有严重问题。	1 2 3 4 5
88. 从未感到和其他人很亲近。	1 2 3 4 5
89. 感到自己有罪。	1 2 3 4 5
90. 感到自己的脑子有毛病。	1 2 3 4 5

附录 5

焦虑自评量表（SAS）

下面有 20 条文字，请仔细阅读每一条，把意思弄明白，然后根据您最一周的实际感觉，进行作答。1 表示无或很少有，2 表示有时有，3 表示大部分时间有，4 表示绝大多数时间有。

1. 我觉得并平常容易紧张和着急。	1	2	3	4
2. 我无缘无故地感到害怕。	1	2	3	4
3. 我容易心里烦乱或觉得惊恐。	1	2	3	4
4. 我觉得我可能将要发疯。	1	2	3	4
5. 我觉得一切都很好。	1	2	3	4
6. 我手脚发抖打颤。	1	2	3	4
7. 我因为头痛、头颈痛和背痛而苦恼。	1	2	3	4
8. 我感觉容易衰弱和疲乏。	1	2	3	4
9. 我觉得心平气和，并且容易安静坐着。	1	2	3	4
10. 我觉得心跳得很快。	1	2	3	4
11. 我因为一阵阵头晕而苦恼。	1	2	3	4
12. 我有晕倒发作或觉得要晕倒似的。	1	2	3	4
13. 我吸气呼气都感到很容易。	1	2	3	4
14. 我手脚麻木和刺痛。	1	2	3	4
15. 我因为胃痛和消化不良而苦恼。	1	2	3	4
16. 我常常要小便。	1	2	3	4
17. 我的手常常是潮湿的。	1	2	3	4
18. 我脸红发热。	1	2	3	4
19. 我容易入睡并且一夜睡得很好。	1	2	3	4
20. 我做噩梦。	1	2	3	4

附录 6

抑郁自评量表（SDS）

下面有 20 条文字，请仔细阅读每一条，把意思弄明白，然后根据您最近一星期的实际情况作答，1 表示没有或很少时间；2 表示小部分时间；3 表示相当多时间；4 表示绝大部分或全部时间。

1. 我觉得闷闷不乐，情绪低沉。	1	2	3	4
2. 我觉得一天之中早晨最好。	1	2	3	4
3. 我一阵阵哭出来或觉得想哭。	1	2	3	4
4. 我晚上睡眠不好。	1	2	3	4
5. 我吃得跟平常一样多。	1	2	3	4
6. 我与异性亲密接触时和以往一样感觉愉快。	1	2	3	4
7. 我发觉我的体重在下降。	1	2	3	4
8. 我有便秘的苦恼。	1	2	3	4
9. 我心跳比平时快。	1	2	3	4
10. 我无缘无故地感到疲乏。	1	2	3	4
11. 我的头脑跟平常一样清楚。	1	2	3	4
12. 我觉得经常做的事情并没有困难。	1	2	3	4
13. 我觉得不安而平静不下来。	1	2	3	4
14. 我对将来抱有希望。	1	2	3	4
15. 我比平常容易生气激动。	1	2	3	4
16. 我觉得做出决定是容易的。	1	2	3	4
17. 我觉得自己是个有用的人，有人需要我。	1	2	3	4
18. 我的生活过得很有意思。	1	2	3	4
19. 我认为如果我死了别人会生活的好些。	1	2	3	4
20. 平常感兴趣的事我仍然照样感兴趣。	1	2	3	4

参 考 文 献

蔡蓓瑛，2005. 恋上布母猴. 上海：上海科学技术出版社.
查尔斯·布伦纳，2000. 精神分析入门. 杨华渝，等，译. 北京：北京出版社，34-106.
崔丽萍，2004. 慢性病患者的心理反应特点与护理. 白求恩医学杂志，(04)：256.
冯晓凯，2014. 我国支气管哮喘患病情况及相关危险因素的流行病学调查. 北京协和医学院. 13版. 上海：上海人民出版社.
付秀丽，2016. 癌症病人的心理特点与护理. 医疗装备，(29)：08.
葛林·嘉宝，2010. 长程精神动力取向心理治疗——基本入门. 陈登义，译. 北京：人民卫生出版社.
郭念锋，2005. 心理咨询师：基础知识. 北京：民族出版社.
郭醉元，李东力，王亚玉，2013. 东北战区军人消化性溃疡危险因素调查. 职业与健康，(10)：1248-1250.
黑文静，兰继军，2015. 从影片《爱德华大夫》看梦的解析. 牡丹江教育学院学报，(09)：17-18.
黄希庭，郑涌，2015. 心理学导论. 3版. 北京. 人民教育出版社.
吉峰，薛云珍，2016. 医学心理学. 北京：高等教育出版社.
季建林，2006. 医学心理学. 4版. 上海：复旦大学出版社.
姜乾金，2012. 医学心理学：理论，方法与临床. 北京：人民卫生出版社.
井西学，刘隆祺，2007. 医学心理学. 北京：科学出版社.
静进，2009. 行为医学. 广州：中山大学出版社.
柯一琼，2010. 慢性病患者心理异常表现及健康教育指导. 医学信息旬刊，5（09）：2457-2458.
李广智，2010. 名医谈精神分裂症. 上海：第二军医大学出版社.
李虹，2007. 健康心理学. 武汉：武汉大学出版社.
李明，邵瑾菊，李新春，2013. 心灵方舟：大学生心理健康教育案例集. 北京：清华大学出版社，123.
李占江，2014. 临床心理学. 北京：人民卫生出版社.
林传鼎，1986. 心理学词典. 南昌：江西科学技术出版社.
吕武平，金善国，1997. 心理门诊. 天津：天津人民出版社.
马克·杜兰德，2005. 异常心理学基础. 3版. 张宁，等，译. 西安：陕西师范大学出版社.
马铁立，2013. 电影《爱德华大夫》的精神分析解读. 电影文学，(15)：83-84.
马伟娜，2009. 异常心理学. 杭州：浙江大学出版社.
潘芳，2010. 医学心理学. 北京：高等教育出版社.
钱明等，2010. 医学心理学. 天津：南开大学出版社.
钱艳芳，韩巧英，2009. 癌症病人的心理特点与护理干预. 全科护理，7（18）：1653-1654.
秦子玉，2016. A型行为模式与冠心病综述. 教育现代化，(16)：111-112.
斯蒂芬·A·米切尔，2007. 弗洛伊德及其后继者——现代精神分析思想史. 陈芷妍，等，译. 北京：商务印书馆.
宋专茂，2005. 成长心理案例集. 广州：暨南大学出版社.
孙宏伟，吉峰，2010. 医学心理学. 济南：山东人民出版社.
孙宏伟，杨小丽，2010. 医学心理学：案例. 2版. 北京：科学出版社.
汤雅婷，2016. 医学心理学. 北京：科学出版社发行部.
托马斯 L. 贝纳特，1983. 感觉世界. 旦明，译. 北京：科学出版社，252.
王斌，王淳秀，单广良，等，2010. 四川彝族人群原发性高血压移民流行病学调查. 中国公共卫生，(04)：472-473.
王江红，何成森，2009. 医学心理学. 合肥：安徽科学技术出版社.
王伟，2011. 人格心理学. 北京：人民卫生出版社.
王艳，2014. 基于马斯洛需要层次理论的癌症病人心理护理. 安徽卫生职业技术学院学报，13（01）：81-82.
吴均林，2006. 医学心理学. 北京：高等教育出版社.
徐凤芹，王荣华，2012. 暗示疗法在临床上的应用. 中国实用医药，7（23）：234-235.
杨凤池，崔光成，2013. 医学心理学. 3版. 北京：北京大学医学出版社.
姚树桥，孙学礼，2008. 医学心理学. 5版. 北京：人民卫生出版社.
姚树桥，杨彦春，2013. 医学心理学. 6版. 北京：人民卫生出版社.
姚振东，张建人，凌辉，等，2015. 催眠疗法综述. 科教导刊（上旬刊），(11)：179-180.
苑杰，2013. 医学心理学. 北京：清华大学出版社.
詹姆斯·布彻，苏珊·米内克，吉尔·胡利，2014. 异常心理学. 13版. 耿文秀，等，译. 上海：上海人民出版社.
张伯源，2010. 医学心理学. 北京：北京大学出版社.
张利新，于浩，罗晓燕，等，2015. 职业紧张与工作条件对男性警察糖尿病发病影响前瞻性研究. 中国公共卫生，(02)：164-168.
赵继军，2010. 疼痛护理学. 2版. 北京：人民军医出版社，3；22-32.
赵英，2002. 疼痛的测量和评估方法. 中国临床康复，(16)：2347-2352.
中国就业培训技术指导中心，中国心理卫生协会组织，2011. 心理咨询师（三级）民族出版社，40-41.
David H. Barlow，V. Mark Durand，2006. 异常心理学. 4版. 杨霞，等，译. 中国轻工业出版社.
James L. Levenson，2010. 心身医学. 吕秋云，译. 北京：北京大学出版社，8：771-812.
Robert M. Kaplan Dennis P. Saccuzzo，2005. Psychological testing: principles, applications, and issues. America: Wadsworth.